中国经济改革

ZHONGGUO JINGJI GAIGE

警示录

JINGSHILU

厉以宁 石军 等著

人民出版社

策划编辑:陈鹏鸣

责任编辑:杨瑞勇　冯　瑶　张双子
　　　　　陈　岩　尤　园

封面设计:肖　辉

图书在版编目(CIP)数据

中国经济改革警示录/厉以宁　石　军　等著.－北京:人民出版社,2013.5
ISBN 978－7－01－012163－5

Ⅰ.①中…　Ⅱ.①厉…②石…　Ⅲ.①经济体制改革－中国－文集
　Ⅳ.①F121－53

中国版本图书馆 CIP 数据核字(2013)第 107674 号

中国经济改革警示录

ZHONGGUO JINGJI GAIGE JINGSHI LU

厉以宁　石　军　等著

人民出版社 出版发行

(100706　北京市东城区隆福寺街 99 号)

北京瑞古冠中印刷厂印刷　新华书店经销

2013 年 5 月第 1 版　2013 年 5 月北京第 1 次印刷
开本:700 毫米×1000 毫米 1/16　印张:27.75
字数:380 千字　印数:00,001－10,000 册

ISBN 978－7－01－012163－5　定价:56.00 元

邮购地址 100706　北京市东城区隆福寺街 99 号
人民东方图书销售中心　电话 (010)65250042　65289539

目　　录

前　言

　　《中国经济改革警示录》是在我国经济改革经历了 35 个年头且进入深水险滩并走向建成社会主义市场经济体制目标的背景下,由全国部分著名经济学家、企业家和专家型官员联合撰写的一部专著。这部专著精心选择了直接关系到经济体制改革全局的若干热点、难点和焦点问题,本着以史为鉴可以明目,他山之石可以攻玉,内外兼蓄可以识途的原则,逐一分析研究过去国内外改革的利弊得失、逐一总结汲取改革历程中积累的经验教训、逐一谋划提出推进我国改革攻坚的重要方略。以求起到推进改革不走邪路、走好正路的警示作用,为建立完善的社会主义市场经济体制尽到一份责任。

　　进入 20 世纪 60 年代,社会主义国家普遍遇到一个事关生死存亡的重大难题。这个难题即是对传统计划经济体制是固守,还是改革。固守,难以为继;改革,路在何方? 时至今日,半个多世纪已经过去,这个难题求解的答案到底怎么样呢?

　　现在,已是我们回首评价利弊得失的时候了。通过对比分析,我们清楚看到:不改革的国家,仍然处于半死不活状态;改革走了邪路的国家,已经改旗易帜;推进改革且走正路的国家,活的越来越好。

　　现在,也是我们认真汲取经验教训的时候了。为什么不改革不行,这是因为不改革必然阻碍生产力发展;为什么改革走邪路不行,这是因为改革偏离了本国国情和生产力发展的客观要求;为什么既改革又走正路才行,这是因为改革符合本国国情并推动了生产力发展。

改革能否走上成功之路,关键取决于三大因素。其一,有没有一个具有政治勇气和智慧而又与时俱进的领导集体。如果有这样的领导集体,就能科学谋划和正确把握改革方向,及时化解遇到的矛盾和问题,持之以恒地推进改革。反之,如果没有这样的领导集体,就会在重大问题上迷失方向,或是停止不前,或是走上邪路。其二,能不能得到广大群众的拥护和支持。如果得到群众的拥护和支持,改革就有底气,就有巨大推动力量,就有较为稳定的社会基础。反之,如果得不到群众支持,甚至遭到群众反对,就无法保持稳定,就无力推进改革。其三,是不是符合本国的基本国情。如果从本国国情出发,创新改革理论,设置改革目标,制定改革方略,就会闯出一条符合本国国情的路子。反之,如果不顾自己国情,硬行照搬他国模式、刻板照抄经典著作,或是半途而废,或是做成夹生饭。

我国的经济体制改革,正是因为具备上述三个因素的正能量,才走上了一条成功之路。这条路子,解放和发展了生产力,推动了经济社会蓬勃发展。这条路子,是"摸着石头过河"、螺旋式升华的成功之路,也是碰碰撞撞、进进退退、曲曲折折的艰难之路。在这条路子的探索中,我们有经常的清醒,也有时而的糊涂;有宝贵的经验,也有沉痛的教训。经验在哪里,教训是什么?哪些是正确的,哪些是偏颇的,哪些是错误的,都需要我们逐一做出论证回答。

现在,更是我们精心谋划攻坚方略的时候了。中共十八大科学绘制了我国改革开放的宏伟蓝图,清晰指明了深化改革的前进方向,新的改革征程正在扬帆起航。在这样的关键时刻,我们应该深入研究探讨打好攻坚战涉及的重大理论和实践问题,积极为搞好改革的顶层设计和制定攻坚方略献策出力。

从目前看,摆在我们面前一系列重大理论和实践问题急需深入研究探讨。比如,深化经济体制改革的立足点应当放在哪里?有的人谈中国经济改革而不谈中国基本国情,有的人认为中国经济改革主要应该套用美国等市场经济成熟国家的模式,有的人则直接到西方经济学教科书里去寻找。我们认为,这个立足点在中国,在于社会主义初级阶段。离开我国处于并将长期处于社会主义初级阶段这个最大实际,就会失去研究和推进经济改革的根本基础,就有可能走到照搬他国模式、照抄经典著作的错误道路上去。再比如,对由初级阶段理论派生出来的基本经济制度,是在坚持中创新完善,还是搞个其他什么制度。我们认为,应该根据实践是检验真理的唯一标准,在坚持中检验并不断创新完善,而不能弃之不用,更不能另起炉灶。当然,随着改革实践的不断深入,这些指导经济改革的理论和经济制度也不会一成不变,但这种变只能是向创新完善的方向变;而不是向相反方向变,这不正是实践—认识—再实践—再认识的螺旋式上升规律的具体体现吗?凡此种种,这样的理论和实践问题,都是关乎改革成败的重大问题,都需要我们真正弄清楚、搞明白。否则,就会混淆视听、干扰大局,就有可能将改革引向歧途。

建立完善的社会主义市场经济体制是一个前无古人的艰巨复杂的巨型工程,也是一个关乎中华民族伟大复兴的创新发展的巨大平台,既需要中央以更大政治勇气和智慧精心谋划,又需要尊重广大人民群众的首创精神;既需要探讨清楚若干重大理论问题,又需要在实践中勇往直前。正是为了有利于这些需要,我们才放下手中的其他事情,专心致志地研究并撰写了《中国经济改革警示录》。

参加撰写本书的共有 18 位同志,全国政协经济委员会原副主任、中共中央政策研究室原副主任、中国国际经济交流中心常务副理事长郑新立教授负责撰写第一章《建立社会主义市场经济体制目标不能动摇》;中国经济时报社社长兼总编辑许宝健博士负责撰写第二章《经济体制改革必须立足于社会主义初级阶段》;中国发展研究院院长、中国工业经济联合会副会长、中国质量协会副会长、品牌中国产业联盟主席艾丰教授负责撰写第三章《经济改革和政治改革结合与互动》；原甘肃省委常委、副省长，全国政协经济委员会副主任石军教授负责撰写第四章《经济发展方式不快转不行、不配套转也不行》和第二十章《精心谋划经济体制转型顶层设计》；全国政协委员，中国（海南）改革发展研究院院长迟福林教授负责撰写第五章《在改革中形成有竞争、有活力的基本经济制度》；第十二届全国人大代表，清华大学社会科学学院政治经济学研究中心主任蔡继明教授负责撰写第六章《要正确处理政府与市场的关系》；全国政协经济委员会原副主任，国家统计局原局长、党组书记，高级工程师李德水教授负责撰写第七章《必须完善中国特色宏观调控体系》；全国政协经济委员会原副主任，商务部原副部长，中国商业联合会会长，高级经济师张志刚教授负责撰写第八章《开放型经济体系建设要与经济全球化发展形势相适应》；全国政协常委，全国工商联副主席，中国民生银行董事长董文标教授负责撰写第九章《我国金融改革必须兼顾国际金融体系调整》；国家税务总局原副局长，中国经济50人论坛成员、学术委员会委员，中国注册税务师协会会长许善达教授负责撰写第十章《财税体制改革的历史回顾和新形势下深化改革的基本思路》；全国政协经济委员会办公室农业处处长刘焕性博士负责撰写第十一章《收入分配制度改革重在突破利益固化障碍》；全国人大常委、全国人大内务司法委员会委员，中华慈善总会副会长，中国人民大学校务委员会副主任郑功成教授负责撰写第十二章《社会保障体系建设的重中之重是加快城乡保障一体化》；工业和信息化部原部长、党组书记，全国政协常委、经济委员会副主任李毅中教授负责撰写第十三章《发挥工业化主导作用，推动信息化、城镇化、农业现代化同步发展》；全国政协经济委员会副主任，中央农村工作领导小组副组长、中央财经领导小组办公室副主任、中央农村工作领导小组办公室主任陈锡文教授负责撰写第十四章《农地经营制度改革是发展现代农业的必然要求》；全国政协经济委员会原副主任，国家发改委原副主任、国家能源局原局长,高级工程师张国宝教授负责撰写第十五章《电力体制改革的艰难历程和对深化能源体制改革的重要启示》;全国政协常委,北京大学社会科学学部主任,北京大学光华管理学院名誉院长厉以宁教授负责撰写第十六章《怎样跨越"中等收入陷阱"》和第十七章《经济发展中必须警惕通货膨胀》;全国政协经济委员会办公室主任陈惠丰研究员负责撰写第十八章《腐败必须标本兼治》;云南大学发展研究院院长杨先明教授负责撰写第十九章《法治体系建设刻不容缓》。最后,由厉以宁和石军教授研究定稿。卢卫东、石玉东、邱宝林、吴昀国等同志对撰写此书提出许多很有见地的意见和建议,张博、张金杰、杨子健、焦庆杰、方赟赟、张艳彬、王绍辉、赵亮、刘翔宇、贾宾、罗丹、韩保军、吴玉芹、傅帅雄、尹俊、李欣蕊等同志做了大量服务工作,在此一并表示感谢。

第一章　建立社会主义市场经济体制目标不能动摇

　　1993 年,中国共产党第十四次代表大会提出建立社会主义市场经济体制的改革目标,迄今已过去 20 年了。经过 20 年的不断探索,社会主义市场经济体制已经初步确立,并在推动经济发展中显示出前所未有的活力。实践证明,社会主义市场经济体制适应中国国情,有利于解放和发展生产力,是中国共产党和中国人民的正确选择。

　　社会主义市场经济体制是一种崭新的经济制度。任何一种新体制的创立,都不可能一开始就尽善尽美,需要在实践中不断完善。同时,经济体制作为一种生产关系和上层建筑,必须随着生产力的进步和经济基础的壮大而不断调整。当前的经济体制改革,应当围绕着有利于贯彻落实科学发展观,有利于促进经济发展方式转变来进行,要在推动经济持续健康发展的实践中使社会主义市场经济体制得到不断完善。今后,在改革发展中无论遇到什么困难和挫折,建立社会主义市场经济体制的目标都不能动摇。

第一节 社会主义市场经济体制的
探索过程和基本支柱

一、社会主义市场经济体制的不懈探索

从 1978 年党的十一届三中全会开启改革进程,到 1993 年党的十四大提出建立社会主义市场经济体制,前后经历了 15 年的反复讨论和不懈探索。如果追溯到更早时期,应当从 20 世纪 60 年代关于价值规律的大讨论开始。由于 1958 年党内刮起了一阵否定商品生产和商品交换的"共产风",使生产力遭到破坏,人民生活陷于十分困难的境地。经济指导思想上"左"的错误所带来的严重后果,引起了全党特别是经济理论界的反思,出现了以孙冶方为代表的经济学界所提出的在经济工作中要重视价值规律的呼吁。孙冶方有一句名言:"千条万条,价值规律第一条。"这一时期关于价值规律的讨论,可以说为 20 多年后市场经济体制的提出进行了最早的理论准备。遗憾的是,十年动乱不仅中断了这场讨论,而且由于极左理论的泛滥,正确的理论被当做修正主义理论加以批判,孙冶方被投进监狱,一关就是八年。孙冶方从监狱放出来说的第一句话就是:"我的观点不变。"这充分表现了一名共产党人和经济学家追求真理的硬骨头精神,其高尚的品质值得我们世世代代敬仰。

在经历了一番曲折之后,20 世纪 70 年代末肇始的改革,又从承认社会主义社会仍然存在商品生产和商品交换起步,重视发展商品经济。改革率先从农村取得突破。承认农户生产的产品是商品,允许他们到市场销售。承认农户是商品生产者。但农民并不满足于仅仅生产农产品,他们办起了乡镇企业,生产市场短缺的工业品,并进入商贸流通等服务领域,形成了商品经济的大潮。这股大潮从农村涌向城市,推动了

城市经济体制改革;从国有经济引进非国有经济起步,进而推动了国有企业的改革。这一时期,我们的思想认识随着改革实践的发展而不断深化,从1982年党的十二大提出计划经济与市场调节相结合,到1987年党的十三大提出有计划的商品经济,再到1993年党的十四大提出社会主义市场经济体制,充分反映了实践—认识—再实践—再认识的规律,体现了中国共产党人探究真理的彻底唯物主义精神。虽然经历坎坷,但最终选择了社会主义市场经济体制。从认识上看,主要在于实现了以下三个方面的重大理论突破。

（一）破除了唯心史观对思想的禁锢

改革初期关于真理标准的讨论,把全党从长期"左"的思想禁锢中解放出来。改革开放前,我们曾把"左"的一套理论作为金科玉律,错误地认为生产资料公有的程度越高越好,计划经济体制是以公有制为基础的经济制度的必然选择,否认经济基础对上层建筑的决定作用和生产力对生产关系的决定作用,实际上是陷入了唯心主义的泥潭。通过真理标准的讨论,重新确立了实践是检验真理的唯一标准的理念,回到了唯物主义的思想路线上来。思想上的大解放开启了认识真理的大门。经过这些年的探索,我们终于把是否有利于生产力发展作为检验经济体制是否合理的唯一正确标准。从而创立了能够激发经济活力的新体制。可以说,没有思想的解放,根本就不可能提出建立社会主义市场经济体制的目标。

（二）破除了计划和市场是社会主义与资本主义划分标准的观念，提出了发展商品经济是人类社会发展不可逾越的历史阶段

长期以来,在我们的教科书中,始终把计划经济与市场经济作为划分社会主义和资本主义的一个重要标准。实践证明这个结论是错误的。是邓小平同志指引我们打破了这个教条的束缚。他说,资本主义有计划,社会主义有市场,计划和市场两种手段都要用。我国是在以家庭为基本生产单位的自然经济的基础上建立起社会主义制度的,缺乏

商品经济充分发展的社会历史阶段。在劳动人民掌握政权之后,如何加快发展经济,解决广大人民不断增长的物质文化需求与落后的社会生产力之间的矛盾,始终是摆在我们面前最为迫切的任务。用高度集中的计划体制和排斥商品生产的产品经济,可以在特殊时期的短时间内管用,如战争时期。但在长期的和平建设时期,采用这种建立在广大群众政治热情而非物质利益的基础上的经济体制,就难以调动群众的劳动积极性。列宁曾及时地从战时共产主义转向新经济政策,就是顺应了经济发展的客观规律。在80年代改革开放的浓厚氛围下,经济理论界对否定商品经济的"左"的理论和政策进行了深入剖析,使全党全社会都认识到它所带来的严重危害,并对补上商品经济这一课达成了共识。

(三)破除了超越发展阶段的"穷过渡"理论,提出了我们仍然处于并将长期处于社会主义初级阶段的正确判断

对我们所处的发展阶段缺乏清醒地认识,对在经济发展水平上赶上发达国家的艰巨性估计不足,是导致"左"的经济政策的根源。党的十一届五中全会关于新中国成立以来党的若干历史问题的决议,第一次提出了我国仍处于社会主义初级阶段的判断。之后,在党的多次全会报告中,对这一判断不断进行了新的阐述,使社会主义初级阶段理论不断完善。基于这个科学判断,对经济体制和经济政策的选择就更加切合实际。包括鼓励发展非公有制经济,允许资本、技术、管理等生产要素参与分配等等,都是植根于社会主义初级阶段的基础之上。也只有在社会主义初级阶段的理论完善之后,我们党才真正从经济建设上"左"的错误中摆脱出来,找到了一条正确的具有中国特色的社会主义市场经济发展道路。

二、社会主义经济制度与市场经济的融合

(一)国有经济与市场经济的融合

公有制经济特别是国有经济如何与市场经济融为一体,是改革面

临的重大难题。改革之初,一些西方国家的经济学家放言,市场经济只能建立在私有制基础之上,中国要建立市场经济体制,除非把国有企业私有化。这种观点至今仍不绝于耳。所以,能不能把国有企业改造为市场竞争主体,成为改革能否成功的一个关键。国有企业改革在经历了承包制、"利改税"等试验之后,终于找到了现代企业制度的改革目标。现代企业制度就是以股份制为基础,产权清晰、权责明确、政企分开、管理科学的企业管理制度。国有资产的所有权与经营权分开,企业拥有法人财产权,国有资产管理委员会代表所有者行使资产保值增值的管理和监督职能,并根据在企业中占有股份的比例拥有不同的经营决策权。这就同计划经济时期完全听命于政府的国有企业有了根本的区别。建立现代企业制度的企业拥有股东会、董事会、经营层相互协调、相互制衡的治理结构,同国外的跨国公司一样,具有相同的管理体制和运行机制,实现了与市场经济的融合。

(二) 收入分配制度与市场经济的融合

传统计划体制下的分配制度,以"大锅饭"和平均主义为主要特征,收入上干好干坏一个样儿,严重挫伤了劳动者的积极性。实践证明这是一种养懒人的制度。改革开放之初,邓小平同志就提出,要允许一部分人、一部分地区通过诚实劳动和合法经营先富起来。这是对旧的分配制度的重大突破。在政府与企业的关系上,由于企业逐步成为独立经营的市场主体,企业职工的收入直接决定于其实现利润的多少,企业之间的收入逐渐拉开了距离,改变了企业吃国家"大锅饭"的状况,从而调动了企业的积极性。在个人收入的分配上,提出了按劳分配与按要素分配相结合,允许技术、管理、资本等生产要素参与分配,使企业内部分配也适当拉开了距离,从而调动了劳动者的积极性,并使各类生产要素的潜力得以发挥。对公务员和事业单位人员的工资制度,也相应进行了改革,建立起基本工资与奖励相结合的激励制度。收入分配制度的改革,特别是国有企业分配制度的改革,使之与市场经济体制相

适应、相融合,使社会主义物质利益原则得到了贯彻落实,从而形成了较强的动力机制,推动了30多年来经济的快速发展。

(三) 农村基本经济制度与市场经济的融合

我国的改革率先从农村取得突破,实行以家庭联产承包为基础的农村基本经济制度,充分调动了家庭作为基本生产经营单位的积极性。这项改革的成功,意义十分重大。因为在公有制的实现方式上首次有了重大突破,即公有制经济的所有权与经营权可以在实践中实现分离。农村土地所有权归村集体,经营权归农户,相对于过去所有权和经营权都归村集体,是对传统的农村土地制度的重大变革。它既保持了农村土地公有制的性质不变,同时又消除了土地集体经营造成的无人负责、管理不善的弊端。由于调动了农户的积极性,农产品出现了连年爆发式增长,很快就由过去长期供给不足转变为供求基本平衡,丰年有余。农户有了土地经营权,成为独立的商品生产者,自然与市场经济融为一体了。后来,这种所有权与经营权分离的制度推广到国有企业,也使国有企业的改革取得了成功。通过这些方面的改革,深化了我们对于现代产权制度的认识,现在把企业和农户对公有经济所具有的经营权进一步明确为法人财产权,包括占有权、使用权、转让权、抵押权、继承权等等,以土地经营权入股组建农业经营公司的改革也在不少地方积极进行探索。农村基本经济制度与市场经济的融合程度正在进一步提高。

三、社会主义市场经济体制的四大支柱

1993年党的十四届三中全会通过的《关于建立社会主义市场经济体制若干重大问题的决定》,提出了社会主义市场经济体制的基本框架,明确了市场经济的四大支柱,包括市场主体、市场体系、宏观调控体系和法律体系。

（一）市场经济需要有大批自主经营、自负盈亏的市场主体

国有企业在改革之前,生产由国家统一安排,职工由国家统一调配,资金由国家统一收支,企业成了政府的算盘珠子。这样的企业不可能成为市场主体。在建立了现代企业制度之后,国有企业有了经营自主权,基本上同集体所有制企业、私营企业、外资企业一样,初步成为平等竞争的市场主体。随着改革的不断推进,混合所有的股份制企业数量逐渐增多。在一个企业中,国有股、集体股、个人股、外资股等按不同比例组织在一起,产权组织形式和企业经营方式会更加适应市场竞争的要求。

（二）建立统一、开放、竞争、有序的市场体系,是社会主义市场经济体制的基础

统一,就是要打破地区封锁,在全国范围内货畅其流。开放,就是对外国企业和外资开放,在"引进来"的同时,鼓励企业"走出去"。竞争,就是建立各类企业平等竞争的制度,实行优胜劣汰。有序,就是规范市场秩序,防止垄断和非正当市场行为。经过不懈努力,全要素的市场体系正在逐步建立。

（三）建立计划、财税、金融相互协调、相互制衡的宏观调控体系,是保持经济持续健康发展的需要

计划确定中长期发展目标和年度宏观调控目标,经全国人大批准后,具有法律效力,成为宏观调控的依据。财税政策在保证公共支出需要的同时,主要职能在于促进经济结构的优化。货币政策的主要职能是保持总供求大体平衡和币值稳定。

（四）健全的法律体系是社会主义市场经济顺畅运行的保证

改革开放以来,全国人大加快了立法进程,到目前为止,有关市场经济的法律法规框架已初步建立起来。各级人大和政府还加强了执法监督,对于保证各项法律法规的执行起到了重要作用。

第二节　社会主义市场经济体制是
正确的制度选择

一个国家选择的社会经济制度是否正确,不是由理论来证明的,也不是由权威或官员来确定的,唯一的检验标准是广大人民群众长期的经济实践。从20世纪80年代开始,到21世纪第一个10年的三十多年间,我国不断克服各种内外交织的经济难题,经济发展取得了巨大的成就,我国经济总量上了一个大的台阶,1980年我国国内生产总值是4546亿元,按照1.498∶1的人民币兑美元汇率计算是3034.5亿美元,分别是美国27895亿美元的10.9%,日本10593.8亿美元的28.6%;到2010年我国国内生产总值是377983亿元,按照6.65∶1的人民币兑美元汇率是59847亿美元,分别是美国146241.8亿美元的40.9%,日本54742亿美元的109.3%,经济总量已从世界排名第八位上升为世界第二位。我国三十多年的经济实践充分证明:社会主义市场经济体制是符合我国国情的正确的制度选择。

一、在抑制通胀中实现软着陆,宏观经济保持稳定发展

在社会主义市场经济体制建立之初,我国就遇到了通货膨胀的严峻考验。由于长期计划体制下形成的价格扭曲,加上商品短缺积聚的价格上涨的巨大能量,1994年社会消费品零售价格上涨幅度达到24.1%的历史最高水平。市场价格波动直接影响到社会的稳定。尽快把过高的通货膨胀降下来,成为宏观调控的首要任务。在中央的统一领导下,采取了综合性对策,实施了适度从紧的货币政策和财政政策,清理和制止了乱集资、乱拆借、乱设金融机构的现象,有效地控制了总需求膨胀的局面。同时,针对价格上涨幅度最大的几类商品,积极增加

有效供给。为了抑制食品价格上涨,提出了"菜篮子"市长负责制和"米袋子"省长负责制;在城市郊区扩大了蔬菜种植面积,鼓励肉类和水产品生产;通过提高粮食收购价格,鼓励农民种粮的积极性。在投资政策上,制定了鼓励增加短缺产品供给的政策。在对外贸易政策上,通过进出口商品结构的调节,增加国内市场有效供给。经过三年的努力,把过高的价格上涨水平降了下来,实现了软着陆。在抑制通胀的过程中,由于综合利用控制需求和增加供给的手段,保持了适度的经济增长速度,维护了就业和社会的稳定。宏观调控体系在抑制通胀的实践中经受了考验,得到了不断完善。

二、以扩大内需实现较快增长,奠定了坚实的发展基础

随着经济软着陆的成功,需求不足的矛盾开始出现。为抑制通胀而采取的控制投资和消费增长的措施,造成了经济增长乏力。特别是1997年亚洲金融危机的出现,对国内经济带来较大冲击。在亚洲各国货币大幅贬值的情况下,我们坚持人民币不贬值,从而导致出口增长困难。面对这些新情况和新问题,我们及时调整宏观政策,把扩大内需放在宏观调控的首要位置,并采取了一系列重大措施。包括发行长期建设国债,用于支持农村电网建设、加大城市基础设施建设投入、开始建设高速公路、建设国家储备粮库、扩大大学招生规模等;为了鼓励民间投资,提出对民营企业投资与国有投资在税收、贷款、用地、项目审批等政策上要一视同仁;提出要鼓励增加居民消费,扩大消费信贷,优先支持有利于改善消费环境的投资。从1997年开始实施的扩大内需的政策,不仅有效支持了当期经济增长,而且为经济的长远发展打下了坚实基础。仅扩大大学招生一项政策,就圆了几千万青年人的大学梦,改变了他们一生的命运,为经济转型升级准备了大批人才。扩大内需政策的成功实施,提高了宏观调控的及时性、针对性,证明了我国的宏观调控能够适应经济形势的变化;从实际出发,果断作出正确的决策,表明

我们有能力排除各种困难和不利因素的影响,保持经济的持续健康发展。

三、进入 21 世纪的 10 年黄金发展期,取得了举世瞩目的经济发展成就

进入 21 世纪以来,我国经济进入了一个高增长、低通胀、高效益的黄金发展期。从 2001—2011 年,国内生产总值的年均增长速度达到 10.4%,年度之间的波动幅度很小,消费价格指数年均仅为 2.5%。我们终于摆脱了经济增长速度周期性大起大落的困扰。这是不断总结经验、改善宏观调控的结果。在经济处于偏热状态时,适度控制需求总量的增长速度;在经济运行偏冷时,适当扩大总需求。同时运用供给政策,努力增加有效产品供给;运用进出口政策,调节国内市场余缺;运用投资政策,上大压小,鼓励先进,淘汰落后。实践证明,社会主义市场经济体制是适合中国国情、有利于生产力发展的体制。在发达国家遭遇金融经济危机,体制弊端充分显现的情况下,我国经济能够继续保持较快增长势头,证明社会主义市场经济体制是具有强大适应能力和发展活力的体制,是中国人民的正确选择。

第三节 完善社会主义市场经济体制必须与转变经济发展方式同步推进

党的十八大报告提出到 2020 年全面建成小康社会,同时提出到 2020 年使国内生产总值和城乡居民人均收入比 2010 年各翻一番。去年,我国人均 GDP 已达 6086 美元。如果以 2012 年十八大召开为基期,经过 10 年努力,到 2022 年党的二十大召开时,实现人均 GDP 翻一番,届时人均 GDP 即可达到 1.2 万美元,进入高收入国家行列。因此,

未来 10 年,是我国经济跨越中等收入区间,登上高收入台阶的 10 年。

实现未来发展目标,必须克服一系列重大难题,实现产业升级和经济转型,即实现经济发展方式的转变。而发展方式的转变,需要深化改革来推动。当前各方面改革的呼声很高,但如何深化改革,改革的重点放在什么地方,意见不尽一致。立足完善社会主义市场经济体制与转变经济发展方式同步推进,进而凝聚改革和发展的共识,制定和实施科学合理的改革规划和路线图,已经成为迫切需要解决的课题。

改革开放三十多年来,我们之所以能取得改革的成功,关键在于针对阻碍生产力发展的旧体制,解放思想,大胆探索,敢破敢立,实现了从高度集中的计划体制向社会主义市场经济体制的转变。在实践中,把是否有利于生产力发展作为检验改革是否正确的标准。同样,今后的改革能否取得成功,关键也在于能否继续破除生产力发展的体制障碍和阻碍经济发展方式转变的体制机制。

一、着力推动收入分配制度改革,切实促进经济增长从投资、出口驱动型向消费驱动型转变

产能过剩是当前经济运行中最突出的矛盾。我国粗钢生产能力已达 9 亿吨,产量 7 亿多吨,占全球的近一半。水泥、铝材、平板玻璃的产能也占全球一半左右;造船能力超过全球市场需求的总和;发电设备、汽车制造能力超过全球产能的 30%;电视机、电冰箱、空调等家用电器的产能占全球产能的 50%左右;风电设备制造能力超过国内需求一倍以上。产能过剩是长期以来在经济发展的指导思想上重投资、轻消费的结果。面对全球经济危机造成发达国家市场疲软、进口需求下降的冲击,我国出口增长受阻,使产能过剩的矛盾更加突出。投资和消费的比例严重失衡,已成为当前国民经济重大比例关系中最为扭曲的关系。理顺投资与消费的关系,提高居民消费率,降低投资率,成为转变发展方式的首要任务。

解决这一矛盾,必须从认识上入手。长期以来,我们的思想认识跟不上经济发展形势的变化,经济工作的理念、政策和习惯自觉不自觉地停留在计划经济时代。计划经济面临的主要矛盾是"短缺",而市场经济面临的主要矛盾是"过剩"。马克思在《资本论》中曾透彻分析了资本主义市场经济的基本矛盾,就是生产能力无限扩张与广大居民有支付能力的需求之间的矛盾,必然带来周期性的经济危机,即生产过剩的危机。第二次世界大战以后,西方发达国家通过推行福利社会,加强经济预测和宏观调控,使生产过剩的矛盾得以缓解。当前又走向了反面,过重的社会保障负担使政府财力难以承受,许多国家陷入了财政债务危机。我国从1993年开始探索市场经济体制,距今刚刚20年时间,对市场经济规律尚缺乏深刻认识,在经济指导方针和调控政策上,往往把解决短缺问题作为主要矛盾,不顾市场需求盲目扩大投资,而对如何解决好分配问题,扩大居民的购买力重视不够。虽然也采取了许多措施限制低水平重复建设,但不足以抑制追求盈利的投资冲动。三十多年来,我国投资率不断上升,居民消费率不断下降,以致造成目前产能严重过剩的局面。

改革开放之初的"六五"时期,由于我们纠正了前30年急于求成的"左"的错误,大幅度降低了投资率,提高了居民消费率,投资率年均为33.9%,居民消费率年均达51.8%,这一时期成为居民从经济发展中得到实惠最多的时期。从这之后,投资率一路攀升,到"十一五"时期,投资率年均高达44.5%,比"六五"时期上升了10.6个百分点。同期,投资对经济增长的贡献率由年均36.3%上升到54.7%,增加了18.4个百分点。而居民消费率则一路下滑,到"十一五"时期已降低为35.8%,比"六五"时期下降了16个百分点。同期,最终消费支出对经济增长的贡献率由77.4%下降到43.4%,下降了34个百分点。2011年,投资率又上升到49.2%的历史最高点,最终消费率与2010年相同,下降到48.2%的历史最低点,投资率破天荒第一次超过最终消费率。

2011 年的居民消费率则与 2010 年相同,降到 34.9% 的历史最低点。这些数据仅仅是纵向对比,如果横向对比,失衡状况更为明显。美国的居民消费率高达 72%,比我们高出一倍多。所以,无论从哪个角度来分析,我国投资与消费比例的扭曲已达到极限状态,不能再维持下去了。

党的十七大曾提出要转变经济发展方式,并把扩大消费对经济增长的拉动作用作为转变发展方式的重要任务,但五年过去了,这种扭曲比例不仅没有改善,反而更严重了。十八大重提这一任务,特别是提出要建立释放消费需求潜力的长效机制,值得我们认真思考、高度重视。

党的十八大提出要以科学发展为主题,科学发展观的核心是以人为本,要求发展的成果由人民共享。提高居民消费率,使广大人民从经济发展中更多受益,是对以人为本的科学发展观最好的贯彻落实。如果能用五年的时间,将居民消费率提高 15 个百分点,达到 50% 左右,略低于"六五"时期的水平,就意味着每年将有 8 万亿元以上的商品由现在用于投资和出口,改变为用于广大居民消费,群众的生活水平将会有一个较大幅度的提高,企业闲置的生产能力也能发挥出来了,生产、分配、流通、消费的社会再生产过程就能进入良性循环,这样一件利民利国的大好事正等待着我们去做。

不仅要扩大居民个人消费,包括改善住、行条件,增加文化、信息、旅游、休闲等方面的消费,更要扩大公共服务消费。与个人消费品总体上供过于求或供求平衡不同,公共服务总体上仍处于供不应求的状况,包括教育、医疗事业的发展满足不了广大居民的需求,城市停车难、进养老院难和入托儿所、幼儿园难的问题严重存在。解决这些问题都属于政府的职责范围。政府还应当把提供清洁的空气、干净的水、优美的环境作为提供公共产品和服务的重要内容。这些方面发展不足,原因在于投资体制改革滞后。过去对这些公用事业的投资,单纯依赖财政资金。财政投入不足,自然影响发展。现在,应通过改革投资体制,用特许经营权的方式,吸引民间资金投向公共产品和公共服务建设,大大加快公用事业的发展。

改革收入分配制度,调整国民收入分配结构,逐步形成橄榄型收入结构,是扩大消费的前提条件。国务院三个部门最近联合下发的《关于深化收入分配制度改革的若干意见》(以下简称《意见》),提出要在发展中调整收入分配结构,着力创造公开公平公正的体制环境,坚持按劳分配为主体、多种分配方式并存,坚持初次分配和再分配并重,继续完善劳动、资本、技术、管理等要素按贡献参与分配的初次分配机制,加快健全以税收、社会保障、转移支付为主要手段的再分配调节机制,以增加城乡居民收入、缩小收入分配差距、规范收入分配秩序为重点,努力实现居民收入增长与经济发展同步,劳动报酬增长和劳动生产率提高同步,逐步形成合理有序的收入分配格局。同时强调在发展中调整收入分配结构:通过经济发展,把蛋糕做大,使可分配的总量增大,从而增加居民收入;尽可能采用增量调节的方式,使新增的国民收入向中低收入者倾斜,这不仅有利于激励劳动积极性,而且可以减少改革的阻力。

为了使中低收入者收入增长更快一些,《意见》提出要促进就业机会公平,通过逐步实行中等职业教育免费制度,提高劳动者职业技能;完善工资指导线制度,到 2015 年绝大多数地区最低工资标准达到当地城镇从业人员平均工资的 40% 以上,研究发布行业最低工资标准,推行工资集体协商和行业性、区域性工资集体协商,到 2015 年,集体合同签订率达到 80%,逐步解决一些行业企业职工工资过低的问题;缩小国有企业内部分配差距,适当提高中央企业国有资本收益上缴比例;多渠道增加居民财产性收入,支持有条件的企业实施员工持股计划;加快建立综合与分类相结合的个人所得税制度;完善社会保障体系,加大扶贫开发投入;有序推进农业转移人口市民化;加强社会监督,形成公开透明、公正合理的收入分配秩序。落实好文件精神,解决目前城乡、区域和个人之间收入差距过大问题,已成为加快经济增长由投资、出口驱动型向消费驱动型转变的关键所在。

二、着力推动"营改增"税制改革,切实促进第三产业加快发展

第三产业发展滞后,是国民经济中长期存在的突出问题。这不仅制约着第一、二产业的发展,还加大了就业的压力。2011 年,我国第三产业从业人员占全社会从业人员的比重为 35.7%,远远低于全球平均 62% 的水平,比发展中国家平均 50% 的水平仍低 15 个百分点。如果能用 5—10 年的时间,使第三产业从业人员的比重提高到发展中国家的平均水平,可新增就业岗位 1.1 亿个,就业压力将大大缓解。

第三产业发展滞后,突出表现在物流、研发、信息、咨询、审计、金融、法律等生产性服务业落后。由于物流业专业化、社会化程度低,我国全社会物流成本占 GDP 的比重高达 20%,而发达国家仅占 8% 左右。由于风险投资市场不发达,造成科技成果转化困难,我国科技成果产业化的比例不到 20%,远远低于发达国家 50% 左右的水平。

造成第三产业发展滞后的理论根源,来自第三产业不创造价值传统经济理论的影响。在计划经济时代,有一个重要的理论,这就是只有物质生产部门才创造财富,所谓物质生产部门,只包括工业、农业、建筑业、交通运输业和邮电业,除此之外的服务业是不创造价值的。在国民经济统计中,只统计物质生产部门创造的价值,不统计非物质生产部门的价值。虽然改革开放以来这种陈旧的脱离实际的理论已被打破,统计制度也进行了改革,承认服务业也创造价值,但其影响仍然存在。在发展规划和政策中,对发展第二产业给予鼓励支持,但对第三产业实行高税率、高地价,甚至用水、用电价格也要比工业贵。对第三产业实行的营业税的税负比第二产业的增值税平均高三分之一左右。第三产业

经营者大部分是小型微型企业和个体户,由于税收的起征点过低,加重了小微型企业和个体户的负担,抑制了群众的创业热情,也制约了就业规模的扩大。在香港,占企业总量70%以上的小型微型企业是免税的,对小型微型企业的优惠政策促进了第三产业的发展,第三产业从业人员占全社会从业人员的比重高达89%,有力地支撑了香港的繁荣。香港鼓励第三产业发展的经验值得借鉴。

去年,我国在11个城市进行交通等行业"营改增"的试点。税负降低之后,第三产业出现了高速发展的局面,特别是物流、研发等服务业领域,创业的积极性大大提高,小型微型企业大量涌现。我们应当在总结经验的基础上,尽快在第三产业的各个领域和全国范围内推广。同时,要进一步提高对小微型企业和个体户的税收起征点。2011年把小微企业和个体户的税收起征点由月销售额5000元提高到2万元,使2000多万个经营主体受益,税负降低40%以上,而每月减少的税收只有9亿多元。现在看,起征点仍然过低。以销售利润率10%计算,月销售额2万元相当于月纯收入2000元,比个人所得税起征点月收入3500元仍低1500元。提高对小微企业的税收起征点,有利于放水养鱼、培植财源,因为大企业都是从小企业发展起来的。在美国、日本、德国等发达国家,都有对创办小企业的扶持政策。鼓励创业,以创业带动就业,是转变发展方式的一项重要政策。鼓励小微企业发展,就是鼓励创业。我国现在许多大企业包括一些跨国公司,都是在改革开放初期创办起来的。因此,重视扶持小微企业和个体户,不仅对第三产业的发展至关重要,而且关系到我国经济的长远发展能力。如果使"营改增"和提高税收起征点的税制改革尽快到位,我国第三产业必将出现一个爆发式增长的局面,就业规模的扩大将促进居民收入的增长,单位GDP的能源消耗也将大幅度下降。因而第三产业发展的巨大潜力,亟待通过"营改增"等方面的改革来释放。

三、着力推动科技、教育管理体制改革,切实促进产业升级和经济转型

我国经济增长在很大程度上是靠物质资源消耗的增加来实现的,这不仅给能源资源供给带来很大压力,而且生态环境已难以承受。最近出现的大面积雾霾,就是这种粗放的生产方式长期累积的结果。改变这种局面要靠产业升级,实现产业结构由资源密集型、劳动密集型产业为主向技术密集型、知识密集型产业为主的转变,经济增长由主要依靠增加物质资源消耗向主要依靠技术进步、改善管理和提高劳动者素质转变。实现这两个转变,必须加大自主创新力度,以具有自主知识产权的技术带动产业升级。同时,需要加快培养创新型人才。这就需要深化科技、教育管理体制改革。

党的十七大提出要把提高自主创新能力、建设创新型国家作为国家发展战略的核心。几年来,各级政府、企业、科研机构和大学都加大了对科研开发的投入,科技人员创新的积极性初步调动起来了,技术成果开始成批涌现。企业已经成为科研开发投入和创造技术专利的主体。2011 年,我国在国内申请的技术专利的数量已跃居世界第一位,但是发明专利较少,质量有待提高。2010 年和 2011 年,我国申请国际专利的数量与美国相比,分别为 1:6 和 1:3.6。照此速度发展下去,到"十二五"末,有可能赶上或超过美国。特别是出现了一批创新型企业和专利申请大户。2009 年,华为公司申请国际专利的数量在全球企业中居第一位。2011 年,中兴公司申请国际专利的数量又居世界第一位。华为公司研发投入占销售收入的 10%,研发人员占全体员工的 50%,成为全球通讯设备制造行业的技术领先者。民营企业申请专利数量占全部专利申请量的 67%,已经成为自主创新的主力军。

目前,有两个领域拥有巨大的创新潜力,仍有待进行充分挖掘。

第一是国有企业。国有企业站在各个行业技术进步的最前沿,拥

有国内一流的人才和最好的科技资源,资金实力雄厚。去年,国资委制定了关于发挥国有企业在自主创新中的骨干和带动作用的若干规定,第一次提出把企业创造的技术成果的价值列入国有资产保值增值的考核范围,这是管理理念上的一大进步。马克思早就预见,随着技术进步,在资本有机构成中,技术的比重将不断提高。长期以来,我们在对国有资产保值增值的考核中,只考核有形资产,不考核无形资产,充分证明了管理理念上的落后。相信这次对国有企业考核指标的改变,对鼓励企业自主创新将起到重要作用。我们期待着国有企业技术创新成果的大批涌现,在自主创新中起到主力军的作用。

第二是大学。大学集中了大批科技创新人才特别是年轻人才,正处于创新思维最活跃、精力最旺盛的阶段,应当成为科技创新基地和培养创新型人才的基地。但是,由于受几千年封建科举制度的影响,高分低能、知识老化、循规蹈矩、不求创新,成为我国大学与发达国家大学的主要差距。在2011年全球大学专利申请量的排序中,我国没有一所大学进入前50名,而美国则有30所大学入围。由此可见我国的大学同美国的大学在创新能力上的差距。改革教育体制,引入竞争机制,实行优胜劣汰,是提高大学科技创新能力、培养创新型人才的唯一选择。改革开放以来,我们在工业领域能够出现一批创新型企业,关键在于对企业实行了简政放权、优胜劣汰的竞争机制。当前,对大学实行这种机制的条件已趋成熟。随着大学招生人数的不断增加,预计到"十二五"末,大学招生将形成买方市场,即由过去的大学选学生,变为学生选大学。好的学校能吸引到优质生源,差的学校可能会因招不到学生而关门,或转为中等专科学校。随着大学自主招生规模的扩大,学校管理的自主权也将不断扩大,围绕培养创新型人才,各类独具特色的人才培养方式将会创造出来。在美国,评价大学办学水平的一个重要标准,是看学校的专业、院系对相关产业发展的影响度。如斯坦福大学的电子系,就是硅谷的技术来源地,他的科研成果影响和带动了全球电子信息业的发展。我国的一些大学,连对世界先进技术的跟踪都跟不上,更谈不上什么创新了。有一个工业类大学,请十几年前的一个毕业生回校讲课。这位校友翻开一本教科书,发现有三十多个概念已经落后于生产实践,而教授们仍在向学生灌输。这表明如不深化教育体制改革,难以办出世界一流大学。大学只有站在全球科技进步的最前沿,成为研究型大学,并以科研带动教学,才能培育出创新型人才。也只有立足于国内培养创新型人才,才能建成创新型国家,以具有自主知识产权的技术带动产业升级和经济转型。美国之所以能长期在科技上居于全球领先地位,除了国家制定重大科技工程规划、由政府资助的军工技术成果无偿转为民用和发达的风险投资体系外,一个重要原因是用奖学金和优厚的待遇吸引了全球的科技人才。我们要学习借鉴美国的经验,积极引进人才,除了企业要引进科技人才,学校也要引进具有创新能力的教师,吸引国外优秀留学生,充分利用国外的科技资源,以增强自主创新能力。

四、着力推动城乡一体化发展制度建设,切实缩小城乡之间差距

未来10年,我国要跨越中等收入区间,进入高收入国家行列,关键取决于三农问题的解决,包括实现农业现代化、加快农业劳动力向非农产业转移和提高农民收入水平。根据国际经验,凡是进入高收入行列的国家,一般具备三个条件:一是城市化水平达到70%左右。二是农业劳动生产率赶上第二、三产业的水平。三是农民人均收入赶上城镇居民的收入。目前,我国城镇化率(按城市常住人口统计,而未按户籍人口统计)只有52%,农民工还没有完全融入城市;农业劳动生产率只及第二、三产业的28%;农民人均收入只及城镇居民的31%。未来10年,如果没有城乡发展差距的缩小,是不可能进入高收入国家行列的。三农问题有可能拖住国家现代化的后腿。

当前,解决好三农问题面临着千载难逢的机遇。一是农业劳动力转移有出路,到处都存在招工难。一些劳动密集型产业开始向东南亚国家转移,因为那里的工人月工资只有我国的四分之一左右。如果不抓住机遇,为农业劳动力转移创造好的政策环境,等到劳动密集型产业全部转移到国外之后再来解决这一问题,我们将失去农业劳动力转移的历史机遇。二是民间资金大量富余,正急于寻找投资出路。农业现代化需要大量资金投入,完全靠政府投入是不现实的,政府投资只能起到鼓励和引导作用。去年,各级政府对农村的投入达1.7万亿元,可以说尽了最大努力,但平均每个农民仅一千多元。靠农民自己投入也不现实,因为农民的积累能力很低。只能靠吸引社会资金进入才能奏效。改革开放以来的实践证明,哪个领域对民间资金开放,那个领域的发展就快;哪个领域拒绝民间资金进入,那里就死水一潭,缺乏活力。去年,国务院制定了42个鼓励民间资金进入的实施细则,唯独没有鼓励民间资金进入农业现代化的实施细则,应当抓紧制定。三是市场对优质绿色农产品需求旺盛。靠数以亿计以农户为单位的小生产,不可能生产出消费者信得过的品牌产品。解决农产品价格波动问题,关键在于搞好产需衔接。而小生产者不可能准确预测市场需求,只能盲目跟着市场价格跑,周期性价格波动也就难以避免。建立社会化、现代化大农业,是历史发展的必然规律,是社会进步不可逾越的历史阶段,目前的条件已经成熟。安徽省小岗村春节前将几千亩地整理好,准备节后招标转让经营权。其中,赞成把土地经营权转包出去的农户,包括了三十多年前主张搞家庭承包按手印的人。他们算过账,承包地让别人种,比自己种收入更高,并且自己从土地上解放出来后,可以从事多种经营或出去打工,又能挣一笔可观的收入。政府有关部门应顺应这种趋势,因势利导,保证土地在流转中用途不改变,以确保粮食安全。四是农用工业能够满足农业现代化对技术装备的需求。目前,我国农用工业已足够强大,能够生产出农业现代化所需要的机械、化肥、农药和各类农用设施。特别是大田粮食作物的全套机械,都能立足于国内制造。如果个别设备自己制造不了,还可以进口。我国单位耕地面积技术装备的投入总量远远低于发达国家的水平。制定优惠政策,加大对农业现代化的投入,将拉动农用工业的发展,为解放农业劳动力和扩大内需作出贡献。

党的十八大提出,加快改革户籍制度,有序推进农业转移人口市民化,努力实现城镇基本公共服务常住人口全覆盖。这是城乡管理体制的一个重大突破。使农民工享受到城市基本公共服务,将对农村富余劳动力向非农产业转移产生巨大吸引力。前五年,我国城市化率平均每年提高1.3个百分点,每年有1700万农村人口转移到城镇。预计未来10年,城镇化率的提高速度将不低于前5年。10年累计将能转移1.7亿左右农村人口,既能为第二、三产业的发展提供源源不断的人力支持,又能为发展农业集约化经营提供条件。进城的农民可以过上现代化生活,留在农村的农民也能从扩大土地经营规模中增加收入,顺利实现小康。

农业现代化和城镇化是一个问题的两个方面。农业现代化可大大提高农业劳动生产率和土地产出率,把更多的农民从土地上解放出来。城镇化可加快第二、三产业的发展,创造更多的就业机会。两者相辅相成,必须同步推进。去年,我们在洞庭湖地区调研,看到一个令人鼓舞的案例:岳阳市华容县有一个村,共70多户人家,种800亩水田,一年两熟。现在全村的土地让村党支部书记一人全部转包了,每亩转包费700元。他购置了全套农业机械,实行大棚育秧,可提前半个月插秧,亩产提高5%以上。全村的劳动力被解放出来,愿意在当地打工的,每天130元。愿意进城打工的,一个人年收入可达3万元。两口子一起打工,年收入6万元。加上土地转包收入7000元,家庭年收入可达6.7万元。国家统计局划分的中等收入家庭的标准为年收入6万—20万元。这个村的农民一下子可以跨入中等收入家庭了。

党的十七届三中全会《决定》提出,要建立城乡一体化发展新制度,包括城乡规划一体化、城乡基础设施一体化、城乡产业发展一体化、城乡公共服务一体化、城乡社会管理一体化、城乡要素市场一体化。建立城乡一体化发展制度,需要打破现行的诸多管理体制障碍,只有下定决心,以更大的智慧和勇气,从农村发展的实际出发,才能把各项改革推向前进。

五、着力深化金融体制改革,切实发挥市场配置资源基础性作用

十八大提出要在更大程度上更广范围内发挥市场配置资源的基础性作用,这是深化经济体制改革的方向。市场配置资源主要是资金的配置,因为资金流向哪里,人力、设备、能源、原材料等生产要素就跟着流到哪里。优化资源配置的关键在于优化资金配置,这就需要深化金融体制改革。

我国金融资本规模巨大,M_2 总量已突破 100 万亿元。由于金融体制改革滞后,资金流动性差,周转率低,需要资金的企业难以获得资金支持。根据调研,2011 年上半年,以小企业为主体的温州市,企业平均获得贷款的利率为 25%。这么高的利率,企业是难以承受的。

去年年初,温家宝同志在全国金融工作会议的讲话中指出了今后金融体制改革的六项任务:包括放宽准入、建立地方性监管机构、建立存款保险和贷款担保制度、完善以用汇为主的外汇管理体制、健全多层次资本市场等。但是,由于至今尚未出台综合配套的改革措施,大家都在等待。又由于资本的趋利性,利率市场化已率先突破。合理的改革顺序应当是把市场准入放在最前面,其次是完善监管和风险担保体系,第三步才是利率市场化。因为前两步改革可形成充分竞争格局,并规避市场风险,从而为利率市场化创造前提条件。现在利率市场化已自发突破,前两步改革尚未推出,必然出现垄断利益、寻租行为和潜在风

险。制定一个金融体制改革的周密配套方案,并有序推进,已成为当务之急。

当前,各类非银行贷款类融资发展较快。在社会融资增量中,非银行贷款已增至60%以上,其中各类债券、信托投资等非股票投资增长更快。这类业务的发展,有利于提高资金配置效率,在不增加基础货币投放的条件下,通过增强货币的流动性,满足经济发展对资金的需求,符合金融体制改革的方向和金融业发展的客观规律。问题在于,需要抓紧对各类非银行贷款类融资活动的发展进行规范,并纳入监管范围。只有这样才能使其既有利于优化资金配置,又可以有效地规避金融风险。

第二章　经济体制改革必须立足于
社会主义初级阶段

中外社会主义发展的一条重要经验,即无论是经济建设还是经济改革,正确界定和把握历史发展阶段都是取得成功的先决条件。这也是新中国成立以来,社会主义建设和改革开放两个重要时期的实践得出的一个根本性结论。当前,以建立社会主义市场经济体制为目标、以解决政府和市场关系为核心内容的经济体制改革,已经进入到一个新的阶段,各个方面要求加快推进改革的呼声日益强烈,深水区和攻坚期的阶段性改革特征,对改革勇气和智慧,也都提出了更高的要求。勇气诚可贵,智慧价更高。改革要不停滞,不倒退,不出轨,就必须立足于社会主义初级阶段这个最大国情。偏离了这个最大国情,改革就可能走上歪路、邪路、过头路;只有适应这个最大国情,改革才能实现解放和发展社会生产力的目的,我们才能收获更多的改革"红利"。

第一节　社会主义初级阶段理论内涵与特征

一、社会主义初级阶段理论的形成过程

社会主义初级阶段理论,是在充分汲取社会主义建设事业和改革

发展经验教训基础上而逐步形成的。

早在 1958 年，毛泽东同志就开始探索社会主义两阶段发展的可能性，第一阶段是不发达的社会主义，第二阶段是比较发达的社会主义。遗憾的是这一思想仅仅是昙花一现，中国社会很快就进入了赶英超美的不切实际之轨道。经历了 20 多年的社会运动，中国离英、美不是近了，而是更远了。1979 年 9 月，叶剑英同志《在庆祝中华人民共和国成立三十周年大会上的讲话》中，明确提出了我国的"社会主义制度还处在幼年时期"的历史判断。1980 年，在对建国 30 年经验全面总结与反思的基础上，中央开始起草有关党的历史问题的决议。邓小平同志指出："第一，不要离开现实和超越阶段采取一些'左'的办法，这样是搞不成社会主义的。我们过去就是吃'左'的亏。第二，不管你搞什么，一定要有利于发展生产力。"①在邓小平、胡耀邦等同志的亲自指导下，经过长时间的讨论、修改和完善，1981 年完成了《关于建国以来党的若干历史问题的决议》，决议指出："尽管我们的社会主义制度还是处于初级的阶段，但是毫无疑问，我国已经建立了社会主义制度，进入了社会主义社会，任何否认这个基本事实的观点都是错误的。"在党的历史文献中，这是第一次明确提出社会主义初级阶段的理论②。

1982 年 9 月，党的十二大报告指出："我国的社会主义社会现在还处在初级发展阶段，物质文明还不发达。"1986 年 9 月，党的十二届六中全会通过的《中共中央关于社会主义精神文明建设指导方针的决议》，重申并阐述了社会主义初级阶段的社会经济特征，指出："我国还处在社会主义的初级阶段，不但必须实行按劳分配，发展社会主义的商品经济和竞争，而且在相当长历史时期内，还要在公有制为主体的前提下发展多种经济成分，在共同富裕的目标下鼓励一部分人先富裕起

---

①　《邓小平文选》第二卷，人民出版社 1994 年版，第 312 页。

②　张建君：《社会主义初级阶段的理论演进历程与理论创新》，《学习与实践》2011年第 7 期。

来。"这可看作是在党的历史文献中第一次明确提出社会主义初级阶段的理论。在十三大召开前夕,邓小平同志指出:"社会主义本身是共产主义的初级阶段,而我们中国又处在社会主义的初级阶段,就是不发达的阶段。一切都要从这个实际出发,根据这个实际来制定规划。"①

1987年10月,中共十三大报告全面提出并系统阐述了社会主义初级阶段理论,这是马克思主义中国化的重要理论成就,标志着社会主义初级阶段理论的正式确立。

二、社会主义初级阶段的基本内涵

党的十三大指出:正确认识我国社会现在所处的历史阶段,是建设有中国特色的社会主义的首要问题,是我们制定和执行正确的路线和政策的根本依据。所谓社会主义初级阶段,并不是泛指任何国家进入社会主义都会经历的起始阶段,而是特指我国在生产力落后、商品经济不发达条件下建设社会主义必然要经历的特定阶段。社会主义初级阶段有两层含义:第一,我国已经进入社会主义社会,我们必须坚持而不能离开社会主义;第二,我国的社会主义社会还处在不发达阶段,我们必须从初级阶段的实际出发而不能超越这个阶段。前者回答了我国处于什么样的社会发展阶段,界定了我国社会制度的基本性质和发展方向;后者则回答了我们要建设什么样的社会主义,说明了我国社会主义制度的历史方位和发展方略。

我国的社会主义初级阶段,包括从1956年生产资料私有制的社会主义改造完成,到社会主义现代化的基本实现,至少需要上百年的时间。这个阶段,既不是社会主义经济基础尚未奠定的过渡时期,也不是未来要实现社会主义现代化的发达阶段,而是过渡时期到发达阶段的承前启后阶段。在社会主义初级阶段的理论基础上,我国成功地进行

---

① 《邓小平文选》第三卷,人民出版社1994年版,第252页。

了基本路线和方针政策的根本性调整,把全党的工作重心转向了以经济建设为中心的正确轨道,确立了"一个中心、两个基本点"的总路线,即以经济建设为中心,坚持四项基本原则,坚持改革开放;制定了三步走、到 21 世纪中叶实现现代化的宏伟发展战略;清晰地勾画和展现了中国特色社会主义建设的伟大前景。

1997 年,在党的十五大报告中,进一步阐述、深化和拓展了社会主义初级阶段的理论内涵,提出了实现工业化和经济的社会化、市场化、现代化的社会发展目标,提出了社会主义初级阶段的基本纲领,强调了我国正处在并将长期处在社会主义初级阶段的基本国情,指出这是现阶段继续解放思想的根本依据,系统论述了社会主义初级阶段整个历史进程中必须处理好改革、发展与稳定三者之间的关系,特别是有关社会主义初级阶段九个具体特征的分析,深刻揭示了我国社会主义初级阶段所要解决的历史任务和发展难题,标志着党对社会主义初级阶段的理论认识提高到了一个崭新阶段。同时在社会主义初级阶段的理论基础上,成功描绘出了中国经济社会伟大复兴的蓝图,开创了中国特色社会主义道路的经济奇迹。

社会主义初级阶段理论,是马克思主义中国化的重大理论创新,是邓小平理论的基石,是中国特色社会主义理论体系的基础理论,是坚定走中国特色社会主义道路的行动指南。这一理论准确地界定了中国社会主义制度的发展阶段和历史方位,有效避免了在经济建设和社会发展阶段方面,不切实际的理论空想和消极思潮,保证了党的思想路线、方针政策和发展战略的稳定性和连续性,推动了中国改革开放 30 多年经济社会各项事业的跨越式发展,成为中国社会长期稳定发展的一个重要理论保障。

三、社会主义初级阶段的基本特征

社会主义初级阶段,具有长期性、艰巨性、复杂性,不可能一蹴而就,也不会因为我国经济总量跃居全球第二位而随之改变。社会主义初级阶段所面临的主要矛盾,仍是人民日益增长的物质文化需要同落后的社会生产之间的矛盾,只要这个矛盾没有得到根本性解决,社会主义初级阶段的基本国情就不会、也不可能发生根本性变化。社会主义初级阶段,概括起来有九大特征:

(一)社会生产力还不发达

社会主义初级阶段的首要特征,就是生产力不发达,物质财富匮乏,这是社会主义初级阶段所面临的基本国情。因此,解放和发展生产力,推动中国向社会主义现代化跨越,是社会主义初级阶段的历史使命。

(二)现代化生产生活方式还没有完全形成

2012 年按常住城镇人口计算,我国的城镇化率达到 52.6%,意味着农业人口占很大比重的现象已经初步改变,但我国现代农业、现代服务业的发展仍然远远落后于西方工业化国家,更重要的是"人的城镇化"仍面临严峻挑战。

(三)经济市场化程度还有待提高

1992 年,我国开始向社会主义市场经济转型,但社会资源的市场化配置程度还较低,还存在政府干预经济、过度依赖行政权力调控、过多审批事项等不符合市场经济的管制经济现象,这些都要通过经济体制改革,推进相应转变,才能不断提高市场化程度和水平。

(四)科技教育文化还比较落后

2012 年,我国 15 岁以上人口平均受教育年限达到 9 年以上,高等教育毛入学率提高到 30%,成绩虽然显著,但科技教育文化落后的根本面貌仍然未能得到有效改观,我国是一个教育大国而不是教育强国,是一个科技生产国而不是科技创新国。

(五)贫困人口仍占有较大比重

2012 年,按照农村扶贫标准年人均纯收入 2300 元(2010 年不变价计算),我国年末农村贫困人口为 9899 万人,这个数据充分揭示了我国社会主义初级阶段发展的艰巨性。没有人民生活水平的根本性改善,没有贫困人口的大规模消除,就很难说实现了对社会主义初级阶段的有效跨越。

(六) 缩小地区差距还要付出更大努力

改革开放以来,东部省份率先获得了发展,人均 GDP 水平普遍在全国平均水平以上,而西部省份则相对滞后,人均 GDP 水平普遍在全国平均水平以下。尽管从 2007 年开始,西部地区的发展速度开始超过东部,但人均 GDP 水平仍不足东部的 2/3。区域发展差距仍是我国全面建成小康社会面临的重大挑战。

(七) 体制机制还很不完善

社会主义初级阶段的突出特征,不仅仅是经济不发达、物质不丰富的发展阶段,同样是体制不成熟、机制不灵活的发展阶段,正是这种不成熟的体制机制束缚了社会的活力与经济发展的动力,伴随向社会主义市场经济的改革和转型,我们不但要建立起充满活力的社会主义市场经济体制,同样要建立起与之配套的社会主义民主政治、文化、社会管理、生态文明等体制,通过体制机制的改革创新焕发社会主义制度的活力。

(八) 精神文明建设水平仍有待提高

社会主义初级阶段,不但成为社会主义物质财富的创造过程,同样成为社会主义精神文明的建设过程,通过理想信念教育,我们要在物质文明丰富基础之上建设更高层次和境界的社会主义精神文明。

(九) 各方面协调发展的任务还相当繁重

无论在经济、政治、文化、社会管理,还是生态建设等一系列方面,我们同世界先进水平都还存在巨大的发展差距,中国仍是全球最大的发展中国家,如何推进这些方面的协调发展,仍是社会主义初级阶段所面临的艰巨挑战。

初级阶段作为我国最大的国情,既有相对的稳定性,又有一定的动态性。如果不能有效消除社会主义初级阶段九大特征,就很难说生产力落后、市场经济不发达的基本国情被有效克服,也谈不上初级阶段的主要矛盾被有效解决,更不能说已经跨越了社会主义初级阶段。2012年,我国国内生产总值达到51.9万亿元,稳居世界第二位,按现行汇率计算人均GDP约6200美元,已达到中等偏上国家的收入水平,这就是中国改革开放30多年的突出成就,正是这样的突出成就,表明社会主义初级阶段的基本路线是正确的,必须长期坚持下去。另一方面,更要看到,2012年中国人均GDP水平才勉强达到世界银行划定的高收入国家收入标准的1/2,是美国、日本、德国等高收入国家人均GDP的1/10,全国还有近20个省份达不到这条全国均线,一些西部落后省份更是不及这条均线的60%。如果考虑到,我国还有9899万贫困人口的严峻现实,我们就必须时刻意识到社会主义初级阶段绝不仅仅是中国社会发展的一个阶段描述,而是中国最大国情的集中体现,因而成绩越突出、改革越深入,对社会主义初级阶段——这个最大国情的认识就越深化。

第二节 社会主义初级阶段与"中国梦"

党的十八大报告明确提出:建设中国特色社会主义,总的依据是社会主义初级阶段,总布局是五位一体,总任务是实现社会主义现代化和中华民族伟大复兴。实现中华民族的伟大复兴,是中国人民的百年梦想,在过去的艰难历程中,中国人实现了站起来的伟大梦想,初步实现了富起来的伟大梦想,正在朝着强起来的伟大梦想奋勇前进。

一、建党百年和建国百年的目标

2012年11月29日,习近平总书记率新一届中央政治局常委参观

《复兴之路》展览时,提出了著名的"中国梦"。他指出:"实现中华民族伟大复兴,就是中华民族近代以来最伟大的梦想。"2013 年 3 月 17 日,在十二届全国人大一次会议闭幕式上,习近平指出,实现中国梦必须走中国道路。这就是中国特色社会主义道路。这条道路来之不易,它是在改革开放 30 多年的伟大实践中走出来的,是在中华人民共和国成立60 多年的持续探索中走出来的,是在对近代以来 170 多年中华民族发展历程的深刻总结中走出来的,是在对中华民族 5000 多年悠久文明的传承中走出来的,具有深厚的历史渊源和广泛的现实基础。

诞生于 1921 年的中国共产党,从一开始就旗帜鲜明地把社会主义和共产主义确定为自己的奋斗目标,期望建立一个强大的社会主义中国。在过去的九十多年里,中国共产党带领中国人民,完成了新民主主义革命,建立了社会主义基本制度,实现了中国人站起来的伟大梦想。在经历了盲目跃进、跑步进入共产主义社会、"文化大革命"等一系列的艰难挫折之后,中国共产党最终认识了社会主义初级阶段的基本理论,开创了中国特色社会主义道路,并进而把实现"中国梦"最主要的建设性内容作为自己的阶段性奋斗目标,这就是"到建党一百年时,建成惠及十几亿人口的更高水平的小康社会"①。

中国共产党人把这种富起来的"中国梦",称做是全面小康社会。在小康社会的建设进程中,我们创造了一个又一个的奇迹。2005 年,中国的经济总量第一次超过了昔日的老大帝国——英国。按照国内外学者的预期,2020 年中国的经济总量将有可能超过时下的老大帝国——美国。从 1978 年到 2000 年,我们用 22 年的时间实现了人均GDP 翻两番,达到 854 美元。2003 年,中国人均 GDP 首次突破 1000美元。党的十六大提出了到 2020 年人均 GDP 达到 3000 美元的全面小康社会建设目标,但仅仅过了 5 年,中国就实现了这个目标,2012 年

---

① 《中国共产党章程》,人民出版社 2012 年版。

达到了人均 GDP 约 6200 美元的水平。党的十八大报告又明确提出了到 2020 年"国内生产总值和城乡居民人均收入翻一番"的奋斗目标，如果这个目标如期实现，那将不仅仅是在经济总量上超越美国，而且是中国人第一次昂首挺胸跨入高收入国家的门槛，这就是中国共产党一百年所成就的"中国梦"。

改革开放的实践推动形成了中国特色的社会主义道路，这条道路的成功更加坚定了我们的道路自信。"到建国一百年时，人均国内生产总值达到中等发达国家水平，基本实现现代化"①，这既是沿着中国特色社会主义道路前进的发展目标，也是社会主义初级阶段的奋斗目标，还是中华民族实现伟大复兴的梦想。

二、坚持社会主义初级阶段一百年不动摇

党的十三大报告指出：我国从 20 世纪 50 年代生产资料私有制的社会主义改造基本完成，到社会主义现代化的基本实现，至少需要上百年时间，都属于社会主义初级阶段。2007 年新修改的党章明确指出："我国正处于社会主义初级阶段。这是在经济文化落后的中国建设社会主义现代化不可逾越的历史阶段，需要上百年的时间。"

无论是建党百年与"中国梦"所揭示的民族振兴与国家强盛的主题，还是建国百年与中国道路所蕴含的制度创新的主题，都离不开中国特色社会主义的发展方向，都离不开社会主义初级阶段这个最大国情。正如党的十七大强调指出："当前我国发展的阶段性特征，是社会主义初级阶段基本国情在新世纪新阶段的具体表现。"当前我们所面临的挑战与难题都要在初级阶段的国情中寻找办法和路径，我们所强调的改革和开放也要在初级阶段规定的轨道上向前推进。

中国道路起步于一个半殖民地半封建的落后国家，走上社会主义

---

① 《中国共产党章程》，人民出版社 2012 年版。

发展道路是人民和历史的最终抉择。必须牢记,我们是在一穷二白的基础之上建设社会主义,经历了改革开放前的 30 年艰苦奋斗,初步实现了社会主义的工业化,但生产力水平依然相当落后,仍然远远落后于发达资本主义国家。改革开放以来三十多年,人民虽然过上了温饱有余的生活,但仍有相当一部分人没有完全解决温饱问题。我们的社会主义市场经济体制还不成熟、不完善,市场化的改革仍处于攻坚阶段,经济、政治、社会、文化、生态建设等一系列方面还没有形成成熟稳定的制度架构,既往的社会实践一再警示我们,这种成熟稳定的社会制度架构,既不能凭空产生,也不可能被预先设计,这完全有赖于我们经历一个较长的持续发展过程,在这种社会实践的基础上形成科学的规律性认识,推动中国特色社会主义制度的成熟与稳定,这不但表明我们今天仍没有超出社会主义初级阶段,而且决定了我们必须经历一个较长时期的社会主义初级阶段,这个阶段至少需要上百年的时间,这样一个过程使得我们的"中国梦"建立在更为坚实的社会实践基础之上。为此,我们必须坚持社会主义初级阶段一百年不动摇的发展信念和基本国策。

第三节　超越社会主义初级阶段的沉痛教训

一、苏联社会主义建设时期的教训

按照经典作家的理论构想,社会主义制度是社会生产力发展的必然结果,发达的社会生产力,是建设社会主义制度的物质基础。然而事实是,率先进入社会主义的国家,往往面对的是社会生产力的不发达,甚至是"一穷二白"。在这样的基础上和条件下,如何建设一个比资本主义社会更为优越的社会主义国家,是对社会主义制度的严峻考验。

在俄国革命胜利后,虽然也经过战时共产主义政策、余粮收集制、新经济政策等一系列建设社会主义的政策尝试,但在社会发展阶段的问题上却不得不一退再退,从最初的直接转入共产主义社会的设想,一路退到了恢复国家资本主义的发展阶段。

在探讨了马克思、恩格斯有关共产主义阶段划分的思想后,列宁认为社会主义还是一种抽象的东西,它只有经过一系列建立这个或那个社会主义国家的各种各样的、不尽完美的具体尝试才会成为现实。他为此提出了"建设初级形式的社会主义的可能性"论断①,这种"新社会的初级形式",无疑对正确把握和认识社会主义发展阶段具有很大的启发意义。列宁之后,斯大林通过计划经济实现了俄国从落后的农业国向社会主义工业强国的根本性转变,然而,超越资本主义强国、建设共产主义社会的理想信念,则推动了苏联社会主义制度建设的急于求成,在 1959 年苏联就宣布已进入全面展开共产主义建设时期,在共产国际中引发了跑步进入共产主义社会的政治比赛。这种脱离社会发展阶段的错误思潮,沉重地打击了人们对社会主义制度的热情,埋下了苏联和东欧社会主义国家解体的隐患,教训不可谓不惨痛。当然,苏联、东欧的易帜不止于经济体制和建设指导方针的原因,但这些无疑是重要原因之一。

(一) 科学社会主义理论不等于社会主义的实际建设

列宁从直接转入共产主义社会的设想一路退到恢复国家资本主义的发展实践,以最为鲜明、生动、直观的形式告诉我们,科学社会主义理论并不等于社会主义的实际建设,如果我们落入经典理论的窠臼,亦步亦趋、甚至削足适履,则只能埋葬科学社会主义理论的科学性,科学理论所揭示的是事物发展的必然趋势与内在规律,并不为我们先验的呈现一个活生生的社会现实。这是一切社会主义者对待马克思主义和科

---

① 《列宁选集》(第 4 卷),人民出版社 1960 年版,第 141 页。

学社会主义理论所应具备的基本态度。

（二）超越生产力发展阶段的社会建设不可能取得成功

生产力是推动社会关系发展变化的第一动力和持续动力,生产力的发展有其内在的规律,人类的社会实践只能遵循规律,以加速生产力发展的历史进程,或缩短生产力跨越所需要的累积时间,但绝不能超越生产力发展阶段来推动社会建设,即使借助强力命令手段促进了生产力的跨越,但落后的社会生产关系仍然要将社会引向一个适应社会生产力发展的自然的回落过程。苏联全面展开共产主义建设的社会实践,不但无益于发展,而且被实践证明是给苏联的发展挖下了陷阱,这充分证明超越生产力发展阶段的社会建设是不可能取得成功的。

（三）计划经济体制不可能把国家引入发达的、完善的社会主义

集中全社会资源进行工业化建设的计划经济体制,虽然在特定的时期可以解决国民经济的大规模产出与资本积累难题,但不可能从根本上解决社会的民生改善问题,是跛脚的经济模式,重生产、轻民生,背离了经济发展的最终目的,没有人民的物质文化需求的不断满足,什么样的经济体制都将难以持续。

二、改革开放前我国社会主义建设的教训

中国社会主义建设的实践难题,就是社会生产力的极端低下和物质文明的不发达。1952 年,人均钢产量美国是 538.3 公斤,苏联是 164.1 公斤,中国只有 2.37 公斤,不及美国的 1/200;人均发电量美国是 2949 度,苏联是 553.5 度,中国只有 2.76 度,不及美国的 1/1000。[①]在这样一个落后的基础上,建设社会主义强国,无疑是一个宏大而绚烂的"梦想"。在中国,钢铁与电力成为制约中国工业化进程的拦路虎。如果考虑到社会发展阶段的生产力,不仅仅是物质产出,更重要的是受

---

① 苏星:《新中国经济史》,中共中央党校出版社 1999 年版,第 625 页。

制于技术结构与劳动者素质,则更需要一个相对较长的时期才能改变。自 1958 年开始,在错误思想指导下,我国开始了超越阶段、急于求成的社会主义建设,从大炼钢铁到"一大、二公、三纯"的社会主义运动,甚至将社会主义建设当成了赶英超美的竞赛,放大了社会生产关系的能动性,忽略了生产力发展的规律性,其结果是把能动的社会生产关系形成过程,发展成了人为的单一公有制和僵化的计划经济,以及高度集中的政治体制,把符合生产力自发演进的市场经济,当做了资本主义的制度特征,搞起了"姓资姓社"的经济甄别,把人类社会生动活泼的生产力创造过程,搞成了画地为牢的计划经济模式实践,最终使国民经济达到崩溃的边缘。近在眼前的深刻教训,使得我们在清醒认识基本国情、正确把握社会主义发展阶段方面,不敢有丝毫的掉以轻心。

（一）社会主义制度不存在经典模式、唯一模式

从马克思恩格斯的科学社会主义理论到现实社会主义建设,无论是苏联的经验教训,还是中国的具体实践,都告诉我们一个共同的结论,这就是社会主义制度既不存在经典模式,也不存在唯一模式,我们只有从马克思主义理论的立场、观点和方法出发,把握人类社会发展的根本趋势,去创造性地建设一个物质财富极其丰富、以所有人的全面自由发展为最高目标的以人为本的社会,才是社会主义制度的精髓。

（二）商品经济和市场经济不存在"姓资姓社"的问题,社会主义制度的本质是解放和发展生产力

市场经济的发展是人类社会不可逾越的发展阶段,是人类社会生产生活的共同形态,在人类社会发展的现代阶段,无论是资本主义、还是社会主义,都要在市场经济的基础上获得发展,资本主义与社会主义的优越性,在根本上取决于哪一种制度能更好地解放和发展社会生产力,凡是有利于市场经济发展的社会生产关系,都可以为社会主义制度所采纳和利用,这里并不存在"姓资"还是"姓社"的问题。

（三）发展社会主义要超越补课论、融合论，坚持阶段论

中国的社会主义产生于半殖民地半封建的落后社会基础上，由于社会主义建设过程中的失误与教训，许多人对中国特色社会主义道路抱有这样那样的看法，代表性观点就是社会主义中国要补资本主义制度不发达的课，这种观点的荒谬之处就在于，只是看到了中国社会的不发达，而没有看到中国特色社会主义制度的能动性；还有人看到中国特色社会主义在发展市场经济方面，和资本主义制度的做法并无显著差别，幼稚地认为资本主义制度和社会主义制度出现了融合发展趋势，忽略了社会主义制度的精髓与更高层次的社会追求，很容易成为资本主义制度的崇拜者，忘记了资本主义没有、也不可能发展中国的历史教训，这无疑是一种短视的看法。中国的发展，既要超越补课论、又要超越融合论，而应当从社会主义初级阶段——这个最大的国情出发，始终牢牢地把握住中国特色社会主义的发展方向，不骄不躁、不懈怠、不折腾、不动摇，按照社会发展的历史逻辑与社会主义初级阶段的战略布局，推进中国梦的早日实现。

第四节　经济体制改革走上成功之路的经验

当前，我国的经济体制改革已经进入到啃硬骨头的新阶段，改革面临着日益复杂的深层次矛盾，回顾总结三十多年的改革经验和教训，对于推进、深化新阶段的改革，无疑会有重要的启示。三十多年来，我国走上经济体制改革成功之路可以从多个方面来总结，但从社会主义初级阶段的视角来看，改革走上成功之路的基础，就在于牢牢把握住社会主义初级阶段的基本国情，采取了"摸着石头过河"的实践探索方法，尊重群众的首创精神，并在实践的基础上加以总结、引导，形成改革的普遍共识和政策措施。

一、走上成功之路的基础——适合中国基本国情

20世纪下半叶以来，社会主义国家经历了一系列的改革实践，改革的结果却大不相同。苏联和东欧一些国家易帜、甚至国家解体了，只有中国的经济体制改革，不仅坚持了社会主义道路，而且取得了长足的发展，并创造了举世瞩目的经济奇迹，国内外众多专家学者从不同的角度纷纷予以解读。北京共识也好，中国模式也好，如果用最通俗的话来说，就是一句话：中国的脚必须走中国的路，走中国的路必须穿中国的鞋。别人的鞋子再高贵、再漂亮，不适合自己的脚，硬穿上去就不舒服，就别扭，不但走不好路，还会崴了自己的脚，扭了自己的腰，带来不可预料的伤害。苏联和东欧社会主义失败就是伤筋动骨的典型案例，也是超越基本国情和社会发展阶段的必然结果。相反，中国改革走上成功之路，则是立足基本国情和初级阶段的必然结果。事实证明，适合自己基本国情的发展和改革道路，才是最好、最能成功的道路。

正是对我国基本国情和发展阶段的理性认识，改革的总设计师邓小平一开始就确立了"三个有利于"的判断标准，即是否有利于发展社会主义的生产力、有利于增强综合国力、有利于提高人民生活水平。按照这三条标准检验改革举措，就是要把经济发展和制度改革与创新有效结合，使改革举措适合中国国情，尤其是社会主义初级阶段的实际情况，就是邓小平同志所说"一切都要从这个实际出发，根据这个实际来制定规划"。从中国30多年的经济体制改革经验来看，中国走向成功的关键，就是在适合国情这个最基本的方面站住了，站稳了。

二、走上成功之路的方法——摸着石头过河

中国要改革，要按照自己的国情走自己的路，前无古人可借鉴，又不能照搬他国的模式，只能在探索的实践中前进。摸着石头过河，是邓小平同志对改革开放方法的形象描述。摸着石头过河的方法，就是要

边干边总结经验,就是通过不断的试错来找到正确的改革办法。邓小平同志在 1985 年明确提出:"改革是中国的第二次革命。这是一件很重要的必须做的事,尽管是有风险的事。……我们的方针是,胆子要大,步子要稳,走一步,看一步。我们的政策是坚定不移的,不会动摇的,一直要干下去,重要的是走一段就要总结经验。"①

摸着石头过河虽是一句俗语,但是一旦上升到改革方法论的高度,就体现了深刻的思想,有了丰富的内涵。首先,它体现了渐进式改革思维。改革面临的挑战艰巨而复杂,指望一蹴而就,或一夜之间实现改革的目标只是梦想。不顾实际和国情,采取激进式甚至休克式改革方法,不但欲速不达,而且会造成社会动荡,引发制度危机。其次,它体现了稳进式改革思维。一方面必须改革,另一方面社会又不能乱,所以必须采取稳中求进的改革方式,中国不可能、也绝不能走乱中求进的道路。稳,才能为改革创造良好的环境,才能有利于改革措施的推进,才能更好地实现改革的目标。第三,它体现了序进式改革思维。改革涉及方方面面,既有经济体制改革,也有政治体制改革,还有社会方面的改革。即使单是经济体制改革,内容也十分丰富而复杂,不可能齐头并进,必须根据轻重缓急,难易程度,风险大小,有一个统筹安排。摸着石头过河,不是浑然无序,胡摸瞎摸,而是体现了改革的次序安排,是最具智慧的改革方法论,是最具中国特色的改革方法论,是中国改革成功的重要保障。即使在强调改革顶层设计和总体规划的改革新阶段,我们也决不能忽视它的价值。

摸着石头过河,让我们正确处理了改革的目标与方法、战略与战术、勇气与智慧、胆子与步子的关系,让我们既大胆地推进了改革,又牢牢把握住了改革的方向,避免了犯不可更改错误的风险。

---

① 《邓小平文选》第三卷,人民出版社 1994 年版,第 113 页。

三、走上成功之路的保障——尊重群众首创精神

人民群众是历史的创造者,也是改革的实践者。经济体制很多方面的改革,不是先制定一套方案,然后去实施,也不是单纯上面号召,自上而下地去实践,而是由群众首创,基层探索,不断总结经验,由点到面,逐步推广。人民创造历史不是写在教科书里的说教,而是扎扎实实体现在中国改革的实践中。这一点在改革初期体现得尤为明显。无论是农村家庭联产承包责任制的推广、乡镇企业的兴起、经济特区的建立,还是国有企业改革的许多成功经验,都是由群众和基层首先创造出来的。顺应群众要求,尊重群众实践,总结基层经验,指引改革方向,是三十多年改革的一条鲜明主线,也是经济体制改革成功的重要保障。

(一)群众实践是最宝贵的改革探索

群众实践不仅是改革的发端,也是改革政策和理论的源头。当年安徽小岗村农民冒死分田"大包干",揭开了农村经济体制改革的大幕。尊重群众首创精神,就是要创造条件让群众大胆实践,及时发现群众实践中的改革苗头,总结提炼,形成指导全局的政策和制度,体现从群众中来、到群众中去的群众路线。

(二)群众呼声是改革第一指令

人民群众蕴藏强烈的改革愿望和要求,也是改革巨大的推动力量。漠视群众呼声的改革,脱离群众的改革设计,要么不可能成功,要么会走到邪路上去。中国革命是依靠群众取得成功的,中国改革也必须依靠群众才能成功。那种认为改革要走"精英路线"的想法是天真和错误的。

(三)群众满意是改革成功与否的标志

改革要让群众普遍得到好处,要让群众满意,这是改革的出发点和落脚点,也是改革成功与否的标志。如果改革的好处都落入少部分人腰包,就会形成利益集团和特殊阶层,改革就会被绑架,社会就会逐渐

失衡,就有可能发生社会危机,古今中外这样的例子应是长鸣警钟。

第五节　社会主义初级阶段对
深化经济改革的要求

经过三十多年的改革和发展,我们创造了举世瞩目的经济奇迹。我们既要看到经济发展取得的成绩,也必须清醒地认识到,中国依然处于并将长期处于社会主义初级阶段。党的十八大既对全面推进经济体制改革提出了新要求,也对改革本身提出了顶层设计、路线图和时间表的具体要求,而这些要求的实践,都必须与社会主义初级阶段相适应,都必须立足于社会主义初级阶段。

经济体制改革要立足于社会主义初级阶段,根本原因就是要通过对国情的深入理解与透彻把握,发现并改革经济体制不利于解放和发展生产力的体制机制弊端,形成有利于解放和发展社会生产力的制度安排,把中国特色社会主义制度提升到一个崭新境界,把中国发展道路推进到一个崭新阶段,为实现中华民族伟大复兴的"中国梦",奠定最为坚实的制度基础。

一、确立与初级阶段相适应的科学改革观

经济社会发展要有科学发展观来指导,经济体制改革也需要有科学改革观来指导。科学改革观的基本要求就是要尊重历史、尊重现实、尊重国情,社会主义初级阶段就是中国改革开放最大的国情、最客观的现实、最基本的历史,改革举措科学与否,不是取决于人们的理论构想,而是要看符合不符合初级阶段的基本国情、客观现实、基本历史,要看能不能有效解放和发展初级阶段的社会生产力,按照这个标准来筹划改革、推进改革就是科学改革观;离开这个标准来筹划改革、推进改革

就是错误改革观。当然,在推进和深化改革方面,我们既不能画地为牢,也不能孤芳自赏,而是要鼓励人们胆子更大一些、步子更快一些、思想更解放一些。确立与初级阶段相适应的科学改革观,应坚持并体现出一些原则性要求。

(一)必须坚持人民主体地位,始终把人民利益作为改革第一要义

中国特色社会主义的根本是社会主义,社会主义是劳动人民当家作主的社会制度,如果离开了人民主体地位,其实也就离开了社会主义。因此,改革要坚持中国特色社会主义的基本制度框架,体现中国人民和中华民族的共同发展诉求。

(二)必须有利于解放和发展社会生产力,体现社会主义的本质要求

中国改革开放的目的是要发展社会主义,创造比资本主义更具有竞争优势的生产力,这就要敢于突破、敢于创新、敢于应用生产力标准检验我们的改革举措。

(三)必须坚持以社会公平正义为价值取向

社会主义制度要比资本主义制度更有活力,就是要建立权利公平、机会公平、规则公平的社会氛围,革除束缚社会公平正义的体制机制弊端,保证人民平等参与、平等发展、共享改革成果的社会权利。离开了公平正义的价值取向,改革就容易走邪路、歪路。

(四)必须坚持走共同富裕道路

共同富裕是中国特色社会主义的根本原则。要坚持社会主义基本经济制度和分配制度,调整国民收入分配格局,加大再分配调节力度,着力解决收入分配差距较大问题,使发展成果更多更公平惠及全体人民,朝着共同富裕方向稳步前进。

(五)必须坚持党的领导

中国共产党是中国特色社会主义道路的领导核心,中国改革开放的事业是在中国共产党领导下创造奇迹、获得成功的,苏联和东欧解体的一个重大教训,就是丧失了党对改革的领导力,党被作为既得利益集团变成了改革对象,改革的结果是亡党亡国。坚持并改善党的领导,是科学改革观不可或缺的基本原则。

二、既防止走回头路,也防止走过头路

党的十八大明确指出:在改革开放三十多年一以贯之的接力探索中,我们坚定不移地高举中国特色社会主义伟大旗帜,既不走封闭僵化的老路、也不走改旗易帜的邪路。这是对中国发展道路的一个根本性规定。传统社会主义计划经济体制的老路,已经被实践证明是一条走不通的死路;高度集中的计划经济模式,束缚了社会生产力,形成了僵化的社会生产关系,和解放发展社会生产力的社会主义本质格格不入,形成了严重束缚社会发展的集权社会,已经被社会实践完全抛弃。任何想要重回传统社会主义的想法都是背离社会生产力发展要求的,任何想要恢复计划经济的做法已经丧失了社会基础。除了走社会主义市场经济之路,中国没有其他的路子可供选择。

在中国改革开放的进程中,许多人宣传鼓吹补课论、融合论,甚至赤裸裸地宣传"两百年殖民地"论,西方社会也热衷于将新自由主义经济模式、北欧民主社会主义等发展模式推销给中国,在经历了六十多年社会主义建设、特别是苏东解体的历史教训后,中国人民已经能够比较清晰地掌握这些理论主张背后的发展逻辑,知道中国社会的价值取向与制度价值,在举什么旗、走什么路的问题上,愈发地增强了理论自信、制度自信和道路自信,走中国特色社会主义道路已经成为中国人民的共识。尽管我们的社会主义还只是处于社会主义的初级阶段,但转型中国的强大创造力与制度优势正在不断体现,这都有效地避免了中国改革走向邪路的可能性。

正是立足于社会主义初级阶段的理论,才使得我们深切地意识到,

改革既不能走老路,也不能走邪路。老路就是回头路,就是改革的退步;邪路不是正道,就是改革的失控。改革只能走中国特色社会主义道路。社会主义初级阶段理论,使我们对中国改革开放事业的艰巨性、复杂性和长期性有了更加清醒的理论认识,也正是因为我国正处在并将长期处在社会主义初级阶段的历史现实,决定了我国不但要积极探索一切可行的改革措施,促进社会生产力的发展,把改革开放作为基本国策长期坚持;而且要打破一切教条束缚,敢于进行社会制度创新的改革探索,坚持走中国特色的社会主义发展道路。这既是社会主义初级阶段理论的精神实质,也是中国特色社会主义制度的基本要求。我们既不能超越社会主义的发展阶段、盲目空想,也不能把社会主义初级阶段混同于其他社会发展阶段,更不能离开社会主义制度的基本规定性。所谓的资本主义补课论、融合论、新自由主义模式、甚至民主社会主义的论调,既缺乏对中国社会历史进程的基本素养,更谈不上对马克思主义中国化理论成果的正确理解,都是曲解和背离社会主义初级阶段基本路线的肤浅看法,是瞎折腾、帮倒忙的错误思潮。

三、摸着石头过河与顶层设计相结合

随着改革热度的升温,改革顶层设计的呼声也越来越热烈。改革"顶层设计"的提出,说明改革已经进入深水区,再不能"摸着石头过河"了,因为"石头"快摸不到了。的确,改革开放已经推进了三十多年的时间,我们不但取得了巨大的成就,也积累了丰富的经验,从改革开放初期我们搞不清楚什么是社会主义、什么是市场经济、什么是中国特色,到党的十八大明确描述了中国特色社会主义理论体系、中国特色社会主义制度、中国特色社会主义发展道路,改革已经进入了顶层设计的崭新阶段。但这并不意味着摸着石头过河的改革方法不管用了,转型国家的经验教训启示我们,改革不是一场看谁率先抵达终点的比赛,而更像是一场没有终点的智力较量,看什么样的制度安排能更好地实现

人民对美好生活的向往,没有人能够先验地给出未来的发展挑战与改革难题,面对更为复杂、更具有挑战性的未来社会,化解这些未可预期的难题和矛盾,最有效的方法还莫过于摸着石头过河。当然,伴随中国特色社会主义制度的确立,转型深化期的改革,我们既需要摸着石头过河的试错式改革勇气,也需要明晰的顶层设计的改革智慧,要实现二者的有机结合。

总体来看,"顶层设计"的改革倾向,反映了人们对我国改革从"摸着石头过河"到形成改革总体路线图的一种内在关切,这种关切集中地反映了如下的改革诉求。

第一,改革的步子慢了,甚至停滞了,迫切需要加快改革。

第二,改革不能头疼医头,脚疼医脚,需要整体改革,需要深层改革。

第三,改革要从最高层开始,要自上而下地推动。

第四,改革有了"顶层设计",改革中的许多难题就有可能逐步解决。

实际上,对人们的关切和诉求仍需要进一步探讨。总的看来,大家对改革本身,没有异议,对加快推进改革,也不会有异议。没有三十多的改革,就没有今天的发展成就。即使是改革酝酿的过程,也是改革所必需的,甚至就是改革本身。从这一点讲,改革停滞的说法是站不住脚的。三十多年前,我们解决了中国改革的历史方位,三十多年后,我们需要解决中国改革的时代方向。三十多年改革有很多经验,其中很重要的一条,就是点上突破,面上推广,自下而上,上下结合,也就是邓小平同志所讲的"摸着石头过河"。今天改革所面临的问题,与过去已经有很大不同,这才有改革需要有"顶层设计"的想法。人们希望上面能够拿出一个总体的方案,一下子解决所有改革的问题。这种愿望是好的,有些改革问题也确实需要上面拿方案,但是,如果指望改革顶层设计能够解决所有改革的问题,是不现实的,我们对改革仍要持有谨慎的态度,既不能期望毕其功于一役,也不能让改革变成一种口号。

有关"顶层设计"的改革呼唤和期待,无疑会形成一种力量,要使这种力量成为正面的推动力,必须把握好以下几个方面的原则:

第一,改革的"顶层设计"不能变成"设计顶层"。

第二,不能静等改革"顶层设计",而使一些改革停滞不前。

第三,要将改革的"顶层设计"和"摸着石头过河"有机结合,形成科学改革观指导下的科学改革方法论。

第四,改革的顶层设计,必须符合中国的基本国情,必须立足于社会主义初级阶段。

第三章　经济改革和政治改革结合与互动

经济体制改革是对不适应社会生产力发展的管理制度和管理方式进行的改革,政治体制改革则是对国家政治制度的完善和发展。经济体制和政治体制改革既互相联系,又相互交织,应当把两者结合起来,同步向前推进。

第一节　经济改革和政治改革
具有多重关系

回顾经济改革历程,我们可以发现,经济改革和政治改革之间存在着多重关系。

一、经济改革以政治路线为先导

大家认为,1978 年 12 月党的十一届三中全会是中国经济改革的发端。但这次全会研究的不是经济问题,而是政治路线问题。邓小平同志发表了《解放思想,实事求是,团结一致向前看》的著名讲话,全会恢复了党的"实事求是"思想路线,进而纠正了长期占主导地位的"左"的政治路线,开始了全面的大规模的"拨乱反正"。之后,在此基础上,迅速清晰了党在新时期的"一个中心,两个基本点"的基本路线。其中一个基本点就是改革开放。于是,中国才进入了改革开放的新时代,经济改革才有可能得到大力推进。

1989年"六四"政治风波发生之后,一些人在政治判断上发生模糊和摇摆。1992年邓小平的南方谈话,恰恰正是从政治上把握了正确的方向,明确指出,要防右,但主要是反"左",必须坚持改革开放不动摇。人们把南方谈话称为"第二次思想解放"。也正是由于这次思想解放,中国的经济改革不仅得以坚持,而且大步前进了。

二、经济改革的突破取决于政治判断的改变

我国经济改革,首先突破的是农村"包产到户"的改革。"包产到户"于1956年最早出现在温州永嘉县,三年困难时期大量出现在全国许多地方,但又都被扣上"分田单干"、"走资本主义道路"的政治帽子,给扼杀了,相关的人员也受到了不公正的政治处理。这就是改革开放以后,安徽小岗村农民要实行"包产到户"还必须按手印的原因。80年代初,"包产到户"之所以被允许,并迅速在全国推行,不是"包产到户"本身有什么变化,而是衡量它的政治标准改变了,把它定性为所有权和经营权的"两权分离",不是走资本主义道路。没有政治判断的改变,就没有这项成功的改革。

整个经济改革中的不断突破,其实都是在不断改变政治标准和政治判断的条件下进行的。市场经济是什么性质;民营企业超过多少雇工才算剥削;"一部分人先富起来"是不是产生了新资产阶级;引进外资是不是"卖国主义";股票、证券、交易所,这些"资本主义玩意儿"能不能搞,等等,首先要解决的都是政治标准和政治判断问题。

经济改革之所以能够不断推进,就是我们抓住了一个标准,解开了一个扣。这个标准就是"生产力标准",这个扣就是"资本主义社会存在的,不都是资本主义的"。

三、经济改革的推进发生在和政治改革的结合部

改革前中国的大型工商企业其实是单一的国有制。从国民党政府接收过来的企业和新中国成立后新建设的大型企业都是国有企业;民族资产阶级的工商业经过社会主义改造,也变成了国有企业;手工业经过改造形成的"二轻系统",实际上是"二国营"。这种"单一国有"的体制,最大的弊端就是"政企不分",企业是"政府附属物"。

于是,"政企分开"成了经济改革一个时期的主攻方向。沿着这个方向,对国有企业先后搞了"放权让利"、"利改税"、"承包制"、"抓大放小"、"股份制改造",等等。也是沿着这个方向,无政府主管的民营企业才能发展起来。也就是说,有了"政企分开",才能逐步形成以国有经济为主导,多种所有制经济共同发展的基本经济制度。

"政企分开",从另一角度看,就是政府地位和职能的转变。这种转变导致了政府行为的内容和方式,乃至政府机构的一系列变化。这种变化,其实质就是政治改革的一部分。没有这种政治改革,经济改革也是难以实现的。

四、经济改革的深化使政府逐步找到自己的定位

中国经济改革的基本框架是:一个价值取向,市场成为配置资源的基础手段。三个中心环节,即搞活企业,完善市场,改善宏观调控。

这些内容都涉及了政府的定位。搞活企业,要"政企分开";完善市场,要改变政府定价;政府的定位应该是"宏观调控者"。

1993年,为解决当时的经济过热,中央及时采用宏观调控手段,并于1997年实现了"软着陆"。此后,在世界经济环境多变的情况下,中国经济能够保持连续20年的持续快速发展,宏观调控发挥了不可替代的作用。

宏观调控遇到三个层次的责难。一是理论层次。西方自由主义经

济理论，反对一切形式的政府对经济的干预，这种观点在中国也有影响。一是干预手段层次。责难者说，政府采取了不应该采取的行政手段。1993年开发区过热导致经济过热，中央领导当时对这种责难回答说，你说我用行政手段不对，请问你那个地方没有条件也搞开发区，是不是政府行为？我只能用政府行为制止你的政府行为。在市场经济尚未完善之时，只有用行政手段来弥补了。当然，从改革的方向看，应该努力减少行政手段，提升经济手段的比重和作用。一是干预措施层次。政府的干预措施确有得当与否之分，更由于干预措施对不同人群的利益影响不同，所以常常成为争议领域。以住房改革而论，这项改革推动了房地产业的发展，房地产业的发展成为十多年来我国经济发展的强大推动力。但是，在措施上也有失当的地方。把原来的租房完全改为卖房，由"租"一条腿变成"卖"一条腿，始终没有两条腿走路。这个失误成为后来房价上涨过快的重要原因。在解决房价问题的过程中，又搞了经济适用房，等于又回到过去的价格双轨制，产生混乱和助长腐败就成为必然了。

无论如何，经济改革已经明确了政府的定位。要求政府在宏观调控中必须到位，防止缺位和越位。以2012年发生的光伏产业的危机而论，为什么欧美对我国光伏产品一实行"双反"，整个产业就几乎陷入绝境呢？其重要原因就是政府行为的宏观缺位和微观越位。地方政府越位，过分深度介入这个产业的发展，助长了产能急剧膨胀。国家没有恰当地制定光伏产业的全面发展规划，没有及时洞察内需不到产能的10%可能出现的问题。两个方面问题的叠加，才出现了"危机"。而在政府到位之后，采取了一系列措施，光伏产业就呈现了新的发展前景。

五、经济改革制约和改变着政府行为

政府是政治主体。在这种意义上说，所有的政府行为，都是政治行为。但影响和决定政府行为的，却不仅仅是政治因素，经济因素、经济制度往往起基础性作用。

直接影响甚至决定政府行为的经济因素主要是税收和财政制度。税收是政府收钱,财政是政府花钱。

如何收钱和花钱,从社会角度看,实际上是影响官民关系的最重要的因素之一。税负征收过重,财政开支不合理,不仅老百姓会对政府怨声载道,还会滋生腐败。

如何收钱和花钱,从政权内部看,实际上也在很大程度上决定着中央、地方、基层各级政府之间的关系,影响着各级政府之间的统一和协调。

1998 年开始,中央以极大的魄力实行了财税制度的改革,并取得了相当的成功。但这一改革并没有完全到位,仍然有许多问题需要解决,中央和地方的不统一和不协调,仍然是普遍存在的,以致有"上有政策,下有对策"、"国务院的政策出不了中南海"、"上面给的钱少,让下面干的事多"等说法。

以控制房价为例。近年来,国务院连续采取了一系列措施,但收效总不如预期。除了城镇化高潮时期住房刚性需求旺盛和这些措施本身需要研究和改进之外,地方政府积极性不高也是一个重要原因。地方政府为什么不积极呢?是财政税收决定的。许多地方政府感到财权和事权不匹配。要做的事太多,可支配的钱太少。于是产生了"吃饭靠财政,发展靠土地"的说法和做法。一些地方政府的财政已经成了"土地财政"。土地批租的收入和房价形成"正反馈"关系:房价越高,地价越高;地价越高,房价越高。两者互相推动,就把房价搞上去了。在追究房价为什么这么高的时候,房地产开发商把责任推给政府——地价,政府把责任推给开发商——房价,形成了"罗圈架"。

地方政府为什么可以依靠土地批租获得巨额财政收入呢?这又是税收制度决定的。国家土地是不能出卖的。土地批租的价格,并不是土地出卖的价格,而是 50 年或 70 年的土地使用税。换句话说,我们现在的税收制度是:把50年或70年的土地使用税一次性收缴。这就助长了地方政府的短期行为。可以把几十年使用土地的税收由本届政府一次性收上来、花出去,这太便宜了,以后的政府有没有土地再批租就不是我的事了。

总之,税种设计,税率设定,税收归属,税收使用,不仅影响政府和居民的关系,而且在很大程度上决定着政府的行为,必须以很大的决心和高超的智慧,才能把这方面的改革搞好。

六、经济改革成果靠法制建设巩固

改"人治"为"法治",是我国政治改革的核心内容之一。改革开放以来,为了推进法治,进行了大量的法制建设工作。现在,我国社会主义法律体系已经基本形成,这是一个伟大的政治改革成果。

法制建设和经济改革密不可分。无论是原有法律的修改,还是新法律的制定,都是以经济改革以后出现的现实和今后的发展趋向为依据的,并通过法律形式把改革成果巩固下来,促进改革的继续深化。例如,财产所有权是经济领域一个基础性的权利。为了适应市场经济体制的需要,法律确立了"企业法人财产权"的法律概念;为了适应基本经济制度的需要,明确法律保护各种所有制的财产权,包括个人财产权;为了解决农村土地集体所有和个人财产权的矛盾,在《物权法》里特别规定农民的"土地经营权"也是一种"物权",这实际上是对农民财产权的承认和保护。

市场经济是法治经济。把经济改革成果及时转化为法律,既保障了市场经济的顺利运行,也便于中国经济和世界经济接轨。

七、经济改革必须促进社会和谐与发展

经济改革和政治改革的关系,也体现在经济发展和社会和谐与发展的关系上。经济发展是经济领域的事情,社会和谐与发展则是政治

领域的事情。

改革是为了经济发展,那么经济发展又是为了什么？经济发展应该有助于社会和谐和人民幸福。社会和谐,人民幸福,既是改革的基本宗旨,又是经济改革得以持续顺利进行的基本条件。如果经济改革的成果不能共享,社会矛盾激化,社会不安定,不仅改革难以持续,还会影响政权的稳固。所以,经济改革和社会发展的联结,就是经济和政治的联结。

实现经济改革和社会发展有机联结的难点,不仅在于涉及面广,矛盾错综复杂,直接关系到各种人群的各种利益,更因为它涉及经济原则和政治原则的衔接问题。我们要建设的是"市场经济",而不是"市场社会"。市场经济遵循价值规律,产品和要素要实行等价交换,追求经济效益和利润最大化。但这个原则不能原样不动地搬到社会其他领域。例如各种社会保障制度,虽然在经济学上可以称为"二次分配"、"三次分配",但它并不是按照价值规律运行的,而实际上是按照"执政为民"、"公平正义"等政治原则运行的。所谓"民生"领域,实际是经济改革和社会和谐与发展的结合部。

八、经济改革改变了国体——社会结构

广义的政治制度包括国体和政体两个层面。国体就是这个政治制度所依托的阶级和阶层形成的社会结构。政体是建立在国体基础上的政治体制。新中国建立的政治制度我们称之为"人民民主专政",其国体内容是:以工人阶级为领导,以工农联盟为基础,团结民族资产阶级、小资产阶级,对地主阶级和官僚资产阶级实行专政。其政体则是以人民代表大会为核心的政治体制。

新中国成立64年来,特别是改革开放三十多年来,随着经济改革的深化,我国的国体实际上已经发生了巨大而深刻的变化。这主要表现在:

（一）原有的敌对阶级——地主阶级、官僚资产阶级已经消灭。

（二）原有的民族资产阶级，通过社会主义改造，也已经消灭。

（三）随着工业化的进展，工人阶级的队伍迅速壮大。

（四）农民阶级通过社会主义合作化运动，已经变成了集体农民，通过 30 多年的经济改革，大量的农民变成了工人或农民工，许多人已经进入了城镇。

（五）知识分子已经变成了"工人阶级的一部分"。

（六）改革开放以后，又出现了在国内外企业中从业的"白领阶层"。

（七）最重要的是，改革开放以来，逐步形成了一个越来越强大的企业家阶层。

以民营企业家为主体的企业家阶层应该引起特别重视。看起来这个阶层类似当初的民族资产阶级，因为他们都拥有企业、拥有资本，都进行市场经营，都获得利润。但这个阶层又与原来的民族资产阶级有很大不同。它是经济改革的产物，又是新经济体制所必需。这个阶层的成员，有的是从个体户发展起来的，有的是从农民创业发展起来的，有的是从国有企业或乡镇企业转制产生的，有的是干部"下海"转变了身份，有的是归国创业的海外学子……总之，是在改革开放政策的引导下，由四面八方汇聚而成。这个阶层的重要作用，用两个数字即可说明：民营企业上缴的税收占我国税收总额的 60% 左右，在民营就业的职工占就业总数的 80% 左右。如何认识和对待这个阶层，江泽民同志提出的"三个代表"重要思想和党的十六大文件已经清晰地解决了这个问题。不能以有没有财产和财产多少作为判断一个人政治表现的标准。他们应该被称为"社会主义建设者"。对企业家阶层，我们已经不再作为"异己"力量加以排斥，但还没有当做"骨干"让他们在政治生活中发挥更大的作用。

国体是政体的基础。政治体制看似人为设计的，但在实际运行中一定会为社会结构所左右。国体方面的重大变化,无疑会对我国政治改革起到基础性作用,并为政治体制改革创造前提条件。

第二节　经济改革和政治改革的规律性

从第一节所述八个方面的关系,可以看到经济改革和政治改革不仅具有多重关系,而且具有鲜明的规律性。

一、经济改革总是和政治改革相伴而行

政治路线是经济改革的先导;政治标准和政治判断的改变推动了经济改革;经济改革的主体内容,多数属于经济改革和政治改革的结合部;经济改革成果需要法制建设来巩固。这些历史现实说明,经济改革从来就不是孤立进行的,而总是与各种层次的政治改革结合进行的。

经济改革和政治改革的这种关系,既是由经济基础和上层建筑的一般关系所决定的,更是由中国国情和中国改革的特点决定的。

中国的经济改革是在执政党和政府领导下进行的改革,是自上而下发动和组织的改革,没有执政党政治路线改变做先导,没有相应的政治标准和政治判断的改变,经济改革是不能突破、推开和深化的,甚至是根本不能发生的。因此,执政党的思想路线和政治路线是经济改革的生命线。

同时,中国经济改革面对的是计划经济旧体制。这个体制实际上是"政府包揽一切"的体制。所以,要改变这个体制,几乎都与政府相关。企业要成为自主经营的市场主体,就必须"政企分开",再不能是"政府附属物";要建立真正的市场体系,让价值规律发挥作用,就不能再搞政府定价,而由市场形成价格;政府要做一个合格的宏观调控者,就必须善于利用经济杠杆。如此等等。总之,改革旧经济体制,建立新

经济体制,必须改变政府原有的定位、职能和行为。政府属于上层建筑,政府定位、职能、行为的改革,实质上是上层建筑的改革,应该属于政治改革范畴。

观察中国的经济改革,你会发现很有意思的特点,许多改革内容既可以归入经济范畴,又可以归入政治范畴。认识到这一点,才能更自觉地运用经济改革和政治改革两者结合的办法推进改革。

这样看问题,也可以澄清一些模糊认识。有人认为,中国经济改革取得了巨大成功,但政治改革似乎没有进展。这种看法是表面的、片面的。因为事实并非如此。中国经济改革在自身获得成功的同时,也促进了政治改革的长足进展。看不清这一点,就不可能深刻理解中国的经济改革和政治改革的实质和特点。

二、经济改革"深水区"是政治改革"深相关"区域

我们常说,如今的经济改革已经进入"深水区"。什么是"深水区"? 简言之,即经济改革和政治改革深相关区域。这个区域的经济改革,不仅触及深层经济问题,而且与政治问题更加密切相关,不仅具有经济的复杂性,同时具有政治的敏感性。于是改革变得更加艰巨困难。

深水区主要是三个领域:国计领域、民生领域、政府行为。

所谓"国计领域"是指关系国民经济基础和命脉的经济领域,如资源领域、能源领域、金融领域、电信领域等。这些领域目前基本上还是国有企业的一统天下。这个领域应该如何深化改革,存在着不同认识。一方面有人指责"国有企业靠垄断进行不平等竞争",另一方面有人主张"国有企业从竞争领域退出",前一时期关于"国进民退"的争论,甚至有人说"国有企业就是掠夺民财",等等。中央提出两个"毫不动摇":毫不动摇巩固和发展公有制经济,毫不动摇鼓励、支持、引导非公有制经济发展。但这一方针如何具体落实还是一个尚待解决的问题。

再如,金融领域,鉴于在国际上要面对西方国家成熟的金融体系和接连发生的亚洲和世界金融危机,金融改革和金融安全如何兼顾,更是十分复杂棘手的问题。这些都是关系全局的政治性很强的问题。

所谓"民生领域",就是经济改革向全社会的横向延伸。它包括社会分配制度改革和各种社会保障体系的建立和健全,也扩展到文化、科技、教育体制的改革。民生领域直接关系到广大群众的切身利益,关系到改革成果共享,关系到社会各阶层的关系,更关系到广大人民群众对改革的评价和态度,最终关系到人民群众对政府、对执政党的评价和态度。

所谓"政府行为",这是经济改革对政府行为改变的纵向深化。政府行为包括两个方面,一个是政府和社会之间的关系和运行机制,一个是政权内部的关系和运行机制。这两个方面是密切联系在一起的。

一个行政区划,虽然不是经济法人主体,但无论从政绩考核,还是从实际经济利益来说,它们都是相对独立的利益主体。每一个地方政府,都会为维护和谋取自己这个主体的利益而努力。毛泽东在《论十大关系》中,就提出要发挥中央和地方两个积极性。不承认相对独立的地方利益存在,是不现实的。

中央政府和地方政府的关系和机制不顺,会影响到各级政府的统一和有效,以至影响到整个政权和社会的关系。税收和财政制度的改革,是解决政府行为这两个方面问题的结合部。这项改革不仅是"用自己的刀削自己的把儿",而且直接涉及各级政府之间的权力和利益调整,存在着中央利益和地方利益的"博弈",再加上财税制度本身的专业性,其艰巨性、复杂性和敏感性大大增加。由于财税制度的改革导致中央政府改组和总理下台,世界上不乏其例。

三、经济改革和政治改革相结合才能推进科学发展

"发展是执政第一要务"。科学发展必须靠经济改革和政治改革

两者结合推动。

什么是"科学发展"？最初人们理解主要针对经济发展方式说的，即改变粗放发展方式为集约发展方式。但如果把"以人为本"作为科学发展的基本宗旨，把"全面、协调、可持续"作为科学发展的基本要求，那么"科学发展"的内涵已经远远超出"经济发展"的范畴。党的十八大提出"五位一体"建设有中国特色的社会主义，实际上就全面概括了科学发展的内涵，它涵盖五个方面：政治建设、经济建设、文化建设、社会建设、生态文明建设。经济建设是基础和中心，但如果政治、文化、社会、生态等方面的建设跟不上，不仅经济建设难以持续前进，而且会造成社会矛盾上升，人们幸福指数下降，"以人为本"和"执政为民"的基本宗旨都难以完满实现。

为什么科学发展必须靠经济改革和政治改革相结合？

经济改革，建立社会主义市场经济体系，从政治经济学角度说，就是改变生产关系促进生产力的发展。生产力的发展当然是社会发展的基础，但并不能代替和等同于社会发展的全部。

光靠市场经济并不能解决社会一切问题。有两个重要理由：

第一个理由，市场经济有其负面效应。市场经济的核心价值观是金钱，人们追逐的是效益和利润的最大化，市场经济中的"马太效应"（钱越多越容易赚钱）会导致社会收入差距的畸形扩大，加剧社会矛盾。同时，这种经济形态很容易助长"拜金主义"和只认钱不认人的非道德思想行为。在过去的改革过程中，有人提出市场经济的负面作用，就被认为是反对改革，或者认为这是我国市场体制还不健全造成的。其实这种看法是不全面的。在西方市场经济很成熟的国家，市场经济的负面效应也是非常明显的。我们不能把市场经济过分理想化和神圣化。

第二个理由，市场经济原则的局限性。市场经济的基本规律是价值规律，它是按照等价交换和供求关系的原则运行的。这些规律和原则并不直接适用于社会各个领域。各种社会保障体系就不是按照等价交换的原则运行的。科技、教育、文化等领域,也不是完全按照价值规律运行的。至于政治、军事、社交、家庭等领域,更要防止市场原则的"侵入"。所以,要反对"买官卖官",要反对"权钱交易"。必须明确,我们要建立的是"市场经济",而不是"市场社会"。不能把市场原则用于全社会,不能搞"社会市场化"。

经济建设和政治建设、文化建设、社会建设以及生态文明建设是密不可分的。社会的全面发展要靠经济效益、社会效益、环境效益和人本效益的统一。必须通过经济改革促进经济发展,因为经济建设,经济效益是社会发展的基础。但经济效益提高是否损害了社会效益和环境效益?经济效益的成果是为少数人占有还是为多数人共享?经济发展是否导致社会和谐和文化进步?人本效益除了物质利益之外,是否还应该包括拥有相应的权利和尊严?解决这些问题,不能完全靠价值规律、等价交换等市场原则,更要遵循"执政为民"、"人民民主"、"公平正义"等政治原则,即把经济改革和政治改革更紧密地结合起来。

四、经济改革为政治改革创造基础和条件

经济改革对政治改革的促进表现在以下几个方面:

(一)经济改革为政治改革建立新的经济基础

只有经济基础发生变化,才能引起上层建筑的相应变化。想想看,如果没有建立市场经济的体制,政府职能的转变可以实现吗?如果没有市场经济的实际运行,相关的法律法规依托什么来制定?

(二)经济改革为政治改革创造丰厚的物质条件

任何改革其实都离不开物质条件。物质条件越雄厚,改革越容易进行。道理很简单,"巧妇难为无米之炊"。许多矛盾的引起都和物质基础薄弱分不开。物质丰富可以化解许多矛盾。

（三）经济改革促进社会结构的变化

改革开放以来,工人阶级的空前壮大,知识分子成为工人阶级的一部分,农民工的大量涌现和农村经济的发展,改变了农民阶级原来的构成和素质,特别是一个新的阶层——企业家阶层的出现和发展,中产阶级的出现和发展,极大地改变了我国的社会结构,这就从国体方面为政治改革提供了良好的基础条件。

（四）经济改革为政治改革历炼提高队伍

经济改革使广大干部群众经受洗礼,不仅改革意识、改革自觉性和积极性提升了,而且改革承受能力、改革的判断力和操作能力都增强了。这就为复杂和敏感的政治改革创造了重要条件。

（五）经济改革为政治改革提供可资借鉴的运作方式

经济改革使我们获得宝贵的实践经验,并且在实践经验的基础上已经形成了一整套的理论、路线、方针、政策,形成了一整套改革推进的策略和方法,这些对今后的政治改革都有重要的意义。

例如,中国经济改革的成功很重要的原因是我们进行的是一场渐进式的改革,而没有采取所谓"休克疗法"。这种渐进式改革的原则和方式,同样是政治改革必须坚持的。

在谈到经济改革和政治改革的关系时,有人担心,经济改革中形成的既得利益集团会成为政治改革的阻力。这个问题需要分析。

从概念上说,"既得利益集团"和"既得利益者"不同。改革开放使全民受益,从这种意义上说,大家都是既得利益者。"既得利益者"与"特殊受益者"也不同。改革开放以来特别受益因而财富急剧增长的人群,主要是企业家阶层,绝大部分是民营企业家。这些人并不反对政治改革,而是希望推进政治改革。剩下的就是那些主要靠权而富的人群,他们被指责为"权贵"。这部分人情况比较复杂,一部分人拥有了丰厚的资产,但大部分人目前拥有的是资源支配权,还不是可以合法继承的财产所有权。说这些人会有保守既得利益的倾向,是可以理解的;

如果认定他们已经形成了一个"集团",并抵抗政治改革,做这种估计需要慎重。

在实际生活中,按照一般道理,"既得利益"和改革积极性是正相关的,而不是反相关的。在改革中尝到了甜头,难道反而会不赞成改革的深入吗?笼统地提出"既得利益集团",并认为该集团已经成为政治改革的阻力,则可能因为过高地估计了这种情况的严重程度,树立了一个"假想敌",造成不必要的分裂和纷争。过去的经济改革中,也有人提出什么"改革派"和"保守派"的说法,但中央对此始终不予采纳,小平同志甚至提倡"不争论"。这是一个非常聪明的战略。尽管要承认不同的人对改革的态度有所不同,但改革只有一个对立面,那就是旧体制。把尽量多的人团结起来,一致对旧体制开刀。

还有一个经济改革和政治改革的"同步"的问题。这里关键是如何理解"同步"的概念。如果把它理解为经济改革和政治改革总是相伴而行,经济改革常常在和政治改革的结合部发生,这是对的。但如果把"同步"理解为经济改革和政治改革必须齐头并进,那就不准确了。应该承认,经过30多年的经济改革,不仅目标模式早已清晰地确立,而且经济体制也发生了根本性的变化,可以说已经基本确立了新的经济体制。政治体制改革与此相比,则进展的程度显得滞后,目标模式还不够完整清晰,新体制的建设还远远没有到位。这种滞后带有某种必然性。既然我们承认经济是基础,政治是上层建筑,在新的经济基础尚没有完整建立的时候,要求上层建筑很完善,是不现实的。这正像盖一座大楼,地基没有搞好,地面上的楼房是不可能完全建好的。我们的任务是在基础打好之后,不失时机把楼房盖起来,而不是谴责和埋怨。

五、经济改革不能替代政治改革

不同范畴包含不同的内容和矛盾。经济是解决人和财富的关系,文化是解决人和精神的关系,生态是解决人和自然的关系,政治是解决

人和权力的关系。因此,经济改革不能替代政治改革。

改革开放以来,经济获得了巨大发展,人和财富的关系改变了。但"腐败现象"引起了人们对现行政治体制的强烈不满。腐败是一种权力派生的消极现象。公共权力和个人私利非法结合的"权钱交易"即为腐败。社会永远存在着权力和利益这两种东西,便会永远存在着两者非法结合的可能性,这就是腐败的社会根源。而经济体制,特别是政治体制则决定了它的程度和方式。腐败问题光靠经济改革解决不了,还必须靠政治体制改革。好的政治体制可以遏制腐败的滋生和蔓延,坏的政治体制则可能助长腐败,甚至导致政权的不可持续。

我国政治体制改革的基本方向,是使政体更能与"人民当家作主"的国体相衔接,和执政党"执政为民"的宗旨相衔接,核心是建立实现社会主义民主的政治体制。正如党的十八大报告所说,"人民民主是我党始终高举的光辉旗帜","强调人民民主是社会主义的生命,坚持国家一切权力属于人民,不断推进政治体制改革"。

所有国家的政治体制的基本矛盾都是官民关系。我国现行政治体制的基本弊端是官民关系失衡,形成了强势的官权和弱势的民权的连接。"官管民"比较顺畅,"民管官"实现困难。现代社会的政治权力按职能分有立法权、司法权、行政权;按主体分有党权、官权、民权。西方国家实行立法、司法、行政三权分立,但这种体制成本高、效率低,不适合我国这样的发展中国家。我国可以考虑实行党权、官权、民权"三权协调"的政治体制。民权是基础,官权是管理,党权是统领。要推进党政分开、法治政府、增强民权。理清了总体思路和框架,就可以稳妥而有序地推进渐进式政治改革了。

六、经济改革和政治改革的关键是政府改革

人们说,改革是利益调整,其实是权力调整。这里主要从"权力调整"的角度阐述"关键是政府改革"这个命题。

我国的原有体制,无论是经济体制、政治体制、文化体制、社会体制,都有一个共同的特点,权力都集中在政府。什么事都以"官批为准,官有为主,官管为妥,官办为好"。所以,权无巨细,大都掌握在政府手中。这些权力当然有政府应该拥有的权力,但也包含了一些政府"管不了"、"管不好"、"不该管"的权力。权力是体制的核心,不调整权力的性质、范围、设置和结构,就无所谓体制改革。

经济改革的成功,也可以看做是政府权力性质和结构调整的成功。政府放弃了过去拥有的企业决策权和市场一口定价权,而主攻改善宏观调控权,这就是一个大调整。今后,无论是经济改革、政治改革,还是社会改革,都涉及政府权力的调整问题。权力的调整,一般是通过放权、让权、授权、减权、加权、改权等多种途径进行。无论通过什么途径都要按市场化的要求,实现权力的复位。例如资源配置权、要素定价权要回归市场。企业决策权和经营权要放权给企业,政府审批权要大大减少,事业单位的主办权要改制,各种社团的主管权要取消,行业管理权尽量交给各种行业协会……减少权力是为了加强和改善权力,不该管的不管了,该管的才能集中精力管好。当然,政府改革还必须解决两个问题:一个是"把权力放在笼子中",这就是依法行政。一个是"让权力在阳光下运行",这就是权力监督。其中也包括权力调整。

"权力调整"可以看做是一种"解放"。企业单位、事业单位、社团单位从政府改革中获得自己应有的权力,就可以更好地按照自身的规律办事,可以各得其所地发展。政府把那些不该管、管不了、管不好的权力放掉了,更能按照自身的规律办事,可以大大提高效率,并减少腐败,这也是一种解放。

"政府包揽一切",一切矛盾、一切麻烦、一切抱怨都会落到政府身上,叫做"费力不讨好"。这就像一个大家庭的家长,如果把子子孙孙的一切事情都管起来,都是自己说了算,这个家长即使累得要死,也肯定当不好,家长和子孙们的关系还会紧张起来。

　　"权力调整"实质上是执政党执政方式和执政方法的改进。"党是领导一切的",执政党必须依托政权才能更好地实现自己的意志,但不能把它演绎成"政府包揽一切"。认为只有政府直接管起来才是最可靠的,什么都要通过政府来管才放心,才能解决问题,这就是形成旧体制弊端的重要原因。思想、理论、路线、方针、政策,是统领全局的,法律是覆盖全社会的。对于权力,则要分析。毫无疑问,政权是全社会的核心权力。政府是政权的主要载体。政府权力无效,无政府状态就是最糟糕的。但社会"核心权力"不等于社会"一切权力"。社会权力是涵盖各种权力的庞杂体系。各种权力应该按照匹配原则,使各种主体各得其所,政权的运行和社会的运行才会更顺畅。例如,我们明白了,企业决策权和经营权不应该归属于政府,政府把它还给企业,企业就发展了,经济也发展了。例如,有些人还不明白,社团组织在法律范围内拥有独立运作权是没有风险的,不必非由"政府主管"。

　　过去我们也常讲"集权"和"分权",但都限于党政自身范围内,即中央集权和地方分权的问题。其实,经济改革和政治改革,也有集权和分权的问题。除了原来说的党政领导机关的集权和分权问题,还有一个政府集权和社会分权的问题。按照客观实际和客观规律,恰当地解决这两类集权和分权问题,是经济改革和政治改革的关键所在,也是执政党执政艺术的具体体现。

第四章 经济发展方式不快转不行
不配套转也不行

我们过去说的经济增长方式,是指决定经济增长的各种要素的组合方式或各种要素组合起来推动经济增长的方式。这样的经济增长方式偏重于数量概念,主要是讲投入增长带来产出增加的数量,同时也包括提高生产效率所增加的产出数量。我们现在讲的经济发展方式,是指实现经济发展的模式,其中既包含经济增长方式,又包括经济结构、经济运行质量和效益,还包括收入分配、环境保护、城市化程度等内容。转变经济发展方式是经济数量型扩大向质量型发展的升华过程。这一过程需要依靠诸多要素支撑,其中至关重要的有两大因素,一是依靠科技进步,提高资源利用率。二是依靠经济结构调整升级,改善资源配置效率。而这两大因素能否真正奏效,最终都取决于能否实现经济体制转型。无论是从上面阐述的转变经济发展方式的基本内涵看,还是从下面论述的转变经济发展方式的艰难历程和经验教训看,我们都会得出:经济发展方式不快转不行、不配套转也不行的结论。

第一节 转变经济发展方式的
艰难历程和经验教训

苏联率先走过的转变经济增长方式之路,可以说是一条艰难曲折的夭折之路。我国之后走过的转变发展方式之路,可以说是一条艰难曲折的探索之路。虽然两国所走之路的结果不同,但都为我们提供了宝贵经验和重要警示。

一、苏联转变经济增长方式步履蹒跚

苏联传统经济增长方式是伴随着传统计划经济体制在 20 世纪二三十年代形成的。从 1928 年第一个五年计划开始实施到 1970 年第八个五年计划结束期间,他们凭借高度集中的计划经济体制,通过严厉的行政命令手段,最大限度地集中人力、物力和财力建设重大项目,推进经济发展,使经济增长率一直高于西方各主要国家,而经济运行质量和效益的差距却与西方国家不断拉大。当时许多经济学家曾一针见血地指出,导致这种状况的根源在于"经济增长方式"落后,经济高速增长是靠大量投入新的劳动力、资源和财力达到的,这是一种资源高耗型外延式增长方式。他们指出,随着劳动力、资源和资金等要素日趋紧张,不断扩大的经济规模将使投入要素供需矛盾越来越尖锐,这种高增长低效益的状况终将难以维持下去。为了克服传统经济增长方式的弊端,尽快扭转难以为继的局面,这些经济学家呼吁,必须尽快摒弃传统增长方式,实现由外延式增长向内涵式增长转变。

按照上述思路,1971 年召开的苏共"二十四大"正式提出"经济发展要向以集约化为主的道路过渡",由此开启了苏联经济增长方式的第一次转变。然而由于传统增长方式积弊太深,这次转变并没有达到预期的成果,集约化因素占扩大再生产的比重不仅没有提高反而持续下降。

十多年的转变实践没有遏制经济滑坡和效益下滑,苏共在 80 年代初召开的"二十七大"上又一次提出"生产的全面集约化"、"整个国民经济转向集约化轨道"的方针。从这次会议到 80 年代后期(1980—1989),"经济增长率中由要素投入增加获得的占比高达 70.3%,生产率提高所占比重只有 29.7%。"①到了 80 年代后期全苏经济已到再衰三竭之时,几乎处于停滞状态。

为什么他们认识到了转变经济增长方式的紧迫性和重要性,也采取了若干方面的具体措施,而始终没有取得实质性进展呢? 现在看,这里的根本原因是没有抓住问题的本质,没有相应推进经济体制转型。传统增长方式是计划经济体制的必然产物,只是在不改变计划经济体制的前提下,通过行政命令手段推进经济增长方式转变,是行不通的。

二、我国转变经济发展方式进展缓慢

从 1978 年开始算起,我国转变经济发展方式的探索已经三十多年了。按照探索内容来分,大致经历了三个阶段。

(一) 确立并推进经济转轨思想阶段 (1978—1992 年)

邓小平同志明确提出,全党工作重心要转到以经济建设为中心的轨道上来,经济建设的重心要转到以提高经济效益为中心的轨道上来,提高经济效益的重心要转到依靠技术进步和提高劳动者素质的轨道上来。

(二) 提出并推进转变经济增长方式阶段 (1993—2006 年)

在党的十四届五中全会上江泽民同志明确指出:"经济增长方式从粗放型向集约型转变具有全局意义"。同时,明确要求扎实推进技术进步和自主创新,努力走出一条速度快、质量高、效益好的路子。

(三) 明确并推进转变经济发展方式阶段 (2007 年至今)

2007 年 6 月胡锦涛同志首次提出,实现国民经济又好又快发展,关键在"转变经济发展方式、完善社会主义市场经济体制方面取得重大进展"。2010 年 2 月习近平同志在省部级领导干部研讨班上的讲话

---

① 高峰:《国外转变经济发展方式体制机制经验借鉴》,《世界经济与政治论坛》,2008 年第 3 期。

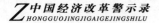
中指出,要为加快经济发展方式转变,提供思想政治和精神动力、干部和人才保障、夯实组织基础、营造风清气正发展环境等"四个有力保证"。

经过三十多年的探索,我们对转变经济发展方式的认识不断深化,也摸索出一些行之有效的做法和经验。经济发展从"快字当头"到"好字优先",发展的全面性、协调性和可持续性逐步增强;经济结构战略性调整积极推进,内需对经济增长的贡献率不断扩大;消费结构开始升级,居民消费逐步从生存型向发展型转变;民生类投资不断强化,重点领域和薄弱环节得到加强;科技进步和自主创新取得明显成效,支撑经济发展的作用稳步增强;工业制成品出口比重明显提高,贸易多元化格局逐步形成;城乡基本公共服务得到重视,服务水平进一步提高。然而,在诸多重大结构的调整上依然进展缓慢。在三大需求中,居民消费潜力没有得到充分释放,消费对经济的拉动依然乏力。在三次产业中,一产不稳、二产不强、三产不足的问题比较突出。在可持续发展上,能源消耗仍然偏高,环境污染十分严重,生态环境相当脆弱。在区域协调发展上,东中西部极不平衡,城乡差距不断拉大,缩小差距的任务艰巨繁重。

三、转变经济发展方式教训深刻

我国转变经济发展方式的探索,尽管与苏联不可同日而语,但也有不少共同教训值得认真吸取。

(一)经济发展方式转变不能不与经济体制转型同步进行

经济发展方式与一定的生产力水平、一定的经济体制密切联系,具有鲜明的阶段性和相互交织性。苏联传统经济增长方式与传统计划经济体制相伴而生、相互作用,计划经济体制不转型,增长方式转变自然是空中楼阁。我国转变发展方式进展缓慢,也与社会主义市场经济体制不完善息息相关。

（二）经济发展方式转变不能不抓科技创新激励机制落实

苏联等一些曾经有过经济高速增长的国家最终陷入低速增长或停滞状态,主要原因在于要素生产率增长的徘徊不前。苏联对技术革新不可谓不重视,为什么非常重视而又徘徊不前呢? 关键在于缺乏创新驱动力;为什么缺乏创新驱动力呢? 关键在于没有建立和落实激励与保障机制。这不正是我国科技自主创新能力不强的根本原因吗?

（三）经济发展方式转变不能不以提高劳动者素质为基础

高素质的劳动者、经营者,尤其是技术人才是转变发展方式的重要基础。观念转变、体制转型、结构优化、科技进步和管理创新都依赖于劳动者素质的提高。苏联和我国在经济发展过程中,长期存在着重物轻人的错误观念,重视资本和资源的投入,忽视对劳动者的培训和教育,致使劳动者素质长期得不到明显提高,从而制约了经济发展方式转变进程。

（四）经济发展方式转变不能不建立公平合理的收入分配机制

劳动要素在经济发展中的贡献与劳动者的物质和精神需求不可分离;劳动者的健康、劳动纪律、创新积极性与经济发展成果的合理分配直接相关。苏联收入分配形式上"大锅饭"特征突出,但真实的官民收入与福利待遇差距很大,官僚腐败特供与群众买不到东西形成鲜明对照,对劳动者的生产纪律与创新积极性产生了严重的逆向刺激。我国收入分配机制较长时间没有建立起来,一直难以改变"干多干少一个样、干好干坏一个样"的状况,致使经济发展方式转变因缺乏公平合理分配机制而难以有效推进。

第二节　转变经济发展方式面临的严峻形势和繁重任务

转变经济发展方式本来就是一个艰巨复杂的巨型工程,现在又处在全球经济持续低迷、贸易保护主义盛行、不稳定、不确定因素明显增加的国际背景下,转变经济发展方式更加艰难复杂,面临的任务更加艰巨繁重。

一、调整经济结构任务繁重

我国在经济总量迅速扩大的同时,经济结构也不断得到调整优化。但深层次结构性矛盾始终没有得到有效解决,结构失衡问题仍很突出,某些方面的矛盾甚至还在加剧。

(一)需求结构不合理,消费比重偏低,投资占比偏高

从投资、消费和净出口三大需求结构看,2012 年我国最终消费对经济增长的贡献率为 51.8%,资本形成对经济增长的贡献率为 50.4%,出口对经济增长的贡献率则为-2.2%。这是 2001 年以来首次出现最终消费对经济增长的贡献率高于资本形成的贡献率。尽管如此,我国的消费贡献率仍比欧美发达国家低 10 到 20 个百分点。此外,我国消费结构很不均衡,政府消费率增速远高于居民消费率增幅,这也是不正常的。

(二)产业结构不合理,服务业比重偏低,制造业基本处于国际产业价值链低端

2012 年我国第一产业占 GDP 比重为 10.1%,第二产业占 GDP 的比重为 45.3%,第三产业占 GDP 的比重为 44.6%。第三产业所占比重虽然逐年有所提高,但距欧美发达国家第三产业高达 70%左右的比重仍然相差 25.4 个百分点。特别突出的是,我国自主创新能力较弱,核心技术缺乏,制造业一直处于国际产业链低端。从汽车行业看,关键零部件 90%以上市场为国外企业占有,我国自主品牌汽车企业尽管已获 1/3 的市场份额,但获取的利润仅占 1/10 左右。

（三）生产力布局不合理，区域发展极不协调，资源配置效率很低

2012 年中西部地区的 GDP 和投资增速均快于东部地区,这表明区域协调发展程度有所改善,但区域之间的绝对差距依然很大。2012 年全国人均 GDP 最高的天津已达 1.48 万美元,而像贵州这样的西部地区,人均 GDP 还不到天津的 1/4。在资源配置效率上差距更大,2012 年单位 GDP 能耗最高的宁夏和最低的北京相比,差距高达近 5 倍;我国与日本和美国的差距更是分别高达 7 倍和 6 倍。

（四）收入分配不合理，贫富悬殊异常突出，城乡差距不断扩大

2003 年到 2012 年,我国基尼系数一直在 0.47 到 0.49 之间,明显高于 0.4 的警戒线。2012 年我国城镇和农村居民收入比达到 3.1∶1。如果把城乡居民分别按收入水平划分为五个组,城镇居民低收入组人均可支配收入为 10345 元,高收入组人均可支配收入为 51456 元,差距近 5 倍;农村居民低收入组人均纯收入为 2316 元,高收入组为 19009 元,差距达 8 倍以上。

二、推进科技创新难度加大

改革开放以来,我国科技自主创新能力不断提高,并表现出良好发展趋势,但与发达国家和新兴工业化国家相比还存在较大差距,并且这种差距不断拉大。以制造业为例,2010 年我国制造业产出占世界的比重为 19.8%,已超过美国成为全球制造业第一大国,但自主创新水平差距较大,对外依存度持续走高。目前,我国 90% 以上的高档数控机床、95% 左右的高档数控系统和机器人依赖进口,工厂自动控制系统、高端医疗仪器、科学仪器和精密测量仪器对外依存度超过 80%,为高档数控机床配套的功能部件 70% 需要进口,大型工程机械所需 30MPA 以上的液压件几乎全部进口。导致这种局面的原因是多方面的,深层次原因是科技体制改革滞后,体制机制性障碍制约。直接的原因有三

个方面。

（一）企业自主创新能力不强

我国大中型企业当中，具有研发能力的不超过30%，而且平均研发支出强度较低，研发支出占销售收入的比例只有1%左右，从而导致我国企业的自主创新能力极为薄弱。以企业为主体，产学研结合的技术创新体系尚未建立起来，难以形成有力的技术攻关团队，也严重影响了企业自主创新进程。

（二）自主创新缺乏坚实基础

这些年来，无论是企业，还是科研院所，绝大多数热衷于"短平快"项目，而忽视关系国家竞争能力和长远利益的共性、关键性、前瞻性基础研究。2011年我国基础研究投入仅占科技投入总额的4.7%，而发达国家都在10%以上。

（三）引进技术消化吸收再创新能力薄弱

第二次世界大战以后的日本，20世纪80年代以后的韩国，都是在充分消化吸收国外技术基础上，取得了再创新重大成功，他们的技术引进和消化吸收投入之比已达1∶5到1∶8。我国技术引进和消化吸收投入之比不到1∶1，因而难以走出"引进、落后，再引进、再落后"的恶性循环怪圈。现在，发达国家正在凭借雄厚的科技实力，加大人才和资金投入力度，着力推动新科技革命；新兴经济体也在集中人力和财力，积极抢占科技制高点。我们应当正视自己的差距和追赶难度，调动一切可以调动的力量，更好更快地推动科技进步和自主创新。

三、提高职工素质十分迫切

我国加入世界贸易组织以来，随着企业不断进入国际市场，职工素质也在逐步得到提高，但还远远不能适应国际竞争需要，也难以适应转变经济发展方式要求。这主要表现在，职工受教育水平较低，职业技能水平不高，高素质技工匮乏。2012年全国总工会职工素质状况调查显示,全国职工平均受教育年限仅为 12.95 年,其中 52.7% 的职工受教育程度为中专及以下,初级职称及没有职称的职工高达 76%。劳动力市场对中级以上技工的需求却在迅速上升,2012 年供求倍数在 1.3 至 1.4 之间,短缺程度严重的地区高达 1.6,全国技工供需缺口已达 3000 万人左右。我国是一个拥有 13 多亿人口的发展中国家,解决人口就业始终是经济社会发展中的首要问题,而面对国际激烈竞争又不能继续走低素质、廉价劳动力的老路,因而迫切需要提高职工素质。

四、治理环境污染矛盾突出

从有关方面调查分析看,目前,我国已进入持续性生态资源短缺和大范围复合性环境污染阶段,发达国家上百年工业化过程中分阶段出现的环境问题,在我国已经集中凸显。

从我国污染范围看,几乎覆盖所有地域和空间。前些年环境污染主要集中在工业密集的东部地区,近年来污染区域随着低端产业向中西部转移已扩大到全国范围。前些年环境污染主要分布在地表,近年来从地表到地下、从陆地到河流、从海洋到天空都已被广泛污染。

从污染程度看,水源污染、大气污染、土壤污染都已达到相当严重的程度。据新华网报道,118 个城市中已有 75 个城市的地下水遭到严重污染,39 个城市的地下水受到轻度污染,基本清洁的只有 4 个。地表水的污染更为严重,已有 2/3 遭到不同程度污染。另外,1/5 的城市空气污染严重,1/3 的国土面积受到酸雨影响。全国水土流失面积高达 356 万平方公里,沙化土地面积已达 174 万平方公里,90% 以上的天然草原退化,生物多样性急剧减少。

从污染影响看,已经严重损害城乡居民身体健康和我国国际形象。有人说,现在 GDP 高了,幸福指数低了,身体状况差了,我们干了不少赔本买卖,现在已到清醒清醒和严加整治的时候了。

在这种污染极其严重、治理呼声极为强烈的情况下,污染治理工作却步履艰难,这主要体现在"治、保、护"三个字上,"治"就是中央已下决心并采取措施坚决治理,群众强烈要求并注重监督治理;"保"就是污染者为了保住自己利益,依然在暗中排放污染;"护"就是有些地方官员甚至执法人员为了提高发展速度甚至牟取个人利益,千方百计护着污染企业。一方面污染极其严重,另一方面治理极为困难,这就是这些年我国环境污染和治理的真实写照。

五、提升管理水平不能忽视

管理水平不高是制约经济发展方式转变的又一重要因素。企业是经济发展的动力和活力源泉,是转变经济发展方式的基本载体,企业管理在微观层面上决定着经济发展方式转变进程。近年来,我国企业管理水平虽有较大提高,但与发达国家的企业相比,依然存在不少差距。

1.企业管理基础较差,不少企业仍然处于经验管理向科学管理过渡阶段,有的经营者凭经验指挥企业运转,有的制度规范流于形式,有的甚至无章可循。

2.现代企业制度还没有完全建立起来,许多企业法人治理结构很不完善;不少企业管理模式单一,组织层次较多,领导机制僵化。

3.企业对职工的培训和再教育不到位,投入少、管理差,致使职工素质提高不快。

4.企业管理信息化水平不高,目前普及面与应用深度都很有限。

更为突出的是,许多中央经济部门和地方政府仍然习惯沿用计划经济手段去组织指挥经济运行,包揽权力、权钱交易、干涉企业正常经营活动现象时有发生,企业自主经营权尤其是投资决策权尚未真正落到实处,市场配置资源的基础性作用难以发挥。企业和政府及部门存在的上述问题,严重制约着经济发展方式转变进程,直接影响着经济运行质量和效益提高,应当引起高度重视。

第三节 转变经济发展方式的
基本思路和主要措施

转变经济发展方式既包含职工和人才培养使用、科技进步和自主创新、收入分配机制转换、企业管理和宏观经济调控改善等内容,又直接涉及教育、科技、财政、金融等领域的改革,还与政治、文化、社会和生态文明建设密切相关。只有科学谋划、合理布局、抓住重点、配套推动,才能加快推进经济发展方式转变。

一、充分发挥各类人才关键作用

人才资源是经济社会发展中最具根本性和关键性的资源,更是推进经济发展方式转变的首要资源。要加快转变经济发展方式,首先需要充分发挥包括科技、管理、技工等各类人才的关键作用。

(一) 加快人才结构调整,充分发挥现有人才的作用

我国已是人力资源大国,但人才结构性紧缺与结构性浪费并存的现象还很严重,突出表现在:高层次、高技能、复合型人才短缺;人才的专业、年龄结构和产业、区域分布不合理;技能型人才严重不足。要充分发挥现有人才的作用,就必须下大功夫调整和改变这种不合理人才结构。主要措施包括:调整用非所学人才的工作岗位,尽量使其学用一致;以国家重大科技专项为平台,调集相关人才形成重大科技创新联盟;以企业重大技术改造项目为载体,组织科技、技工和管理人才并吸收相关院校所专家进行联合攻关;制定倾斜政策,引导人才向农村和西部地区流动;有计划地引进一批能够突破关键技术、发展新兴产业、带动新兴学科、培养创新人才的高层次人才。

（二）加大资金投入力度，加快人才培养步伐

人才的关键在培养，培养的关键在投入。我国的人力资本投资所占比例一直低于世界平均水平，甚至低于一些发展中国家，应当引起高度重视，采取更有针对性解决措施。现在看，需要采取政府、企业和社会"三管齐下"办法，政府要在教育、科技和服务上持续增加投入；企业要在职工培训、捐资办学等方面作出积极贡献；社会要在联合办学、捐资助学等方面协力推进。

（三）推进人才制度创新和环境营造

人才制度的创新和人才环境的营造，是培养造就人才的基础和保障。近些年，中央和省市一级政府高度重视人才培养，逐步增加资金投入，但忽视人才制度创新和环境营造现象普遍存在，致使花了大钱而得不到应有的效果。今后，应在抓好创新人才培养、人才引进、人才选拔任用、人才分配与激励机制基础上，着力营造充满生机活力的体制环境、规范有序的法制环境、开放创新的政策环境、公平包容的人文环境和宽松舒适的生活环境。

二、积极实施创新驱动发展战略

"实施创新驱动发展战略，走中国特色自主创新道路"①，是党的十八大立足国情、放眼全球、面向未来作出的战略抉择。加快转变经济发展方式，必须积极实施创新驱动战略。

（一）主要经济体正在抢占科技发展制高点

进入 21 世纪以来，以信息、能源、材料和生物技术为代表的科技创新浪潮，正在以前所未有的力度推动着世界新科技革命，同时也使生产力和生产方式乃至人们的生活方式不断发生深刻变化。在新一轮科技

---

① 胡锦涛：《坚定不移沿着中国特色社会主义道路前进 为全面建成小康社会而奋斗》，人民出版社 2012 年版。

革命中,各主要经济体都在着力提高自主创新能力,积极抢占科技发展制高点。美国提出制造业复兴框架和国家创新战略,把发展的重点放在新能源、新材料以及电动汽车等方面;日本的主要国家战略是发展低碳、新能源等产业;欧盟则提出"2020智慧、可持续、包容增长"战略;印度、巴西、俄罗斯等国家也都提出了新兴产业发展重点,并已提升到国家战略高度。

(二)我国必须着力推进科技进步和自主创新

近年来,我国先后制定了一系列追赶世界科技革命浪潮、建设创新型国家的战略规划和重大举措,并取得诸多举世瞩目的重大成果,但也面临前所未有的严峻挑战。我国科技创新能力不足,缺乏自主品牌,多数产品处于全球产业链低端;我国人力等要素成本不断上升,诸多发展中国家低成本展开竞争,发达国家正在回归并重振高端制造业,我们已面临发展中国家和发达国家双重压力;我国人均资源储量远低于世界平均水平,环境污染程度相当严重,再靠拼资源拼环境发展经济已经完全行不通。在全球工业文明向知识文明急剧迈进和发达国家加速科技创新的关键时期,我们必须以更大勇气和智慧、更大决心和力度推进科技进步和自主创新。

(三)齐心协力实施创新驱动发展战略

现在看,实施创新驱动发展战略,加快科技进步和自主创新,应当着力抓好领军人才、重大专项和科技体制创新。领军人才是科技创新的最高统帅,没有良好科技素质并一直走在国内外技术前沿的领军人才,就难以统领相关人才组成的团队,就不可能搞好重大技术攻关,也就不会实现重大技术的自主创新。这就需要加大现有人才选用力度、抓紧培育和引进高素质人才,并为他们创造良好的攻关创新条件;国家科技重大专项是重大技术创新的战略平台,只有实现重大技术的局部突破,才能带动和辐射科学技术的跨越发展。我们应在现有基础上,加大资金投入力度,加强骨干力量调配,加快重大技术创新步伐。科技体制创新是技术自主创新的根本动力,不通过体制创新建立与技术创新相适应的导向、评价和激励机制,就难以调动科技队伍的积极性和创造性,也就无法完成科技创新的目标任务,因而应在推进整个体制转型中,突出抓好科技体制改革;在抓好领军人才、重大专项和科技体制创新的同时,应当注重抓好人才培养、产学研结合、引进技术消化吸收再创新和知识产权保护。没有源源不断的人才后续力量,没有产学研密切结合,不搞好引进技术的消化吸收再创新,不营造良好的知识产权保护环境,就难以推进全国的科技进步、发展新兴产业和鼓励自主创新;特别需要提及的是,推动科技进步和自主创新,企业是主体,政府是主导。企业应当舍得出资推动产学研结合并致力于研发;政府不仅需要搞好规划,而且应当投大资搞好人才培养和重大技术创新。

三、扎实推进经济结构战略性调整

经济结构战略性调整是经济发展方式转变的主攻方向,能否抓住抓好这个主攻方向,直接关系到经济发展方式转变的成败。在国际经济持续低迷和经济结构深刻调整情况下,我国经济结构调整既面临重大机遇,又面临严峻挑战。我们应当抓住机遇,加快优化经济结构,努力争得国际经济调整先机。现在看,搞好经济结构战略性调整,关键是着力抓好完善区域发展总体战略、调整需求结构和发展实体经济。

(一)加快完善区域发展总体战略

完善区域发展总体战略是加快转变经济发展方式的重要途径。这主要包括完善国民经济和区域发展总体战略布局,为各类区域明确功能定位,确定各自发展重点;完善不同区域功能定位及相应政策导向,促进各地区充分发挥自身比较优势;健全区域间协调联动发展机制,积极构建经济优势互补的联动发展格局。

(二)加快调整需求结构

需求结构层次提升是结构调整、产业优化的催化剂。一切生产的最终目的都是为了满足需求。要不断满足人们的需求,就必须抓好需求结构调整。正因为如此,党的十八大明确指出"要牢牢把握扩大内需这一战略基点,加快建立扩大消费需求长效机制,释放居民消费潜力,保持投资合理增长,扩大国内市场规模"。目前来看,调整需求结构,迫切需要强化三项措施:一是改革收入分配制度。内需难以扩大的主要原因是收入分配不公,居民收入占国民收入比重过低,从而导致急需消费的缺钱,钱多的已在很高层次上消费。因而改革完善收入分配制度是改善需求结构和扩大内需的首要任务。二是加快发展服务业。扩大内需的最大潜力蕴涵在服务业之中,服务业如果上不去,消费水平就无法提升,因而应当扩大营业税改增值税试点范围,尽可能降低服务业税负;应当拓宽投融资渠道,鼓励和引导金融机构对符合国家产业政策的服务企业给予更大信贷支持;应当规范服务市场秩序,建立公开、平等、规范的行业监管制度,有力保障服务业持续健康发展。三是推进城镇化发展。城镇化是扩大内需的重大潜力所在,"2010年我国农村居民消费水平为4455元,城镇居民为15900元,城镇居民消费水平是农村居民的3.6倍。由此可见农民转市民,消费需求和投资需求都会极大增加"[①]。对此,我们应当高度重视、早作准备并及时采取相应措施,积极培育城镇市场,大力发展物流产业,更好地挖掘这块内需潜力。

(三)着力发展实体经济

实体经济是国家经济实力和竞争力的根本基础,也是转变经济发展方式的主要载体。当前我国已经出现重视虚拟经济而忽视实体经济的本末倒置现象,社会投机炒作盛行,部分实体经济受到严重冲击,有的甚至成为空壳。因此,应当认真吸取国内外这方面教训,抓紧采取有效遏制措施,切实加快实体经济发展。

1.要以发展高端制造业为主体,积极推进传统制造业升级改造,使

---

① 李克强:《在改革开放进程中深入实施扩大内需战略》,《求是》2012年第4期。

高端制造业加快发展,使传统制造业升级换代。

2.要以引导企业调整投资方向为重点,鼓励支持企业将更多资本投向实体经济。政府应当通过减税,降低企业税负;金融机构应当通过降息和保证贷款需求,支持实体经济发展。国有企业应当尽快收缩投资战线,将国有资本更多投向关系国家安全和国民经济命脉的重要行业和关键领域。民营企业也应集中更多投资,着力发展实体经济。

3.要以增强科技创新能力为支撑,着力抓好科技进步和自主创新,尽快实现实体经济从"中国制造"向"中国创造"转变。

4.要以虚拟经济服务实体经济为导向,引导支持虚拟经济发挥资金融通、信息传递等方面的独特优势,为实体经济发展提供更多更好的服务。

四、切实加强生态文明建设

生态文明建设是可持续发展的关键所在,也是转变经济发展方式的重要内容。应当充分发挥生态文明建设对推进经济发展方式转变的重大作用,努力做到在发展经济中保护环境、在保护环境中发展经济,确保实现发展经济、改善民生、保护生态共赢。

(一)正确把握生态文明建设的方针和原则

推进生态文明建设,应当着重把握好以下五个方面的方针和原则。

1.始终坚持在发展中保护、在保护中发展的方针。我国发展不足和保护不够的问题同时存在,离开经济发展抓环境保护是"缘木求鱼",脱离环境保护搞经济发展是"竭泽而渔"。因此,必须发展和保护"两手抓、两手都要硬"。

2.积极探索代价小、效益好、可持续发展新路子。过去我们走的"先污染、后治理"的老路子,深刻而又严厉地教训了我们,今后再也不能重蹈这一覆辙。必须认真吸取沉痛教训,抓紧建立全面高效的污染防治体系、健全完善的环境质量评价体系、系统完备的环境管理和执法监督体系及全民参与的社会行动体系,努力走出一条全新的可持续发展道路。

3.加快构建突出生态文明建设的国民经济体系。资源环境问题,实质上是经济发展方式问题,仅在一个或几个领域下功夫,难以从根本上解决存在的矛盾和问题,必须根据自然环境承载能力,把节约能源资源和保护生态环境全面融入经济发展的所有领域,真正构建起充分体现生态文明建设的国民经济体系。

4.着力解决损害国民健康的突出环境问题。要加大投资力度,强化环保执法,加强社会监督,尽快解决一些危害最大、群众反映最强烈的问题。同时,要搞好环境普查,制定治理规划,分期分批解决其他污染问题。

5.建立健全推进生态文明建设的制度和机制。抓紧制定配套法律法规、规划计划和政策措施,尽快形成协调有力、运转高效的生态环保综合管理机制。

(二) 充分发挥"倒逼"机制作用

在推进生态文明建设运作过程中,要坚决采取行之有效的"倒逼"机制。

1.要以改善民生指标,"倒逼"环境污染治理。也就是说通过细化民生环境指标,逐项建立污染治理相应制度和办法。

2.要以国际环保标准,"倒逼"环保水平提高。这不仅有利于促进环保产业升级,而且有利于树立我国良好形象。

3.要以扩大民生环境需求,"倒逼"生态文明建设。也就是说要把人民不断增长的环境需求,作为生态文明建设的目标和任务。

4.要以可持续发展要求,"倒逼"能源资源节约和环境保护。迫使经济发展走上代价小、效益好、可持续发展的新道路,不再走"先污染、后治理"代价高昂的老路子。

五、加快推动经济体制转型

经济体制转型是经济发展方式转变的基本动力,经济发展方式转变是经济体制转型的基本支撑。"两转"必须同步推进,既不能相互脱节,更不能背道而驰。现在看,经济发展方式转变遇到的自身难以解决的矛盾和问题,都与经济体制转型相应方面改革不到位直接有关。比如,上面讲到的收入分配制度、人才培养制度和环境营造、科技体制创新、经济结构调整、实体经济发展、生态文明建设等,都离不开经济体制转型提供动力,都必须由经济体制改革为其开辟道路。

我们之所以这样说,主要基于三点理由。

1.经济发展方式转变有赖于经济体制转型。过去我国经济发展方式转变缓慢,正是因为没有能够通过经济体制转型为其提供充足动力。比如,政府行政体制改革不到位,市场配置资源的基础性作用就不能充分发挥,也就无法提高要素配置效率,最终就难以推动经济发展方式转变。

2.经济发展方式转变与经济体制转型同步推进才能奏效。如果经济体制转型滞后,必然会因缺乏动力而影响经济发展方式转变。正如上面讲到的,科技创新进展不快,就是因为科技体制改革滞后导致的;相反,如果经济发展方式转变滞后,也会因缺少强有力经济支撑,而难以推进经济体制转型。

3.经济发展方式转变必须与经济体制转型协调运作。这是因为"两转"的诸多内容相互交织、相互影响,如收入分配制度改革,既属于经济发展方式转变范畴,又属于经济体制转型内容。这就需要统一部署、协调联动。否则,就会因相互脱节,难以取得应有效果。

经济体制转型要按照习近平总书记的要求,"搞好顶层设计、路线图、时间表",有序有力有效推进。在推进过程中,需要运用统筹兼顾根本方法,分析把握经济体制转型相关层次、要素之间的关系,像国情和世情、政府和市场、国企和民企、中央和地方、改革发展稳定三者之间等方面的关系;需要在坚持中检验并完善经济改革理论和一系列指导方针;需要制订出台诸多配套措施,这包括干部人事制度改革、政绩考核评价机制转换和抓好落实等措施。特别需要充分发挥改革、开放、管理"三驾马车"拉动经济体制转型的重大作用。上述观点和措施还要在第 20 章中专门论述,这里就不具体展开了。

第四节　转变经济发展方式需要统一思想和协调行动

我国正式提出转变经济增长方式已经 18 年了,进一步明确为转变经济发展方式也已 6 年多了。在这期间,各级政府和企业对转变经济发展方式的认识逐步深化,推进力度也在不断加大。但从总体上看,转变经济发展方式进展不快,仍然远不适应科学发展的要求。这里的基本原因除了上面讲到的经济发展方式转变与经济体制转型不配套不同步等因素之外,还有一个非常重要的原因,这就是思想行动不协调不同步问题。现在看,要加快转变经济发展方式,必须努力做到统一思想和协调行动。

一、统一思想认识,切实增强紧迫性

目前,各有关方面对加快转变经济发展方式的认识仍然不尽一致。有的同志认为,转变经济发展方式是费力不讨好的事,不如把 GDP 搞上去好看好说。有的强调,本地区发展滞后,急需在发展速度上赶超。有的认为,转变经济发展方式是长期任务,可以慢慢来,用不着急三火四。有的则说,现在改善民生和维护稳定压力很大,没有太多精力去抓转变,甚至认为调结构、转方式容易引发新的矛盾,影响社会稳定。这些认识都是片面的、有害的。实事求是地讲,经济发展方式确实已经到了非转不可、非快转不可的时候了。我国自然资源人均占有量都在世界平均值以下:水资源为 1/4,耕地资源为 1/5,45 种主要矿产资源为 1/2;我国已属于资源绩效最差的国家之一,中国科学院《中国可持续发展战略报告》对世界 59 个主要国家资源绩效水平排序,我国排在第 54 位;我国企业竞争力与发达国家相比差距很大。有人说,一流企业卖标准,二流企业卖技术,三流企业卖品牌,四流企业卖产品。我们的企业,卖标准的微乎其微,卖技术的非常有限,卖品牌的为数不多,卖产品的比比皆是;我国科技创新能力尤其是自主创新能力不强,与发达国家的差距不是在缩小,而是在拉大;我国环境承载能力已经接近饱和状态,环境污染已经直接损害国民健康和国家形象。另外,分配不公、权钱交易、侵害群众利益等问题相互交织,不仅直接影响民生改善和社会稳定,而且严重影响经济持续健康发展。在这种经济发展难以持续、各种矛盾集中凸显的情况下,我们应当努力纠正各种片面认识,尽快统一干部群众思想,齐心协力推进经济发展方式转变。

二、统一行动步调,切实增强协调性

过去,毛泽东同志曾经反复强调"步调一致,才能得胜利"。现在,我们也应明白:只有统一行动步调,才能赢得转变经济发展方式成功。近些年,在经济结构调整尤其是新上建设项目中,各行其是的问题时有发生,不协调不同步现象更是屡见不鲜。因此,迫切需要统一行动步调,切实增强转变经济发展方式的协调性。

(一)下级应由"要我转"变为"我要转"

这些年,有的地方过分强调自身特殊,不愿转;有的地方找不到有效途径,不会转;有的地方怕影响政绩,怕引出麻烦,不敢转。"三不转"的根子在于思想上没有真正认识到转变经济发展方式的必要性和紧迫性,关键在于缺少协调行动的办法和保障协调的措施。这就需要在强化全局教育、增强地方自觉性和主动性的基础上,研究出台保障协调行动的引导、评价和奖惩措施,以促其实现由"要我转"向"我要转"的转变。

（二）上级应由"要你转"变为"我先转"

由于我们的体制原因,越是上级越掌握更大权力和更多资源,而转变经济发展方式尤其需要调动更大权力和更多资源。因此,上级在要求下级转变经济发展方式的同时,应该以身作则,带头推进转变。从推进过程看,也非常需要从上级做起,调整规划需要上级编制,方针政策需要上级制定,遇到矛盾需要上级协调,考核体系需要上级设立,典型经验需要上级推广,只有上级先转,下级才能有效跟进。

（三）中央应由"要求转"变为"配套转"

在道理上,要真正讲透转变经济发展方式的重大意义,切实增强广大干部的紧迫感和责任感;在主攻方向上,要真正抓住转变经济发展方式的着力重点,切实提高各项工作的命中率;在推进方式上,要真正把法律、规章、规划、政策等配套起来,切实把各种手段拧成一股力量;在考核体系上,要真正建立有利于转变经济发展方式的推进机制,切实发挥其激励和约束作用。

三、统一谋划指导,切实增强导向性

在当前干部群众思想认识不尽一致,行动步调还不统一的情况下,迫切需要中央集中谋划指导,清晰明确转变经济发展方式的目标任务、基本思路、方针政策和考评机制。

（一）明确目标任务

国家"十二五"规划纲要提出了转变经济发展方式的"五个坚持"（把经济结构战略性调整作为主攻方向,把科技进步和创新作为重要支撑,把保障和改善民生作为根本出发点和落脚点,把建设资源节约型和环境友好型社会作为重要着力点,把改革开放作为强大动力）。这

"五个坚持"无疑是非常正确的,但只有原则性要求,没有像建立社会主义市场经济体制那样的目标和时限,也没有明确的指导方针和具体政策,确实难以下手,实在无法操作落实,因而应当尽快制订出台更加明确更具操作性的顶层设计和实施方案。

(二)强化配套联动

转变经济发展方式涉及经济乃至政治、文化、社会和生态文明建设各个方面,需要调动方方面面力量,齐心协力向前推进。当前,应当着重在规划计划、法律法规、方针政策、干部制度、考核方式、督查整改等方面实行配套联动。实行配套联动务要协调一致,支持、限制、禁止界限必须清晰明确。也就是说,对符合建立新的经济发展方式的,必须齐心协力倾斜支持;对不符合建立新的经济发展方式的,必须齐心协力调整限制;对违背建立新的经济发展方式的,必须齐心协力淘汰禁止。

(三)转换考核评价机制

政府是转变经济发展方式的重要推动者,政府政绩考核评价机制具有至关重要作用。我们现行的政绩考核评价机制,实际上是以经济增长速度、投资规模等数量型指标为主的,明显存在着重数量而轻质量和效益、重短期收益而轻长期发展、重经济增长而轻社会发展和生态保护等问题。这样的政绩考核评价机制,偏离了转变经济发展方式的内在要求,扭曲了广大干部的思想行动,影响了转变经济发展方式的进程,因而必须抓紧抓好考核评价机制转换,尽快建立起与转变经济发展方式要求相适应相匹配的政绩考评指标体系。一是要从过去侧重考核物质指标,转向注重考核以人为本指标。二是要从过去侧重考核经济数量指标,转向注重考核经济运行质量和效益指标。三是要从过去侧重考核经济发展指标,转向注重考核经济社会事业协调发展指标。四是要从过去侧重考核近期利益指标,转向注重考核可持续发展指标。

第五章　在改革中形成有竞争、有活力的基本经济制度

中共十八大强调指出，"更大程度更广范围发挥市场在资源配置中的基础性作用"。我们理解，这是完善社会主义市场经济体制的总体要求，也是完善基本经济制度的重要选择。与计划经济时代不同，新时期基本经济制度的形成是同建立和完善市场经济体制的大目标相联系的。在以往三十多年改革的基础上，未来的5—8年，能不能在改革中进一步形成有竞争、有活力的基本经济制度，是我国到2020年建立完善市场经济体制的重大任务，也是走向公平可持续发展的重大课题。

第一节　基本经济制度的科学内涵与形成过程

改革开放以来，我国的基本经济制度逐步发生深刻变化。主要表现在传统单一的公有制经济向公有制为主体、多种所有制经济共同发展的演进和转变。实践证明，完善基本经济制度，重要的在于探索有效的公有制实现形式，使其与市场经济体制的要求深度兼容起来，以形成有竞争、有活力的公有制经济。

一、基本经济制度的科学内涵

（一）公有制为主体、多种所有制经济共同发展

多年来,我们一再强调坚持和完善基本经济制度,必须毫不动摇地巩固和发展公有制经济,毫不动摇地鼓励、支持、引导非公有制经济发展,以形成各种所有制经济平等竞争、竞相发展的基本格局。从过去三十多年的改革实践看,如果相关改革到位,制度安排合理,公有制经济与非公有制经济完全可以相互竞争、相互促进、优势互补、共同发展。

（二）推行公有制多种实现形式

我们说公有制经济的优越性,主要在于公有制能够实现较高的经济效率,能够解放和发展生产力,并且能够体现社会公平。如果公有制的实现形式不好,公有制可能在现实中既无效率,也难以体现社会公平。因此,坚持公有制为主体,重要的前提在于推行公有制的多种实现形式,最大限度地发挥公有制经济的优越性。改革开放三十多年来,我国改变了计划经济时代的"一大、二公、三纯"的全民所有制形式,尤其是在国有经济领域发展了混合所有制,通过多种形式的股份制改造国有经济,实现国有经济的保值增值。但应看到,当前公有制经济与社会的预期尚有明显差距,推行公有制多种实现形式的改革远没完成。

（三）各种所有制经济的平等竞争

在市场经济条件下,只有在平等的竞争中实现优胜劣汰,才能使资源要素流向效率高的环节,从而达到资源优化配置的目的。这就要求政府对公有制经济和非公有制经济的一视同仁,不能在政策上厚此薄彼。如果在政策上歧视民营经济,压缩非公有制经济的生长空间,这样一来,很容易出现行政垄断强化的现象,从而抑制经济的活力。

二、市场化改革与基本经济制度的演进

（一）市场化改革与公有制经济的变革

改革开放之前，公有制经济与计划经济体制相适应，主要分为农村集体经济与城市国有经济。改革开放后，与市场经济相适应，这两种公有制的实现形式出现了历史性的变化，使得公有制企业逐步成为面向市场的微观经济主体：

1.农村家庭联产承包责任制的建立，使得广大农户成为面向市场经营的微观经济主体。在实行家庭承包经营为基础、统分结合的双层经营体制基础上，各种形式的合作经济如土地股份合作制等，农民新型合作组织快速发展，由此推动了土地适度规模经营。

2.乡镇企业的快速发展。即农村集体经济组织投资为主，在乡镇（包括所辖村）举办的承担支援农业义务的各类企业，广泛地分布在各个行业，自 20 世纪 80 年代以来迅速发展，成为独立自主、灵活经营的市场主体，推动了农业经济向工业经济的转型与发展。

3.城市国有企业改革。以股份制为重点，并通过"抓大放小"、"有进有退"的改革，国有经济在中小企业领域实现了大规模、主动的退出，国有经济在竞争性领域广泛布局的状况有了很大改变；建立优胜劣汰的机制，对经营不善、多年亏损的国有企业实施破产、兼并、重组；与此同时，通过建立现代企业制度，对经营者的激励约束机制，如业绩考核制度等，大大激发了企业内在的发展活力。随着公司制、股份制改革深入推进，全国 90%以上的国有企业完成了公司制股份制改革，中央企业的公司制股份制改制面由 2003 年的 30.4%提高到 2011 年的 72%。①

（二）非公经济：从有益补充到重要组成部分

没有非公经济的发展和竞争关系的确立，单纯在公有制内部很难

---

① 《九成国企完成公司制股份制改革》，《法制日报》2012 年 10 月 25 日。

培育出有效的市场竞争主体。改革开放以来,非公经济的地位随着市场经济体制的建立而逐步提升。主要分为两个阶段:

第一阶段:非公经济成为公有制经济的有益补充。1980年8月中共中央转发《进一步做好城镇劳动就业工作》的文件指出,"个体经济是社会主义公有制的不可缺少的补充,在今后一个相当长的历史时期内都将发挥积极作用"。1984年《中共中央关于经济体制改革的决定》指出,"坚持多种经济形式和经营方式的共同发展,是我们长期的方针,是社会主义前进的需要"。1987年中共十三大明确提出鼓励发展个体经济、私营经济的方针。1988年4月,七届人大一次会议通过宪法修正案,明确提出"私营经济是社会主义公有制经济的补充"。1992年12月中共十四大提出要以公有制包括全民所有制和集体所有制为主体,个体经济、私营经济、外资经济为补充,多种经济成分长期共同发展。

第二阶段:非公经济成为中国社会主义市场经济的重要组成部分。1997年中共十五大提出,"以公有制为主体、多种所有制经济共同发展,是中国社会主义初级阶段的一项基本经济制度"。1999年3月,全国人大九届二次会议通过的《中华人民共和国宪法修正案》明确规定,"在法律规定范围内的个体经济、私营经济等非公有制经济,是社会主义市场经济的重要组成部分"。2005年、2012年,国务院分别出台的《关于鼓励支持和引导个体私营等非公有制经济发展的若干意见》新旧"36条",都是推动非公有制经济成为市场经济重要组成部分的政策性文件。

(三) 打破行政垄断成为完善基本经济制度的重大任务

经过三十多年的改革,多种所有制经济共同发展的新格局初步形成。但是,垄断行业内各种所有制平等竞争的局面还未形成。主要表现在国有经济经过改革,主要分布在石油、石化、电力、航空、电信、铁路等垄断行业,而这些行业的国有经济广泛存在着行业垄断,有的还以行政方式巩固行业垄断现象。凭借行政垄断地位,这些领域的国有企业或国家控股企业常常可以获得超额利润,实现不合理的高收入,而且还具有排挤、遏制民营经济介入的能力。因此,下一步完善基本经济制度,推动多种所有制经济共同发展,重要的在于防止国有经济利用垄断地位与民营经济进行不平等的竞争。

三、混合所有制与公有制实现形式的多样化

(一)混合所有制成为公有制经济的主要实现形式

公有制经济和非公有制经济在改革实践中形成了多种形式的融合和优势互补。在国有企业建立现代企业制度的过程中,以股份制为主要形式,出现了不同所有制经济按照一定的原则实行联合生产或经营的所有制形式,即混合所有制。混合所有制拥有多元产权主体,比如国家、集体、企业法人、企业职工、社会个人等,实现了产权主体的多元化,由此改变了计划经济时代的公有制实现形式。公有制和非公有制企业相互参股、相互融合,你中有我、我中有你的混合所有制经济大量出现,成为基本经济制度演进的重要方向。随着资本市场的快速发展,混合所有制正在成为具有支配地位的公有制实现形式。

(二)混合所有制能够有效解决公有制与市场经济兼容的问题

公有制与市场经济能否兼容是完善基本经济制度的一个核心课题。多年来,公有制企业之所以难以成为真正意义上的市场主体,很重要的原因是它们因产权不清晰,政企未分开,由此导致激励机制的缺乏。混合所有制企业的形成,需要利益相关方在明晰产权基础上实现经济联合,由此形成有竞争力的微观经济主体。从三十多年的实践看,混合所有制比较好地解决了市场经济与公有制经济的协调问题。

(三)混合所有制有利于加强公有制与非公有制的融合

在相当一段时期,人们对公有制与非公有制经济的看法是相互对立的。也就是说此消彼长,"你多了,我就少了"。如果坚持这种观点,

产权改革就会变成零和博弈,要么增加纯粹的公有制经济,要么增加纯粹的私营经济。混合所有制的重要贡献是突破了这种陈旧的看法,加强了公有制与非公有制的融合,实现了正和博弈。混合所有制推行的结果恰恰是公有制与非公有制经济同时发展壮大。

(四) 混合所有制有利于建立现代企业制度

计划经济时代规模庞大的国有经济如何适应市场经济的要求成为合格的微观经济主体,是改革面临的一个历史性课题。在这个特定背景下,我国选择了将建立现代企业制度作为国有企业改革的方向。问题在于,国有企业曾经处于普遍的亏损状态,而且单一的国有制又面临着产权难以明晰的困境。混合所有制的推行,通过在国有制企业内部引入非公有制经济成分,不仅解决了国有企业的资金困难问题,还有效地解决了产权明晰的问题。由此,为建立"产权清晰、权责明确、政企分开、管理科学"的现代企业制度创造了必要条件。

(五) 混合所有制有利于增强国有经济的控制力

混合所有制在国有制企业内部引入非公有制经济成分,从多方面增强了国有经济的控制力:一是搞活了国有经济,增强了国有经济的竞争力。二是国有经济对一个行业的控制并不需要全资控制,可以通过控股实现"四两拨千斤"的作用。三是国有资本的股份化,可以使国有经济在不同领域有进有退,并以此来主导和影响经济结构的变化。

四、"两个毫不动摇"重在使经济有竞争、有活力

(一) 市场经济体制的精髓是有竞争、有活力

市场经济的精髓就在于平等竞争基础上为市场主体提供利益动力,提供激励约束机制,从而保持源源不断的经济活力。坚持"两个毫不动摇",重在使国民经济有竞争,有活力。

(二) "两个毫不动摇"服从于完善市场经济体制的大目标

市场经济体制客观上要求在对待公有制经济和非公有制经济上,

不能厚此薄彼。坚持"两个毫不动摇",就是要将公有制经济和非公有制经济看成是同等重要的竞争主体,都需要按照市场经济平等竞争的规律行事。只有如此,才能够建立公平、公正的"游戏规则"。

(三) 国有经济与非公有制经济共同发展要把有竞争、有活力作为基本追求

从这些年新旧"非公经济36条"实践的经验和教训看,实现经济有竞争、有活力,主要矛盾在于破除国有经济领域的行政垄断。破题垄断行业改革,优化国有经济布局,才有条件实现公有制和非公有制经济共同发展,实现二者在功能上的互补,形成既相互竞争,又相互促进的新格局。

五、实现经济发展方式由政府主导向市场主导的转变

(一) 政府主导不是"中国道路"的基本特征

最近几年有一种倾向,把三十多年经济发展的奇迹归功于政府主导,把政府主导作为中国道路的要件,甚至等同于中国道路,这样一种分析很值得商榷。

我国过去三十多年形成的政府主导型经济发展方式,曾经适应了经济起飞时期扩大经济总量的趋势,但在今天却已成为完善市场经济体制的突出矛盾:一是政府主导以国有经济无边界的快速扩张为重要特征,包括土地、金融等重要生产要素向国有经济倾斜,很难发展公有制经济与非公有制经济的平等竞争关系。二是政府主导型经济发展方式有强大的体制惯性,尤其是政府主导伴随着权力与市场相结合,难以形成市场经济体制公平公正的"游戏规则"。三是国有经济靠垄断地位就能够收获丰厚的利润,既造成收入分配不公,加剧了社会矛盾,又使得整个经济缺乏创新的激励机制,由此导致经济结构的低端锁定。四是政府主导导致机制性寻租腐败难以根治,蕴涵着巨大的社会风险。

(二) 市场化改革远未完成

应当看到,过去三十多年来,市场化改革在商品领域取得重要进展,但生产要素,尤其是中高级生产要素仍未真正实现市场化,资源要素价格改革、环境成本内部化的改革未有实质性突破。打破行政垄断的任务提出了多年,但从近年来国有资本争做"地王",民营经济和中小企业发展空间受限的现实情况看,真正破除行政垄断还有很长的路。尤其重要的是,虽然在多个领域推进了政企分开,但政府与市场关系远未理顺,从政府经济职能看,管微观、管审批、管短期的状况没有根本改变,与市场经济体制的要求还有很大的距离。

(三) 更大程度更广范围发挥市场在资源配置中的基础性作用

着眼于到2020年建立完善的社会主义市场经济体制,形成转变经济发展方式的激励约束机制:一是要推动资源要素价格改革,环境成本内部化的改革,使价格能够反映资源环境的真实成本,改变粗放型的经济增长方式。二是深化国有企业改革,破题垄断行业改革,推动国有经济与非公经济的平等竞争,为技术创新提供市场动力。三是建立有利于民营经济发展的政策环境和体制环境,最大限度地激发民间资本活力。

第二节　以公益性为重点的国有
经济战略性调整

我国改变公有制实现形式,推进国有企业改革,离不开国有经济的战略性调整。正是由于将国有企业改革放在国有经济战略性调整的大视野下看待,才真正找到一条搞活国有企业改革的新路。改革进入新阶段,并随着我国进入公共产品短缺时代,以公益性为重点加快国有经济战略性调整,既是深化国有企业改革的大方向,也是优化经济结构的客观要求。

一、国有企业改革的历史进程

（一）国有经济的战略性调整与国有企业产权改革

三十多年来,我国的国有企业改革大体上经历了三个发展阶段:

1.“放权让利”的改革(1978—1986 年)。采取“扩大企业自主权”、“利改税”、“租赁制”等多种形式,通过向企业下放部分经营权与收益权来达到调动企业经营者和职工工作积极性、提高企业产出以保证财政收入增长的目的。“放权让利”改革是在坚持计划经济体制框架前提下的改革探索。

2.“两权分离”的改革(1987—1992 年)。对大中型工业企业实行“承包制”、对中小企业实行“租赁制”、推行“资产经营责任制”、“股份制”试点改革。“两权分离”改革在“放权让利”改革的基础上,触及深层次的产权改革:即如何通过产权改革,使得公有制的实现形式能够适应市场竞争的要求。在这一阶段改革演进的逻辑是,通过所有权与经营权的重新分割和分开,使国有企业摆脱行政隶属关系,成为真正的商品生产者和经营者。

3.“建立现代企业制度”的改革(1993 年至今)。从“放权让利”到“两权分离”的改革,最终提出一个问题:国有企业改革的目标模式到底是什么? 1993 年,中共十四届三中全会通过了《关于建立社会主义市场经济若干问题的决定》,确定国有企业的改革方向是建立“产权清晰、权责明确、政企分开、管理科学”的现代企业制度。1994 年,国务院选定了 100 家国有大中型企业进行建立现代企业制度的试点,各地各部门也选择了两千多家企业进行试点。

需要特别强调的是,建立现代企业制度的改革之所以能够取得重要进展,很重要的原因是中央确立了国有经济的战略性调整的新思路。从 1995 年开始,国企改革从单个企业试点转为对整个国有经济进行改革,"整体搞活"逐步取代了"单个搞活"的思路。1995年9月的中共十四届五中全会提出"国有企业实施战略性改组,抓大放小";到中共十五届四中全会,则提出"在战略上调整国有经济布局和改组国有企业"。1997年,中央要求用三年左右的时间解决国有企业全面脱困问题,"抓大放小"、"战略性改组"改革加速推进。

(二) 国有企业改革的历史性贡献

改革后,国有企业的数量大大减少,但国有经济的经营业绩大大提升。数据显示,2003—2011年,全国国有及国有控股企业(不含金融类企业)营业收入从10.73万亿元增长到39.25万亿元,年均增长17.6%;净利润从3202.3亿元增长到1.94万亿元,年均增长25.2%;上缴税金从8361.6亿元增长到3.45万亿元,年均增长19.4%。截至2011年年底,全国共有国有及国有控股企业(不含金融类企业)14.47万户,在册职工3672.4万人,离退休职工1655.3万人;资产总额85.37万亿元,所有者权益29.17万亿元,分别是2003年的4.3倍和3.5倍。2003—2011年全国国有企业累计上缴税金17.1万亿元,2011年占全国税收的38.4%。①

(三) 国有企业公益性不足的矛盾突出

从国有资本规模扩展和利润增长的指标看,这10年来国有资本战略性重组取得明显成绩。当前的主要问题在于,国有资本在一般竞争性领域规模过大、范围过宽的矛盾仍然比较突出。例如,2003—2008年,国有资产在房地产业的扩张最快,年均增长33.5%;2009年国资委监管的129家央企中,超过70%的企业涉足房地产业。而央企开发建设的保障性住房,到2011年仅占全国已建成保障性住房面积的

---

① 《2003—2011年全国国企净利润年均增长25.2%》,新华网2012年10月24日。

13%—15%。①

二、改革进入新阶段,国有资本配置的公益性需求全面增强

（一）随着我国进入公共产品短缺时代，国有资本更需要在公益性领域发挥作用

从现实需求出发,以公益性为目标调整和优化国有资本配置,首先有利于经济发展方式转变:改变经济结构、改善投资结构,重在国有资本的合理配置;改变国民收入分配格局,理顺利益关系,需要国有资本及其收益能够成为社会福利的重要来源。其次有利于适应全社会公共需求的变化:在公共产品短缺的新阶段,社会对国有资本作用的关注和期待,主要不在于国有资本规模增大了多少、利润增长了多少,而在于能够在多大程度上让广大社会成员普遍分享国有资本增值创造的社会福利,在多大程度上有利于国计民生。

（二）更好地发挥国有资本的主导作用，对强化国有资本公益性提出新的要求

目前,国有资本占绝对优势地位的行业主要在自然资源类产业等上游产业或基础领域。在石油石化、电力工业和通信三大行业,2009年国有资本占全部央企资本总额的68.13%。现实的突出问题是,这些行业价格不合理的现象比较普遍。以基础电信运营领域为例,国有股占比为71%,但截至2010年,我国宽带上网平均速率排名全球第71位,不及美国、英国、日本等三十多个经济合作组织国家平均水平的1/10,平均1兆每秒网速的接入费用却是发达国家平均水平的3—4

---

① 迟福林:《改革红利——十八大后转型与改革的五大趋势》,中国经济出版社2013年版。

倍①。强调国有资本在适应社会公共需求变化中的主导作用,不仅在于国有企业在多少行业具有控制力,更重要的在于行业发展的成果能够在多大程度上惠及广大社会成员。

(三) 改变利益格局失衡,对强化国有资本公益性提出新的要求

根据 2008 年的数据,石油、电力、电信、烟草等行业的员工人数不到全国职工人数的 8%,但其收入相当于全国职工工资总额的 60% 左右;从行业内部的工资收入差距看,基本趋势是,国有资本比重越高,职工收入越高。当前,在利益格局严重失衡的背景下,如何通过强化国有资本公益性,改变国有垄断行业不合理的收入分配格局,使国有企业成为"社会稳定器",成为新阶段市场化改革不可回避的重大课题。

(四) 实现国有资本盈利性和公益性的有机统一,对强化国有资本公益性提出新的要求

这些年,随着国有资本收益的提高,国有资本收租分红(指国有资本支付资源租金和利润分红)的比例并未有多大改变。2010 年,全国国有企业实现利润 19870. 6 亿元,同比增长 37. 9%,其中化工、电力、有色、交通等行业利润增长超过 1 倍②。目前,国资委管理的国有企业根据行业不同,其上缴红利占其利润的比例分为四类,分别是 15%、10%、5% 和不上缴。按照国际惯例,上市公司股东分红比例为税后可分配利润的 30%—40%,实际上其他国家国有资本向国家上缴盈利普遍高于这个水平,英国盈利较好的企业上缴盈利相当于其税后利润的 70%—80%。相比而言,2007 年恢复红利征缴以来,央企中上缴比例

---

① 方栓喜:《国企主要矛盾不是盈利而是公益性严重不足》,《上海证券报》2012年 5 月 21 日。

② 《2010 年国企实现利润近 2 万亿元　上缴红利仅 440 亿》,《人民日报》2011 年2 月 21 日。

最高的资源性行业及垄断行业,上缴红利仅占税后利润的 15%,明显偏低。①

三、把强化公益性作为新阶段优化国有资本配置的战略目标

（一）确立强化国有资本公益性的战略目标

1.新时期国有资本的主导作用,应当更加显著地体现为全社会福利水平的普遍提高。为此,应当确立国有资本在提高普遍福利上的目标。

2.国有资本要发挥社会稳定功能,需要带头进行收入分配改革,在调节收入分配差距上有所作为。

3.国有资本的盈利,不能主要服务于国有资本规模的扩张,而应当服务于公益性支出的增加。

（二）确立国有资本在提高普遍福利上的目标

1.与我国 2020 年基本实现基本公共服务均等化的目标相衔接,规定新增国有资本配置在公共产品领域的约束性指标,使公益性服务惠及农村、落后地区和困难群体,使新增国有资本投入到公益性服务上的比例不低于 50%。

2.确立基础领域提高产品服务质量、降低价格的目标,"倒逼"国有垄断行业改革。

3.在同一行业,区分公益性和非公益性环节,规定公益性环节国有资本最低配置比例目标,限制非公益性环节的国有资本投入。

（三）确立国有资本在缩小收入分配差距上的目标

1.控制行业收入差距。根据 2009 年国家统计局公布的数据,我国

---

① 迟福林:《改革红利——十八大后转型与改革的五大趋势》,中国经济出版社 2013 年版。

收入最高和最低行业的差距达 11 倍。这是一个相对保守的数字,但即使是这个数字也大大高于国际平均水平。例如,2006—2007 年最高和最低行业工资差距,日本、英国、法国约为 1.6—2 倍,德国、加拿大、美国、韩国在 2.3—3 倍之间。考虑到我国行业间工资差距过大的垄断因素,"十二五"期间应重点控制垄断行业的过高收入。在这个前提下,将行业差距缩小到 6 倍左右。

2.控制垄断行业工资总额增长。通过 5—10 年的努力,将垄断行业职工工资收入占全国职工工资总额的比例从 60%左右降低到 40%以内。

3.参考各行业的平均标准,制定国有企业高管薪酬标准。把垄断行业高管薪酬与一般竞争性行业的高管薪酬差距控制在 30%以内。①

(四)确立国有资本收租分红的改革目标

强化国有资本公益性,重要的途径是通过对国有资本收租分红,扩大公益性支出,使国有企业分红能够逐步承担基本公共服务均等化新增财力需求的 30%—40%,即承担 2.8 万亿—3.7 万亿元。国有企业"十二五"累计利润预期为 10.8 万亿元,要承担起 2.8 万亿—3.7 万亿元的社会福利建设新增支出,国有企业平均分红比例在"十二五"期间需要提高到 30%左右。②

四、推动国有资本向公共产品领域的投资转型

(一)调整投资结构,使新增国有资本投资主要配置在公益性领域

1.将更多的新增国有资本投资到随着市场范围扩展而出现的公益

---

① 迟福林:《改革红利——十八大后转型与改革的五大趋势》,中国经济出版社 2013 年版。

② 迟福林:《改革红利——十八大后转型与改革的五大趋势》,中国经济出版社 2013 年版。

性领域,这将有利于降低交易成本,有利于提高以普遍福利为目标的投资效率。

2.将更多的新增国有资本投资到与人的基本生存权、发展权相对应的公共产品和准公共产品领域,提高劳动力素质,促进产业发展由以物质资本投入为主转向以人力资本投入为主,比如教育、医疗等基本公共服务。

3.将更多的新增国有资本投资到环境保护等具有正外部性的领域,促进产业结构的优化调整和发展方式转型。

4.将更多的新增国有资本投资到事关国计民生和国家安全的战略性领域,强化国有资本对非国有资本的引导和支持作用。

(二) 国有资本逐步从一般竞争性领域退出,重点转移到公共产品领域

1.着力解决长期困扰我国居民的看病难、看病贵问题,需要加大新增国有资本在医院建设、医疗设备购买、医护人员培训等多方面的投入。

2.着力解决住房难的问题,需要国有资本发挥更大的作用。目前,全国各省市"十二五"开工总规模只有 3000 万套左右,比住建部公布的 3600 万套低大约 17%。需要国有资本加大保障房领域的投资力度,确保保障房建设计划的顺利实施。

(三) 对必须保留在其他竞争性领域的国有资本,要增加收租分红比例,并主要用于公共产品领域投入

国有资本依靠竞争盈利,但其营利性应当建立在公益性的基础上,盈利的最终目的是增加公益性。

1.应该尽快出台国有企业支付资源使用租金和利润分红的法律法规,根据《关于试行国有资本经营预算的意见》和《中央企业国有资本收益收取管理办法》等相关规定,制订详细的、可操作的利润分配方案。

2.把国有企业的资源使用租金和利润分红纳入全口径财政收入预算。

3.对通过国有资本收租分红所获得财政收入的使用范围作出调整,由以往对国有企业的再投资改为重点用于弥补社会保障等公共事业领域的资金缺口,以进一步增强基本公共服务均等化的财政支出能力。

五、建立健全国有资本收租分红机制

(一) 尽快出台国有企业支付资源使用租金和利润分红的法律法规

许多国家如丹麦、芬兰、法国、德国等都把国企的红利直接上缴财政部门。改革开放之初,我国在国企改革中提出"税养国家、利活企业",之后国企采用税收的形式向国家缴税,告别了财政拨款的年代。1994年利改税后财政部等相关部门就颁发了《国有资产收益收缴管理办法》,但由于当时国有企业出现大面积亏损,收租分红并不具备操作条件。进入公共产品短缺时代,尤其是随着国有企业利润的不断增长,其不分红的历史时期已经过去。既然国企投资是全民投资,分红是投资收益,就应该为全民所用,通过公共财政真正实现取之于民、用之于民。因而应当尽快修改《预算法》,把国有资本收租分红明确纳入《预算法》的范畴,逐步把国有企业的资源使用租金和利润分红纳入全口径财政预算收入体系。尽快制定《国有企业收租分红条例》,明确收租分红比例,为公共服务提供重要财力保障。

(二) 制订详细、可操作的收租分红方案

假定国有企业分红能够逐步成为基本公共服务均等化财力保障的重要力量,承担基本公共服务均等化新增财力的30%—40%。"十二五"基本公共服务均等化所需财力为20万亿左右,增量财力大致为9.3万亿。

国有企业最优分红比例可以有三种估计:

1.保守估计:国有企业利润年均增长10%,"十二五"期间累计将达到9.94万亿元,按20%的分红比例,将向国家财政支付2万亿元的红利。

2.乐观估计:国有企业利润年均增长15%,"十二五"期间累计将达到11.48万亿元,按50%的分红比例,将向国家财政支付5.74万亿元的红利。

3.合理估计:国有企业分红额度要承担未来5年基本公共服务均等化增量资金的30%—40%,即承担2.8万亿—3.7万亿元。如果国有企业利润年均增长13%,则需要分红比例达到30%—40%。

也就是说,考虑到"十二五"我国经济社会发展的基本情况,国有企业"十二五"累计利润预期为10.8万亿元,要承担起2.8万亿—3.7万亿元的社会福利建设新增支出,国有企业分红比例在"十二五"期间平均分红率需要达到30%。

六、改革完善国有资本的管理运行体制

(一)将国有资本纳入全口径财政预算

国有资本的出资来源于公共财政,理应充分反映公共财政资源配置的要求。将国有资本纳入全口径财政预算,可以在公共产品供给的整体框架下考核国有资本的公益性,还可以通过推进财政预算公开,强化对国有资本公益性的外部监督。

(二)对公益性、非公益性国有资本实行分类管理

市场经济条件下,国有资本主要分为两类:一类是公益性国有资本,其存在主要不是为了赢利,而是服务于社会公众的共同需要,为了社会的共同需要,这类国有资本甚至可以允许亏损;另一类是非公益性国有资本,需要追求利润目标,以使得国有资本能够保值增值,发展壮大。由于两类国有资本运营遵循不同的要求,可以进行分类管理。从

现实情况看,可以由财政部负责公益性国有资本管理,国资委负责非公益性国有资本管理。

(三)建立国有资本公益性的考核机制

可以由财政部根据国有资本对公共产品领域的贡献,建立考核指标体系,具体考核国有资本在多大程度上实现了公益性。以此,来考察国有资本配置的合理性。

第三节 以放开市场、引入竞争为
重点的垄断行业改革

垄断行业改革的滞后,是我国完善市场经济体制的难点,也是建立完善基本经济制度的重点。三十多年的市场化改革走到今天,国有经济在竞争性领域已经有了很大的收缩,主要分布在过去认为难以实现竞争的垄断行业。这些领域行政垄断的广泛存在,一方面使得国有经济难以实现公有制经济应有的公益性,另一方面又不利于形成公平的竞争秩序,挤压了非公经济的生存空间。因此,坚持和完善基本经济制度,建立有竞争、有活力的市场经济,重要的是以放开市场、引入竞争为重点深化垄断行业改革。

一、有竞争、有活力的关键是破题垄断行业改革

(一)垄断行业改革远未破题

早在 10 年前的中共十六届三中全会《关于完善社会主义市场经济体制若干问题的决定》就指出:"对垄断行业要放宽市场准入,引入竞争机制。"但时至今日,一些基础行业仍实行国有资本垄断经营,目前电信、铁路、电力、石化等行业的市场准入障碍仍然较多,垄断程度依然较高,投资主体相对单一。这些领域存在的"公器私用"、行业收入

畸高等现象不断引发社会质疑和诟病。

（二）行政垄断扭曲国有资本配置

行政性垄断使国有资本配置难以体现市场经济体制的要求,也难以体现公有制经济的基本要求:一方面,行政垄断导致国有经济与非公有制经济处于不平等竞争的状态,难以体现多种所有制共同发展基本经济制度的要求;另一方面,公有制经济与非公经济的一个根本性区别在于公有制经济可以减少社会不平等,而行政垄断的存在,使国有经济在实际的经济生活领域反而成为收入分配差距拉大的突出因素。

（三）打破行政垄断才能有竞争、有活力

当前使经济有竞争、有活力的主要矛盾在于打破行政垄断。从某种意义上来说,行政垄断比经济垄断的危害性更大,因为经济垄断的形成主要是市场竞争中的优胜者处于某种垄断地位,而行政垄断可以使产品质量比较差、价格比较高、不具有竞争力的企业存在,并居于垄断地位。在这个特定背景下,我国反垄断的重点在于反行政垄断。只有放开市场,引入竞争,在政企分离的基础上,切断企业和政府之间的特殊利益关系,消除不合理的行政保护和行政特权,才能使经济有竞争、有活力,也才能有效地解决经济垄断问题。

二、形成公平竞争的市场环境

（一）垄断行业改革重在建立公平竞争的市场秩序

深化垄断行业改革,对国有资本、非公有制资本实行"平等准入、公平待遇"的原则,推行公平竞争。为此,应当尽快取消国有企业行政级别,取消国有资本不合理的"超国民待遇",实现行业准入政策与管理的公开化、公平化、程序化、规范化。

（二）国有资本集中配置在自然垄断领域

自然垄断是指因资源条件的分布集中而无法竞争或不适宜竞争所形成的垄断。在自然垄断条件下,一个企业能以低于两个或者更多的

企业的成本为整个市场供给一种物品或者劳务,是资源配置的最优选择。国有资本集中配置在自然垄断领域,比如供水、电力、煤气、热力供应、电信、铁路、航空等的网络经济部分,可以最大限度地发挥其公益性。比如电力行业,可以采取国有资本集中配置在电网环节,在电厂环节放开市场、引入竞争,由此实现资源的优化配置,使经济既能够实现成本最小化,又能够充分利用竞争降低价格、提高产品和服务的质量。

(三)即使自然垄断领域也应当实现资本多元化

比如电网、机场、车站等自然垄断环节,在一个地区可能只有一个企业存在最能够实现规模经济,但这个企业完全可以引入多元资本投资,实现投资主体多元化。

三、基础领域放开市场、引入竞争

(一)城镇化背景下基础领域投资多元化的要求越来越迫切

城镇化是我国现代化建设的历史任务,也是扩大内需的最大潜力所在。据国家发改委经济所课题组专家研究表明,到 2020 年,我国城镇化所产生的资金需求,社会保障和市政公共设施支出共计将超过 30 万亿元。其中,到 2020 年,相关社会保障支出大约需要 15 万亿—20 万亿,甚至更高;随着城镇人口的增加,市政公共设施的建设包括公共交通、市容环卫、污水处理、绿化、水热气供应、道路桥梁等,这部分资金需求约为 16 万亿左右。[①] 虽然城镇化将成为我国未来经济的引擎,但目前还没有形成适应城镇化资金需求的多元化融资机制,仅以地方政府财政投资将难以完成这个巨大任务。也就是说,大量的基础领域需要多元化的资金投入。

(二)广泛引入社会资本加快基础领域建设

第一,实现城镇公用事业政事分开、政企分开、事企分开,建立完善

---

① 陈岩鹏:《政治局会议点兵城镇化未来 10 年或增加 40 万亿投资需求》,《华夏时报》2012 年 12 月 8 日。

的市场竞争机制、企业经营机制和政府监管机制。第二，打破垄断经营，引入市场竞争机制，提高城市建设运营效率。第三，充分利用资本市场，改变城市公用事业政府投资的单一模式，允许社会资本参与投资城市公用事业。第四，健全特许经营制度，形成合理的价格形成机制，利用已有的经营性公用事业资产，以特许经营方式向社会资本、资本市场进行多元化融资，积极引导社会资本参与，有效缓解公用事业建设资金短缺的状况。

四、战略性新兴产业的国有资本布局

（一）必须保留在竞争性领域的国有资本，应主要配置在战略性新兴产业上

战略性新兴产业的发展对经济的转型升级和实现创新非常重要，它是以重大技术突破为基础的知识技术密集型产业，具有研发投入高、初期不易进入市场、中小企业融资难等特征。由于进入这些产业具有较大风险、未来收益不确定等因素，导致社会资本难以充分介入。因此，把竞争性领域的国有资本，集中配置在事关中长期国民经济持续快速增长的新兴战略产业，充分发挥国有资本优势，参与更高层次的国际竞争，对于提升国家竞争力意义重大。

（二）国有资本在战略性新兴产业主要发挥"四两拨千斤"的杠杆作用

国有资本投资战略性新兴产业，更重要的是为社会资本进入这一行业创造条件。其实质是充分发挥国有资本"四两拨千斤"的杠杆作用，撬动更多的民间资本进入这一领域。

（三）国有资本配置在战略性新兴产业，要以有利于发挥民间资本作用为前提

国有资本更多地应当投资于民间资本不愿意投资的公益性领域，比如必要的基础研发、必要的基础设施，为民间资本投资提供必要的基

础保障,最终的目的是为民间资本进入战略性新兴产业提供激励。

第四节 创造激发民间资本活力的制度环境

建立和完善有竞争、有活力的基本经济制度,重中之重在于改造体制环境,激发民间资本活力。从完善市场经济体制、加快转变经济发展方式的客观趋势看,应当加快落实非公经济新旧"36 条",把非公有制经济真正作为社会主义市场经济的重要组成部分,努力为非公有制经济发展创造公平竞争的法治环境、政策环境和市场环境,促进非公有制经济健康发展。

一、非公经济是基本经济制度的重要组成部分

(一)非公经济是国民经济最具活力的组成部分

如果没有非公有制经济的发展,片面地追求公有制经济比重的扩大,不仅难以搞活公有制经济,还会扼杀经济活力。毫不动摇地鼓励、支持、引导非公有制经济发展,形成各种所有制经济平等竞争、相互促进的新格局,才有可能改变、改造传统僵化的公有制经济。

(二)非公经济成为国民经济的"主力军"

改革之初,我国主要的产值、就业依赖于公有制经济。改革开放三十多年来,我国非公有制经济得到长足发展。目前,全国共有非公有制企业 1012 万户、个体工商户 3756 万户,从业人员近 2 亿人,增加值占国内生产总值的 60%以上,创造了近90%的新增就业岗位。[1]

(三)非公经济成为国民经济的"生力军"

改革开放以来,我国非公有制经济发展迅速,年均增速超过 20%,

---

[1] 《中国非公经济从业人员近 2 亿》,新华网 2012 年 5 月 25 日。

大约是 GDP 增速的二倍。比如,个体工商户从 1978 年的 10 万户发展
到 2012 年的 3756 万户,资金数额达到 1.62 万亿元;私营企业从 1989
年的 9 万户发展到 2012 年的 967.6 万户,注册资本(金)25.79 万亿
元;外商投资企业从无到有,发展到 2012 年的 44.6 万户,注册资本
(金)10.9 万亿元①。也就是说,新增 GDP 主要由非公经济创造。

二、打破非公经济进入垄断行业的"利益玻璃门"

(一) 推动国有垄断行业的公益性回归

非公经济新旧"36 条"的出台,意味着"政策玻璃门"已经打破,但
从现实看,非公经济进入垄断行业还面临着形形色色的"利益玻璃
门"。打破非公经济进入垄断行业的"利益玻璃门",需要采取"釜底抽
薪"的举措,就是推动垄断行业国有资本进入自然垄断环节,实现国有
垄断行业的公益性回归。如果国有垄断行业得到有效约束,就有条件
打破"利益玻璃门"。

(二) 支持非公经济进入垄断行业的可竞争环节

非公经济进入垄断行业的可竞争环节,不仅有利于推动垄断行业
改革的实质性突破,还有利于拓展民间资本的发展空间。深化垄断行
业改革,重要的是将垄断行业的可竞争和不可竞争的环节有效分开,在
可竞争的环节广泛引入民间资本参与竞争。比如电力行业,要进一步
推动"厂网分开",在电厂环节更好实现多种所有制经济的平等参与和
平等竞争,以进一步提高效率,缓解电力供给短缺的状况。

(三) 支持非公经济以参股的形式进入垄断行业

非公经济进入垄断行业,也可以采取参股的形式,发展混合所有制
和股份制经济。无论是垄断行业的竞争性环节,还是非竞争性环节,都
可以采取参股形式。这既有助于扩大垄断行业的投资规模,还可以充

---

① 《中国非公经济从业人员近 2 亿》,新华网 2012 年 5 月 25 日。

分利用民间资本的参与改善公司治理结构。应当鼓励民营企业家通过参股进入董事会参与公司治理,在此基础上建立公开透明的公司治理结构,强化监事会作用。

三、实现国有经济与非公经济的平等竞争

(一)国有企业与非公企业是平等的市场主体

按照非公经济新"36条"的规定,应当加快清理限制非公有制经济发展的法规和政策规定。凡是不符合宪法及其相关法律(包括刚通过的物权法和企业所得税法等)中有关促进非公有制经济发展规定的法律法规,凡是不符合"36条"的政策及部门规章和地方性法规政策,都应抓紧进行清理和修改。现行规章、规范性文件及其他文件在市场准入、财税金融、社会服务、权益保护和政府监管等方面与新"36条"不一致的规定都应当得到清理和整改。

(二)依法平等使用生产要素

在土地生产要素使用上,地方政府应当按照依法平等使用的原则,严格实行市场的招拍挂。在金融要素使用上,需要进一步改善非公有制经济的信贷条件。要继续通过税收支持、扩大贷款利率浮动幅度以及改进信贷奖惩办法等方式,鼓励国有商业银行、股份制银行和政策性银行提高对非公有制中小企业的贷款比例,鼓励和引导各类银行把中小企业作为重要服务对象,在金融产品和服务、金融工具和技术、金融监管方式和方法上进行创新。拓宽非公有制中小企业直接融资渠道,在完善现有中小企业板块基础上,加快建立完善中小企业上市培育体系和辅导机制。建立健全非公有制中小企业信用担保体系,推进信用体系建设。鼓励非公有制经济设立商业性或互助性信用担保机构,加快研究建立全国中小企业信用再担保机构,鼓励有条件的地方建立中小企业信用担保基金。

（三）同等受到法律保护

近年来，一些富裕的企业家阶层向海外移民和转移资产引发了社会的关注。究其原因，很大程度上在于对私人产权的法律保护缺乏信心和良好的预期。依法保护不同市场主体包括财产权在内的合法权益，构建同等受到法律保护的法治环境十分重要。当前，在一些领域和地区，既存在执法不严问题，也存在执法不公问题。我国已经出台了专门保护各类财产包括私营企业和个人财产的最基本法律——《物权法》，要加快完善行政执法和司法体制机制的步伐，进一步提高行政执法与司法公正性，切实维护产权主体的合法权益和平等发展的权利，依法严厉打击各种侵犯正当产权权益的犯罪活动。最终实现非公有制经济发展"有恒产者有恒心"的正向激励。

四、实现政府经济管理方式由管微观、管审批、管短期向管宏观、管战略、管监管的转变

（一）完善基本经济制度重在推动政府向市场放权

从过去10年来的改革实践看，建立有竞争、有活力的基本经济制度，仅仅从所有制上破题还不够。基本经济制度从根本上取决于政府与市场的关系，取决于政府的经济管理方式。由于政府向市场的放权不到位，政府管微观、管审批、管短期的经济管理方式并未真正改观，由此阻碍了公平的市场竞争。因此，完善基本经济制度要把重点放在政府转型上，通过推动政府向市场放权，实现"全能政府"向"有限政府"的转变。

（二）深化行政审批制度改革

在市场经济条件下确实需要防止"市场失灵"，但过多对微观经济主体设定前置性的行政审批，不仅会降低经济运行效率，降低经济活力，同时也难以保证企业在通过行政审批后就不会做出危害社会的事情，并造成权力寻租现象。防止"市场失灵"主要不在于设置行政审

批,最有效的办法是加强市场监管,变事前的控制为事后的有效处罚。为此,建立有竞争、有活力的基本经济制度,应当细化和落实非公经济新"36条",减少对企业投资项目、生产经营活动的审批事项,减少资质许可和行政事业收费,改革工商登记制度等。

(三)强化政府市场监管职能

政府对微观经济不进行直接干预,并不意味着政府不需要对微观部门依法进行管理。在市场经济条件下,"市场失灵"主要通过政府运用法律法规、规章制度和市场监管来克服。从转型经济的客观现实看,当前所谓的"市场失灵"主要表现在"政府失灵",即政府还没有形成权威性、独立性、专业性的市场监管机构,由此造成监管的某些失效。因此,需要大大强化政府在市场监管中的最终责任。

未来5—8年,加快完善基本经济制度,形成多种所有制共同发展的新格局,对建立公平可持续的市场经济体制至关重要。总结改革的实践经验,进一步形成有竞争、有活力的基本经济制度,需要解决好政府与市场关系,由此实现资源要素价格改革、国有垄断行业改革、政府职能转变上的实质性突破,以在更大程度更广范围发挥市场在资源配置中的基础性作用。这样的改革,与过去三十多年的市场化改革相比,更为重要,也更具复杂性,更有挑战性。

第六章　要正确处理政府与市场的关系

能否正确处理政府与市场的关系,不仅直接关系到经济体制改革的成败,而且直接影响着政治体制改革的进程。因此,在全面深化改革中,必须积极稳妥地处理好政府与市场的关系。

第一节　历史的简要回顾

回顾历史,我们可以发现,过分依靠市场或过分依赖政府的经济总是效益不佳。亚当·斯密在《国富论》中谈到,在一只"看不见的手"指引下,即通过市场机制自发的调节,各人为追求自己利益所做的选择,自然而然地会使社会资源获得最优配置。虽然奉行经济自由主义的资本主义市场经济在创造巨大财富,但也逐渐产生了严重的问题,如两极分化、阶级对抗、道德沦丧以至经济和社会危机。

1917 年,俄国爆发"十月革命",随着人类历史上第一个社会主义国家的建立,中央计划经济成为当时西方一些思想家对未来社会的美好憧憬。但在 1920 年春,米塞斯发表了一篇题为《社会主义国家的经济计算》的短文,从根本上怀疑乃至否定中央计划有实行经济计算与合理配置资源的可能性,这引发了 20 世纪 20—40 年代在世界范围内有关中央计划经济可行性的大论战。米塞斯的观点遭到了当时不少经济学家的商榷和反对,其中最为著名的是波兰经济学家奥斯卡·兰格。为回应米塞斯的质疑,兰格撰写了题为《社会主义经济理论》的长文。兰格认为,在生产资料公有制的社会主义经济中,由于中央计划局所拥有的有关经济体系的知识比任何私人企业家更多,因而中央计划局可采用试错法来模拟市场机制,决定生产资料的价格,从而使供求得到平衡,实现资源的合理配置,这就是所谓的"兰格模式"。

针对兰格的观点,哈耶克在20世纪30—40年代提出了三点意见:第一,中央计划经济存在信息收集和处理的困难。第二,中央计划经济存在激励方面的问题。第三,兰格等人的方案对于静态均衡理论过于迷恋,根本不理解千变万化的价格机制的真正作用。由此,哈耶克论证了自由市场中价格机制和分散决策远比中央计划能更好地利用价格信息。在之后的实践中,完全排斥市场的中央计划经济国家的实践付出了高昂的代价,正是出于提高经济效率的考虑,一些中央计划经济国家走上了以市场经济为方向的改革之路。

不过,1929年资本主义世界大危机的爆发,使很多西方经济学家认识到自由市场具有自身无法解决的内在缺陷,完全依靠市场配置资源是不行的。由此,以政府干预为核心思想的凯恩斯主义登上历史舞台,主张利用政府干预手段使市场经济机制趋于完善。但是,过分强调政府对市场的干预也不行,20世纪70年代发达国家出现"滞胀",新经济自由主义重新取代了凯恩斯主义的位置。不过,政府干预仍然存在,只是干预的程度较为弱化,干预的范围有所缩小。2008年全球金融危机的爆发,本质上是新自由主义主导的经济政策长期推行的结果,这又使人们不得不重新审视政府与市场的关系。如何正确处理政府与市场的关系,是当今大多数国家和地区都无法回避的问题。

在我国,由于市场体制和政府体制都不够完善,两者之间的矛盾更加突出,严重制约和阻碍了经济发展方式转变。党的十八大报告指出,经济体制改革的核心问题是处理好政府和市场的关系,必须更加尊重市场规律,更好发挥政府作用。政府和市场的内在联系是什么?我国政府与市场经济发展的现实关系是怎样?只有弄清楚这些问题,才能正确处理好政府和市场的关系,做到更加尊重市场规律,同时更好地发挥政府作用。

第二节　政府与市场的内在联系

为了正确处理政府与市场的关系,我们首先需要清楚政府与市场的内在联系。王一江对国家与经济的关系进行了较为系统的论述,其观点可以为研究政府与市场的内在联系提供参考。[①]

一、政府的实质、表现及两难问题

政府具有双重身份,它既是市场经济规则的制定者和强制执行者,也是市场中具有消费和生产功能的经济实体。政府的第一重身份是具有垄断地位的强制性机构,这个身份是他人所不能具备的。政府垄断强制力的作用有两个:对内保证合同的执行,包括私人间的合同和公共合同,[②]对外保证国家安全。政府的第二重身份作为经济实体占有资源,雇用劳动力,既消费也生产许多产品,其中既包括国防、法律体系等公共物品,也包括某些私人产品,在这些方面,政府和普通经济人有相同之处。但作为经济实体的政府与普通经济人显著的不同在于它的规模非常巨大。当它作为一个消费者时,其购买力是个人或其他机构所不能比的,这反映在庞大的政府支出上。

[①]　王一江等:《国家与经济:关于转型中的中国市场经济改革》,北京大学出版社2007 年版。

[②]　私人间合同指个人之间、企业之间、或个人与企业之间的交易合同。公共合同即我们通常所说的法律法规。

一般而言,政府在市场经济活动中的表现可以概括为三只手:无为之手、扶持之手和掠夺之手。无为之手建立在亚当·斯密的自由竞争理论基础上。斯密把市场比喻成一只"看不见的手",认为自由竞争的市场可以实现资源的最优配置。按照斯密的理论,有了市场这只有效的"看不见的手",政府在多数情况下就应该充当一只"无为之手"。除了提供国防、治安、维持和执行合同这些最基本的公共物品以外,政府不应该再过多地干预经济活动,政府应当越小越好。扶持之手建立在福利经济学基础上。福利经济学研究如何通过政府干预,采取诸如征税、补贴、反垄断等措施,来帮助增加社会福利。这类讨论所假设的基本前提是,政府的目标是使社会福利最大化,政府是善意的,是对市场不足的必要补充。掠夺之手建立在公共选择学派和制度经济学基础上。他们认为,不能天真地假定政府的目标是使社会福利最大化。政治家及政府工作人员等,都有自己的自身利益及目标。要理解政府的种种行为,一定要理解掌握政府机器的人的自身利益和利己行为。政府在市场运作良好时充当"无为之手",在市场失灵时充当"扶持之手",都有利于社会财富总量的增加,不会引起太大的争论和社会矛盾。但当国家成为"掠夺之手"时,对社会和经济来说是破坏性的,有时甚至是灾难性的。因此,如何防止政府成为掠夺之手,并防范由此造成的经济损失和社会动荡,是研究政府问题时的一个重点。

政治学家巴里·温加斯特最早研究了政府作用的"本质两难"问题,即政府需要足够强大,才能具有足够的强制力去做它该做的事,即执行合同;但政府又不能过分强大,以至于它可以不受约束,滥用自己的强制力,任意侵犯公民的财产和权利。诺斯提出的"国家悖论"也指出,没有国家不行,有国家又会有许多麻烦。怎样才能解决这个本质两难的问题,即怎样使政府强大,使它能做它该做的事,同时又受到限制,不能滥用权力从而成为掠夺之手,这是处理政府与市场经济关系时最棘手的问题。

二、作为强制机构的政府自身如何受到约束

对市场经济运行来说,最重要的是合同要得到执行,财产要得到保护,即要求法治。有了法治,产权才能得到保护,才能激励人们把自己的资源和精力用于创造财富,市场经济才能健康发展,整个社会才能走向富裕,"中国梦"才能够实现。但法治有个自身无法解决的最大难题,那就是谁来监督执法者,谁来监督那些负责监督执法者的人,以及谁来对执法者执法? 如果执法者本身不受法律的约束,法只是执法者用来管别人的,这样的社会就不是"法治"社会,即执法者以法去管制他人的社会。在这种状态下,执法者自己可以不受法律的约束,独立于法律的权威之外,想守法就守法,不想守法就不守法,而当他不守法时,别人都没有办法强制和迫使他守法。在这种情况下,市场经济很难健康发展。

民主是现代政府制度中的核心组成部分,其意义在于可以管住执法者,使社会变成法治。对市场经济来说,民主虽然常常带来问题,比如它可能通过强势利益集团的政治游说或多数人的选票,为经济利益剥夺提供合法的途径,破坏公平的游戏规则,造成效率损失。但是,民主有一个最大的积极作用,即它可以管住执法者,包括最高执法者。我们经常看到,在真正的民主国家,对最高国家领导人的监管和惩罚,往往比对普通人更加严格和严厉,这就是民主的真谛和威力所在。管住最高执法者,防止最高执法者成为法治的破坏者,从根本上保证法治,这就是为什么虽然民主会带来诸多问题,却仍然是现代政府制度中的核心组成部分的主要原因。

但是,民主需要慢慢发育,不是一朝一夕就能成熟的。特别是在早期,民主通常是很脆弱的,容易被颠覆。比如,希特勒就是靠民主程序上台的,他上台以后却颠覆了民主,搞法西斯独裁。如何保障民主? 世界上实行民主制度的国家,大都建立了完善的分权制度。具体来说,分

权是四重意义上的:一是同一级政府不同部门和分支之间的分权;二是不同级政府之间的分权;三是政府和民间的分权;四是民间内部,不同群体、不同人之间的分权,不使财富和权力集中在少数人或利益集团手上。分权对保障民主至关重要。如果国家的某个部分,社会上某个个人或利益集团掌握的资源足够多,他们用这些资源颠覆民主的能力就相应强大。所以,为了保证民主,需要有分权,包括分享国家权力和经济资源,不允许政府中任何一部分、社会上任何一部分人掌握过多的资源和过大的权力。

三、作为经济实体的政府与市场经济的关系

当政府拥有大批国有企业时,政府将不仅扮演通常的市场经济主体职能,还将以国有企业的所有者和经营者身份出现在市场中。这时,政府作为国有企业的所有者和经营者的角度,可能直接扭曲了市场作为基础调节者的作用。由此带来的问题可能有:

第一,寻租和设租。寻租是所有国家官僚机器共同具有的特点。国家之间的区别只在于,官僚机器有大有小,相应地,寻租的机会和数量也有多有少。不难想象,政府管的事情越多,其官僚机器就越庞大。以国有经济为主体的国家,官僚机构都十分庞大,寻租和设租活动也随之膨胀,由此造成经济效益的损失也随之增加。

第二,委托—代理问题及经理人保护问题。尽管委托—代理问题广泛存在,但国有企业往往比非国有企业更加严重。政府与国有企业的关系常常较非国有企业密切,软预算约束问题比较突出。密切的政企关系和软预算约束,破坏了对管理人员的市场监督,使得监督的效果大受限制。同时,由于在国有企业中经理人员的前途主要取决于关系,而非企业效益,国有企业的经理人员会把和上级领导的关系,看得比企业的经营效益更重要;经理人员可能不会把企业办得太好,甚至有意让企业形成一些问题,以免被政府撤换。经理人员这些保护自身利益的

措施,有损企业长期和短期利益。

第三,非国有经济难以与国有经济公平竞争。与非国有经济相比,国有经济往往更容易获取政府掌握的资源,这对非国有经济的发展空间形成挤压。比如,国有企业和非国有企业在经营条件上面临着显著的融资可获性和融资成本的差异。国企以国家信用作背书,更容易从正规金融体系中获得资金;而非国有经济往往容易遭到所有制歧视,面临融资难问题,其总体融资成本往往明显高于国有企业。

第四,经济行为扭曲。政府控制大量资源时,社会成员一定存在强烈的争夺政府资源的动机和行为,而这种行为往往是扭曲的,有损效益。比如,按照效益的原则,一个企业应该有适当的发展速度。但如果按照这个速度去发展,该企业难以快速做大,无法获得政府在土地、贷款、税收等方面的特殊支持。在这种情况下,企业宁可牺牲效益,也要超速增长,赶快做大,成为龙头企业,从而得到政府资源的支持。在这种动机的驱使下,一大批高速增长却效益低下的企业也就应运而生。

以上情况表明,政府与国有企业之间的这种关系,应是改革的内容。理顺政府和市场的关系,包括了调整政府与企业(包括国有企业)之间的关系。政府可以是国有企业的控股方,但政府不应是国有控股企业的经营者。国有控股企业应当按股份公司章程,建立完善的法人治理结构,并按市场规则运行。

第三节　我国政府与市场经济
发展的现实关系

经过三十多年的改革开放,我国已经建立了市场经济体系,但受传统计划经济的影响,政府主导的色彩仍然非常浓厚,市场配置资源的基础性作用未能充分发挥。这使得我国政府与市场经济发展的现实关系存在如下问题：政府介入市场过多，政府干预市场方式不当，政府权力进入市场导致寻租、设租问题，政府重经济发展而忽视公共服务等。

一、政府介入经济活动过多

改革开放以来，我国逐渐从计划经济体制向市场经济体制转变。在改革开放初期，由于市场的力量太小，政府的较多介入有其必要性与合理性。但随着市场力量的逐步发展和市场经济体制的逐步完善，我国经济需要逐步减少这种来自政府的干预和约束，让市场机制在经济发展中发挥基础性调节作用。

事实上，我国经济建设取得的巨大成功也来源于此，即通过市场化的改革使得非国有经济发展起来，政府不断从本不应该管的领域退出，使得市场化程度显著提高。但是，由于在这个市场化改革过程中，市场的力量是从无到有，"大政府、小市场"的格局依然没有改变，于是一些人错误地将政府主导而非市场导向视为"中国模式"的精髓，过分地强调政府的作用，使得政府在不该管的许多地方仍然抓着不放，特别是在近年来出现政府介入经济的范围和程度有扩大和强化的趋势。这种误将过渡性制度安排当做终极性制度安排的思维非常值得警惕，因为这很可能将改革引向歧途。市场经济有自身的规律，适当的政府干预可以补充市场调节的不足，但过多的政府干预会破坏市场功能，扼杀民间的积极性和创造力，使得经济失去效率和活力，延缓产业技术升级和结构转型。

目前，政府通过控制国企、垄断土地供给、价格管制、项目审批、行政垄断、地区保护等仍掌握着过多的资源配置权，在一些重要领域排斥了市场配置资源的功能，严重阻碍了市场经济的健康发展。比如，在竞争性领域中，由于数量众多、规模庞大的国有企业改革不到位，对市场信号作出非理性反应，损害了市场合理配置资源的功能；政府对土地供给的垄断，不仅严重损害了被征地农民的利益，还不断推高了房价；对要素价格的管制,使得市场价格传递信息、提供激励及决定收入分配三个基本作用被严重扭曲;项目审批和行政垄断使民营企业积极性受到压制,民营经济的发展空间受到限制,其动力引擎的作用被削弱;地方政府的地区保护主义造成商品和服务的自由流动受到限制,难以发育形成统一开放、公平诚信、竞争有序的国内市场。在政府过多介入市场的情况下,通常违背了经济转型的宗旨,即应当由政府主导经济发展,转向政府调控、市场主导、企业创造经济增长。

二、政府干预方式不当

政府对市场的干预可以大致分为两类,一是宏观调控,二是微观管制。所谓宏观调控,是指政府对社会总供给、总需求、总价格水平等经济总量进行调节和管理,它的基本工具是政府的财政政策与货币政策。而任何单一产品、单个市场的问题,都是微观问题,政府对这类问题进行干预有时具有一定的合理性,但这是微观干预而不是宏观调控。对市场而言,政府干预应以宏观调控为主,而不是以微观管制为主。明确地将宏观调控和微观管制区分开来是很重要的,这是因为,微观管制通常是以政府行为来限制或取代市场机制的作用,如限价等管制市场的行为,而宏观调控则不是对市场的代替,而是在市场机制充分发挥作用的基础上,为了多重目标的协调实现而进行的总量调节和管理(包括经济增长、充分就业、价格水平较为稳定、收入差距缩小、国际收支平衡等)。如果说在市场经济中加强政府的宏观调控是重要的,那么同样重要乃至更重要的是政府要尽可能地减少对企业的束缚。[1]

在我国,人们常常把宏观调控与微观管制混为一谈,政府常常在加强宏观调控的名义下扩大微观管制,从而使行政力量配置资源的能力和手段大为强化。这样的做法不可能真正达到宏观调控的目标,而只

---

① 　周为民:《宏观调控若干认识误区辨析》,《北京日报》2011 年 8 月 22 日。

能使市场传递信息、提供激励和决定收入分配的三个基本功能扭曲,只能造成对市场规则、市场秩序、市场调节机制的破坏,以致加剧经济运行中的矛盾和混乱。并且,在微观管制不断扩大、不断强化的情况下,由于市场机制受到破坏,宏观调控将缺乏可靠的微观基础,对市场的调控能力将逐步削弱。更有甚者,当市场经济运行出现矛盾和混乱时,政府对市场经济的干预只能更加依靠微观管制,由此陷入不断损害市场机制的恶性循环,市场配置资源的基础性作用更难以发挥。

三、政府权力进入市场

由于我国政府控制资源过多,并且其对经济的干预方式常常采取微观管制的形式,加之政府权力缺乏监督,使寻租的基础在许多领域继续保持甚至扩大,政府权力进入市场的现象屡见不鲜。政府权力可以变成商品,进而变成资本;资本也可以收买公共权力为其牟利。权力和资本共同垄断大量的社会财富。权力的扩张和资本的贪婪恶性结合,使得远离权力中心的人们很难通过勤劳和智慧获得财富。并且,权力不会自动也不肯退出市场,反而会强化对市场自由交换的压制和控制,这将使寻租活动的膨胀达到无以复加的地步。巨额的租金总量,对贫富分化加剧和基尼系数的居高不下产生重要影响,人民大众的不满也由此而来,官民矛盾不断激化,严重影响社会稳定。

政府权力进入市场在当前的一个突出表现就是涉及土地的腐败问题。现行的征地补偿标准不合理,使征地的成本低廉,征地"效益"巨大。国家对以公共利益的名义征收的土地,只是按照土地原有用途补偿,这使得获取土地的代价很小。政府把低价从农民那里征得的土地,转手以招拍挂的形式出售给开发商从事非农建设,获取了巨大利益。由于政府垄断了土地供给,土地资源的定价权掌握在相关官员手中,土地征收和出售这二者之间的巨大差额,自然为腐败官员寻租设租和不法商人行贿,提供了巨大空间。土地批给谁不批给谁,以什么价格给,都是官员说了算,即使土地公开招标拍卖也无法完全克服其中的利益输送。在此情况下,涉及土地犯罪的官员屡见不鲜。

在政府权力进入市场的过程中,既得利益者不但进行"寻租",而且进行"设租"活动,以便造成新的寻租可能性。在目前,改革走到了半途,这些既得利益者为了维护自己的既得利益,希望维持甚至扩大行政权力广泛干预市场和经济体制的过渡状态,以便继续利用自己的特殊地位弄权寻租,发财致富,而不愿继续前行,去努力建立规范的、平等竞争的市场体制。

四、政府忽视公共服务

在当前以 GDP 增长为核心的地方官员政绩考核机制和财政分权体制下,各个地方政府将大量的精力和其掌握的大量资源相对较多地投入到生产经营领域,在较大程度上充当了经济建设主体和投资主体的角色,这使得政府的经济事务支出比例偏高,而公共服务支出比例偏低,这也被一些人称为"发展型政府"。

例如,在政府教育支出方面,我国公共教育支出占 GDP 的比重近年来有所提高,但直到 2012 年才首次达到 4%(按照中共中央和国务院 1993 年制定的《中国教育改革和发展纲要》,这个比例早在 2000 年就应该达到),但即使滞后 12 年才达到的这个比例仍然低于世界平均水平(2008 年为 4.6%),甚至不及欠发达国家的水平(2010 年低收入国家已达到 4.5%)。又如,在政府医疗卫生支出方面,从公共卫生保健支出占 GDP 比重看,根据世界银行世界发展指标数据库的信息,2009 年世界平均为 6.1%,其中高收入国家为 7.4%,中等收入国家为 2.9%,中国则为 2.3%,处于相对较低的水平。再如,在政府社会保障支出方面,中国就业和社会保障支出合计占当年财政支出和 GDP 的比重近几年提高到 10%和 2%左右的水平。但这两个比例即使与 20 世纪 90 年代中期的国际水平相比也明显偏低,当时高收入国家社会保障支出占财政支出的比重和占 GDP 的比重已分别达到 27.5%和 12.2%，中等收入国家也达到 15.7%和 4.6%。

政府公共服务职能仍然偏少、偏弱的局面，迫使居民用自己的收入来支付快速增长的教育、医疗、养老等费用，这不仅挤压了居民的其他消费增长，而且强化了居民的谨慎预期，降低了居民消费倾向，影响了经济转型。以 2007 年为例，中国城镇居民用于教育的消费支出比重为 6.4%，而发达国家平均水平不到 4%。其中，德国和英国分别为 1.1%和 1.5%，美国和日本分别为 3%和 4.2%。中国城镇居民用于医疗卫生消费支出的比重为 7%，而发达国家平均不到 5%。公共服务的不足对收入分配差距持续拉大、内需难以提振具有重要影响。

第四节 正确处理政府与市场的关系

鉴于当前我国政府与市场经济关系中存在的上述问题，政府应该从全能政府转向有限政府，从管制型政府转向调控型政府，从发展型政府转向服务型政府，从人治政府转向法治政府。有限政府、调控型政府、服务型政府和法治政府，这四者之间具有紧密的内在联系，同时又存在不同的侧重点。比如，在政府职能的配置上，服务型政府、法治政府都强调要转变职能，要建设有限政府；但服务型政府转变职能的侧重点在于提供高质量的公共服务；法治政府的侧重点在于职权法定、依法行政；而调控型政府是在建设有限政府的前提下，强调在干预时以尊重市场经济规律的宏观调控为主，尽量少用破坏市场机制的微观管制，其侧重点在于转变政府干预经济的方式，需要法治对其进行约束及界定。

一、从全能政府转向有限政府

全能政府是中央计划经济时期政府的重要特征，目前我国政府仍然带有浓厚的"全能"色彩,具体表现为政府介入经济生活过多。经过计划经济的惨痛教训,又有了 30 多年改革的经验,我们可以深刻体会到,一个无所不管的全能政府,必然压抑企业和个人的活力和经济的生命力,往往也会成为一个低效甚至无效的政府。一个政府是否真正有作为,不在于其管得有多宽,而在于管理的范围和程度是否合理,管理的方式和结果是否有效,是否让市场、让社会组织有效。有限政府是有效政府的必要条件,只有有限的政府才有可能成为该管的能够管好的政府。有限政府是指政府自身在规模、职能、权力和行为方式上受到法律和社会的严格限制和有效制约。简单地说,就是要求政府管该管的,不管不该管的。在现代市场经济条件下,政府的主要作用应存在于如下两个方面:一是提供经济发展所需的软件和硬件基础设施,为作为微观经济主体的企业运行创造良好的经济社会环境。二是通过转移支付和财政手段支持教育、科技、社会保障、公共医疗、环境保护等社会发展项目,弥补市场机制的不足。总之,市场、社会能办的,政府一律不介入;需要政府办的,比如教育、医疗等,政府必须依据法律法规办好。

从全能政府转向有限政府,是市场发挥配置资源的基础性作用的必然要求,其核心是在明确政府边界的基础上,转变政府职能,向市场和社会放权,缩小政府规模,提高行政效率。具体而言,转向有限政府至少需要进行以下改革。

(一)进一步推进行政审批制度改革

从 2001 年 10 月起,我国全面启动行政审批制度改革。截至 2012 年 9 月,国务院部门已先后六批取消和调整了审批项目 2497 项,占原有总数的 69.3%,各省(区、市)本级取消和调整了 3.7 万余项审批项目,占原有总数的 68.2%。但总的说来,我国现有行政审批项目仍然偏多,仍需进一步推动行政审批制度改革,包括进一步压缩行政审批权,对现阶段必要的行政审批权进行科学合理的配置,将分散重叠的行政审批权进行重组等。

（二）进一步转变政府职能，继续推进大部制改革

从我国政府机构改革发展历程看，政府机构及人员存在"精简—膨胀—再精简—再膨胀"的怪圈。大部制改革应围绕着政府职能的转变，进一步精简政府机构，提高行政效率。

（三）推动地方政府层级结构改革

推行省直管县改革，取消市管县。政府层级的过多使行政效率下降、行政成本上升。

二、从管制型政府转向调控型政府

鉴于微观管制在现实中的频繁使用及其对市场机制造成的破坏，政府对经济的干预应以宏观调控为主，少用、慎用微观管制，即从管制型政府转向调控型政府。转向调控型政府，要求在政府干预经济活动时充分尊重市场配置资源的基础性作用，改善和加强宏观调控的效力，主要需从以下三个方面着手。

（一）以法律形式明确政府干预的权限、手段和操作程序

政府对经济的干预会影响到企业、公民的权利和利益。在什么条件下可以进行政府干预，如何进行政府干预，以怎样的手段或工具进行政府干预需要由法律作出原则性规定，避免政府以宏观调控之名行微观管制之实。

（二）进一步夯实宏观调控的微观基础

保证宏观调控有效性的微观基础是作为真正的市场主体而存在的大量企业，这些企业对市场信号敏感，能够快速对政府的宏观调控政策作出反应。宏观调控效力的降低，使政府不得不更多地采用行政方式，并反复遭遇"上有政策，下有对策"的矛盾，以至增加了调控难度，降低了调控效力。

（三）进一步推进利率市场化和人民币汇率形成机制改革

目前，利率、汇率等宏观调控参数调节工具利用受到太多限制。近

些年,我国通货膨胀率较高,利率变化较小,利率工具利用相对呆滞,一个重要原因就是汇率的扭曲导致了利率的扭曲,也就是说,如果利率提高,就可能产生套利机会,逼迫人民币升值,从而无法保持汇率稳定。也正是因为要维持汇率稳定,所以在经济偏热时我国政府不便调外需,只能压内需;内需包括消费和投资,压内需不能压消费,从而只好压投资;调投资又不能有效利用利率等常规参数工具,只好用目录指导、市场准入、项目审批与核准、供地审批、贷款的行政核准、强制性清理(淘汰落后产能)等微观管制措施。在许多情况下,政府这种做法实际上是不得已的,因为要灵活使用宏观调控政策,必须有一个较好的市场经济环境。

三、从发展型政府转向服务型政府

我国要实现经济持续稳定增长,必须把经济发展方式由政府主导型转变为市场主导型,把发展型政府转向服务型政府。同样可以遵循"以经济建设为中心",它主要负责提供公共产品和公共服务,即以有限政府为前提,与有限政府的政府职能界定一致。转向服务型政府,至少需要在以下两个方面进行改革。

(一)推行以公共服务为主要内容的政府绩效评估体系和行政问责制度

在考核地方政府及地方官员的工作绩效时,过于强调 GDP 增长是不合理的,社会公共服务指标应成为硬约束,这就要求政府在使用"无为之手"的同时,多伸"援助之手",让财富更多地流向百姓,以增加社会福利。因此,应将基本公共服务作为政府绩效评估的重要内容,纳入政府绩效评估指标体系之中。对没有很好履行这一职责的政府,要行政问责,追究有关领导的行政责任。只有这样才能从根本上引导地方政府更多地关注科学发展,形成经济可持续的平稳较快发展,最终构建成和谐社会。

（二）深化财政分权体制改革

由于公共服务主要是由地方政府提供的,地方政府的事权远大于财权,是当前公共服务做得不好的重要原因。凡政府所提供的公共产品和服务,其受益对象是全国民众的,支出由中央政府承担。凡受益对象是地方居民的,支出由地方政府承担。

四、从人治政府转向法治政府

我国是一个长期有着人治传统的国家。政府行为不受法律约束而受个人意志支配的人治政府是市场经济的大敌。没有一个人治政府能够建设好市场经济。市场经济是法治经济,要求建立法治政府,即按照法治的原则运作的政府,政府的一切权力来源、政府的运行和政府的行为都受法律规范和制约。因此,1997 年,中共十五大明确提出依法治国的方略和建设社会主义法治国家的任务,为中国法治建设指明了方向。至今这方面仍存在的问题是,公权力缺乏规范,某些地方负责人超越法律行使公权力而不受监督制约,并且权力行使不透明,往往暗箱操作,以致一些法律法规得不到有效实施。①

（一）进一步建立健全民主制度

民主制度是实现权力制约的基础,可以为法治提供保障。要在保障民主选举、民主监督、民主管理和民主决策等权利基础上,继续扩大民主权利,落实参与权、表达权、知情权和程序权等,通过立法将各种民主权利制度化。

（二）进一步完善分权制度

分权可以保障民主。除建设有限政府需要的向市场、社会分权外,还要强化司法对行政的监督;要进一步推进收入分配制度改革以缩小收入差距。

---

① 马怀德:《建设法治中国的关键》,《学习时报》2013 年 3 月 4 日。

（三）进一步完善法律体系

目前,我国法律体系已经形成,但仍不健全,既有一些现行法律需要修改,也有部分配套法规急需制定,还有一些必须具备的法律尚未出台,例如,应当尽快制定行政组织法和行政程序法,为各种行政行为提供最基本的权力边界和程序规则。

第七章　必须完善中国特色宏观调控体系

在现代市场经济中,宏观调控是国家管理经济运行的重要手段。回顾我国历次重大经济调整和宏观调控的过程,总结这一过程中的经验教训,对于完善中国特色宏观调控体系,建立完善的社会主义市场经济体制,具有十分重大的现实意义。

第一节　加强和改善宏观调控是社会主义市场经济的本质要求

一、宏观经济调控理论的由来

宏观调控是国家管理经济和社会发展的一项重要职能和手段。从市场经济发展几百年的历史进程来看,政府对经济的干预从来都是不同程度存在的,是保持经济正常运行不可缺少的。市场经济在私有制和资本主义基础上发展起来,这个发展过程大体经历了传统市场经济(自由市场经济)和现代市场经济两个发展阶段。在第一个阶段里,虽然也存在一定程度的政府干预,但各经济利益主体的经济活动基本处在以价格机制、供求机制、竞争机制为基本内容的市场机制作用下,通过市场竞争,价值规律自发调节社会供求、配置资源,最终使生产要素流向效益最高的部门和行业,使市场主体实现利润最大化。也就是说,在自由市场经济阶段,"看不见的手"在经济运行中始终起着支配作用,经济运行基本上靠市场自身去调节。而市场调节往往存在着自发性、盲目性、滞后性等严重缺陷,难以调节社会公益事业,并容易导致垄断和分配不公,产生两极分化。市场机制的缺陷往往导致事后以破坏性的形式对经济结构、资源配置、财富隶属关系进行调整。这就表现为周期性的经济危机。随着社会化大生产的不断发展,单靠市场机制调节显得越来越不能适应,特别是20世纪30年代发生的世界性经济大萧条之后,强调运用财政政策、货币政策等手段干预经济和资源配置的"凯恩斯主义"应运而生,标志着历史进入现代市场经济阶段,宏观经济调控理论也逐步形成,并不断得到发展。从一般意义上讲,市场经济的宏观调控主要有两方面的作用:一是弥补市场机制不足;二是创造充分发挥市场作用的宏观环境。进入20世纪90年代,西方经济学界重新认识政府在市场经济中的作用。后凯恩斯主义经济学家保罗·萨缪尔森认为,政府主要有三个方面作用:第一,矫正市场失灵,提高效率;第二,用税收和政府开支向特殊群体再分配,促进公平;第三,通过货币供应量调节,保持经济增长与稳定,减少失业,降低通货膨胀。他还说,政府在市场经济中的三项职能是不能偏废的。实际上这也是现代市场经济中宏观调控的基本要求。

二、社会主义市场经济更需要宏观调控

建立社会主义市场经济体制,是把社会主义和市场经济结合在一起,这是人类发展进程中面临的一个全新课题。我们选择了市场经济的发展模式,就必须充分发挥市场配置资源的基础性作用。同时,为了避免市场自身的弱点,也必须加强和完善宏观调控。尤其像我们这样发展中的大国,又处在体制转轨的过程中,市场发育不完善,地区间发展不平衡,又面临日趋激烈的国际竞争,单靠市场机制的作用是远远不

够的,加强宏观调控显得更为必要。社会主义制度本身要求消除两极分化,最终实现共同富裕,这就更加需要通过实行有效的国家宏观调控去解决。因此,完善国家宏观调控体系是社会主义市场经济的本质要求,也是发展中国特色社会主义的重要手段之一。宏观调控是社会主义市场经济的有机组成部分。可以说,现代经济运行包括两个最基本的方面:一是微观经济的自由竞争机制,二是宏观经济的调控机制,这两者都是不可或缺的。如果把现代经济运行比作一部汽车,那么市场竞争机制是动力机制,宏观调控是汽车的控制机制。社会主义市场经济在现代市场经济的基础上,还应有更高的要求。所以,发展中国特色社会主义必须要建设与之相适应的中国特色宏观调控体系。

第二节　我国宏观调控的艰难
历程和经验教训

一、曲折的道路,辉煌的成就

回顾我国经济社会发展的历史,国家的宏观调控经历了艰难曲折的过程,取得了辉煌的成就。

(一) 改革开放前的简要回顾

宏观调控的概念是改革开放之后从国外引入并正式提出的。在改革开放前和改革开放初期,我国实行的是计划经济体制,商品的生产、流通、定价,人财物的配置,基本上都按国家计划进行,市场调节的比重很低,所以还没有建立起真正意义的现代宏观调控体系。但是,国家对经济运行的调节或者调整也是非常频繁的。从 1953 年进入第一个五年计划,开展大规模经济建设以后,我国经济发展经历了几次大的起伏。1953 年下半年出现了明显的经济过热,当年经济增长 15.6%;

1954 年进行调整,当年经济增长率回落到 4.2%。1956 年全国社会主义改造胜利完成,下半年经济再次出现明显的过热;1957 年进行调整,开展了当时所说的"反冒进"。1958 年提出了经济建设要"大跃进"和"超英赶美"等口号,全民大炼钢铁,当年经济增长 21.3%,整个经济建设出现了空前的过热,经济平衡严重失调。1959 年本应进行调整,但由于当时对"左"的倾向造成的危害仍然认识不足以及其他原因,却开展了反右倾斗争,继续坚持"大跃进",加上 3 年自然灾害的影响,社会生产力受到重大破坏,全国人民吃饭都成了问题,不少地区出现严重饥荒。1960 年到 1962 年经济产出分别比上年下滑 0.3%、27.3% 和 5.6%,经济从大起转为大落。1962 年中央提出了"调整、巩固、充实、提高"的方针。到 1965 年经济初步恢复到 1960 年的水平。商品零售价格从 1963 年到 1972 年几乎一直是负增长。从 1966 年开始的 10 年动乱,我国经济更是到了崩溃的边缘。

从新中国成立到十一届三中全会这些年内,中国经济建设经历了波澜壮阔、艰难曲折的过程。当时,我们别无选择地采用了计划经济体制。由于市场主体和市场机制的缺失,社会经济活动基本上完全由政府主导,国家对经济的调整,也是通过政府对经济运行的直接干预来实施的。在全党和全国人民的努力奋斗下,从 1953—1977 年实现经济年均增长 6.8%,集中力量办成了许多大事,初步建立了我国社会主义的工业体系,各项事业都获得了较大发展。但实践证明:企业作为经济的细胞,其生产经营没有什么自主权,缺乏活力;政府通过计划来安排整个经济活动,客观上难以做到真正按价值规律办事;特别是如果决策者主观上对经济运行发生误判,就会给经济发展带来重大损失甚至灾难性后果。这些年经济发展的风风雨雨给我们带来了许多宝贵的经验和极为深刻的教训。"总设计师"邓小平同志正是在这个基础上经过深思熟虑,描绘了改革开放的蓝图,中国经济发展进入一个新的时代。

（二）改革开放以来的历次宏观调控

我国经济体制改革的核心内涵是使传统的计划经济运行模式转向社会主义市场经济的运行模式。三十多年改革实践证明,市场经济确实有着某种神奇的力量,可充分调动人的积极性,激发出无穷的经济活力,从而解放和发展生产力并创造出巨大的社会财富。但是,随着市场经济体制的建立,市场自身的弱点也明显暴露出来了。这个时候,真正意义上的现代宏观调控体系和现代市场体系这一对孪生姐妹同时成长起来,"看得见的手"与"看不见的手"既有博弈又有合作,共同推进着经济社会的发展。纵观改革开放以来我国宏观调控的实践,真是丰富多彩,令人回味无穷。

具体说,从 1979 年以来经历了至少 7 次较大的宏观调控过程。

第一次:1979—1981 年。当时,我国经济逐步恢复发展,同时也出现一些突出矛盾和问题:总需求增长过猛,总供给能力不足,加上当时有关方面提供了一个对我国石油储量高估的信息,建议要建设 20 个大庆即我国石油年产量将达 10 亿吨水平,似乎我国可以大量出口石油挣外汇,以放手进口国外先进设备和技术,于是刮起了一股"进口风",后来有人称之为"洋跃进"。1980 年外贸进口总额比 1978 年增长83.8%,连年出现外贸赤字,国家外汇储备 1978 年末为 1.67 亿美元,到 1980 年末变为亏空 12.96 亿美元。当时中央提出了"调整、改革、充实、提高"的八字方针,强调搞好综合平衡,缩短基本建设战线等,取得明显成效。

第二次:1985—1986 年。随着农村改革的成功和改革向城市推进,宏观经济又出现了过热现象。1984 年和 1985 年经济增长率分别高达 15.2%、13.5%,全社会固定资产投资分别增长 28.2%和 38.8%。货币发行超量,工资奖金增长过快,通胀问题突出。调整的主要措施是控制投资和信贷规模,加强物价管理等。

第三次:1988—1989 年。由于当时体制转轨刚刚开始,投资饥渴症、盲目扩张的冲动依然存在,"价格闯关"又提高了居民对通胀的预期,一些地方出现抢购风,居民消费价格1988年和1989年分别比上年上涨18.8%、18.0%。这一次推出了以"治理经济环境、整顿经济秩序"为内容的宏观调控,主要手段还是紧缩财政和信贷,压缩总需求,增加有效供给,整顿经济生活中的混乱现象。由于这轮调控是在连续几年粮、棉、油生产徘徊的背景下进行的;某些方面的调控力度可能偏大,例如1989年全社会固定资产投资增长速度从上一年的25.4%跌落到负增长7.2%。更重要的因素是当年"六四"政治风波特别是西方国家对我实行经济制裁直接影响了经济发展,致使1989年和1990年我国经济增长率只分别为4.1%和3.8%,到1991年回升到9.2%。可以称得上是经济运行的一次"硬着陆",当时经济确实面临很大困难。

第四次:1993—1996年。当时经济生活中出现了"四热"(房地产热、开发区热、集资热、股票热)、"四高"(高投资、高工业增长、高货币发行和信贷投放、高物价上涨)和"一乱"(经济秩序乱特别是金融秩序混乱)的问题。通货迅速膨胀,1994年居民消费价格上涨24.1%。中央适时果断地采取了宏观调控。这是我国1992年确立了社会主义市场经济发展模式后的第一次重大宏观调控,其思路和措施也展现了新的面貌。一开始就强调了需要把握的三点原则:一是统一思想认识;二是着眼于加快改革步伐;三是主要运用经济办法,配之以必要的行政手段和组织措施。中央提出的16条措施中有10条是货币金融方面的,实现了由传统计划经济时代宏观调控偏重于直接调控和行政手段向以间接调控和运用经济办法为主的重大转变。调控力度的掌握比较适度,既有效地抑制了通货膨胀,又保持了经济的适度较快增长,到1996年成功实现了"软着陆"。

第五次:1998—2002年。如果说上一轮宏观调控的主要目标是反通胀、防过热,那么这一轮的调控则主要是反通缩、保增长的扩张性调控。经过连续5年的反通胀努力,1997年居民消费价格回落到比上年上涨 2.8% 的正常水平。由于 1997 年下半年爆发东南亚金融危机的影响,我国外贸出口受阻,1998 年出口总额只比上年增长 0.5%;1998 年国内又发生特大洪涝灾害;加上体制转轨、经济转型进程加快,国内商品的供需矛盾逐步由卖方市场转向买方市场,需求不足问题成为主要矛盾,国有企业与商业银行改革滞后和经营困难的问题也凸现出来。从 1998 年起连续 5 年商品零售价格负增长,出现明显通货紧缩的现象。1998 年初中央采取"积极的财政政策和稳健的货币政策"进行宏观调控,并推出一系列扩大内需的重大措施。同时,以壮士断腕的巨大勇气对国有企业和商业银行进行大力改革,一方面对其巨额注资、改制重组,另一方面普遍进行减员增效、下岗分流,国企下岗职工达 2000 多万人。经长期努力,2001 年我国正式加入了世界贸易组织。这一轮宏观调控与推进改革开放的有机组合,保持了国民经济持续稳定快速增长,积累了反通货紧缩的宝贵经验,也为从 2003 年开始的新一轮经济增长周期奠定了坚实基础。

第六次:2003—2007 年。前 5 年扩内需措施积蓄的发展潜能开始强劲释放,加上第十个五年规划全面实施和加入世贸组织后经济对外开放的广度深度迅速扩大,我国经济增长从 2002 年下半年便出现提速,2003 年虽在上半年受"非典"影响,但全年增长速度还是登上两位数。既要紧紧抓住我国发展的重要战略机遇期,又要防止出现过热,这一轮宏观调控不但动手较早,而且力度适当。采取了"区别对待、有保有压"的方针,坚持在发展中调结构;不是全面收紧,而是把握住"看好土地、管好信贷"两个"闸门"。特别是在科学发展观的指导下,宏观调控更加注重全面协调可持续发展,更加自觉地运用了统筹兼顾的根本方法。因此,取得了较好的效果:连续 5 年经济增长率始终保持在 11% 左右,居民消费价格年平均上涨 2.6%,劳动就业稳步增长,企业效益大幅度提高,国家综合国力明显提升。

第七次:2008 年到现在。2007 年 GDP 增长率攀上 1992 年以来的最高峰达 14.2%,居民消费价格涨幅达 4.8%。所以,2008 年初确定当年宏观调控的方针是"防过热、防通胀"。但是,美国次贷危机愈演愈烈,到 9 月份终于爆发了严重的国际金融危机,而且来势汹汹,迅速蔓延全球。我国经济与国际经济的关系已经非常密切,欧美又是我国主要的出口目的地,这场国际金融危机对我国经济的冲击是非同小可的。2009 年我国外贸进出口总额下跌 16%,其中出口更下跌 18.6%。对美国次贷危机可能演变为严重的国际金融危机和经济危机,中央早有觉察,并且作了大量的研究和准备。从"双防"政策转向扩张性的宏观调控政策,关键在选择时机和把握力度。2008 年 10 月上旬,中央出台了进一步扩大内需、促进经济平稳较快发展的 10 项措施,实施了"积极的财政政策和适度宽松的货币政策"。这里包括两年新增 4 万亿元投资的计划,其中中央财政投资 1.26 万亿元,主要用于保障性安居工程,农村民生工程、基础设施、社会事业、生态环保、自主创新等方面建设和灾后恢复重建。这一揽子重大措施,提振了市场信心,有效稳住了经济增长。

二、我国宏观调控的主要经验

改革开放以来的历次宏观调控,我们积累了许多宝贵的经验。

(一)坚持建立与中国国情相适应的宏观调控体系

改革开放以来,我国在借鉴西方宏观调控理论和经验的基础上,注重从中国的实际出发,逐步建立了与社会主义市场经济相适应的中国特色宏观调控体系。首先是宏观调控始终坚持中国特色社会主义的方向。这正是中国特色社会主义与西方资本主义的根本区别。在宏观调控的具体目标上,我们也成功借鉴了西方国家普遍采用的促进经济增长、充分就业、物价稳定和国际收支平衡。在促进增长方面,1979—2012 年,我国经济实现年均增长 9.9%,特别是 1991—2012 年这 20 年,年均增长 10.4%,创造了世界上经济高速增长持续时间最长的奇迹。而且今后相当长一段时期,仍将保持平稳较快增长的良好态势。

在接纳了两亿多进城务工人员的情况下,城镇登记失业率基本维持在4%左右的水平。在改革开放初期,出现了几次物价的较大波动。进入新世纪以来,年均居民消费价格涨幅仅为2.3%。在国际收支平衡方面,1978年末我国外汇储备只有1.67亿美元,到2012年已高达3.31万亿美元。外汇储备太多未必完全是好事,但这是一个历史发展的过程,也是由我国作为世界制造业大国的国际分工格局决定的。在调控手段上,既借鉴了西方国家以财政政策、货币政策为主要手段的办法,也注意发挥计划、法律和必要行政手段的作用。西方国家强调货币政策的独立性,在制定财政政策时各党派根据各自的利益总是争吵不休,而我国的宏观调控体系是坚持统筹协调、集中统一的模式,这不仅提高了效率,效果也是好的。

(二)坚持建立和形成一整套行之有效的宏观调控方法和制度

西方的宏观调控,往往是事后调控,等到问题出来了才出台调控政策。这和西方自由市场经济理论是密切相关的,他们过分相信市场的自我调节能力,政府原则上不干预经济运行,到了出现全局性重大问题的时候,不得已才出手调控。对这个问题,党的十八大报告作了科学深刻的总结:"经济体制改革的核心问题是处理好政府和市场的关系,必须更加尊重市场规律,更好发挥政府作用。"中国政府始终坚持为人民服务的根本宗旨,并带领人民、引导市场向着预定的宏观调控目标,积极稳妥地推进经济社会的发展。随着社会主义市场经济的建立和不断完善,我国政府的宏观调控经验也不断成熟,建立了行之有效的工作制度,例如建立科学预测制度。在20世纪90年代,国务院几乎每个月都要开一次经济形势分析会,及时发现问题,提出解决办法。二十多年来,每年一次的中央经济工作会议全面部署下一年度的经济社会发展工作,到第二年的"两会"上,充分发扬民主,共商经济社会发展的大计,全年的宏观调控的目标、政策取向、具体措施等都集中体现在政府工作报告上,经全国人大表决通过,具有法律效力。这一整套工作方法和制度,极大地提高了我国宏观调控的预见性和前瞻性。

(三) 坚持科学合理地选择宏观调控的政策组合

改革开放以来,特别是 1992 年确定了以社会主义市场经济体制为目标以来,根据不同阶段经济运行中表现的突出问题,采取了不同的宏观调控政策组合。在发生经济过热、出现严重通货膨胀的时候,采取从紧的货币政策和财政政策,实行紧缩性调控。在经济增长疲软、出现通货紧缩的时候,采取积极的财政政策和适度宽松的货币政策这样一种扩张性的调控。在经济增长总体平稳、通胀率也比较正常的情况下,采用财政、货币"双稳健"政策组合的宏观调控,即中性调控。我们在调控中注意了化解短期波动与长期结构调整相结合。一般说,货币政策主要是管总量的,但我们也尽量考虑发挥调结构的功能,例如中央提出对不同行业、不同地区实行差别化利率;财政政策重点是调结构的,但我们在运用财政政策的时候,对总量的调控也发挥了重要的作用。在具体调控中,还注意适时适度的微调,实行灵活多样的"点调节",把握调控的节奏和力度,提高调控的技巧和策略。在坚决改革传统计划经济体制的同时,还注重发挥了计划调节手段的作用。计划作为调节手段,包括经济预测、中长期规划,制定产业政策、战略目标、内容和实施步骤等。对于使用计划手段的必要性,连美国也引起了重视。2011 年12 月 2 日《华盛顿邮报》发表一篇文章说,"我们已经认识到规划能力正是美国所缺少的。在中国为下一代制定五年规划的时候,美国却只在规划下一次选举"。在宏观调控中,我们还十分注意树立市场信心,正确引导市场预期。

(四) 坚持发挥市场调节机制的"增长发动机"和"内在稳定器"的双重作用

改革开放以来,政府不断转变职能,对企业放权让利,在改革经济体制实践中总结出"股份制是公有制的实现方式",大规模地对国有企业实行股份制改造,建立现代企业制度。同时,开放市场,大力发展民营、个体经济,努力吸引港澳台资和外商投资企业。把市场这只"看不见的手"从束缚中解脱出来,就会产生无穷无尽的创造力。各类企业和个体经营者作为市场活动的主体会千方百计去发现商机,不断开拓新的经营领域,使社会生产力不断涌流出来。这就是市场调节机制"增长发动机"的功能,从而为整个经济发展注入强大的活力。由于市场本身存在的缺陷,国家又必须实行有效的宏观调控,确保经济在平稳健康的轨道上运行。把市场体系的建设与宏观调控体系的运用有机结合起来,形成完整有效的市场机制,正是我国改革开放以来创造出经济长期高速增长的一条重要经验。总供给与总需求从不平衡走向新的平衡,从而不断把经济社会发展推上新的水平,有两种力量在驱动:一个是国家层面的体制改革和宏观调控,另一个是微观层面的市场机制的形成和由此产生的市场调节机制。市场调节机制每时每刻都在发挥着资源优化配置的基础性作用,各种要素总是向效益最好的领域流动,没有市场需求、没有经济效益的生产经营活动必然会受到淘汰,从而实现经济结构的优化。这就是市场调节机制"内在稳定器"的作用。只要利用好、引导好市场调节机制的这两个功能,国家宏观调控就能起到事半功倍、"点石成金"的作用。观察和判断经济运行失衡与否的一个重要标志就是价格信号,无论宏观调控主体还是市场主体都非常关注价格信号的变化。在防通胀和防通缩两个方面我们都积累了宝贵的经验。

（五）坚持准确把握宏观调控的差异性和针对性

改革开放以来,国家实施了西部大开发的重大战略以及中部崛起和振兴东北老工业基地的战略,对这些地区不仅给予了许多税收方面的优惠政策,中央财政转移支付的数额也逐年增大。目前,中央财政转移支付的规模已经很大,其中80%以上是转移给这些地区的,有力支持了这些地区经济的快速发展。在信贷政策上,各大商业银行也给予了宝贵的支持。在经济工作和宏观调控方面,我们的一条非常成功的经验是始终把"三农"工作放在重要位置,下大力气巩固和加强农业基础地位。这为宏观经济的平稳快速发展和社会的稳定提供了强有力的保障。特别是直到去年实现了历史上从来没有过的粮食产量连续九年增长。从 2008 年到 2012 年,中央财政"三农"累计支出达 4.47 万亿元,年均增长 23.5%。发展的不平衡还表现在不同产业和行业、不同利益群体、经济和社会之间,以及投资和消费、内需与外需、民营和国有、内资与外资、大中型企业和小微企业之间。进入 21 世纪以来,在宏观调控上对这些差异和不平衡的方面都予以高度关注,对薄弱部分的发展给予了更多的支持,使短腿变长。在宏观政策上,创造了"区别情况、分别对待、分类指导、有保有压"的宝贵经验。例如,在控制"两高一低"工业的同时,加快现代农业、先进制造业、服务业、生态环境产业和循环经济的发展。

（六）坚持通过深化改革实现科学发展的目标

改革开放初期,市场机制刚刚萌芽,宏观调控的方式和内涵基本上也还是计划经济年代的传统做法,主要是自上而下的调整、整顿,所以常常表现出"一管就死、一放就乱"的尴尬局面。随着改革的不断深化,市场主体的日益壮大,市场自我调节的功能也日益显现出来,为宏观调控方式的转变创造了重要基础和有利条件,也增强了宏观调控的有效性。宏观调控逐渐由直接调控为主向间接调控为主转变,各种手段的运用也更加得心应手。两种调控机制的有机结合使宏观调控政策本身显得更富有弹性,经济运行更趋健康,稳定性也得到明显提高。特别是进入新世纪以后的这十多年,经济基本保持了高速运行的态势,而经济的波动性却是最小的,可以说基本上没有出现大起大落的现象。实践告诉我们,只有坚持深化改革,才能保证宏观调控的成功实施。

三、值得认真反思和着力改善的几个问题

经过多年的不懈努力,我国的宏观调控水平已经有了较大提高,但

也必须清醒看到,宏观调控工作还有许多不足,还存在一些值得认真反思和着力加以改善的问题。

(一) 宏观调控如何服务于"五位一体"的总体布局

从几十年的实践来看,宏观调控只注重于促进经济平稳较快发展、增加就业、物价稳定以及国际收支平衡,肯定是不够的。党的十八大报告明确指出,要"全面落实经济建设、政治建设、文化建设、社会建设、生态文明建设五位一体总体布局"。在我国的现实生活中,经济建设和生态文明建设的不协调是比较突出的矛盾。表现在干部政绩观上更多的看重经济增长,而对生态文明建设重视不够,甚至不惜以牺牲环境为代价去保经济增长。例如,大气污染问题特别是不久前出现影响140万平方公里的雾霾现象,虽与大气环流出现异常有关,但人为因素有着不可推卸的责任;北方某些地区"逢河必干、有水必污"以及地下水质恶化也令人十分揪心;工业发达地区的重金属等对土壤的污染相当严重,治理的难度很大。这一切都是忽视了生态文明建设造成的后果。在解决这些问题上宏观调控虽然不能代替一切,但也应当有所作为。例如,在货币政策上,对"两高一低"行业可以实行信贷限制或者提高贷款利率,在财政政策上对高污染的行业苛以重税等。同时对环保工作做得好的企业和改善环境的项目,货币政策和财政政策都给予适当的激励和支持。在环境治理方面,法律和必要的行政手段尤其需要加大力度。另一个应当引起高度重视的问题是,我国收入分配的差距已经相当大,2012年我国基尼系数已突破0.4这个国际上公认的比较合理界线而达到0.474。连西方经济学家都把"用税收和政府开支向特殊群体再分配,促进公平"作为宏观调控的三大职能之一,我国的宏观调控无疑更应该承担起这项神圣的职能。让一部分人先富起来是为了最终实现共同富裕。这是社会主义的性质所决定的。这方面我们已经出台了许多措施,但尚需加大工作力度。

（二）如何加强宏观调控各种手段的协调性

几十年来,在调控中为了解决经济生活中的某一个突出问题,往往各种手段一起扑上去。例如,过去一度食糖供应过于充足,糖价下跌,就采取下达指标减少甘蔗、甜菜的播种面积,严格控制进口,大面积关闭糖精生产厂,增加库存等,各种措施力度都很大。一两年后又出现食糖供不应求,价格上涨,于是又鼓励农民增加糖料的播种面积,大规模增加进口,恢复糖精厂生产。总是唱"多了多了、少了少了"的曲子。往往一种倾向掩盖了另一种倾向。正如弹钢琴一样,指挥一声令下,十个手指头全部猛力按重音,是弹不出优美动听乐曲的。这种情况在计划经济时期表现得更为突出。但在现行体制下,如何提高各项调控政策和措施的协调性,仍需着力加强和改善。

（三）宏观调控如何与信息化相结合

当前,我国重复建设和产能过剩的现象相当严重,干什么事都是一哄而上的老毛病还没有从根本上解决,由此造成了巨额的经济损失。除了与发展观念的转变滞后、体制机制以及国内外市场的变化等深层次问题有关外,信息不对称,在宏观调控上没有充分运用现代信息手段,也是重要原因之一。在现代信息社会,世界最大最快速的计算机中国也能造出来了,全国的信息网络也比较健全,完全有条件掌握全国基础设施和制造业产能的布局以及市场需求等重大信息,及时予以公布,以指导市场主体的投资行为和地方政府的决策。但实际上,在这方面我们运用得还很不够。官方统计数据是最综合、最具权威性的经济社会发展信息,是制定宏观经济政策的重要依据。我国统计工作改革力度很大,在统计方法和统计制度上已与国际全面接轨,广大统计工作者也是努力的。可以说,我国的官方统计数字基本可以反映经济社会发展的总水平和总趋势。但因统计数字是地方干部的政绩单,虽然绝大多数同志都能正确对待,而个别地方也确有人为干预的现象。如何加强统计工作,为市场主体提供更丰富有效的统计信息,建设服务型统

Z中国经济改革警示录

计,严格执行统计法,还需下更大功夫。

(四) 宏观调控如何把国际收支平衡作为重要着力点

我国的广义货币供应量 M_2 增长很快, M_2 和 GDP 之比 1995 年为 1.00,到 2012 年则高达 1.88,这个比值在世界上也是相当高的。虽然这两个指标存在一定的不可比性,但至少说明我国经济运行中资金运用的效率是低下的,资金周转的速度也是下降的。直观地说,1995 年用 1 元钱的广义货币供应,可以支撑 1 元钱的国民经济产出,而到 2012 年,则要 1.88 元才能支撑 1 元钱的经济产出。从 2008 年到 2011 年,我国广义货币供应量 M_2 逐年增长速度分别为 17.8%、27.7%、19.7%、13.6%,而同期美国在实施量化宽松货币政策的情况下, M_2 逐年增长速度分别为 10.0%、3.4%、9.1%、3.4%。可见,近几年来我国 M_2 增长速度比美国还高。当然,美国还有 M_3 的概念,主要是大额定期存款、机构持有的货币市场基金余额等,多是用于各类金融衍生产品领域的资金。据英国《每日电讯报》报导,美国 2010 年末 M_3 约达 14 万亿美元,与当年 GDP 之比为 96%。美联储现在已经不对外公布 M_3 数字了。因此,我国的 M_2 与美国的可比性不是很大。我国基础货币发行较多的主要原因是由于外贸顺差、外商直接投资以及国际热钱的流入,使外汇储备急剧增长。据国际货币基金组织统计,世界 144 个国家外汇储备总额在去年三季度末总计 10.78 万亿美元,而我国为 3.29 万亿美元,占 30.5%。为了保持人民币汇率的相对稳定,央行不得不被动地收购外汇。由于外汇占款大幅度上升,导致了货币发行过多,而且是基础货币,有较大的乘数效应。另外,我国居民收入和储蓄增长都较快,个人存款在各项存款中占的比例达到 46%。货币供应量这么大,确实潜伏着发生通货膨胀的危险,所以防通胀的问题任何时候都不能松懈。但实际经济生活中,我国的通胀水平和货币供应量的快速增长并不是同步的。这里一个重要原因是大量的货币沉淀了,没有进入流通。例如,存放在央行这个大水池里面的存款准备金和央行票据回笼的资金就将近 20 万亿元,是完全可控的。另外,在房地产市场也沉淀了一些资金。还有一些高收入者出于各种各样的原因将自己拥有的巨额现金直接"窖藏"起来了,等等。巨额的居民存款,正如动物园里的老虎,在正常情况下是不会跑出来的,但一旦预期变了,它们就可能跑出来。从另一方面看,在货币供应量相对充足的情况下,实体经济贷款难的问题也长期困扰着我们,特别是小微企业更是难上加难。出现这种现象的根本原因是体制和机制问题,导致了从宏观上看货币供应量很大、而资金却流不到中小企业特别是民营企业这片干渴的土地上去。这个问题单靠货币政策从总量上调控无济于事,根本出路在于深化改革。

(五) 宏观调控如何以科学的财政预算制度为支撑

去年我国财政收入 11.7 万亿元,支出 12.6 万亿元。这几年实施积极的财政政策,对促进经济平稳较快发展、调整结构、改善民生发挥了重要作用。随着结构调整和税制改革,以后的财政收入不可能像前些年那样高速增长。而民生支出是刚性的,不能减只能增。用于宏观调控的开支原则说也是不能减的。为此,除了压缩政府开支外,财政支出结构还有很大的调整余地。以 2010 年为例,全国财政收入中,中央财政收入占 51.1%,地方财政收入占 48.9%;在财政支出中,中央本级财政支出占全部财政支出的 17.8%,包括国防、外交等。如不考虑国债等因素直观地来看,全国财政总收入中有约 33 个百分点也就是有三分之一是通过中央财政以转移支付、专项等形式拨付给地方使用的。这近 3 万亿元的巨额资金在安排使用上的科学性、合理性究竟如何确实是很难把握的。财政支出的分配历来注重基数,当年的分配主要是增量的分配,一旦进入基数差不多就被固化了。任何一个既得利益者都不会愿意把好处吐出来。正如计划经济年代分配统配钢材时,就出现过有的企业早就关闭了,却一直拿着钢材分配的指标。在价格双轨制时代,指标就是钱。为什么一些早已实际脱困的贫困县总不肯甩掉贫困县的帽子呢？为什么"跑部"就能够"钱进"呢？向财政尤其是向中央财政要钱的项目有多少不"头戴三尺帽"呢？其中的弊病显而易见，挖掘宏观调控可支配财力的巨大潜能也蕴藏在这里。关键在于进一步提高财政预算制度的科学性。

（六）如何加强法制、整顿市场秩序为宏观调控创造良好条件

法制不健全、市场行为不规范是宏观调控面临的重大难题。突出表现在国内市场不够统一，存在人为分割的现象；企业进入和退出市场的机制不完善，进也难、退也难；市场主体违法乱纪行为屡禁不止，存在着"为了挣钱什么都敢干、有了钱什么都能干成"的现象；法律、法规不健全，执法力度不够，诚信缺失，消费者的权益得不到切实保障，等等。尤其值得注意的是，竞争的规则不健全。市场经济的核心是竞争，活力也在于竞争，而竞争的前提是公平。可是在现实生活中，存在着靠编织关系网取胜的现象，这违背了市场经济公平竞争的原则。许多市场经济中的好办法如公开招投标等，背后都因为有关系而流于形式。再好的经也被念歪了。这些问题不解决好，势必扰乱市场秩序，使宏观调控措施的效果大打折扣，也使经济运行效率和效益下降，导致资源配置错位和社会财富的分配不公，更是滋生腐败的温床，甚至将会成为引发社会根基动摇和社会动乱的隐患。

最后一点是，现代市场体系和宏观调控体系之间的关系还没有完全理顺。一方面，宏观管理职能还存在不少错位、越位和缺位现象。另一方面是现代市场体系还不够健全，市场配置资源的基础性作用在自然资源包括土地、金融等要素市场还没有充分地发挥出来，而在某些该由公共财政管的领域如教育、医疗等却又过分地推向了市场。

第三节　完善中国特色宏观调控
体系的主要思路

一、毫不动摇地坚持中国特色社会主义的方向

宏观调控已经成为世界的共同语言,几乎所有国家都在搞宏观调控,每个国家的做法以及一个国家在不同时期所使用的调控方式和内容也都不尽相同。我国在改革开放过程中,既积极借鉴和引入国外宏观调控的成功经验,又密切结合自己的国情,而不是简单地照搬套用。实践告诉我们,只有坚持中国特色社会主义方向,坚持科学发展观,我国的宏观调控才有强大的生命力,宏观调控绝不是要么踩刹车、要么踩油门那样简单,时时刻刻把握好方向盘是最重要的。发展是硬道理。推动我国经济社会长期平稳健康发展是深入贯彻落实科学发展观的第一要义,也是宏观调控的首要任务。

二、自觉服务于"五位一体"的总体布局

建设中国特色社会主义的总体布局是"五位一体",党的十八大明确把生态文明建设列入总体布局之中,有重大的现实意义和针对性,也有长远的战略意义。宏观调控的四大目标特别是促进经济增长都应该体现"绿色"的要求,也就是要十分重视生态文明建设,绝不能再走以破坏生态环境为代价、单纯追求经济增长的老路。在这方面,宏观调控的各项手段包括财政、货币、计划、法律及行政手段,都是可以大有作为的。同时,还要深入研究宏观调控如何更好地承担起调整收入分配关系、促进社会公平的职能。

三、深化改革,转变政府职能

宏观调控方面的改革,关键是转变政府职能。要明确现代市场体制条件下的政府职能究竟是什么。要把市场能够实现的调节经济的职能完完全全地交给市场,也就是把错装在政府身上的手换成市场的手,而不是由政府大包大揽。政府这只"看得见的手"不能伸得太长,不能总是闲不住,处处干预,更要坚决砍断利用权力寻租的那只黑手。要更加尊重市场经济规律,充分发挥市场配置资源的基础性作用。在调控的方式上,也要更多地运用间接调控、运用经济的手段以起到四两拨千斤的作用。政府机构改革的核心也在于职能的转变,要总结几十年历次机构改革从精简到膨胀、又精简再膨胀这样不断循环往复的教训。这一点,在理论上没有任何人怀疑,而在实践上一不小心就会走老路。

四、强化综合部门职能,提高宏观调控的协调性

国务院各综合部门无疑都要根据职能分工做好分管工作。但分析判断经济形势、制定宏观经济政策,确实需要一个能站在全局高度、综合协调的职能部门,作为党中央、国务院经济和社会发展工作的主要参谋部。原国家计委、现国家发改委实际上就是这样一个角色。现在存在的主要问题是这个部门管理的具体事务太多,而研究制定和执行宏观调控政策的职能,特别是协调各有关部门之间的职能显得不足。比如,发改委和财政部、央行"三驾马车"中,在制定宏观经济政策时谁是"辕马"、谁牵头协调似乎不很明确,也没有赋予它这种职能和权力。实际上更多是起到汇总的作用。具体表现在发改委分析经济运行态势、提出宏观调控政策综合报告时,对财政和金融问题往往就涉及较少,分析得不够深透。加强国民经济和社会发展的综合平衡,全面协调有关部门意见,对于提高宏观调控政策的协调性、有效性和科学性,为党中央、国务院把关分忧,是十分必要的。

五、调动各方面积极因素,制定和贯彻好宏观调控政策

政府是宏观调控的主体。根据全党以经济工作为中心的要求,人大、政协等部门对宏观经济政策的制定与执行也发挥了重要作用,不仅积极建言献策,还承担着监督的重大使命。但这些方面还有待于进一步加强并且制度化。还要正确处理中央和地方的关系。地方各级党政无疑都是国家宏观调控体系的重要组成部分,他们在一线工作,对经济运行的实际情况比较了解,对需要什么样的宏观调控政策也有亲身的感受。中央各有关部门应该主动听取他们的意见,加强沟通。他们又是国家宏观调控政策的贯彻者和执行者,中央在制定宏观调控政策的时候要尽可能符合地方的实际,让地方有施展空间,更好发挥基层的首创精神。地方要强化全国一盘棋的理念,自觉维护党中央、国务院的权威,做到令行禁止。还要调动社会各方面的力量,特别是各种智库的作用,引导他们为中央制定宏观调控政策贡献智慧。

六、建设高素质、作风过硬的公务员队伍

宏观经济政策的制定和贯彻都是靠人去做的,人的因素第一。而社会上反映,现在的国家机关公务员队伍与过去相比,学历越来越高,思想素质和协调能力却明显下降,工作作风也大不如前。这与社会大环境有关系,也与机关的政治思想工作薄弱有关,还与年轻一代公务员缺乏实践经验有关。有些人整天守着电脑去研究政策、写报告,深入调研不够。要培养公务员尤其是领导干部全心全意为人民服务的奉献精神和思想情操,不应以追求个人的仕途和实惠为目标。国家机关要建立良好的风气,为年轻人的健康成长创造有利条件,注重培养干部的大局意识、宏观意识,还要培养一些综合型的骨干。周恩来同志曾说过,"专业干部好找,综合人才难求"。这就需要建立相关的制度,包括激励机制、惩罚和淘汰机制,以及打破实际存在的公务员铁饭碗制度。

七、宏观调控要有全球视野

我国已经比较广泛地加入了世界经济合作与竞争的格局之中,已经和全球经济紧密联系在一起。我国经济的波动必然会对世界经济产生明显的影响,世界经济的任何风吹草动对我国经济的影响也会比以往更敏感更强烈。所以,宏观调控要密切关注世界经济的运行情况,不能就中国论中国。最近在南非召开的金砖国家首脑峰会就提出了要加强宏观经济政策的协调。制定宏观经济政策的时候,一方面要应对国际经济波动给我们带来的挑战,另一方面要把握对我国发展的宝贵机遇。从当前和长远看,密切关注巨额国际资本的流动,做到趋利避害,是一个十分重要的问题。金融是现代经济的核心,也是引发现代经济危机的祸端。金融市场的开放和人民币的国际化既要积极推动,更要坚持稳中求进的方针,切实防范风险,保障经济安全,任何时候都要坚决守住不发生系统性和区域性金融风险的底线。

八、统筹国内发展和对外开放,坚持把扩大内需作为国家宏观调控的长期政策取向

从当前应对国际金融危机和长远发展看,我国要保持经济持续健康发展,必须长期把立足点放在扩大内需上。中国的新型工业化、信息化、城镇化、农业现代化要做的事情还多得很,蕴藏着无穷无尽的内需潜力可以逐步释放出来,特别是科技创新、产业升级、服务业的发展和城镇化都还可以成为不竭的财富增长的源泉,完全可以支撑我国经济的长期持续健康发展。把中国自己的事情办好,这本身就是对世界经济的巨大贡献。同时,要适应经济全球化新形势,必须实行更加积极主动的开放战略,完善互利共赢、多元平衡、安全高效的开放型经济体系。各级政府实施的民生工程,重点要放在为适龄劳动者就业和创业营造良好的环境和保障没有劳动能力的困难群体的基本生活上,决不可以

实施养懒人的政策。

九、牢牢把握舆论主动权,正确引导市场预期

正确引导市场预期,是宏观调控中的一门大学问。去年欧元区主权债务危机最困难的时刻,欧洲央行行长德拉吉在 9 月 6 日宣布:"欧洲央行将无限量、有条件地收购欧元区内主权国家的短期国债。"这一句话就使市场信心大增,局势很快就得到扭转。而直到现在欧洲央行还没有花费一分钱付诸这项行动,成了在宏观调控上不发一弹而扭转全局、不战而屈人之兵的经典案例。当今我们处在网络充分发达、开放的时代,社会上和国外的各种意见、观点铺天盖地,要把握好舆论的正确方向,确实面临着巨大的挑战。但同时也提供了前所未有的强大的舆论手段,关键看我们怎样运用。邪不压正,要相信人民的鉴别能力。对不同的意见不能简单压制,也压制不了。一是要有海纳百川的胸怀,并加以正面疏导;二是政府和主流媒体要加大宣传中央政策的工作力度,而且不讲套话、空话,要用鲜活生动的语言,报导有真知灼见的观点,反映广大人民群众的心声和合理诉求,并始终坚持以中国特色社会主义理论统领舆论阵地,我们就一定能够牢牢掌握宣传工作的主动权,营造出一个心情舒畅、生动活泼、积极向上的社会舆论氛围。

十、建立规范化的现代市场体系

现代市场体系和现代宏观调控体系是调控经济的"两只手",我们也要两手抓,两手都要硬。要从法律和制度上使市场行为规范化,让这只看不见的手变得更加健康和强大有力;使之在法律和制度的框架下运行,不能乱动。没有一个规范化的现代市场体系,再好的宏观调控政策也难以实施。整顿和规范市场秩序本身就是一场重大而艰巨的改革,必须和经济管理体制这个上层领域的改革同步进行,整个经济社会才能更加健康高效地发展。

　　如果说改革开放初期我们是摸着石头过河,那么以党的十四届三中全会确立了社会主义市场经济模式和党的十八大报告《坚定不移沿着中国特色社会主义道路前进　为全面建成小康社会而奋斗》为标志,我们已经找到并确立了适合中国国情的发展模式和发展道路。从这个意义上可以说,河是已经过来了。但必须看到,在我们前进的道路上还会有许多艰难险阻。如今我们面对的不是一条河,而是汪洋大海,前头有无尽的惊涛骇浪。正如习近平总书记指出的,我们党领导中国人民,实现中华民族伟大复兴的"中国梦",要有"如履薄冰、如临深渊"的自觉。中国特色宏观调控体系也需与时俱进,不断地加以完善,使宏观调控的水平不断提高。在制定和实施宏观调控政策的过程中,要有"治大国若烹小鲜"的境界,把握住分寸,控制好火候。我们坚信,中国经济社会这艘伟大航船一定能从必然王国胜利驶向自由王国。

第八章 开放型经济体系建设要与经济全球化发展形势相适应

　　我们讲的开放型经济,是与封闭型经济相对应的经济体制模式。在开放型经济中,生产、生活要素、商品、服务可以跨国(境)界自由流动,从而实现资源跨界优化配置和经济效率的提高。开放型经济强调经济体之间充分发挥各自比较优势,积极参与国际分工合作。开放型经济与外向型经济的差别在于:外向型经济以出口导向和引进外资为主,开放型经济实行降低关税等各种壁垒,推动进出口贸易及双向投资便利化。在经济全球化深入发展的过程中,发展开放型经济已成为各经济体的主流选择。经济全球化,其概念出现于20世纪80年代中期,是指各经济体活动遵循一定规则在全球跨境开展,商品、资本、技术、服务等生产要素和劳动交换在世界合理配置和自由流动。经济全球化是生产力和国际分工的跨境发展,有利于各经济体发挥比较优势、资源优化配置、提高劳动效率和全球经济进步。当然,经济全球化也是一柄双刃剑,对各经济体而言,既是机遇,也是挑战。经济全球化是当代世界经济的重要特征之一,也是世界经济发展的重要趋势。我国开放型经济体系建设必须顺应时代潮流,适应经济全球化形势变化,以全面提高开放型经济水平。

第一节　我国开放型经济发展的历程与启示

我国开放型经济发展的历程,既是一个艰难探索的过程,又是一个不断取得成就和积累经验的过程。认真总结和发扬这一历程中的经验,将对全面提高开放型经济水平发挥重要作用。

一、开放型经济发展的历程

我国开放型经济的发展历程大致可以分为四个阶段:

(一) 经济封闭发展阶段 (1949—1978 年)

新中国成立以后,国内外经济发展环境严酷,生产力水平低下,物资极度匮乏,我国仿效苏联模式建立了高度集中的计划经济体制。从1950 年起,国家先后成立、调整、改组了国营外贸公司,实行对外贸易专营。在当时的历史条件下,对外贸易被看成是社会主义扩大再生产的补充手段,局限于互通有无、调剂余缺;利用外资基本上属于禁区,主要来源是外国政府贷款。总的来看,这一时期基本处于封闭经济发展阶段。

(二) 开放型经济试点探索阶段 (1978—1992 年)

中国共产党十一届三中全会开启了我国改革开放的伟大进程。通过设立深圳、珠海、汕头、厦门四个经济特区,在东南沿海开始了利用境外资金、技术、管理经验发展社会主义经济的崭新试验。1981 年五届人大四次会议上的政府工作报告明确提出,实行对外开放政策、加强国际经济技术交流,是我国坚定不移的方针。1982 年,对外开放政策被正式写入我国宪法。十二届三中全会首次把对外开放确定为基本国策。十三大提出,要继续巩固和发展"经济特区—沿海开放城市—沿海经济开发区—内地"逐步推进的开放格局,着重发展外向型经济,促进国内经济社会发展。

（三）深化拓展阶段（1992—2001 年）

十四大提出，建设社会主义市场经济体制，形成多层次、多渠道、全方位开放的格局。随着国内财税、金融、国企、外贸、外汇等重要领域改革和上海浦东开发开放，我国对外开放形成了由东到西、由沿海到内地、由点到面逐步推进的蓬勃发展局面。十五大进一步提出，要以更加积极的姿态走向世界，完善全方位、多层次、宽领域的对外开放格局。首次提出要发展开放型经济，抓住国际经济结构调整的有利时机，积极参与经济全球化进程，实现经济社会的快速发展。

（四）体制性开放阶段（2001 年至今）

加入世界贸易组织，是我国改革开放的重要里程碑，标志着我对外开放进入了体制性开放新阶段。我国修订了数千份法律法规，放开外贸经营权，大幅降低关税水平，减少对商品进出口限制，加快加工贸易转型升级，在公平透明的政策环境下积极吸引外资，大力实施"走出去"战略，积极参与多哈回合谈判和区域经济合作，开放水平明显提高。各类商品、服务和资本等要素跨境流动更为自由和便利。十七大基于开放型经济进入新阶段的判断，提出要提高开放型经济发展水平，形成经济全球化条件下参与国际经济合作和竞争新优势。十八大提出"全面提高开放型经济水平。适应经济全球化新形势，必须实行更加积极主动的开放战略，完善互利共赢、多元平衡、安全高效的开放型经济体系"，为新形势下全面提高开放型经济水平指明了方向。

经过数十年来的快速发展，我国开放型经济成就巨大，举世瞩目。对促进经济社会发展、体制改革和观念更新、国际地位和影响力的提升发挥了重要作用。一是促进了经济社会发展。1978—2012 年，我国货物贸易总额增长近 180 倍，年均增长 17%，成为世界第一出口大国和第二进口大国，2012 年实现货物贸易 38668 亿元，比上年增长 6.2%；双向投资不断扩大,改革开放以来,累计利用外资项目 76 万个,实际利用外资 13389 亿美元,实际利用外资连续 20 年位居发展中国家首位,对外投资已上升到全球第 5 位;我国产业制造能力位居世界前列,已成为全球重要的加工制造基地。对外经济贸易成为拉动经济增长、优化产业结构、扩大社会就业和增加居民收入的重要力量。二是促进了体制改革和观念更新。在开放型经济发展过程中,我国借鉴国际先进管理经验,完善国内经济管理体制,成功开启了从高度集中的计划经济体制向更具活力的社会主义市场经济体制的转变进程,促进了财税、金融、外贸、外汇、价格、国有资产和企业管理体制改革,适应社会主义市场经济体制要求的宏观调控体系正在形成。加入世界贸易组织后,我国学习借鉴国际通行规则,法律法规体系不断完善,政策的稳定性、透明度和可预见性不断提高。开放型经济发展还促进了政府机构改革和职能转变,政府管理和公共服务能力增强,人们的思想观念不断更新,企业的竞争意识和法律意识不断强化。三是促进了我国国际地位和影响力的提升。我国经济总量跃居世界第二,综合国力和国际地位显著提升,在国际政治经济体系中的影响力和话语权明显增强,在世界经济治理机制改革中的作用日益显现。

二、开放型经济发展的启示

回首改革开放三十多年来,我国开放式经济发展的历程,主要有以下几点启示。

(一) 始终坚持对外开放基本国策不动摇

几十年来,无论国际风云如何变幻,无论国内出现什么情况,党的几代领导集体都强调毫不动摇地坚持对外开放的基本国策。邓小平同志说:"对外经济开放,这不是短期的政策,是个长期的政策,最少五十年到七十年不会变。……即使是变,也只能变得更加开放。"江泽民同志说:"实行对外开放,是中国推进现代化建设的一项重大决策,也是中国一项长期的基本国策。"胡锦涛同志说："对外开放是我国一项基本国策,必须长期坚持,毫不动摇。历史已经证明并将进一步证明,对外开放是中华民族走向富强的必由之路,必须毫不动摇地坚持下去。"习近平总书记在十八大之后代表中央领导集体向国内外明确表示,将坚定不移地继续贯彻对外开放的基本国策。在世界政治经济格局发生重大变化的情况下,我们党始终旗帜鲜明地坚持对外开放;在经济全球化加速发展的背景下,更是与时俱进地扩大对外开放。当西方国家对我国实行政治、经济制裁的时候,当东欧剧变、苏联解体,社会主义事业面临严峻挑战的时候,当社会上对吸收外资、开放市场出现争议的时候,当遇到金融危机和世界经济衰退的时候,党中央都坚持从国家全局和长远利益出发,明确指出要继续走中国特色社会主义道路,坚持对外开放的基本国策。中央的正确决策和部署,在关键时刻统一了思想,排除了干扰,抓住了机遇,确保了我国与世界各国经济技术合作与交流不断深化。

(二)始终坚持立足国情探索开放道路

作为发展中的社会主义大国,我国的对外开放没有成功先例可循。我们从国情出发,积极探索,走出了一条具有中国特色的对外开放成功道路。针对我国劳动力资源丰富、人均资源少、内生能力严重不足的基本国情,我们打破了发展中国家依靠贸易保护求发展的传统模式,积极参与经济全球化,在开放和竞争中谋发展。改革开放初期,我国比较优势的基本格局是劳动力丰富、国内市场广阔而资本、技术和管理短缺。在综合考察国内外环境的基础上,我国决定由点到面,以渐进式区域开放为主线,大力发展对外贸易,积极吸引外商直接投资,大规模引进国外先进技术与管理,以此促进国内产业及国民经济的发展。加入世贸组织后,我国面临的国内外环境出现了很多新的深刻变化,我们在推动优势企业走出去、主动参与国际竞争等领域不断探索;在转变发展方式、建立多元稳定可靠的资源保障体系上找出路;在承担国际责任、发展对外援助方面既有所作为又量力而行;在实施自由贸易区战略、深化多双边和区域经济合作等方面积极务实推进。几十年的实践证明,中国的对外开放道路,是立足中国国情、抓住外部机遇之路,是发挥自身优势、自主参与经济全球化之路,是深化市场取向改革、自觉运用国际规则之路,是在落后中追赶、在学习中创新之路,是我国快速发展、促进共同发展之路。总之,我国的对外开放始终体现了中国国情与世界形势的紧密结合,是一条有中国特色的开放道路。

(三) 始终坚持开放与改革相互促进

对开放与改革的关系,小平同志曾有过精辟论断,他说"我们经济改革概括起来就是对内搞活、对外开放。改革就是对内搞活,也就是对内开放……改革和开放是手段,关键是发展经济"。回顾 30 多年来的历程,开放与改革密不可分、相互促进,共同服务于经济发展大局。一方面,对外开放的每一次重大进展,都伴随着我们向市场经济体制迈进的步伐。1986 年 7 月,当我们正式提出恢复关贸总协定缔约国地位申请、开始接受经济贸易体制审查的时候,面临的一个核心问题就是中国究竟是"市场经济"还是"计划经济"。虽然当时国内经济体制改革始终朝着市场化方向发展,但直到 1991 年市场经济的概念在国内还是一个禁区。1992 年 9 月,党的十四大确立了建立社会主义市场经济体制的总体目标,复关谈判第一阶段的核心问题迎刃而解。1992 年 10 月,关贸总协定正式结束了对我国经济贸易体制长达 6 年的审议。回首历史,如果没有国内改革的不断深化,也就没有今天的开放局面。另一方面,对外开放也有力促进了国内改革的进程。最早设立的 4 个经济特区,作为先行对外开放的试验田,有力推动了社会主义市场经济体制的建立。之后,各类特殊经济功能区作为渐进式区域开放的载体,推动了国内由点带面式的改革。加入世贸组织后,我们与多边规则接轨,进一步开启了全面融入世界经济的进程。对外开放不仅带来了资金、技术和先进的管理经验,更带来了国际化、现代化、市场化的发展理念,促进了改革的深化。改革开放相互促进,推动我国经济发展、社会进步。

(四) 始终坚持抢抓机遇,主动参与经济全球化

顺应经济全球化大势,紧紧抓住国际生产要素重组与转移的机遇,是我国取得对外开放成功的重要原因。20 世纪 80 年代,我们抓住国际上以轻纺产品为代表的劳动密集型产业向发展中国家转移的历史机遇,以兴办经济特区和开放沿海地区为战略选择,以珠江三角洲为龙头,大力发展加工贸易和劳动密集型产业,带动了珠江三角洲等区域经济快速崛起,吸纳了大量农村剩余劳动力。20 世纪 90 年代以来,我国抓住国际机电和 IT 产业结构调整和转移的难得机遇,以开发浦东为新举措,以促进机电产业和 IT 产业发展为重点,长江三角洲区域经济加速发展,产业竞争力迅速增强。近年来,经济全球化深入推进,国际产业转移向纵深发展,发达国家高新技术产业和服务业向外转移不断扩大。我们利用国内资本逐渐丰富、产业配套能力较强、基础设施较为发达等新优势,开始承接高端研发制造和服务外包等更高层次的国际产业转移,全面推动经济发展方式转型、结构调整升级。抓住机遇参与经济全球化,在全球范围内实现资源优化配置、提高竞争力,是我国对外开放的又一成功经验。

(五) 始终坚持互利互惠、共同发展

开放初期,我们提出按照互利互惠的原则发展与各个国家的经贸合作。我国在力所能及条件下,为一些发展中国家提供真诚援助,受到了国际社会的广泛赞誉。多年来,随着经济社会的发展,中国已经成为世界的有机组成部分。中国与世界经济互动关系发生了显著变化。实践证明,中国离不开世界,世界也需要中国。我们在充分利用国际市场和资源发展自己的同时,受外部世界影响也越来越大。我国发展利益与世界总体利益之间,相互不断深化融合是大趋势,但随着我国影响不断向外拓展,利益碰撞和经贸摩擦明显增多。正是在这一背景下,我国提出了互利共赢的开放战略,坚定不移地走和平发展道路。这是对互利互惠原则的延伸和发展,是新时期我国处理与各国经贸关系的基本准则。近年来,我们在国际经贸合作中致力于完善国际贸易和金融体制、推进贸易和投资自由化便利化、通过磋商妥善处理国际贸易摩擦,致力于支持发展中国家增强自主发展能力、改善民生、缩小南北差距,得到了国际社会特别是发展中国家广泛支持。这充分说明,坚持互利共赢的开放战略,既是实现我国长远发展、推动建设和谐世界的客观要求,也是中国走和平发展道路的必然选择。

(六)始终坚持在开放中维护经济安全

几十年来,我们始终坚持开放是为了自身更好地发展、更有效地维护国家根本利益这一宗旨。改革开放初期,我们设立经济特区、经济开发区等,目的就是发挥其在开放上的先导和示范作用,为全国积累经验,避免一些政策对全国带来较大冲击。在利用外资的指导思想上,我们一直秉承以利用外商直接投资为主的方针,注重控制国际商业信贷规模、审慎开放国内资本市场,有效防范了国际金融风险。我国从"复关"到加入世贸组织,经历了 15 年的时间,谈判中既坚持积极主动开放的原则,注重在竞争中加强借鉴与合作,投入成千上万亿技术改造资金,着力提升产业国际竞争力。同时也对一些敏感产业和领域设置了过渡期和(或)例外条款,为国内产业提供了适度的缓冲空间,有效降低了由于开放过快或力度过大可能带来的冲击。实践充分证明,正是坚持开放才使我国经济更加强大、更加安全,没有开放就没有发展,也就谈不上国家经济安全。与改革开放初期相比,我们现在的国家经济安全状况大为改观,抗风险能力明显提高。这表明维护国家经济安全的关键不是关起门来,而是在纷繁复杂的国际关系中,牢牢把握好对外开放的主动权,建立健全维护国家经济安全的机制,在从根本上把握住发展机遇,将开放的风险降到最低。

第二节　经济全球化新形势及对我国经济发展的影响

国际金融危机以来,经济全球化已经并继续发生深刻变化,我国开放型经济发展面临新的挑战。

一、全球经济正处在深度调整时期

国际金融危机影响深远,世界经济遭受巨大冲击。目前,正处于深度调整时期。

(一) 世界经济进入低速增长期

经过几年来的调整,美国经济有所改善,欧洲主权债务危机动荡局面有所缓和,世界经济复苏态势可望延续,但复苏进程艰难曲折,经济低迷成为全球经济新常态。

1.居民消费和企业投资能力受到制约。新兴经济体普遍受外需不足拖累,扩大内需面临诸多障碍。全球贸易投资保护主义持续升温,各国对国际市场的争夺日趋激烈,高端产业领域尤为突出。发达经济体去杠杆化仍未结束。

2.经济复苏乏力。发达经济体负债率均在80%以上,没有财政政策刺激经济复苏的动力。量化宽松的货币政策作用有限,拉动乏力。同时,除本国货币为国际主要储备货币的国家(如美国)之外,其他国家都不同程度受到损害。

3.引领发展的技术引擎和主导产业尚未形成。信息技术革命推动经济增长边际效应递减。新能源、新材料、物联网、生物化学等新技术尚处于探索发展阶段,短期内难以形成引领新一轮经济快速增长的产业基础。

4.世界性人口红利逐渐减弱。部分主要制造国劳动力人口渐近刘易斯拐点,一些发达经济体进入老龄社会,社会福利和保障捉襟见肘、支出压力增大,给经济社会发展带来许多困难。世界经济受结构、体制因素与周期性波动叠加影响,将处于较长的缓慢恢复调整期。

(二) 全球需求结构和产业结构酝酿深刻调整

国际金融危机前,全球经济贸易主要表现为发展中国家出口制成品或初级产品、资源富集国出口资源、发达国家进口消费的格局,危机后这一格局面临再调整压力。各国纷纷反思实体经济和虚拟经济的关系,吸取金融危机教训,重新审视自身经济制度,调整发展模式和产业战略。

1.发达国家重新重视实体经济发展。发达国家力图通过扩大投资和出口拉动经济增长,提出"制造业回归"、"再工业化"、"国家出口倡议"、"绿色新政"、"低碳经济"等战略,同时大力发展精密电子制造、新能源、生物医药和新型服务业等高端新兴产业。

2.新兴经济体力求提高消费能力和抢占有利地位。新兴经济体致力于扩大内需,培育壮大中产阶级,改善社会福利和保障制度,提高消费能力,并通过抢抓新兴产业发展机遇,努力在全球产业链条中占据有利地位。

3.其他发展中国家积极承接产业转移。众多发展中经济体依托各自资源优势或地缘优势,积极承接来自发达国家和新兴经济体的产业转移。总的来看,全球产业结构将经历一个较长的艰难复杂的调整期。

(三) 经济全球化的区域合作特色更为鲜明

多边贸易体制一直是全球贸易自由化的主要推手。近年来多哈回合谈判陷入僵局,标志着这一进程严重受阻。众多国家纷纷选择签订双边或区域自由贸易协定,来推进贸易投资自由化。区域贸易安排与多边贸易体制并行成为推动全球贸易投资自由化的"两个轮子"。目前向世贸组织登记备案并生效的区域贸易安排有近 250 个,其中近 10

年来生效的占到近 60%。先后有美国—韩国、欧盟—韩国、日本—印度、韩国—印度、TPP 等"重量级"自贸协定诞生。近期,美国—欧盟、欧盟—日本自贸区谈判有加快趋势。许多国家一方面批评自贸区安排是对多边最惠国待遇的侵蚀,强调它只能作为推进全球贸易投资自由化的次优选择,另一方面却看重自贸协定谈判灵活性大、局部"贸易创造效应"强等独特优势,着力加以推动。从开放程度看,自贸协定成员之间享有比世贸组织最惠国待遇更高水平的开放,在自贸区成员之间的"贸易创造"效应相当可观。尽管不同主体、不同区域交叉签订的自贸协定,一定程度上会造成利益交织、管理体系复杂的"意大利面条碗效应",但总体看对参与区域自贸区成员的经贸环境改善是显而易见的。

（四）经济全球化的形式与内涵发生变化

1.推动全球化的态度发生分化。发达国家曾经是全球化的主导力量,金融危机后面临高失业率、高额债务和"产业空心化"等问题,政策"内顾"倾向明显,民间"反全球化"声浪加强。发展中国家通过参与全球化促进了经济增长,态度更加积极,成为推动全球化的新力量。

2.全球化的内容发生变化。在制造业国际产业转移、分工与货物贸易不断发展的同时,服务领域的梯度转移趋势加强,服务贸易和投资成为国际合作的重要内容。一国在未来全球化获益程度的大小,在很大程度上取决于能否利用人才、资本、技术、服务等优势要素参与全球资源的重新整合,形成和发挥新的竞争优势。

3.全球性矛盾不断加剧。气候、环境、粮食安全等全球性问题更加突出,需要发达国家和发展中国家共同应对,为加强国际合作注入新的动力。另外,危机凸现出全球经济治理机制不平衡、不合理的一面,已有的全球经济治理体系面临调整与变革。

总的来看,世界经济在国际金融危机发生后出现了一些新的变化趋势和特点。表现在:世界经济增长格局会有所变化,但经济全球化深

入发展的大趋势不会改变;政府维护市场正常运行的职责会有所强化,
但市场在资源配置中的基础性作用不会改变;国际货币多元化会有所
推进,但美元作为主要国际货币的地位没有发生根本改变;发展中国家
整体实力会有所上升,但发达国家综合国力和核心竞争力领先的格局
并没有改变。

二、我国开放型经济发展面临严峻挑战

随着全球经济的深刻调整,我国开放型经济发展面临诸多新的问
题和挑战。

(一)开放型经济发展面临结构调整压力

国际金融危机给我国产业结构、城乡区域结构、就业结构、资源环
境结构调整带来深刻影响。

国际金融危机前,国内快速工业化扩张所积累起来的巨大生产制
造能力,主要通过国际市场得到了有效释放,一定程度上掩盖了许多快
速发展中的深层次矛盾。金融危机爆发后,美欧等主要经济体需求结
构出现调整,外部需求扩张在较长时期内很难恢复到危机前水平,我国
通过国际市场释放过剩产能的空间缩小,开放型经济的结构调整压力
陡然增加。我国一方面迫切需要加快构建扩大内需长效机制、提高经
济内生性持续发展动力,另一方面也需要在继续参与全球经济大循环
中加快结构调整、经济转型。此外,我国城乡、区域经济发展差距较大,
很不平衡,推动协调发展任务艰巨。特别是我国作为比世界工业化国
家人口总和还多4亿的大国,社会就业总量压力和结构性矛盾长期并
存。要全面快速实现工业化、城镇化,意味着还有2亿以上农村劳动力
向工业部门转移。只有开拓和分享全球大市场机遇,才能从中获取分
工收益、增加国民收入,最终转化为对国内最终消费的带动作用,形成
良性循环。同时,我国实现工业化所倚重的资源和环境也无法靠自身
来承载,必须通过国际交换解决资源能源短缺的问题。这些经济发展

中的客观现实与制约因素,决定了我国在相当长一个时期内离不开外部市场的支撑。在扩内需、稳外需,实现内外需平衡发展的进程中,我国经济将持续面临更多的转型压力。

(二)统筹国内发展与对外开放的难度加大

当前,我国经济社会发展正在"爬坡过坎",处于改革的"深水区",各种矛盾和问题集中凸现。同时,随着开放的深度和广度进一步拓展,我国与世界经济的相互依存、相互影响加深,对我们统筹设计开放总体布局、内外政策协调提出了更高要求。

1.国内要素成本进入集中上升期。近年来,我国劳动力成本加速上涨,依靠传统"人口红利"支撑开放型经济快速发展的效应逐步减弱。同时,随着国际市场资源性产品供求矛盾加剧,国内能源、原材料、土地、环境等基础要素价格改革加快推进,价格升高的趋势也将继续。人民币汇率形成机制改革继续深化,出口和利用外资的金融成本可能上升。这些变化总体上有助于推动我国经济发展方式的根本性转变,但也在一定程度上弱化着现有竞争优势。如何加快培育新的参与国际竞争新优势,是亟待重视的问题。

2.利益格局强化,改革难度增大。加入世贸组织10多年来,我国通过扩大开放促进了各领域的改革,一些重点领域和关键环节的改革取得重大突破,社会主义市场经济体制逐步完善。但各方面的改革进展仍不平衡,利益格局趋于分化,对内开放和对外开放也不同步。民间资本准入中的"玻璃门"、"弹簧门"问题还普遍存在,加强扶持与积极引导的政策有待落实。对国有经济事关国计民生的基础性作用尚未形成广泛共识,竞争不充分与效率不够高的问题亟待解决。不同所有制企业之间相互抱怨,"两个毫不动摇"的方针并未得到全面有效贯彻,各种所有制之间的关系有待进一步协调。产业之间开放不均衡,一些产业竞争不足和一些产业恶性竞争并存。区域发展不协调,沿海、内陆、沿边发展水平存在较大差异,市场分割、地方保护难以根本消除,统一开放、竞争有序的大市场尚未真正形成。

3.驾驭开放型经济的能力有待提高。对外开放风险防范机制远未健全,通过国际通行的反垄断、安全审查等手段维护产业安全的能力有待增强,境外人员安全和资产权益保障机制尚未有效建立。

(三) 开展经贸合作受到各种保护主义制约

近年来,随着我国经贸实力增强,利益面双向扩展与竞争面上下延伸并存;在经济、贸易、投资、金融等各个领域,正在遭遇各种保护主义冲击。过去,我国遭遇的贸易摩擦主要集中在纺织、鞋类、箱包等劳动密集型产品领域。近年来,装备制造、信息产业、新能源和汽车、环保领域的中高端产品也面临很大压力。摩擦的对象从美国、欧盟、日本等发达国家向印度、巴西、墨西哥等发展中国家蔓延。近年来,我国在世贸组织的被诉案件,涉及产业政策、知识产权执法、出版物市场准入等各个方面。贸易摩擦压力上升的背后,既有中国经济实力提高和利益格局调整因素,也有意识形态和价值观因素。近年来"中国威胁论"、"中国责任论"、"新殖民主义"等言论此起彼伏,经贸问题政治化成为经贸合作的突出特点,比如一些国家对我企业海外投资和并购设置重重障碍等。总的来看,当前和今后一个时期,伴随我国经济发展模式转变和与外部环境的互动调适,将在较长时期内持续面临贸易保护主义的挑战。

(四) 发展质量和效益急待提高

我国对外贸易规模位居世界前列,但出口产品的技术含量和附加值不高,竞争力不强。在国际贸易分工价值链中,我国外贸出口仍集中在技术含量较低、附加值不高的加工组装低端环节,附加值和技术含量高的研发、设计、营销、服务等环节仍主要掌握在发达国家手中。机电产品和高新技术产品虽已成为我国出口商品的主体,但具备自主知识产权、自主品牌、自主营销渠道和高技术含量、高附加值、高效益的产品比重很低,这种"高出口、低收益"的局面难以长期持续。市场多元化战略取得较好成效,但对欧美日等传统市场依赖依然较大,作为新兴市场的发展中国家市场潜力有待进一步挖掘。利用外资保持较大规模,但促进国内科技创新、产业升级、区域协调发展的作用还没有充分发挥。"走出去"步伐明显加快,但企业实力较弱,总体竞争力不强。国际影响力和话语权有所提高,但主动塑造国际经贸规则制定的意识不强、能力不高。

第三节　提高我国开放型经济
水平的基本思路

回顾历史,近 500 年内,葡萄牙、西班牙、荷兰、英国、法国、德国、俄国、美国、日本九个国家先后崛起。他们迅速发展的原因各异、背景复杂,但走向海洋的开放型经济是共同的选择。

诺贝尔经济学奖得主迈克尔·斯彭斯在担任世界银行增长与发展委员会主席期间,曾率学界专家 300 余人,耗时两年,对上世纪 50 年代以来,至少连续 25 年取得年均 7% 的高增长率国家进行调研,发现取得这样增速的共有 13 个国家或地区,这些国家或地区是:博兹瓦纳、巴西、中国大陆、中国香港、印度尼西亚、日本、韩国、马来西亚、马耳他、阿曼、新加坡、中国台湾和泰国,这些国家或地区的共同之处是在对外开放中获得了快速发展。

今后一个时期,我国开放型经济已由"引进来"为主,进入"引进来"与"走出去"协调发展的新时期,开放型经济的发展环境、发展条件和发展要求都面临深刻变化。我们只有继续坚持改革开放的基本国策,实行更加积极主动的开放战略,完善互利共赢、多元平衡、安全高效的开放型经济体系,才能牢牢把握好经济社会发展的重要战略机遇期,不断巩固已有的发展基础,全面提高我国开放型经济水平。

一、凝聚新时期对外开放的思想共识

三十多年前的改革开放,发端于真理标准的讨论。新时期的对外开放,同样需要继续解放思想、求真务实、凝聚共识。与三十多年前相比,我国综合国力和世界影响力显著提高,经济发展的优势明显增强,对外开放的基础更加坚实,全面提高开放型经济水平的条件更加成熟。但对进一步扩大开放仍然存在认识不统一等问题,一些部门认为我国加入世贸组织承诺已经履行,达到了开放的"红线",主动开放的动力和意愿较弱。

为了适应经济全球化新形势,在深入总结经验基础上,要全面研判内外形势出现的新变化、新挑战,深刻认识新时期进一步对外开放的必要性和紧迫性,依托已经具备的发展基础和比较优势,加快转变对外经济发展方式,推动开放朝着优化结构、拓展深度、提高质量和效益方向转变。现在看,推动形成新一轮对外开放的思想共识:在战略思路上,应当抓紧研究未来一个时期在各个领域的利益格局,协调好局部与全局、当前和长远等利益取舍问题,不断拓展新的开放领域和空间,更好地以开放促发展;在体制机制上,应当通过深化开放进一步打破垄断和保护,着力构建充满活力、富有效率、更加开放、有利于科学发展的体制机制,更好地以开放促改革;在目标导向上,既要注重对外开放,也要注重对内开放,要通过引进竞争与合作,着力营造更加公平和透明的市场环境,激发经济的内生性增长潜力,加快培育我国参与国际经济合作和竞争新优势。

总之,要在经济全球化新时期下,把我国开放型经济的认识凝聚到全面提高水平上来,努力实现对外开放的科学发展。

二、制订新时期对外开放战略

全面提高开放型经济水平,不仅需要科学的发展观,还需要科学的方法论,实现二者的有机统一。在凝聚共识的基础上,要抓紧制订对外开放的总体思路和战略规划,研究提出路线图、时间表。

经过改革开放和加入世贸组织谈判,我国在各个领域均已达到了较高的开放程度,但在服务业领域、投资管理体制、政府采购及某些制造业领域,仍然存在不少问题和较大压力。我们应当分析利弊,积极化解,未雨绸缪,全面布局。例如,在服务业领域进一步扩大开放,稳妥扩大金融、物流、教育、医疗、体育等领域对外开放,是"十二五"规划提出的具体方向,有利于加快我国服务业现代化发展的步伐。我们可以通过世贸组织和双边自贸谈判进一步扩大服务业开放水平,推进各种所有制企业公平准入,提升我国服务业的国际竞争力和发展活力。具体来说,应当在认真研究基础上,提出开放的重点方向、节奏和时序;应当通过优化关税结构,削减非关税措施,促进进出口均衡发展;应当通过降低制造业领域关税,加快我国工业现代化步伐;应当通过进一步完善以市场供求为基础的有管理的浮动汇率制度,推进外汇管理体制改革,扩大人民币跨境使用规模,逐步实现人民币资本项目可兑换,促进贸易投融资便利化;应当通过进一步优化对外开放区域布局,协同推动沿海、内陆、沿边开放,重点培育壮大内陆南向、西向、北向全方位对外开放高地和平台,实现不同区域错位发展、特色发展和互动发展。

三、着力提高开放型经济的质量和效益

(一)切实提高产业生产力水平

企业是开放型经济的市场主体。当年,应对加入世贸组织挑战最关键的因素之一是大力提升国内产业竞争力。今后,应更加积极主动的对外开放,仍要靠提高国内产业生产力水平。应进一步降低非农产业的关税等"门槛",增强产业的压力和活力;应加大科技研发和技术改造资金的投入,加快"两化"融合的步伐;应加快改组、改造、改制的步伐,积极培育一批创新驱动、转型发展的生产、流通领域的跨国公司。

（二）优化对外贸易结构，转变外贸发展方式

鼓励企业打造研发、设计、创意等公共平台，制定具有自主知识产权的技术标准，加快建立自主性国际营销网络和售后服务体系，培育国际知名品牌，努力提高科技含量与附加值，尽快形成以技术、品牌、质量、服务为核心竞争力的新优势。加快加工贸易转型升级步伐，促进加工贸易从组装加工向研发、设计、核心零部件制造、营销、物流等环节延伸。支持和引导加工贸易向中西部地区有序转移。拓宽进口渠道，优化进口结构，提升进口对宏观经济平衡和结构调整的作用。推动服务贸易大发展，促进技术、文化、计算机和信息等服务出口，积极承接离岸服务外包。积极拓展新兴市场，继续大力推进市场多元化战略。

（三）提高利用外资的质量和水平

在国内资金相对充裕、国内市场规模不断扩大的情况下，利用外资要与调整经济结构和转变经济发展方式相结合，与促进国内市场竞争相结合，与维护产业安全和提高国际竞争力相结合，更加注重引进先进技术、管理经验和高素质人才，充分发挥利用外资的技术溢出和综合带动效应。鼓励包括外资在内的各种所有制企业平等竞争。

（四）更加注重对外投资合作

我国应当抓住国际经济结构调整的有利时机，积极开展对外投资合作。一是引导有实力的企业到海外整合和延伸产业链，提高我国在全球范围内配置生产要素的能力，推动我国逐步成长为资本输出大国。二是支持各种所有制企业按照国际通行规则对外直接投资和跨国经营，设立或并购研发机构，建立营销网络，培育国际知名品牌。三是完善"走出去"的促进和保障体系，积极商签多双边投资保护协定，扩大投资合作市场空间，减少制度性障碍。

四、以开放助力改革、以改革促进开放

当前，我国经济社会发展面临的改革开放重点很多、难题不少，进

一步扩大开放,有助于推动这些重点、难点的破解。改革的深入,也为进一步开放拓展了空间。一是要通过一些重点领域的主动、渐进、有计划、有预见性的对内对外开放,引入更加充分的市场竞争机制,打破部分行业垄断格局。二是大力推动政府机构改革,加快职能转变,认真实施《行政许可法》,进一步改革行政审批制度,增加行政透明度,把政府职能更多地从管理和分配资源,转向公共服务和环境营造上来。三是加快完善市场准入的法律法规和标准体系,健全社会信用体系,打破地区保护和封锁,促进商品和要素在全国自由流动,推动形成统一、开放、竞争、有序的现代市场体系。四是通过制定法律法规进一步明确中介组织的社会地位,不断完善商会、协会等社会团体组织,并切实加强管理,充分发挥中介组织在行业自律、经营规范、协调服务、对外交涉等各个领域中的积极作用。

五、提升参与国际规则制订的主动权和话语权

我国已经成为全球第二大经济体,但我们的话语权与之很不匹配,应该引起高度重视,并采取积极有效措施提升我国的话语权。一是在多边层面,我们应加强与新兴大国的协调合作,继续坚定不移地推动和维护多边贸易体制,在全球贸易规则制订中发挥建设性作用。二是在区域次区域层面,更加主动地推进自贸区战略,深化亚太经合组织、上合组织及大湄公河、泛北部湾、图们江等区域次区域合作。三是在全球治理层面,应把握国际治理体系深刻变革机遇,以积极务实态度参与国际政治、经济、外交、文化事务,在应对气候变化、能源安全、粮食安全、国际经济治理机制改革等全球性议题上,承担力所能及、合理的国际责任。四是更加积极主动地参与20国集团等多边国际组织活动,深化"金砖国家"、"基础四国"等新兴大国的合作,充实合作内容,树立我国负责任大国形象。五是加强发展中国家开放型经济理论研究,把积极应对与主动创议结合起来,发挥更加积极的国际规则建设者的作用。

六、增强在开放条件下维护经济安全的能力

在开放条件下维护经济安全,归根到底要靠我国综合国力和企业竞争力的提升。随着我国经济参与全球化程度加深,国内经济与外部环境的联系更加紧密,受外部影响相对较大,但开放型经济抵御外部风险的回旋余地和抗击能力也更强。我们不可能再退回到封闭条件中寻求保护。一是要把握好对外开放的方向、速度、节奏和幅度,加快建立健全开放条件下经济安全的预测预警和快速反应机制,切实保障关系国计民生的关键敏感领域的安全,如能源安全、粮食安全、金融安全等经济安全和国防安全。二是要把稳步推进资本市场开放与加快金融改革结合起来,健全跨境资本流动的监管机制,有效维护金融安全;要研究制定开放条件下的粮食战略,坚持把"饭碗"端在自己的手上,用好农业开放和农产品贸易政策,有效维护粮食安全;要通过境外能源资源合作开发、进出口贸易品种与渠道的多元化等方式,构建能源资源的稳定供应体系,维护能源资源安全。三是要完善外资并购安全审查制度,健全产业损害预警和进口贸易救济机制。特别要加强国别政治、经济、产业、安全信息的收集、评估和发布,完善对外投资合作风险预警防控机制和突发事件应急处理机制,提高企业境外风险防范和公民人身安全、资产权益保障能力。

第九章　我国金融改革必须兼顾国际金融体系调整

　　金融体系是现代经济体系中的核心，它由金融机构体系、金融市场体系、金融工具体系和金融调控体系四个分支体系构成。金融改革就是基于不同国家这四个分支体系的成长发育现状，为提高金融体系服务效率亦即金融资源利用效率而采取的体制、制度、政策调整行动。

　　无论从全球经济视角还是从国别经济视角，不同的经济发展阶段会提出不同的金融改革任务。例如，美国 1929—1933 年大危机过后，提出的金融改革任务是分业经营、分业监管；到了 20 世纪末期，美国金融改革又以放松监管和混业经营为基本内容。2007 年全球金融危机过后，欧美日等主要经济体的金融改革内容、目标又出现了新的变化，等等。

　　中国是一个由传统的社会主义计划经济体制向走中国特色社会主义道路的市场经济模式转换的国家，无论从经济发展水平还是从政治、经济社会状况来看，其改革的难度和复杂性都远远超过许多新兴市场经济国家。作为一个发展中国家，中国经济具有二元结构特征，在改革开放的初始阶段，人均收入水平低、城镇化比率低、经济开放度低、全社会储蓄率低、市场化程序低成为一般特征。同时，由于改革开放的体制基础是计划经济。因此，传统计划经济体制下形成的政府主导、行政命令、价格管制、配额管理等习惯式的调控方式会长期以不同形式表现出

来。这样的国情为中国的金融改革提出了一个长期任务,即怎样才能解决利用市场化手段配置资源的问题。

第一节　中国金融改革历程:经验与教训

一、银行体系调整过程

新中国成立以来,中国的银行体系在打破垄断、引入竞争历程中,先后经历了四个发展阶段(见下图)。

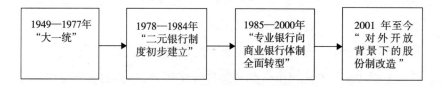

(一) 建立高度集中的银行体制阶段 (1949—1977 年)

中国人民银行集行政与商业活动于一身,信贷资金实行"统贷统存",金融产品单一,资金来源渠道匮乏。但这种"大一统"有严格管制的银行体制,确是与当时计划经济体制相一致。由于中央统一配置资源。因此,中国人民银行在履行商业银行职责时仅是作为财政的"出纳"。

(二) 二元银行制度初步建立阶段 (1978—1984 年)

这一阶段,中国开始从计划经济向市场经济转轨,企业获得生产和经营自主权,资金来源方式变为"拨改贷"。适应这种转变,中国人民银行将商业银行职责分离出来,专司中央银行职能,并按照服务产业发展原则设置工、农、中、建四大国有专业银行,对应承接工业、农业、进出口和基础设施建设等信贷业务,各地也组建了城市信用社等金融机构并开展金融服务。至此,中央银行和专业银行的二元银行体制取代了

"大一统"的银行模式。

（三）专业银行向商业银行体制全面转型阶段（1985—2000 年）

这一阶段,二元银行体制初具雏形,信贷资金管理体制转变为"实贷实存"。在四大银行牢牢"掌控"中国金融命脉基础上,长三角和珠三角等沿海地区的全国性股份制银行和区域性城市商业银行开始崭露头角,股权分散化和非国有化是其成功站稳市场的"法宝"。这种"农村包围城市"的发展形式为当时四大银行注入了少许"兴奋剂",其业务领域出现交叉,发展的触角伸向更深领域,突出表现为"农行进城、工行下乡、中行上岸、建行破墙"。由此,商业性、合作性和政策性的多层次银行体系初步形成,并开创了中国银行业良性竞争的局面。随着市场经济体制改革的深入,四大银行虽然已经转制为商业性银行,但实际上仍然承担一些类似"安定团结贷款"的政治性任务,而高企不下的不良贷款率则始终是悬在其头顶之上的"达摩克利斯之剑"。1994 年,国家开发银行、中国农业发展银行和中国进出口银行三家政策性银行组建,开始承接原四大专业银行的政策性信贷业务,加速实现商业性金融与政策性金融的分离。同时,在 1998 年成立华融、长城、东方和信达四大资产管理公司,分别消化四大银行不良债权,为四大银行向真正的商业银行转轨铺平了道路。

（四）对外开放背景下的股份制改造阶段（2001 年至今）

加入世贸组织,中国在 5 年的保护期结束后,给予外资银行国民待遇,纷至沓来的外资银行充分利用先进的管理和技术冲击国内银行业。"逼上梁山"的四大银行从 2003 年起陆续启动股份制改革,按照"一行一策"原则,改制成具有国际竞争力的现代化商业银行,并于 2010 年最终全部实现上市。四大银行的股份制改革,是基于不符合现代公司法的国有独资商业银行缺陷而实施。从改革开放初期的国有专业银行到国有独资银行,再到股份有限公司,直至公开上市,宣告了以产权多元化为目标的国有商业银行存量改革的初步完成,为下一阶段的整个银行体制改革奠定了扎实基础。

中国银行体系调整在坚持国有银行主导地位下逐渐推进,既降低了改革的摩擦成本,又通过"次优选择"完成了帕累托改善。在放权让利和经营机制转换基础上完成产权改革的最后"一跳",实现了从增量到存量、从外围到内部、从尝试到推广、从国有商业银行和股份制银行双轨制到符合市场经济运行规律的股份公司单轨制等一系列重大变革。

二、集权—分权、管制—自由:改革的核心问题

中国银行体制演变中的深层次问题有两个。一是集权与分权;二是管制与自由。在经济转轨过程中,中国银行部门产权结构和市场结构的畸形,得到了一定程度的纠正,但其对整体社会资源的配置还带有明显的集权烙印。在"大一统"时期形成的金融垄断、金融压抑和对外封闭,在改革初期中央银行"一身兼二任"时期有所缓解,银行逐步恢复了贷款等"传统"的金融中介功能。1993年12月,国务院颁布《关于金融体制改革的决定》,提出把中央银行和国有专业银行作为"两个真正"的金融实体,这标志着对两类金融实体去行政化的开始。中央银行的首要职能从发展经济转向保持币值稳定,曾经挥之不去的"信贷倒逼"机制结束,间接调控终于取代直接调控。被视为金融体系核心的银行业一直维持着较高的准入门槛,商业银行挣脱管制始于股份制银行的成立和发展,它们利用后发优势并根据经济区域划分,按照市场效益和成本原则设置分支机构,从而有效克服了国有银行按行政区域设置经营机构的弊端。

新中国成立以后,人民拥有了国家的全部财产,财产所有权在中央的代理使用和管制下快速增值,金融业也不例外。但经济活动的日趋复杂及居民手中资产的大幅增加,要求银行业从严格约束中解放出来,"藏富于民"的现实决定了从中央集权到市场分权的回归。中国单一

的国有银行产权隐藏了金融体系的风险,逆向选择和道德风险一直向国家层面集聚。体制外增量改革新设的股份制银行和私人银行为国有银行产权多元化提供了宝贵经验,为各市场主体平等参与改革并承担风险打开了大门。2003 年,人民银行的权力进一步分解,新设立的银监会完全取得了对银行业监管职责,而中央银行的货币政策职能则得到强化。但在自上而下的体制中,中央在与地方争夺金融资源控制权过程中优势明显,造成金融监管权力过于集中,忽视了地方政府和社会中介组织的作用,导致"跑部钱进"屡禁不绝。同时,地方政府承担了局部金融危机事件下的维稳工作。中央借助地方之手伸向金融业每一个角落,微观金融活动主体的一举一动无不处在中央监管之下。当经济活动从简单向复杂演变时,依靠中央体系调节整体经济活动显得"心有余而力不足",应对之策还是还权于民,将经济调节权利归还给市场才是根本之策。

金融管制的初衷是解决金融市场失灵问题。由于外部性和信息不对称,金融体系存在巨大的不稳定性,金融业运行素有"牵一发而动全身"之说,单一偶然金融风险事件将会引发"蝴蝶效应",带来经济的巨大波动。因此,需要依据一定规则,依托政府这只"看得见的手"对经济活动予以干预,并熨平经济波动。这种干预主要包括宏观金融总量调控和对微观金融市场活动的管制。当中国金融生态环境趋于改善,管制活动的力度和方向则需作出调整。1998 年信贷规模的取消和近几年存贷款利率波动区间放开,无一例外地传达出这种信息。但是,要警惕的是,在宏观管制大门开启让人充满期望之时,微观市场管制之门却迟迟未有打开之意,"法不禁止即可为"原则更是束之高阁。这反映在政府对金融机构的审批过多、过细,各种名目的行政干预层出不穷,金融新网点和新业务严格审批,特别是董、监、高(董事会、监事会和高管层)的任命权实际仍掌握在政府手中。新旧"36"条先后给予呈几何级数增长的民间资本进入金融业的承诺和鼓励,而"玻璃门"和"弹簧门"始终横亘。

中国的金融制度变迁属于政府主导下的强制性制度变迁,具有渐进性和社会震荡小等典型特征。但经济体制向市场经济快速转轨之际,微观经济主体羽翼渐丰,对市场主导的诱致性制度变迁充满期待。然而,在先前制度下受益的利益集团的路径依赖,使管制难以放松,制度的惯性和自我强化特征使中国金融体制改革始终徘徊在核心竞争力大门之外,金融机构貌似强大,却市场化步伐缓慢及创新力薄弱。金融管制的束缚是金融创新的障碍,这种强监管下的金融体制是以提高交易成本和牺牲金融效率为代价的。

在银行产权多元化初露端倪之时,在产权主体转向最有效率的微观经济主体之时,国家对金融的控制力边界必须调整和缩减。在当前市场经济体制转轨的关键时期,中国金融领域仍然存在官定利率和民间私人利率,而缺少了金融工具定价权的金融机构难以展现更多能力。多年来,金融工具的价格"双轨制"产生了巨大的套利和金融效率损失,从而当前迫切需要"利率闯关"和"汇率闯关",完成金融市场价格的并轨,实现旧体制向新体制的彻底转变。

三、地方为什么热衷于建设金融中心

随着经济活动分工日益深入,金融作为生产性服务业的重要组成部分从生产中分离出来,专门提供借贷、资金清算、汇兑、证券发行和交易以及保险等服务,使稀缺的资金资源得到最优配置并最小化风险。金融中心是经济发展到高级阶段,即第三产业服务业在经济中占据主导地位时,金融业在第三产业所处核心地位的体现。表面上,金融中心表现为金融机构、金融工具在某一地理区域的集中和集聚,通过这个交易平台,为各类金融主体提供全方位金融服务。本质上,金融中心的出现反映了金融活动空间集聚带来的规模经济效应和技术溢出效应,以及金融交易信息成本大大降低的效果。金融中心可以降低中心内金融

机构承担的巨额基础设施费用,拉近金融机构间距离,使知识、技术和信息分享速度更快和成本更低,对客户的响应也更及时。基于以上因素,政府官员显示政绩,纷纷在任期内多上大项目,通过打造城市金融"名片",造成中国金融中心"泛滥成灾"。金融中心建立的意义确实很大,但要防止无序竞争和资源浪费。未来 10 年是全面建成小康社会的关键时期,发挥金融中心对产业结构优化、城镇化建设的作用至关重要。未来金融中心建设至少要注重如下三方面,并将其作为重要出发点。

（一）要以促进实体经济发展为前提

日本在高速发展时期奠定的"世界制造工厂"地位,促成了东京等城市上升为世界金融中心,但随着 20 世纪 80 年代末房地产泡沫的崩溃及随之延续的"20 年",这些金融中心的影响力不断降低。1997 年的亚洲金融危机给当时经济增长如日中天的东亚和东南亚某些国家和地区泼了冷水,促使脱离实体经济的金融过度繁荣回归理性。2007 年发生于美国的次贷危机更是无情地展示了金融中心通过所谓金融创新设计出抽象和复杂的各类衍生品的弊端,这些产品在金融泡沫破裂后给实体经济带来的巨大冲击波至今尚未消除。金融的本质是为实体经济服务,是经济增长的助推器,其增长动力来自发达的腹地经济,脱离了实体经济和产业基础,就会成为无源之水、无本之木。因此,中国的城市在确立金融中心目标之前,一定要以实体经济增长为根本前提。

（二）注意金融中心的层次性

金融中心的类型按照金融资源聚集的规模和对周边区域的辐射范围进行划分,可以分为世界金融中心、区域国际金融中心、全国金融中心和区域金融中心。对于中国,打造世界金融中心是长期目标。目前,北京、上海和深圳已具备从全国金融中心向区域国际金融中心的过渡条件,而环渤海、长三角和珠三角三大经济区域需要在北京、上海和深圳为龙头的基础上,设立相应的区域金融中心,形成分工明确、功能互补、各具特色的牢固的金字塔形。区域中心作为桥梁,将有效缩短沿海和内地、城市和乡村间的巨大差距。此外,一些局部地区为争夺金融资源,相邻城市之间的竞争日趋白热化,如杭州和南京、深圳和广州、成都和重庆、武汉和郑州、沈阳和大连。要防止出现千篇一律的"大而全"模式,过度竞争有限的全国性金融资源只能造成社会资源的大量浪费。

（三）合理发挥政府对金融中心形成的作用

金融中心给本地带来的经济利益和政治利益显而易见,这也促使政府投入大量精力。金融中心的形成是不断变化的动态系统,它是随着地区经济发展而逐渐形成,但中国作为发展中国家可以充分利用"后发优势",通过基础设施投入的增加、金融法律法规的建立和完善、金融财税政策制度的制定、良好的司法和行政环境、公平竞争的商业氛围等软硬件的支持,主动求变,创造"变异"来获得"赶超机会"。同时,充分发挥金融中心的"路径依赖"特性,使规模报酬递增机制和空间集聚效应充分表现出来,强化金融中心的地位,促使金融中心进入良性循环发展轨迹。

四、金融改革试验区到底有无成效

（一）各地竞相争取金融改革试验

在次贷危机和欧债危机持续发酵背景下,一方面,中国经济活跃的长三角和珠三角出现企业资金链断裂、老板"跑路"等问题。另一方面,这些地区的民间资本充裕但无合适投资项目可寻。正规金融在面对危机时所采取的资金收紧政策,为非正规金融创造了巨大的生存和发展空间,并逐渐威胁到金融体系的安全稳健运行。显然,金融改革滞后于实体经济发展,对经济增长产生了较大的负面影响。从中国金融改革创新的内生逻辑来看,此前各地争先恐后上马金融中心建设项目,凸显了各地政府在金融改革试验中的积极性。与金融中心建设自下而上的机制不同,始于2012年3月28日的浙江温州金融综合改革试验区和 7 月 25 日的珠三角金融综合改革试验区,以及 12 月 21 日的福建泉州金融综合改革试验区,彰显了国家在特定区域尝试自上而下地进行顶层设计的决心和魄力。

(二)金融改革试验雷声大、雨点小

此次金融改革试验,原是希望通过金融制度释放制度红利惠及各金融主体,但事与愿违,在地方政府具体执行过程中出现了中央政府与地方政府利益博弈的情形,由于两者间存在不同的效用函数,导致地方政府官员在金融改革创新中瞻前顾后、畏手畏脚,担心金融改革失败而影响个人仕途和当地发展。与早先的金融中心建设给官员带来的地方政绩相比,金改试验区更像是给他们增加了一副重担。因此,中央政府在设计这场金融改革时,需要更多考虑地方政府利益,制定更多金融改革失败免责条款。

(三)金融改革试验"避实就虚"

主要体现在两个方面:一是金融机构设置仍需层层审批,如温州市农业发展银行和温州华侨银行的申请设立至今无果,支农、支小的真正民间资本主导的小额贷款公司、资金互助社和村镇银行发展缓慢,尤其是小额贷款公司尚无一家成功改制为村镇银行,为小微企业服务的民营银行和中小银行准入门槛仍然太高。而在一年中成立的四家民间借贷服务中心本意是对民间资本进行有序疏导,但一年来累计成交额仅为 5 亿元左右,与温州 6000 亿元的民间资本相比甚微。二是金融市场利率调整机制仍然处于严格管制状态,而利率市场化改革是整个金融体制改革的"中枢",但在所有外围改革都已接近完成时,实现存贷款利率的全部放开是大势所趋。当前,存款利率上限空间已经打开少许,可在基准利率基础上上浮 10%,但在"存款立行"的思想下,大部分中小银行选择了"一浮到顶"的策略来吸引客户,而这无法体现出银行通过利率竞争改善服务的效果。对民间融资市场而言,温州创建了民间融资综合利率指数,及时对民间借贷市场的价格进行跟踪和风险预警,但在《放贷人条例》草案中并未充分体现出利率市场竞争的思想，仍然对民间贷款利率上限进行了48%的限制。

第二节　中国金融体系的现状与问题

与30多年来中国经济改革的主旋律一样，中国的金融体系从未放慢过改革的步伐，反而是作为实体经济发展的助推器，在20世纪80年代后期突然加速，成为彼时以来中国改革浪潮的最大特色。据经济学家谢平总结，20世纪80年代初以来，在中国共发生了四轮有代表性的金融改革，当然，还有更多的学者会继续探讨这个话题，更多轮次的金融改革也必将接踵到来。但接下来的改革之路到底怎么走？则需要更加全面清醒地认识和研判中国金融体系的基本现状，更为重要的是，要站在国际视角对比中国金融体系的效率高下，反思问题、求索路径，才有可能理顺未来金融改革施力的重点。

一、中国金融体系现状

在这里，我们暂不探讨中国金融体系发展至今在诸多方面取得的可喜进步，不再罗列各种类型的数据和展示繁杂多样的图表，仅就中国金融体系改革发展至今仍然存在的三大根本性问题，做简单地分析。

（一）金融体系资源配置效率依然低下

金融资源配置效率的高低可从两个指标得出初步判断。一是储蓄—投资转化率。社会资金转化为投资通常通过银行等金融中介以信贷资产形式发放给资金需求者，通过财政资金如国债的形式转为投资，通过资本市场如股票、债券等形式转为投资这三个途径。在财政融资方面，尽管中国税收占GDP的比重逐年增加，2012年超过19%，但与以美国为代表的发达市场经济国家的30%—40%的比率相比，仍相距甚远,更何况财政支出具有很强的刚性,且大部分支出为非生产性支出。在证券融资方面,由于资本市场的不规范,近年来其占比更有明显下降。由于上述两个融资渠道相对较弱,银行信贷仍然是中国储蓄转化为投资的主要途径。但同时仍有大量的资金沉淀在国有商业银行等金融机构,并未有效转化为生产性资金。另外,国内储蓄过剩与外资大量涌入的现象并存,也从一个角度说明了国内金融资源的浪费,反映了储蓄无法顺利地转化为投资。二是 M_2/GDP 指标。实践表明,M_2/GDP 指标过高通常反映出货币供应量超过经济增长的实际需要,金融体系的运行效率和资源配置效率不高。目前,按照最新测算,中国 M_2/GDP 比率已经达到 188%。实际上,该指标曾经在 2004 年 6 月末上升到 200%,远远超过一般国家 100%—150% 的正常水平,几乎是世界最高。尽管这里有货币化进程的因素,但 M_2/GDP 这一指标的持续上升表明中国的经济增长具有明显的信贷推动特征,而且信贷资产的运用效率趋于下降,不能不说金融体系的运行效率和资源配置效率方面存在问题。

（二）融资结构扭曲,金融体系风险向银行集中

目前,中国直接融资与间接融资比例严重失衡,间接融资比例过高,增加了银行贷款风险,制约了经济持续协调健康发展。按照金融运行的一般规律,短期资金需求主要靠银行贷款,即间接融资的办法予以解决;长期资金的需求主要靠发行股票和债券等直接融资的方式来解决,这样可以避免用短期资金来源解决长期资金需求的种种弊端和风险。然而,中国目前的现状却是,90%的长期资金需求都是通过商业银行以间接融资渠道解决。与此同时,商业银行的资产来源又是以短期资金为主,从而产生了短存长贷引发的流动性问题,蕴藏着潜在的金融风险。

（三）直接融资体系内结构失调

这主要表现在两个方面:一是债券市场与股票市场发展不平衡。

目前,国内国债、政策性金融债和企业债的未清偿余额巨大,但其中企业债券的份额却相对很小。与债券市场形成鲜明对照的是中国股票市场发展迅速。无论是上市公司数量、市价总值、交易规模等都在逐年攀升。二是在债券市场中,企业债的发展有待加强。目前,中国债券市场的品种主要有国债、政策性金融债、特种金融债和企业债四大类。但与国债、政策性金融债发行规模快速扩张形成鲜明对比的是,中国企业债券市场的发展仍然滞后,虽然最近几年发展较快,但融资规模仍有待提高。

二、金融体系效率的国际比较

一般来说,在一个金融体系效率高、资本市场相对发达的经济体中,家庭和企业的资金可获得性强,储蓄率就低,同时储蓄向投资的转化效率高,投资的水平也相对高,使得一国的经常项目容易出现逆差,并靠资金的净流入来为经常项目逆差融资。反之,金融体系效率低、资本市场相对不发达的国家则容易出现经常项目顺差。随着越来越多的国家进一步放开资本市场,国际经济金融一体化程度进一步提高,储蓄可以在国际上更大范围内灵活配置,一国金融体系效率对其经常项目的影响逐步增大。这为我们判断一国金融体系效率高低提供了一种视角。

从实际情况看,世界各国经常项目顺差或逆差的分布情况,也确实与各国金融体系的效率在一定程度上有对应关系。美国的经常项目逆差最大,但同时美国的金融体系效率也最高,金融力量也最为强大。通过发达的、充满创造力的金融体系,美国吸引了国外大量资金流入,压低了国内利率。这一方面带来了旺盛的国内投资;另一方面,家庭由于财富效应和可以借债消费,储蓄积极性大大降低。同时,由于融资成本低,政府可以轻易地低成本地为财政赤字融资,进而放松了财政约束。除美国外,属于普通法系的资本市场发达的英联邦国家也存在较大的经常项目逆差和资本项目顺差,包括英国、澳大利亚、新西兰等,这表明这些国家的金融体系效率也相对较高。但属于大陆法系的资本市场相对落后的发达国家,却出现经常项目顺差和资本项目逆差,如德国、日本和韩国,这种情况的出现从另一角度说明这些国家对直接投资者权利保护得较好,金融市场或许更发达。

金融体系相对落后的亚洲国家,其经常项目往往表现为顺差,如马来西亚、菲律宾、泰国等,当然也包括中国。非洲、独联体、中东、西半球的发展中国家和新兴市场经济体也经常出现经常项目顺差。而作为发展中国家的印度却是一个例外,这是由于印度有相对富有活力的金融体系,激活了印度国内的消费和房地产市场,公司投资也比较容易得到融资支持,从而使得印度的经常项目由过去的顺差转变为逆差。

综上所述可以看出,更高效率的一国金融体系往往伴随着国际贸易的逆差,但也存在例外。值得一提的是,同属"金砖国家"的印度,其金融体系运行中或有可供我们借鉴的诸多经验。

三、中国金融体系效率为何低下

金融体系效率是一个综合、复杂的问题,探讨金融体系效率高低的影响因素,并不能单纯从一个角度来分析,而是要从与整体宏观经济关系、历史传统、国际环境、政策偏好等方面全面考虑,并且不排除某种单一因素在决定金融体系效率中发挥着决定性作用。

总体来看,由于受到金融基础薄弱的制约以及金融制度的不健全、资本市场不规范和金融机构部门效率低下等因素的影响,中国金融体系国际化和一体化的发展在短期内滞后于整个市场体系的改革。再加上扭曲的金融体系发展,商业银行资产质量不高,资金运用的损失率、呆坏账率高,导致了中国金融体系的风险积累及整个金融体系的运作效率不高,并最终影响到中国金融体系在国际竞争中的整体实力。

（一）根本原因在于经济发展方式不合理

中国经济增长长期高度依赖投资，且在行业间存在严重的不均衡发展问题。投资拉动型经济增长模式易导致部分行业过热和经济周期性波动。如反复出现的房地产、钢铁等行业的大起大落，导致这些行业的企业经营发展缺乏可持续性。在目前这种经济发展方式下，一旦经济环境发生变化，经济实体会因产能过剩、亏损加大而使经济凸显更多放缓压力，并最终导致金融机构的不良资产上升，进而影响金融体系的稳定性和运行效率。经济发展方式不合理隐含了经济结构与金融结构的不对称。中国目前的金融结构在融资方式上主要表现为间接融资偏大、直接融资偏小的不对称格局，尤其是商业银行由于风险防范意识的增强和自律机制的强化，而普遍存在"惜贷"行为，使企业间接融资渠道更为缩小，而直接融资渠道又未能相应拓展，导致储蓄转化为投资的流程发生梗阻——这与下面谈到的储蓄—投资转换机制问题紧密相关。

（二）直接原因是国有商业银行主导型的储蓄—投资转换机制不合理

在很长一段时间内，财政是资金分配的主渠道，但随着财政预算在生产和投资中所扮演角色的淡化，以及国内资本市场总体发展滞后，国有银行逐步成为国有企业资金的主要供给者，这就形成了国有企业对国有银行的刚性依赖，与之类似的，非国有企业也存在这种刚性依赖，甚至依赖程度更高。同时，由于政府与国有企业间的"隐含契约关系"，形成国企的"预算软约束"，加之国企经营效率低下，使大量的信贷资金在对国有企业信贷配给或补贴中漏损，形成大量不良贷款，配置效率十分低下。

四、影响中国金融改革效率的体制障碍、政策误区

金融基础设施的效率是金融系统服务实体经济效率的上限，金融

基础设施安全是中国金融安全的根本保障。如果金融基础设施水平低下，则无论从国外引进的金融服务多么具有创新性，所能得到的金融服务仍是低效的。

目前，世界银行和国际货币基金组织对"金融基础设施"的阐述比较全面，将金融领域的基础设施总结为三个方面，即法律基础设施、信息和公司治理基础设施以及流动性基础设施。

（一）体制障碍

主要表现在四个方面：一是金融非市场化。目前，金融结构中的直接、间接结构，包括直接融资结构中的债券信用、银行信用结构，以及企业融资结构中的国有大企业与中小企业、创新企业结构等诸多结构的失衡，均反映了金融非市场化的后果。二是资本市场缺陷。中国资本市场存在严重的体制性缺陷，使得市场参与主体行为不规范。正是体制的缺陷和不完整，导致市场配置资源的作用无法得到充分发挥。三是分业监管、混业经营。一方面，分业监管不利于统一的政策出台；另一方面，目前的交叉性金融业务存在监管空白。四是金融机构的市场容量问题。数量性问题应该是由市场来决定，但目前的状况是政府审批进入，却又缺少市场化的退出机制。

（二）政策误区

主要表现在两个方面：一是银监会对各类资本进入银行业，在标准、门槛和条件上都是统一的，没有歧视性规定。既然不承认歧视并基本公平，小贷公司与村镇银行的改革也就没有必要，推而广之，目前的地方金融改革到底要改什么，也就成了一笔"糊涂账"。二是小企业风险高，其获得贷款难是正常的市场规律。贷款公司在选择小企业时应有一套筛选机制以及后期的风险管理体系，不应只依靠担保公司来控制风险。此外，小额贷款公司的利率极高，堪比"高利贷"，甚至有观点认为其是给高利贷穿上了合法的"外衣"。

第三节　国际金融体系调整背景
下的中国金融改革

一、国际金融体系调整的新特点

2008 年全球金融危机后,国际金融体系进入重大调整期,并呈现出诸多新的变化。

(一)国际金融产业的版图发生了变化

在 2007 年以前,国际金融业的重心在美国和欧洲,特别是华尔街,自第二次世界大战以前一直执国际金融界之牛耳,而 2008 年全球金融危机肇端于 2007 年美国次贷危机,美国次贷危机又源自华尔街制造的"有毒债券",华尔街用无节制的衍生品创新不仅害了全美国,而且害了全世界,几十年来享誉国际金融界的美国几大投资银行以及国际三大评级机构(穆迪、标普、惠誉)在本轮金融危机中的信任度大幅下降,美国的银行业在国际银行业中的相对资本实力也大不如前。欧洲在美国次贷危机后随即出现了主权债务危机,这场危机目前仍在继续演化,受其影响,欧元的地位已不像从前那样巩固,欧洲各国的金融业也程度不同地受到影响。与美欧情况相对照的是新兴市场经济体特别是中国的银行业在本轮危机中已成为国际金融体系相对健康、稳健的机构体系。前不久,在南非召开的金砖国家领导人会议上决定成立金砖国家开发银行,这表明经过 2008 年国际金融危机之后,国际金融产业的版图正在发生巨大变化,呈现出发达国家和发展中国家的金融实力此消彼长的新格局。

(二)金融监管标准出现了新变化

美国次贷危机引发的全球金融危机之所以发生,除了机构、市场等微观原因外,人们还认识到金融当局见事太迟、监管不力、措施失当等对危机的演化和蔓延承担相当的责任。因此,经济金融界在本次危机中总结了如何防止金融杠杆率过高、如何解决大而不能倒、如何保护金融服务消费者权益、如何促使金融为实体经济服务及如何对金融业高管限薪等一系列问题,并在欧美等经济体陆续出台了一些相应的监管新标准。从银行业监管的角度说,巴赛尔委员在危机过后更加强调提高商业银行资本质量、重视银行业的流动性覆盖比率和净稳定融资比率等新指标。

(三) 区域稳定责任和金融危机救助机制建设得到空前重视

重大金融危机大致 10 年发生一次,经济金融的三个重点地区美、欧、亚之中,美国、德法和中日这几个重要经济体在区域金融稳定上负有更多的责任。国际货币基金组织的使命就是维护全球货币金融体系的稳定,但 2008 年金融危机发生后,人们清楚地看到了这样一个事实,即:危机发生时落水的人太多,而国际货币基金组织的这艘船又太小,因而就提出了扩大基金组织资本实力、调整各国基金认缴份额的新要求,特别是在基金组织要适当增大新兴市场经济体的话语权,使一些增长速度更快、金融健康程度相对更高的国家在国际规则制订、危机救助方面发挥更大的作用。除了国际货币基金组织外,欧盟国家已在欧债危机过程中利用区域稳定基金发挥了重要作用。亚洲国家也应当摒弃政治分歧,在建立金融稳定基金方面有所动作。

以上国际金融体系调整的新变化新特点,就是中国金融改革面临的新环境。至 2013 年 3 月底,中国外汇储备已达 3.44 万亿美元,中国的家庭储蓄率早就位居世界前列,M_2 总量已突破 100 万亿元,在 GDP 只相当于美国 50% 左右的情况下,广义货币总量已达美国的 1.5 倍,就金融资源总量来说,中国目前已成为国际金融市场上举足轻重的力量。因此,中国必须认真研究国内外金融体系存在的矛盾和问题,在充分兼顾国际金融体系深刻调整的基础上,精心设计自己的改革方案。

二、中国金融改革的预期目标

中国仍处在经济转轨的特殊时期,这就意味着在由"金融弱国"向"金融强国"转化过程中,将同步伴随实体经济结构调整。基于此,需要明确金融改革的目标体系,并划分清楚改革的阶段。

党的十八大报告对未来5年深化金融体制改革作出了部署,包括:健全促进宏观经济稳定、支持实体经济发展的现代金融体系,发展多层次资本市场,稳步推进利率和汇率市场化改革。从上面表述可以看出,深化金融改革涉及的范围很广,但战略方向却非常明确——国内金融市场化和涉外金融的有限全球化。基于此,金融改革的目标应包括金融体系改革、利率和汇率市场化、人民币国际化及扩大对外开放等方面。

(一) 金融体系改革

包括金融机构、金融市场及金融调控体系等方面的改革。

1.金融机构改革。这项改革要坚持金融服务实体经济的本质要求,进一步推动大型金融机构完善公司治理,形成有效的决策、执行、制衡机制。继续推动政策性金融机构改革,促进金融资产管理公司商业化转型,完善保险机构公司治理。而基于银行类金融机构在中国金融体系中的地位,银行体系的改革要先行先试。中国30多年的银行改革实践表明,银行体系改革的逻辑是"产权改革",无论是设立股份公司还是引入境外投资者及上市,都体现为在现代企业制度框架下明晰产权的公司治理要求。

邓小平同志早在1979年就对金融体系改革的目标提出了指导方向——"要把银行办成真正的银行"。完全市场化的商业银行才是真正的银行,市场化的退出机制是十分必需的。

前银监会主席尚福林提出的"银行业金融机构要始终把风险控制放在第一位",表明中国银行业已经积累了较高的信贷风险,这主要体现为地方政府融资平台、房地产开发商和诸如钢铁等产能过剩行业的贷款。同时,改革要配合经济结构调整,继续发展和完善对薄弱领域的支持力度。包括"三农"领域、中小企业等。

2.资本市场改革。前证监会主席郭树清提道,"发展多层次资本市场,对推动中国经济发展由要素投入型向创新驱动型发展转变具有决定性意义"。而发展多层次资本市场,要以显著提高直接融资比重为目标,大力发展债券市场,继续完善主板、中小企业板和创业板市场,探索发展区域性股权交易市场。加大资产证券化试点力度,发展中小企业集合债券等融资工具,发展私募债等融资工具,提高信息披露标准。进一步弱化行政审批,强化资本约束、市场约束和诚信约束。进一步扩大代办股份转让系统试点,稳步推进中小企业股份转让系统建设。

3.金融调控体系改革。这项改革包括优化货币政策目标体系,保持合理的社会融资规模;推进市场化、推进审批过程中的公开透明;完善系统性金融风险的处置机制,建立层次清晰的系统性金融风险处置机制和清算安排;加快存款保险制度和立法的进程;进一步明确地方政府对小额贷款公司、融资性担保公司等其他有融资功能的非银行金融机构和非金融机构的管理职责。

(二)利率市场化改革

稳步推进利率市场化改革,有利于增强市场配置资源的基础性作用,不断优化资源配置效率,加快推进经济发展方式转变和结构调整。央行于2012年6、7月连续两次扩大贷款利率浮动下限和提升存款利率浮动上限,意味着利率市场化进程加速。同时,利率市场化改革的国际经验表明,其改革的先后顺序及速度决定利率市场化推进对金融体系的影响,要有规划、有步骤地推动利率市场化改革,这包括降低对诸如贷款配额及存款准备金率等行政性政策工具的依赖;逐步放开替代性金融产品的价格;提高上海银行间同业拆放利率的基准性;全面的利率市场化,即以市场为导向的机制架构,货币市场利率的形成基于资金的供求关系,起到基准利率的作用,这意味着央行对于金融系统的影响将主要通过直接干预货币市场利率来完成。

(三)汇率弹性化改革

自 2005 年汇率弹性化改革以来,央行于 2007 年 5 月 21 日起把外汇市场人民币兑美元汇率浮动幅度由原先的±0.3%扩大到±0.5%,2012 年 4 月 16 日起又将这一幅度扩大至±1%。汇率弹性化改革是人民币国际化的前提,应按照主动性、渐进性、可控性原则,根据国际形势变化、国内经济发展需要和经济金融改革整体展开,以不断完善以市场供求为基础、参考一篮子货币进行调节、有管理的浮动汇率制度,逐步增强汇率弹性,保持人民币汇率在合理均衡水平上的基本稳定。

(四)人民币国际化

人民币国际化是大国经济崛起的重要标志,也是中国金融战略的核心内容。只有逐步推进人民币国际化程度,人民币汇率弹性和资本管制的放开才不偏离中国的根本利益。因此,整个战略实施的关键是处理好上述核心内容在政策操作层面的力度搭配和先后次序。

1.进一步强化人民币作为结算货币的作用。自 2009 年扩大试点以来,人民币跨境贸易结算发展迅猛。目前,以人民币结算的贸易量增长了四倍,2012 年的占比已经达到了 11%,这反映出贸易结算从美元转换成人民币的巨大潜在需求。预计未来两到三年,这一比重将上升至 30%。届时,人民币可能跻身全球三大贸易结算货币。

2.推动人民币可兑换,逐步开放资本账户。目前,中国资本账户下的人民币可兑换性已超过了很多人的想象。资本账户下的 40 个项目中只有 4 个是不可兑换的,其中的 22 项为部分可兑换,14 项基本可兑换。要进一步扩大 QFII 和 QDII 额度,尤其是 RQFII,即"人民币合格境外投资者",应该继续扩大,并进一步放开对本地及外资机构和个人的购汇限制,鼓励对内、对外的人民币直接投资。这些举措将有助于中国经济与全球市场的融合,并推动人民币在未来五年逐步实现完全可兑换。

3.推动人民币成为"世界货币"。人民币国际化是一个长期而复杂的任务,只有成功完成人民币的国际结算、流通、储备功能,在资本账户完全开放后,才能真正使人民币成为世界货币。

(五) 扩大对外开放

实践表明,金融创新的需求往往是国际竞争和对外开放所促成的。为此,应主动适应经济金融全球化深入发展的趋势,加强国际和区域金融合作,充分利用两个市场、两种资源,扩大金融对外开放。

要扩大人民币跨境贸易投资中的使用,探索开展个人跨境人民币业务试点,建立人民币跨境清算系统;积极推动国际金融体系的改革,促进国际货币体系的合理化;探索和拓展外汇储备的多层次使用渠道和方式,完善外汇储备经营管理体制;继续支持香港巩固和提升国际金融中心地位,深化内地与中国港澳台地区金融合作。进一步加快上海国际金融中心建设。

中国金融战略的四大核心内容是:人民币汇率、资本账户管理、人民币国际化和国内金融改革。综合考虑金融战略的四大核心内容,中国金融改革的阶段预期目标应当是:国内金融体系改革先行(短期目标),利率、汇率市场化以及完善债券市场随后(中期目标),人民币国际化作为最后目标(长期目标)。这三个阶段目标的划分,不能"一刀切",如人民币国际化是一个复杂的过程,并不能一蹴而就,其实现是一个逐步的、渐进的过程,诸多中间目标必须前期先行完成。

综上所述,中国的金融改革目标体系可以归结为下图所示。

三、体制、政策、监管——综合改革方案的设计

中国金融改革方案设计的基本前提是对国内外金融形势的正确判断,也就是说设计中国金融方案要立足自己的国情并兼顾国际金融体系的调整。

金融体系改革	产权改革 信贷结构调整 设立新型金融机构		
	发展债券市场 完善证券市场制度设立并规范股权交易市场		
	市场化退出机制 存款保险制度 完善监管体系和风险处置机制 允许民间资金进入		
利率市场化	降低存准率的依赖 放开替代性金融产品价格 央行只控制基准利率	真正市场化	
人民币国际化	扩大人民币结算范围	世界第三大结算货币	人民币国际化
	扩大汇率波动幅度	汇率市场化	
	扩大RQFII	资本账户开放	
	扩大对外开放		
	短期目标	中期目标	长期目标

（一）体制政策调整构想

提升金融资源配置效率的基础工作是对现有"一行三会"的金融监管分工协调机制作进一步改良，改良的目的是为了推进金融自由化和混业经营，并在实施金融自由化和混业经营中，明晰监管权力边界，落实监管责任。中国目前影子银行和理财产品泛滥已引起广泛关注，其实，它们的出现在相当程度上反映了商业银行和非银行金融机构在信贷指标管理模式下不得已的业务拓展活动，因为贷款指标卡得紧，许多商业银行不得将表内业务转移到表外，因而利率、理财产品市场才得以大行其道。所以，中国的影子银行问题同2008年全球金融危机爆发前的影子银行问题存在着一个显著差别就是：美国的影子银行是在金融自由化背景下衍生工具市场在各类投行、对冲基金的推动下作虚拟运动，高速空转；中国目前的影子银行则是银行与非银行金融机构通过产品设计相配合将货币从银行系统内转向银行系统外最终又加价流向实体经济部门。这种现象看似不正常,其存在的合理性却很容易理解。一旦当局开始推行金融自由化和混业经营,原有的影子银行问题的顾虑就会烟消云散。那么旨在提升金融资源配置效率的金融自由化和混业经营怎样着手推进呢? 前提就是在现有"一行三会"构架的基础上,设计一个以金融改革顶层设计为工作内容的班子。这个工作班子可以由国务院主管金融的领导亲自牵头汇集各机构代表及专家学者,对金融改革方案进行统筹设计,有序推进。

(二) 货币政策改进方向

中国的货币政策近几年与美欧日等重要经济体的宽松调节具有明显的方向性差异,美欧日强调宽松刺激经济,中国的货币政策则以稳健之名实施轻微紧缩,这当然与中国实体经济容易过热这一基本国情有关。但是,仔细研究中国的货币政策,仍有三个方面需要改善:一是提高透明度;二是增强预调节能力;三是要减少央行分支机构的行政化执行方式。"稳健货币政策",这是中国的独特发明,在稳健的名义下,货币政策有些年份宽松有余,有些年份又紧缩过头,这使得市场参与者常常不知所从。另外,预调节能力即货币政策对宏观变化的敏感度有些欠缺。例如,2008 年,全球金融危机的征象已十分明显时,中国的货币政策调节方向却是严厉紧缩型的。2008 年年底,中央 4 万亿元刺激计划出台后,货币政策在 2009 年夏秋季理应采取轻点刹车的措施,我们却仍对商业银行体系的疯狂放贷采取放任自流的态度。按照发达国家经验,货币政策主要任务是短期微调,政策出台依据一般都是看连续三个季度的经济金融状况,中国的货币政策出手时间却常常显得有些迟钝。同时,在货币政策执行方式上也存在问题。中国央行的分支机构现在是按照总行设计的"差额存款准备率动态控制公式"去控制当地注册存款货币银行的贷款增长规模并完全用行政命令的方式去落实货币政策。这个动态控制公式在设计时就缺少机构存款增长因子,缺少对当地实行经济贷款需求考虑因素,央行分支机构是机械地按公式分配货款指标并"严格执法",搞得许多中小银行类机构怨声载道,地方经济发展也因此受到牵累。所以,为充分利用金融资源和提升金融实体经济服务能力计,这种落后的货币政策执行方式必须改进。

(三)以提高金融效率为着眼点,强调监管的有效性和灵活性

中国"一行三会"的金融监管历来存在严重问题,即监管过度和监管不足同时并存。所谓监管过度就是监管当局利用手中的权力对监管对象的正常业务活动进行过多的干预,有些地方监管机构甚至还插手金融机构的人事任命;而监管不足则是面对一些金融乱象,监管机构不能及时作出反应,而采取必要的监管措施。这两方面的问题在保险市场和证券市场尤为突出。中国保险业的资金运用效率极为低下,原因就是保监会监管过度,保险机构的资金运用渠道太窄,资金运用限制过多,致使保险公司将大部分保费收入以协议存款的方式高息存入银行系统,实际上是金融资源的低效运用。而证券市场则是老鼠仓盛行、上市公司圈钱、权贵资本攫取 IPO 资源、私募基金联手操纵股价等类乱象始终禁而不止,这些都是监管不力的典型表现。一个国家的证券市场本应成为市场化配置金融资源的最佳场所,而中国证券市场则盛行投机行为,2400 多只股票中本来有很多有长期投资价值的股票,然而股民很少有人着眼于长期投资,股民的短期投机习惯的养成完全是监管不力背景下证券市场大环境造成的。除监管过度和监管不力两种倾向外,中国金融监管当局另一个需要注意的问题是要提升监管灵活性。灵活性的重要表现之一,就是要针对不同时期的不同情况对金融机构实施差别监管政策。例如,大中小银行,我们完全可以在现有的贷款规模管理中实施不同的管理标准。在小微企业资金严重困难的现阶段,国家对小微企业的扶持政策,也应该以灵活的监管政策得到体现。另外,以三农为基本服务对象的金融机构只要其主营业务比重足够高,甚

至可以取消规模控制。我们的监管政策之所以缺少灵活性,不是监管当局水平低,主要是缺乏激励机制。所以,可以考虑围绕监管效果设计出一套监管评价体系和监管人员的激励配套措施,以利于提高监管的灵活性。

(四) 如何充分利用市场机制配置资源

中国是金融资源充裕的世界第二大经济体。多年来,金融资源配置效率之所以仍显低下,主要原因是市场机制利用不够充分。

自 1997 年亚洲金融危机以来,中央政府大幅上收金融资源支配权控制权,地方政府普遍出现金融饥渴症。而地方政府金融饥渴的深层背景是 1994 年分税制改革时,中央政府把税基厚、税源广、易征收的税种都划归中央,地方政府只留下一些"鸡肋"式税种,造成地方事权与财权严重不对称,要干的事太多,手中的钱又太少,逼得地方政府不得不靠卖地去应付日常花费和经济建设支出。多年来,中央财政收入增长较快的年份年增率甚至超过 30%,而地方政府靠借钱应付公务员开支的则不在少数。2009 年,全国 8000 多家地方政府平台公司疯狂借贷,突击融资搞建设,其实都是这样的金融财税背景下发生的经济现象。我们常说中国经济不平衡、不协调、不可持续,实际上,这不仅仅是依赖出口、投资,忽视消费的发展模式造成的,而且也包含了中央政府与地方政府以及政府与企业、社会在国民收入分配方面严重失衡的因素。这么多年累积的矛盾,现在正好到了应当妥善解决的时候。从金融角度说,解决的办法就是去行政化、给地方政府多一些金融资源控制权。一是选择一些经济发展快、金融资源丰裕(新增存款多)、财政状况健康的地方政府进行地方债券市场建设,中央政府只负责监督考评,而将发行何种债券、发多少债券的权力交给地方政府,只要还债来源有保证,中央政府可以乐观其成,不必过多干预。二是将一些金融机构的审批权下放给省级政府,这样就可以大大降低金融行业的进入门槛。三是允许地方开办区域性产权交易市场,给实体经济中经营业绩优良、成长前景好的企业以发行股票的便利,用以解决中国证监会权力过大、等候主板上市企业排队拥堵的状况。四是强调金融风险自担原则,将地方金融危险、金融生态状况同地方官员的乌纱帽挂钩,将地方官员的政绩与地方民意挂钩。

第十章 财税体制改革的历史回顾和新形势下深化改革的基本思路

推进财税体制改革,是建成社会主义市场经济体制的重要组成部分,也是深化重要领域改革的主要内容之一。回顾财税体制改革的历程,分析现行财税体制存在的问题,研究推进财税体制改革的思路,对于建立完善的社会主义市场经济体制,具有十分重大的现实意义。

第一节 财税体制改革的成效和经验

回顾财税体制改革的历程,我们可以清楚地看到,过去 20 年的改革取得了很大成绩,积累了丰富经验。

一、财税体制改革要有前瞻性和方案储备

1992 年,党的十四大确定我国经济体制改革的目标是建立社会主义市场经济体制。1993 年,我们就拿出了财税体制改革的方案,并于1994 年启动实施。应该说,这个改革方案是财税部门若干年研究得出的共识。虽然,在此之前国家还没有确定社会主义市场经济体制目标,但是我们的研究已经沿着这个方向开始了。我们研究了大量的历史资料,分析了当时存在的矛盾和面临的形势,参考了若干国家的做法,形

成了我国财税改革的初步意见。要是财税部门没有超前理论研究和意见储备，1993年就不可能拿出相应的改革方案。因此，改革的一条重要经验就是，研究要超前、要有前瞻性、要有方案的储备，不是现上轿现扎耳朵眼。现在，搞好新一轮财税体制改革，也应重视理论研究和方案储备。

二、推进财税体制改革必须否定包税制

当时，在财税体制改革的争论中，焦点之一就是税收承包制的去留问题。农村承包制改革成功以后，有人主张把承包制引到城市的改革中来。城市实行承包制的实质就是包税，实行包税的税负肯定要比法定税负低，因为高了就不需要承包了。承包制的结果是什么？从企业来讲，不只是包税，还要包贷款、包利率、包外汇、包汇率，包原材料价格等，也就是说要把企业生产经营所需的要素全部包下来。这样的一个承包制度将会导致国家宏观调控的政策通通失效，企业已经承包了，政策怎么变动都没有作用了，也就等于国家宏观调控无法进行了。

朱镕基同志讲了一个非常重要的意见，他说：我们研究财政体制改革也好，设计新的税制也好，一定要把包税制废除了，税不能包，中央和地方财政关系也不能包，咱们要按经济规律办事。他还说，我们要做这件大事，要设计好方案，但不能在媒体上说要否定承包制，不能打这个笔墨官司。不打笔墨官司，这也是非常重要的经验。

在研究中央和地方搞分税制的时候，很多地方要求，不按中央与地方75%和25%分成，提出可按60%和40%或50%和50%分成。当时设计税制方案时，增值税征税的方式主要有两种，一种是查账征收；一种是以票控税，也就是根据发票扣除计算你的应纳税款。这两种办法在国外都是适用的。为什么选用发票来管理的办法，就是因为只有用这个办法才能否定承包制。要是采用查账征收，企业还可以包税，就是算账算出多少钱就包多少税。实践证明这些不争论的做法，对于推出一

个改革方案是非常重要的。任何一项改革都会有不同的意见,要是天天陷在争论里,改革就无法进行。

三、要注重增量改革,不去搞存量改革

经过反复研究,在调节利益关系中,要搞增量改革,不能搞存量改革。在设计税率时,对于外商企业超税负的部分规定 10 年返还,对国内企业则保证总体税负不变。也就是说,对于既得利益存量仍然承认,而新税制实施之后的增量部分要作调整。中央和地方的利益关系也是一样,也要保证地方政府的既得利益。到讨论分税制的时候,基数是按财税部门过去测算基数的惯例,以上一年为基数,也就是说 1993 年设计方案,要以 1992 年为基数。在这个时候广东提出了不同意见,他们说:我们这 9 个月税收有增量,中央定的原则是保证既得利益,这 9 个月的增量就是我们的既得利益,中央若以 1992 年为基数,这一部分增量等于让中央切了一块。后来有人提出,以 1992 年 9 月到 1993 年 9 月为基数,这样各地的既得利益就能保证了,但国家财政年度和各个省的进度不一样,要是以 9 月份到 9 月份为期限,各省就更不统一了;后来又有人提出,以 1993 年为基数,当时是 1993 年 9 月份,还有 3 个多月到年底,地方政府肯定要猛抬基数,地方基数提高了,中央之后的增量就会减少。最后,朱镕基同志下决心以 1993 年为基数,他说:中央首先要承认地方 1—9 月份的既得利益,即便后 3 个月地方政府抬高基数也没关系,基数抬高就是中央的增量减少了,地方的存量扩大了,但可以换来改革办法出台。中央晚拿一段时间的增量,以后增量慢慢会上来。统计数字若以 1992 年为基数,当时全国的基数为 2600 亿,改为 1993 年为基数,一下子涨到了 3600 亿,净涨 1000 亿。中央宁可让基数,也要推行增量改革。只有把增量改革的办法推行了,才能使改革迈出步伐。这是改革中的一条非常重要的原则。

四、财税体制改革要逐步推进，不能追求完美

在 1993 年制定改革方案的时候，我们开始设计了一个力度很大的方案。因为这个方案涉及太多的利益调整，而无法实施，所以随后做了三大让步。

（一）增值税不允许扣机器设备的税款

原来设计的方案是要实行消费型增值税，但由于条件限制而行不通，最后实行的是生产型增值税。这主要有两个原因，一是 1992—1993 年投资过热，要是允许抵扣机器设备税款，投资热就会更热，就将导致投资、消费、出口"三驾马车"严重失衡。二是当时定的原则是保持原税负不作大的调整，如果多抵扣就意味着税率提高。当时测算，如果允许扣机器设备税款并且保持原来的税负，那么增值税率是 23%；如果不允许扣机器设备税款，增值税率则是 17%。当时大家觉得 23% 的税率不能接受，还是明确 17% 为好，最后就明确为 17% 了。这是一个很大的让步。

（二）内外资企业税率没有统一

当时的初步方案是，不管内资、外资、国营、私营、集体，企业所得税全部要统一。这显然是合乎市场经济规律要求的，搞市场经济怎么能允许不同资本的所有者纳税率不一样呢？企业之间要兼并重组怎么办？不统一肯定是违反市场经济规律的。但考虑到吸引外资的迫切需要而作了让步。当时不搞统一的意见很强烈，并且主张外商的税率一定要比内资的低，一定要把内资的税率设计得高一些，理由是有差额才能吸引外资，如果内外资都一样就无法体现吸引外资的优势。那时我们还是需要大规模地吸引外资的。因此，最后敲定的方案是先把国营企业、集体企业、私营企业统一起来，外资仍然自成体系。这又是一个让步。

（三）保留了服务业的营业税

这是最大的让步。当时，朱镕基同志定了一个中央和地方收入分配的基本比例，整个税收收入地方占40%，中央占60%；中央转移支付20%；地方支出60%，中央支出40%。当时，就按这个原则设计了一个基本框架。那时我国主要的税种就是产品税、增值税、营业税、消费税。那时大多数企业都亏损，国营企业尚未进行改革，坏账一大堆，所以没有多少企业所得税，更没有多少个人所得税。当时流转税占80%多，中央和地方都关注这一部分，谁也不要企业所得税。后来经过反复沟通协商，确定中央企业所得税归中央，地方企业所得税归地方，这样地方就无法抱怨了，本来企业就是地方的，赚钱或亏损本是地方的事。个人所得税的比重很小，也就随之归地方了。但是，按照这个方案计算，地方的收入还达不到40%。1993年测算基数时，地方收入占到70%多，中央只占20%多。当时的目标是把中央占比从20%多增加到60%，如果把营业税也改成增值税，中央的占比要达到70%—80%，地方只有10%—20%，这就与地方要占40%的原则冲突了。所以这样设计还是不行，只有给地方一个大税种才行，并且这个税种随着经济发展会随之增长。由于消费税有烟、酒，不能给地方，所以最后就把服务业的营业税划给了地方。

这三大让步，使增值税作为一个最主要的税种出台了。分税制的依据主要是增值税收入按照中央75%、地方25%分成，这是分税制最主要的内容。1994年的改革之所以能够取得进展，就是因为坚持了逐步推进、不追求完美的原则。

第二节　现行财税体制存在的问题和对策

过去的财税体制改革，虽然解决了诸多不合理的部分，但现行的财

税体制仍然存在不少问题,需要我们认真分析并找出解决问题的对策。

一、亟待建立统一、完整、规范的国家预算体系

目前,我国仍然没有统一、完整、规范的预算体系,各项预算混编。同时,许多收入和支出没有列入预算。大量的预算外、制度外收入和支出形成了对国家财政预算职能的肢解、分割。迫切需要把国家预算体系建立起来。

(一)明确一般财政预算包括的内容

现在看,应该取消基金预算,把其全部纳入一般财政预算;剥离社会保障的收入和支出,纳入社会保障预算,除社会保障体系之外的民生支出外,均由一般预算负责;剥离国有经营性资本的收入和支出,纳入国有经营性资本预算。

(二)社会保障制度迫切需要改革

现行社会保障制度主要有四大弊端:一是许多居民群体没有纳入社会保障体系。二是纳入社会保障体系的企业和个人承担的社会保险缴费负担较重。三是社保资金总量不足。四是未实现全国统筹。下一步应将目前一般预算中的社会保障部分,全部从一般预算中剥离出来,与目前未纳入预算的社会保障收入和支出合并编制社会保障基金预算。具体来说,需要重点推进四个方面改革:一是实现全国统筹。二是扩大社会保障基金缴费范围,即扩大到全体居民和单位(包括公务员)。三是降低企业和个人缴费负担。四是除社保缴费外,国有资本收益要作为资金预算收入来源之一。

(三)理顺国有经营性资本预算

应把目前分散在各种不同预算(包括一般预算)中和未纳入预算的国有经营性资本预算,全部剥离并集中编制国有资本预算。同时,要建立政府的资产负债表。除国有资本的税收纳入一般预算和社会保障缴费纳入社会保障预算外,要建立国有资本收益全民享用的制度,即:

国有资本收益划入社会保障基金。因为国有资本自身增值的需要是无限的,应当由人大立法把国有资本收益的一定比例划入社会保障资金预算。

需要说明的是:建立上述三个预算制度不可回避的问题是政府债务(含或然债务)如何处理。可以探索这样三种办法,一是一般预算负债,纳入一般预算,由一般预算收入偿还。二是社保基金负债,由社保基金偿还。三是国有经营性资产负债,由国有经营性资产偿还。特别需要明确的是,包括中央和各级政府用于经营性非公共服务领域的负债和或然负债都应由国有资产及其收益偿还,而不能用一般预算收入偿还。

二、亟待搞好政府收入总量和结构的调整

我国财税收入增幅连续多年超过 GDP 增幅,引发了社会各界对政府收入规模的争议,但在世界范围的金融危机爆发之后,近两年收入形势不理想的状况又引发了各级政府的担忧。因此,在建立新预算制度的同时,研究并立法确定各项预算的规模,是经济体制改革的重点之一,也是本届政府面临的重要挑战。尤其重要的是政府收入规模应与政府新预算体制格局统筹考虑。

(一) 一般预算规模要确定合理水平

目前,我国的一般预算规模占 GDP 的 25% 左右,但其中含有部分社会保障收支和国有资本经营性收支。将这两部分剥离以后的新一般预算规模应该不高于发达国家水平(美国 21%,日本 19%)。社会保障基金预算规模目前过小,可以把总规模确定在占 GDP 的 15% 左右,一般预算不再拨款;社会保障缴款扩大覆盖面(包括公务员在内的全体居民和企业等),降低费率;除社会保障缴款外,不足 GDP15% 的部分应由国有资本收益补足。国有资本预算规模,也应以社会保障基金需要为依据来确定。随着社会保障缴款的数量和变化,决定扩大或缩小

国有资本预算规模。按照上述安排原则,政府收入总规模可占 GDP 的
33—37%。这样,可使结构有重大变化,社会保障基金可占政府收入
40%,成为主要部分。同时国有经营性资本预算规模也会得到控制。

(二) 抓紧推行"费改税"

实现政府收入总量和结构调整目标,第一个重要措施是"费改
税"。从国际比较看,我国税收收入占政府收入的比重太低,非税收入
规模相对较大。2009 年我国不含社会保障缴款的非税收入高达 34342
亿元,接近税收收入的 58%,占 GDP 比重为 10.1%,比 2008 年全球 23
个工业化国家和 24 个发展中国家分别高出 4—5 个百分点。这部分收
入应在区分性质后,分别划入一般预算、社会保障预算和国有经营性资
本预算。特别是征税依据与某税种(或税目)相同的基金等非税收入,
要一律用提高税率或税收附加的方式实行"费改税",并由税务机关负
责征收,以降低征收成本、减轻纳税人负担。

(三) 深入推行结构性减税

现在测算,减税总规模需要达到 3000 亿—5000 亿元。减税内容:
一是降低普通居民消费需求弹性很低的商品的增值税率,比如:普通食
品、普通服装、婴儿用品、书籍等消费品(即:导致低收入群体恩格尔系
数较高的商品)。这项措施可以使低收入群体获得较大受益,有利于
缩小居民收入差距。二是营业税改增值税过程中,所降税率应达到原
营业税负担水平的 1/3 到 1/2。三是提高个体户月销售收入增值税和
营业税起征点,应当达到 4 万元左右,并将一般纳税人标准定位在年收
入 50 万元,同时取消增值税小规模纳税人这一征税对象种类。四是对
已经成为普通消费品的消费税税目,降低消费税率或取消该税目;同时
增加高档消费品或服务的消费税率。五是承认法人所得税与个人股息
红利所得税属于重复征税的税收,保持法人所得税率 25% 不变,把个
人股息红利所得税率降低到 10%,这样最终所得税率可为 32.5%。六
是将个人劳动所得(工资薪金、劳务报酬等)扣除额提高到 5000 元,同

时将税率梯次减少到3档,并把最高边际税率降低到33%,与个人资本性所得税率32.5%的水平基本持平。七是取消现行研究开发费用税前150%列支的单独核算制度,以真正落实这一税收鼓励措施。八是把实行所得税减半征收的利润标准,从现行6万元提高到20万—30万元。

(四) 实行结构性减税的财政资金来源

目前来看,税收和纳入一般预算的财政收入可以与GDP同步增长,同时三大因素来源可以支撑财政收入增长。一是我国今后经济增长必然伴随城镇化率提高而增长,在税制结构中,低税负水平的产业(农业等)增长速度慢,而高税负水平的二三产业增长速度快,因而财政收入可伴随城镇化率提高而增长。二是税收征管水平的提高仍有较大潜力。目前,除一般纳税人的增值税征收率达到85%以上外,某些税种或税目的征收率仍然远低于这个水平。美国国税局报告征收率为83%—85%,欧盟报告增值税征收率为85%左右。相比之下,我国税收征收率仍有较大提高空间。三是进出口净税收可有较大幅度增加。目前我国平均进口一美元所征收的税款大大高于平均出口一美元所退税款,2011年在外贸顺差的情况下进出口净税收为3000亿元左右。换句话说,税收与GDP中的投资、消费是正相关,而与净出口是负相关。可以预期,在国家鼓励进口方针的指导下,进出口净顺差会进一步缩小,甚至会在某个时期出现逆差。在这种形势下,净出口对GDP贡献为负,但进出口净税收可大幅度增加。

三、亟待处理好"税收与税源背离"问题

目前,我国突出存在着财权上收而支出责任下移的矛盾。县乡(市区街道)基层财政日益困难,对中央、省、市转移支付拨款依赖程度越来越高,已经到了必须尽快解决的时候了。

（一）"税收与税源相背离"的主要表现

在我国税收理论中，一直存在忽视国内不同地区应有平等权利的理念。我国历史上长期存在地区分割，即使在国家统一时期，不同地区之间政治、经济、文化等不平等的状况也很突出。1993年在设计新税制方案时，历史传统的影响和税收理论的缺陷，使得当时的方案不但没有解决这个问题，反而加剧了对地区间平等权利的损害。这个问题就是"税收与税源的背离"。1994年以来，我国省际间人均税收收入差距与人均GDP差距相比，一直呈现明显扩大趋势。而人均税收收入省际间的差距，并不完全是由于经济发展水平的差异所决定的，具体表现为：一个地方政府创造的税源所形成的税收没有被这个地方政府所收缴，而是被另外一个地方政府所收缴。比如：西气东输的营业税和所得税等、发电环节的增值税，均被销售环节所在地的地方政府收缴；主要税目的消费税也没有被商品销售地的地方政府收缴，而是被这些商品的生产地收缴了；中央企业，特别是商业银行，在全国范围内的利润所形成的所得税，也被总部所在地的地方政府收缴了；个人所得税的代扣代缴制度和地方分成制度，使得异地获得收入的居民的税收，被不为其提供公共服务的地方政府收缴，等等。据统计，目前占全部税收收入90%以上的主要税种收入，都程度不同地存在这种"税收与税源背离"的问题，并且主要是落后地区的税源所形成的巨额税收，被发达地区所征收。

（二）支出责任分配制度存在的问题

目前的支出责任分配制度更为混乱，一项支出责任由多级政府分担，比如国民教育、污染治理、水利建设、立法机关、司法机关、行政机关等等。多级政府负责，等于每一级政府都可以推卸责任。应当科学界定不同层级政府基本公共服务的范围与标准，减少支出责任的重复性，将绝大多数支出责任归于一级政府承担，并以此作为中央与地方各级政府之间财力划分的依据。

目前,改革中央与地方财税体制的呼声很高,众说纷纭,归纳起来,主要有两种观点。相当多的地方政府和许多学者认为,1993 年设计的现行分税制,中央集中财力的目的已经超额实现,继续执行分税制会损害地方政府、特别是县乡政府提供公共服务的能力。并且先由基层征税,后将税款从基层向上级乃至中央集中,再由中央和省、市等上级财政审批拨款的办法,导致财政收入和支出链条过长,中间环节流失过多,并造成权钱交易、财政管理成本居高不下。另有一些观点认为,相对于中央政府应该承担的职责,中央财政收入比例不算高,只是因为目前中央政府承担的支出职责太少,才显得中央财政收入比例过高。如果下放财政收入,势必出现地方政府挪用税款挥霍浪费问题,只有中央实行专项转移支付制度,才能保证和监督地方政府不乱花钱,因而今后不但不应下放中央财政收入,反而应该进一步提高中央财政收入比例,同时由中央政府承担更多的支出责任。

与上述两种认识分相对应,形成了两种思路:一是提高地方财政收入比重,加强地方政府公共服务能力建设,使地方政府具备与其职责相匹配的财权与财力。二是进一步提高中央财政收入比重,同时建立一套完整的中央政府公共服务体系,强化中央政府对基本公共服务均等化的职责。现在看,应当按第二种思路来改革中央与地方的财税体制。

(三) 坚持税收与税源一致性原则

鉴于上述问题的严重存在,今后的税制改革,必须根据"税收与税源一致性原则"展开。这需要采取"四步走"的方式,一是要根据"绝大多数支出责任应该由一级政府承担"的原则,重新划分中央和各级地方政府的支出责任。二是要根据中央政府的固定收入(比如关税,但不包括消费税这样的名义上中央固定收入实际上中央与地方分成收入)和各地方政府的收入规模与支出责任的确认,重新设计分税制,在中央和地方政府之间进行财政收入的再分配。三是从中央财政收入中,确定一定比例作为对地方政府的一般性转移支付。四是合理确定中央财政收入对地方政府的专项转移支付。

这就需要根据各地区税收收入能力与其支出责任,统筹确定不同税种在中央与地方之间的分享比例。在此基础上,进一步推进省以下分税制财政体制建设。纵向政府税收收入分享比例划分,至少需要从三个方面统筹兼顾:一是不同层级政府的支出责任及与其相对应的税收收入能力。二是不同税种的内在特征,税源在不同地区之间分布越多,所对应税种的归属级次也应越高。三是中央税收的执法环境与地方政府积极性的调动,有效减少税收执法中来自地方政府的不良干预。

创新财政一般性转移支付制度,应当摒弃目前"基数法"税收返还办法。要在测算各地区税收收入能力的基础上,建立基于地区间公共服务均等化要求的一般性转移支付制度。最重要的是将中央财政收入的一定比例固定为一般转移支付预算基金池,每一笔中央财政收入首先将此比例的部分划入此资金池,中央政府不能动用此资金池。对此资金池完全按照因素法合理设定对不同地方政府进行一般性转移支付的公式,然后定期(每月或每周)将此资金池内的资金全部拨付到各个地方政府财政账户,确保一般性转移支付及时、科学、充分。中央财政收入除划拨入一般转移支付资金池的部分外,其余部分由中央财政留作中央政府支出和专项转移支付使用。

四、注重运用税收杠杆调节居民收入分配

近些年来,居民收入占 GDP 的比重持续下降,已经引起政府和社会的广泛关注。"十二五"规划确定:居民收入增长速度不低于 GDP 增幅,同时要缩小居民收入差距。这是完全正确的。现在,一方面居民收入比重下降和居民收入差距扩大,引发了低收入群体的不满。另一方面居民消费需求不足,已经成为国民经济发展的最大障碍。理所当然,税收成为人们关注的焦点。通过对现行税制提高居民收入比重和调节居民收入差距的功能进行评估,基本结论有三点:一是居民总税负

水平过高,减税力度不够。二是低收入群体税负更重,特别是增值税、营业税和消费税,以及个人所得税。三是对高收入群体税负的判断存在误区,现行制度和政策不利于留住富人。虽然居民收入比重提高和居民收入差距缩小的目标,不是单独依靠税收就可以实现的,但现行税制如果不进行优化设计,难以支持"十二五"规划目标的实现。目前的任务是:科学确定税收提高居民收入比重和缩小居民收入差距的功能,设计出符合这些功能要求的税收制度和政策。

(一) 确定调节收入分配的原则

这样的原则是在控制政府收入总规模的条件下,照顾穷人,同时留住富人。

(二) 用好间接税

从理论上讲,间接税课征会根据不同商品和服务的供求弹性,在一定程度上带来生产者剩余或消费者剩余的损失。这实际上相当于政府通过税收方式在生产者与消费者之间进行分配。应该明确:生产者承担的税收可以视为是从事生产的资产所有者(亦即富人)承担的税收。这个理论对发展中国家尤其重要,因为发展中国家间接税比重较大。对中国而言,如果确认占中国税收收入65%左右的流转税中有相当一部分是对富人征收的税收(目前尚未测算数量),对设计符合功能要求的税制意义极大。同时,间接税对最终消费课税的本质特征,决定了其在不同边际消费倾向、不同恩格尔系数的消费者之间,将会产生财富分配效应。换句话说,食品、服装、鞋、书籍等是高恩格尔系数消费者(穷人)的主要消费品,由于这些商品需求弹性接近为零,对这些商品所征收的流转税主要由消费者(穷人)承担。这部分流转税具有收入累退性质。如果确认这部分流转税对调节居民收入差距发挥了副作用,对设计符合功能要求的税制意义同样很大。因此,统筹优化税收在调节国民收入分配中的功能作用,不仅需要大力推进个人所得税、财产税以及社会保险税等直接税制的改革,而且还需要高度关注间接税手段的配置与运用,形成相互补充、相互配合的制度体系。只关注个人所得税等直接税种对于居民收入分配的调节作用,而忽视整体税制特别是流转税的调节收入功能,不仅在理论上是错误的,而且在实践中必然会导致税制的缺陷和功能的扭曲。

(三) 充分发挥企业所得税调节功能

企业所得税的纳税主体为企业,企业中的股份公司中很多的持股人(股东)是个人,这些股东可以归入高收入阶层。企业所得税是我国目前第二大税种,通过对其调整,对缩小居民收入分配的作用比个人所得税的作用更大。因此,应该重视企业所得税对调节居民收入分配的重要作用。

(四) 注重发挥个人所得税调节作用

现在看,我国个人所得税收入占全部税收收入的比重不到7%,其调节范围和力度相当有限。但随着个人收入的增加,这一税种的调节作用就会相应加大。在个人所得税改革的取向上,应坚持两个原则:一是按照不同类型所得税负公平的原则,实现劳动所得税负总体上不能高于资本所得水平。二是按照提升税制国际竞争力的原则,资本所得税负不能高于欧美国家。在研究个人资本性所得税时,应该明确公司所得税和个人股息红利所得税是重复征税。公司所得税只是中间环节的所得税,只有个人股息红利所得税才是最终所得的所得税。前面所说资本所得税负不能高于欧美国家是指公司所得税和个人股息红利所得税的总税负。这里的核心就是,在经济全球化条件下,中国个人所得税制度的建设,必须既有利于照顾穷人,又有利于留住富人。如果不能照顾穷人,就不能体现税收调节收入差距的功能;如果不能留住富人,不仅会导致税源流失,而且会导致穷人丧失必要的就业机会。

(五) 适当运用财产税调节手段

1994年,设计新税制的原则之一是"双主体",即:流转税和所得税为主体。但实践结果是,流转税比重为75%左右,所得税比重为15%

左右,财产税仅占8%左右。目前,流转税比重已经降低到63%左右,所得税比重已提高到28%左右,财产税等仍然只有8%左右。这个发展态势是符合中国从人均数百美元GDP水平提高到人均数千美元GDP水平走势的。

税制结构不是人为可以随意设计的。落后国家的流转税比重一定很高,随着经济发展,流转税比重会下降,所得税比重会上升。按照这样的变化趋势估计,至少10—15年以后才可以实现"双主体"税制的目标。财产税成为主体税种更是需要很高的人均GDP水平支撑。从这一趋势考虑,至少在"双主体"税制实现以前,不应该把财产税作为主体税种。在全球化进程越来越快的情况下,财产和人员在各国之间的流动性越来越大,世界各国在税收负担水平的确定上都处于"囚徒困境",任何经济体实施负担较高的财产税,都会造成"为渊驱鱼""为丛驱雀"的结果。必将导致随财产和人员流出而使财产税收入减少,特别是投资和消费环节的税收大幅度减少的局面。在我国目前发展水平情况下,将财产税作为主体税种,实行高额财产税不但会导致财产和人员外流,而且在国内也会损害地区间的竞争能力。

就个人消费性住房而言,上海方案规定凡属引进的人才不列入征税对象,重庆在试点一年以后,不但没有降低征税的住房价格标准以扩大试点范围,反而将标准从每平方米1万元左右提高到1.3万元左右。北京、深圳等城市政府则公开声明不进行房产税试点,以澄清舆论中的一些误解。中国只有公开宣布停止个人消费性房产税试点,并决定10年,甚至20年之内不予考虑,才能在"双主体"税制实现以前保证对人才和财产的吸引力。实际上,对投资性个人住房完全可以在其出售变现时征收消费税。从一个比较长的时间和住房总量来看,以概率计算,在住房出售变现环节征收增量税收和在住房保有环节征收存量税收在税收收入的数量上是近似相等的。但是,这种增量税收会比房产税这种存量税收成本低、效果好,政府与居民之间的矛盾也小。减少税收成

本就意味着降低居民税收负担,因为高税收成本最终也是由纳税人承担的。

(六)重视发挥各税种的综合调节作用

由于各税种都有调节居民收入的作用,因此在谋划改革方案中需要把握综合发挥各税种调节作用,避免重复征税的原则。

第三节　推进财税体制改革的基本思路

推进财税体制改革,既影响着经济发展方式的转变,又涉及各级政府和各个方面的利益,还关系到人民群众的根本利益,所以必须抓住关键环节,积极而又稳妥地进行。

一、积极探索财税体制改革的路径

1994年的分税制改革,建立了以分税制为基础的分级财政体制框架,取得了显著的成效。但这只是过渡性改革。现在,应当按照建立完善的社会主义市场经济体制的要求,积极探索和推动财税体制改革。

(一)确定财税体制改革的原则

从目前看,下一步分税制改革的基本路径应是:先遵循"税收与税源一致性原则",在同级地方政府间合理分配税收收入;之后按照税款在中央政府和地方政府根据分税制原则基础上再进行分配;最后根据实际需要执行中央对地方的转移支付。在此思路下,按照"一级政权、一级事权、一级财权(支出责任)、一级税基、一级预算、一级产权、一级举债权"的原则,构建起财权与事权相呼应、财力与事权相匹配、中央与省两级自上而下转移支付的财税体制。

(二)划分各个层级的事权

这就需要对支出权责交叉和界定不清的重要支出项目进行梳理和

改革,比如教育、医疗、社会保障等基本公共服务领域,应由粗到细形成事权明细单,并随之建立动态优化机制。

(三) 明确地方主体税种

逐步赋予省级政府对地方主体税种一定的管理权限,并逐步完善地方税系,构建以房地产税和资源税为主的地方税体系。

(四) 推行地方债改革试点

2011 年 10 月,财政部发布了《2011 年地方政府自行发债试点办法》,规定浙江、上海、广东及深圳成为自行发债试点地方政府,并确定债券为记账式固定利率附息债券,期限结构为 3 年债券发行额和 5 年债券发行额,分别占国务院批准的发债规模的 50%。为了避免出现资不抵债的情况,要求试点省市建立偿债保障机制,并及时披露经济运行和财政收支状况等指标。这次改革试点,一方面是为缓解地方政府融资难问题,一方面是为了取得地方举债改革经验。今后,应在认真总结这种过渡性办法的基础上,探索建立具有一定规模的地方阳光融资机制,以防范地方债务危机。

(五) 完善转移支付制度

在规范事权和财权的基础上,应针对目前转移支付存在的问题,改革转移支付规模测算办法。可考虑采取以一般性转移支付为主、专项转移支付为辅的模式。应该选择一些不易受人为影响,并能反映各地方收入能力和支出需要的客观因素,如城市化程度、人均 GDP、人口密度等,以这些因素确定转移支付数额。

二、修改完善《预算法》,保证中央和地方财力与事权相匹配

修改完善预算法,首先需要规定:一切政府收入支出都必须列入预算,取消所有"预算外"收支;一切没有纳入预算的政府收支均属非法。这样就可以加大对预算制定和执行的监控,这是切实增强预算的完整

性、透明度和有效性的基本前提。

为了保证中央和地方财权与事权相匹配,需要采取"四步走"的办法:

第一步,在税收立法中确立"税收与税源一致性"原则,同时废除收入归属纳税人注册地原则。任何一个地方政府无权收缴其他地方政府创造的税源所形成的税收。按照此原则修订所有税收法律。

第二步,在各种税收收入按照"税收与税源一致性"原则分配的基础上,按照分税制的规定分别将该地方政府税收收入在中央和该地方政府之间分配并缴入中央和地方金库。

第三步,中央政府按照公共服务均等化的原则确定一般性转移支付预算,将中央收入划拨相关地方政府,地方政府根据其所征收和分配的税收收入和中央一般转移支付编制地方预算。

第四步,确定中央政府安排中央支出并安排对地方政府的特殊支出需要的专项转移支付。

三、坚持"营业税改征增值税"和改变消费税征收环节

1994年以来的税制改革,遗留下来的一个最大问题就是营业税改征增值税,这是下一步税制改革的主要内容。营业税改征增值税试点工作是2011年国务院批准的,2012年上海最先开始试点。新一届政府成立以后,国务院提出在2013年8月1日前,已经试点的税目在全国范围内全面推开。同时,李克强总理又提出铁路运输、电信、建筑安装这三个新的行业进入试点。

将消费税的征收从生产环节改为销售环节也是下一步税制改革的重点内容。按照消费税的原则,政府应该对消费产品在零售环节征税。过去,由于税务局征收能力不够,在零售环节征收不力,所以都定在生产环节征收。这种征收方式的负面影响很大,可以说从某种程度上加剧了我国的投资膨胀和产能过剩。如:生产汽车的地方可以得到消费

税,销售汽车的地方却得不到。如果在零售环节征收,谁卖的多就收得多,那消费税在地区间的结构就会发生变化,这样消费税的导向作用就会充分发挥。消费税改在零售环节征收,对国家鼓励消费和调节收入政策的落实,也是非常重要的。现在已经具备条件了,可以在零售环节征收。在改变征收环节之后,中央还可以下放一定的商品或服务的消费税的立法权给地方,中央可以规定零售环节消费税的一个上下浮动税率,由各地方政府根据当地的销售情况在浮动税率的范围内提高或者降低。

四、注重解决国有资产增值和社会保障支出失衡问题

目前,我国财政支出中最大的问题是国有资产增值和社会保障支出的失衡。为了解决这一问题,需要在预算法中作出一些明确规定。

(一) 资产所得收入都应纳入政府收入

目前,纳入财政预算的政府总收入占 GDP 比重已经达到 35% 以上,但仍有相当部分的政府收入尚未纳入预算管理。比如除中央国资委管理以外的国有资产的收入、省以下政府所征收的基金、费等,都没有纳入预算管理。

(二) 合理划分财政预算

要将预算分为三类:公共财政预算、社会保障预算和国有经营性资产预算。现行基金、费的预算,根据名称单独编制预算没有必要,反而会造成财政政策的混乱,应当取消预算单列,而根据各项基金、费的收支性质分别列入公共财政预算、社会保障预算和国有经营性资产。

(三) 将政府债务纳入预算管理

所有政府债务(包括或然负债)必须纳入预算管理,而且债务总额不得超过 GDP 的 3%。现有债务亦应按照其使用类别分为三类:公共财政预算债务、社会保障预算债务和国有经营性资产预算债务。与财政预算没有完全覆盖政府收入一样,目前的财政预算中也没有完全覆

盖政府债务,比如在国有企业改革中剥离不良资产而形成的债务、政府投资中形成的债务,等等。目前估算,没有被财政预算覆盖的债务规模可能要比没有被财政预算覆盖的政府收入规模更大。

(四) 扩大社会保障预算占财政收入的比重

目前,社会保障预算比重远远低于财政收入的 35%,这是中国目前预算中的一个最大的结构性问题。如何调整这个结构是财政预算改革的重要任务。虽然学术界对此问题尚在讨论中,但扩大社会保障预算比重的方向已经形成共识。预算法应当确定实现社会保障预算比重达到财政总收入 35% 的期限。

(五) 国有经营性资产要编制资产负债表

现在看,政府总债务中国有经营性资产的债务,需要尽快纳入国有经营性资产负债表。凡属于国有经营性资产不仅要保值增值,还应将一定比例的税后利润缴纳社会保障基金。目前中国个人和企业缴纳社会保障基金的费率分别为 8% 和 20%,居世界各国费率最高的第 5 名,随着国有经营性资产更多地为社会保障预算提供财政资源,一方面可以扩大社会保障预算规模,另一方面可以把个人和企业缴纳的费率大大降低。

第十一章　收入分配制度改革重在
突破利益固化障碍

收入分配制度改革,实际上是对社会各阶层利益的重新调整。改革开放以来,我国收入分配制度改革逐步推进,破除了传统计划经济体制下平均主义的分配方式,在坚持按劳分配为主体的基础上,允许和鼓励资本、技术、管理等要素按贡献参与分配,较好地调动了各个方面的积极性和创造性。但随着社会主义市场经济的发展以及传统社会形态向现代社会形态的全面转型,我国收入分配差距日益扩大,收入分配秩序不规范,隐性收入、非法收入问题也比较突出。回顾我国收入分配制度改革历程,对于总结经验教训、完善收入分配制度具有十分重要的意义。

第一节　收入分配制度的演进过程

自 1949 年新中国成立以来,我国的收入分配制度和政策大致经历了三个阶段。

一、生产资料的公有化和生活资料占有的平均化阶段 (1949—1978 年)

1949 年新中国成立后,在当时国内多种经济成分并存发展的基础上,实行了"公私兼顾、劳资两利"、"低工资、多就业"和"劳动致富"的收入分配政策。不久随着"过渡时期总路线"的出台,我国开始向单一公有制和计划经济过渡。到1956年年底,就基本上完成了生产资料的社会主义改造。在城市,建立了以国营经济、集体经济为主体包括少量个体经济的所有制结构,绝大多数就业居民变成了国家企事业单位的职工或集体企业职工,其收入完全被纳入国家统一规定的工资体系和级别中。在农村,以家庭经营为特征的个体农民,经过合作化和人民公社化运动,形成了"三级所有、队为基础"的集体经济,农民作为集体经济的成员,也实行了以按劳分配为主、兼顾平等的分配体制。这种体制再与户籍制度、国家对农副产品的统购统销制度和政策相结合,就使得农民基本上被束缚于农业和集体生产中,不仅其分配制度受到国家的严格控制(例如国家规定公益金、社员分配的比例,生产队留粮标准),而且通过掌握工农业产品价格和购销,控制了农民的收入水平和消费水平。

二、落实按劳分配制度阶段(1978—1992年)

党的十一届三中全会召开后,收入分配制度的变化首先从农村开始。农村普遍实行了家庭联产承包责任制改革,分配单位由生产队缩小为家庭,因此,作为人民公社生产队分配主要依据的工分制就失去了存在的意义。家庭联产承包责任制明确规定了国家、集体和农民家庭之间的分配关系,从而使农民得以自主决定劳动投入并以此获取合法收入,"多劳多得,少劳少得",农民有了支配自己劳动的自主权,农村劳动者个人收入按劳分配的原则才得以逐渐落实。国家还通过提高农产品价格和降低农用生产资料价格以及减少征购,来增加农民收入在国民收入分配中的比重,从而增加了农民收入,缩小了城乡之间的收入差距。在农村实行家庭联产承包责任制不久,城市也开始进行了国有企业劳动工资制度的改革。一方面对工资宏观管理体制进行改革,使国家对工资的管理由行政管制转为以经济手段进行调控;另一方面,对企业内部工资制改革,贯彻按劳分配原则,奖优罚劣、奖勤罚懒,多劳多得、少劳少得。1985 年政府又对机关、事业单位工资制度实行了结构工资制改革,使按劳分配的原则进一步得到一定程度的落实。这一时期的统计数字显示,我国的农业总产值由 1978 年的 1397 亿元增加到 1984 年的 3214 亿元,城乡居民的收入比也由 1978 年的 2.57∶1 下降到 1984 年的 1.835∶1,6 年间农村居民家庭人均纯收入增加了 1.5 倍,这是新中国成立以来所仅有的。此后虽然城乡居民的收入比略有回升,到 1991 年达到了 2.39∶1,但总的来说,城乡居民的收入差距在缩小,1978—1991 年间,农村居民人均家庭纯收入增长了 2.17 倍,城市居民家庭人均可支配收入则增长了 1.12 倍。而且城市居民各阶层之间的收入差距也在缩小。一方面,在国营和集体企业放权让利的改革中,原来工资标准偏低的轻工业、商业服务业则由于更接近市场,收入增加较快;另一方面,由于放开搞活,原来待业或没有稳定职业的居民纷纷从事个体经营,并充分利用了市场短缺,收入有了较大幅度的增加。但是,由于分配领域遗留的平均主义、大锅饭现象由来已久,多劳还是不能在真正意义上实现多得。为解决收入分配不公的问题,中共十三大对此进行了积极探索并提出:"社会主义初级阶段的分配方式不可能是单一的,我们必须坚持的原则是以按劳分配为主体,其他分配方式为补充。"这一政策是我国分配制度的第一次重大突破,它使我国公民除了按劳分配获得的收入外,其他一些合法的非劳动收入也得到了允许和保护。在党的十三大报告的指引下,城市国有企业的劳动工资制度进一步进行了改革,先是实行奖金制度,后又试图实行破"三铁"("铁饭碗"、"铁工资"和"铁交椅")的改革,但终因条件不成熟,国有企业破"三铁"工作未能取得预期的效果。

三、收入分配方式调整和完善阶段(1992 年至今)

邓小平南方谈话和中共十四大以后,我国开始进入全面建立社会主义市场经济体制时期,市场开始成为资源配置的基础性手段,收入分配方式也随之进行了调整和完善。随着改革的深入和对外开放的扩大,我国的所有制结构变化呈现出加速的势态,特别是1997年开始的国有企业改革的深化和"抓大放小"以后,民营经济在从业人员和企业数量上都超过了国有和集体单位,使得国民收入由按劳分配为主转向按要素分配为主,技能、专业知识和供求关系导致了职工之间工资收入差距不断扩大,原来由国家统一制定和管理的各个产业工资标准也在深化国企改革中被打破,带有垄断性的行业的工资与普通国有企事业单位的工资差距也在拉大。1992年以后,随着城乡和区域之间人口流动壁垒被逐渐打破,农民开始改变了20世纪80年代"离土不离乡、进厂不进城"的发展格局,出现了民工潮。到1997年以后,又由于买方市场的形成、结构性供给过剩和国有企业改革的深入,乡镇企业也失去了过去低水平、外延性的扩张机会,于是更大规模的农村劳动力通过地域性的转移来实现向非农产业的转变。到2000年以后,这种流动性的农民工人数已经超过了1亿多人,到了2010年前后,进城农民工人数又超过了2亿。这些农民工的收入和待遇则明显低于城镇居民。特别是随着城市数量和规模的迅速扩大,非农建设用地的需求也迅速增加。一些地方政府和企业开始采用"征地"手段,低价从农民那里取得土地,然后高价转让,于是农村财富就以土地流转的方式转入了城镇。再加上农业收益低,农村投资环境差,城乡之间的投资壁垒被打破,农村资本不断流向城镇,于是出现了由农副产品为主的产品"剪刀差"流动转变为以人力、土地、资本为主的资源流动。即使在2006年国家取消了农业税并开始实施社会主义新农村建设,短期内也很难阻止住农业农村的衰落和城乡收入差距的拉大。

2012年召开的中共十八大提出,调整国民收入分配格局,着力解决收入分配差距较大问题,使发展成果更多更公平惠及全体人民,朝着共同富裕方向稳步前进。这样从改革开放之初的"先富带动后富、最终走向共富"理论,到中共十六大提出"发展为了人民、发展依靠人民、发展成果由人民共享",再到中共十八大强调深化收入分配制度改革,"使发展成果更多更公平惠及全体人民",历史又一次拉开了我国进一步深化收入分配制度改革的大幕。2013 年 2 月 5 日,国务院批转了国家发改委等部门《关于深化收入分配制度改革的若干意见》,收入分配改革正式有了顶层设计、明确目标和实施路线图。

第二节　收入分配制度改革的经验和教训

新中国成立以来,我国收入分配制度改革逐步推进,经过 60 多年的探索与实践,按劳分配为主体、多种分配方式并存的分配制度基本确立,以税收、社会保障、转移支付为主要手段的再分配调节框架初步形成。在推进这些方面的改革中,既积累了诸多经验,又存在着不少教训。

一、收入分配制度改革的经验

(一)适时推进收入分配制度改革,以市场为导向的分配制度不断完善

自中华人民共和国成立到改革开放之前,我国主要实行单一的按劳分配方式。20 世纪 80 年代,针对实践中出现的多种分配形式,国家把"以按劳分配为主体、多种分配方式为补充"作为深化分配体制改革的方向。中共十五大首次提出"把按劳分配和按生产要素分配结合起来"。过去被看做剥削收入的生产要素收益终于取得了合法性。这既是多种所有制经济发展的客观要求,也是多种所有制经济在市场经济条件下发展的逻辑结果。中共十六大进一步明确劳动、资本、技术和管理等生产要素参与收入分配,并把这些生产要素按贡献参与分配作为

原则确立下来。党的十七大在十六大的基础上,把生产要素按贡献参与收入分配从原则上升为制度,提出要"健全劳动、资本、技术、管理等生产要素按贡献参与分配的制度"。从按劳分配过渡到按劳分配与按生产要素分配相结合,并确立按生产要素贡献参与分配的原则,这是以按劳分配为主体多种分配方式并存实践中的具体化,是我国收入分配体制市场化改革的重大成果,并已成为社会主义市场经济体制框架中不可或缺的重要部分。

（二）在收入分配领域坚持效率与公平的辩证统一

在改革开放初期,为打破收入分配领域的严重平均主义倾向,从效率优先、兼顾公平,到初次分配注重效率、再分配注重公平,再到中共十七大报告中提出的"初次分配和再分配都要处理好效率和公平的关系,再分配更加注重公平",始终重视效率与公平之间的辩证关系。在劳动、资本、技术、管理等生产要素按贡献参与分配的分配制度下,要素占有数量的差异和要素配置合理性的差异所形成的收入分配差距,是市场合理配置资源的有效激励机制,有利于资源优化配置,有利于吸引人才、留住人才,激发劳动者生产积极性,增强经济活力。到本世纪初,随着我国经济实力的增强和居民收入差距的拉大,在初次分配领域又提出要更加重视公平这一原则,强调既要把蛋糕做大,更要把蛋糕分好,更加关注弱势群体,以促进社会公平和人民幸福。

（三）既重视发挥市场的作用，也重视发挥国家宏观调控的作用

我国计划经济条件下收入分配体制的最大弊端是在初次分配领域存在严重的平均主义倾向,通过把市场机制引入初次分配领域,极大地促进了经济和社会的发展。然而,市场机制本身也存在许多缺陷,其中最突出的是居民之间收入差距过大。需要发挥国家对收入分配体制的宏观调控作用。因此,一方面,国家通过制定最低工资等直接对初次收入分配领域进行了宏观调控;另一方面,国家通过建立和完善社会保障制度等再分配机制,对初次收入分配的结果进行调控和再分配,以保证

社会公平。

二、收入分配制度改革的教训

60多年来收入分配制度改革的探索与实践,也有一些需要反思的问题,这些问题既与我国当时的发展阶段相关,也与收入分配体制领域的改革不到位、政策不落实等直接相关。

(一) 缺少改革的顶层设计

分配领域改革面临利益固化樊篱,在垄断行业和暴利行业等一些关键领域与重要环节的改革,长期以来久议不决、决而难行、行而变样,只是在一些枝节问题上的修修补补,没能从根本制度设计上去解决问题。在实践中也没能正确理解和执行收入分配指导方针,深入实践和探讨按劳分配原则中简单劳动和复杂劳动、按劳分配与按要素分配的关系问题,缺少调节居民收入差距、地区差距和行业差距的财税手段和制度手段。

(二) 初次分配秩序混乱

在原来的计划经济条件下,由于国家对收入的初次分配干预过多,导致了严重的平均主义。改革开放以后,我国开始把市场竞争机制引入到收入初次分配领域,有效解决了初次分配中的平均主义问题。但由于市场本身存在信息失灵等缺陷,国家对初次分配领域的宏观调控机制没有建立起来,比如,虽然垄断企业对行业形成垄断,获得超额利润,扰乱收入分配秩序,但垄断不仅没有得到有效控制,反而垄断企业的规模不断扩大。与此同时,国家对于处于弱势地位的劳动者的利益缺乏保护,许多企业通过压低劳动者的工资来获得利润,造成劳动者的工资过低等,致使初次分配领域分配秩序混乱,导致初次收入分配不公平。

(三) 再分配机制不健全

收入再分配机制是国家收入分配体制的重要组成部分,国家通过收入再分配机制可以对初次收入分配的结构进行再分配,有效矫正市场失灵对分配结构的扭曲。但由于我国在财政税收政策和社会保障制度改革方面的滞后,导致政府的收入再分配作用弱化,缩小社会收入差距乏力。比如,社会保障制度设计存在缺陷,对收入分配起逆向调节作用。由于我国社会保障制度改革背离了其维护社会公平的基本目标,因此我国的社会保障制度在设计上存在缺陷,失去了通过收入再分配缩小收入差距的作用,反而对收入分配具有了逆向调节作用。由于我国长期实行城乡分离的二元经济和社会政策,致使城乡之间的收入差距不断扩大。通过社会保障制度改革,城镇建立起了比较完善的养老、医疗、工伤、失业和生育保险制度以及城镇最低生活保障制度。然而,农村的社会保障制度仅有刚建立不久的农村合作医疗保障制度。同时,在我国现行城镇社会保障制度中,除了失业保险对缩小收入差距产生积极效果之外,养老和医疗保险都具有反向作用,扩大了居民之间的收入差距。

第三节　现行收入分配制度存在的主要问题及原因分析

我国目前正处于快速工业化和城市化过程中,同时,又经历了从计划体制到市场体制的转轨,这导致了收入分配差距的不断扩大。目前,我国收入最高 10% 群体和收入最低 10% 群体的收入差距,从 1988 年的 7.3 倍已经上升到 23 倍,行业差距达到 8 倍,地域差距近 3 倍,由此引发了很多社会不和谐因素。尽管国家已推出一系列方针政策推进收入分配制度改革,但收入分配悬殊的现象仍然存在,深化收入分配制度改革迫在眉睫。

一、收入分配制度存在的主要问题

当前,我国收入分配领域存在的问题主要表现在分配秩序不规范和分配关系不合理等方面。

(一)收入分配秩序不规范

收入分配向资本所有者倾斜、工薪阶层难以分享经济增长成果的"强资本、弱劳工"状态表现突出。劳动收入税负重,非劳动收入负担轻,工薪成个税主体,投机和继承收益不征税。部分民营企业想方设法压低员工工资收入,部分国有企业大量使用编制外员工,并且同工不同酬。行业间的收入分配差距拉大,垄断行业工资水平过高,挤占群众利益;国企经营者收入过高,与普通职工差距过大。工资决定机制不健全,劳动者缺乏话语权,同工不同酬。中央和地方以及地方政府之间公务员工资缺乏统筹协调。初次分配存在着资本所有者所得偏高、劳动所得持续下降的局面。

(二)地区之间收入差距持续扩大

自改革开放以来我国经济就处于不平衡发展之中。东部沿海地区在"一部分地区先富起来"和国家给东南沿海地区的特殊优惠政策的双重结合下,加上东部沿海地区优越的自然条件、相对良好的基础设施和便于形成对外开放的区位优势,吸引了国内资本、国外资本和港澳台资本迅速向东南沿海地区集聚,从而使得东部沿海地区的经济迅速腾飞。而中西部地区则囿于地理位置和改革开放步伐相对滞后,发展相对迟缓,从而导致了区域之间收入差距呈现扩大趋势。

(三)城乡居民之间收入差距扩大

从1978年到2009年,我国城乡居民的收入差距已经由2.5倍扩大到3.33倍。2010年城乡居民收入差距虽略有缩小,但如果考虑到城镇居民享有各种补贴、劳保福利和社会保障等隐性收入,以及农民尚需从纯收入中扣除用于再生产的部分,城乡居民收入实际差距还会大一些。而且就农村内部而言,东西部农村收入差距在扩大,平原地带与山区地带农村收入差距也在扩大;现代农业与传统农业收入差距在扩大,特色农业与一般农业收入差距也在扩大;技术型农业劳动者与普通农业劳动者的收入差距在扩大,体格健壮的完全劳动者与弱能及弱势者的收入差距也在扩大。这些情况和问题都不容忽视。

(四)居民收入占国民收入比重下降,劳动报酬在初次分配中所占比重也明显下降

从总体上看,居民收入增长低于经济增长和国民收入增速。1988年居民收入占国民收入比重曾达到 70%,此后 10 年保持在 68% 左右。2000 年下降为 65%,以后大约每年降 1 个百分点,2008 年居民收入占国民收入比重为 57.7%。同时,劳动者报酬在初次分配中所占比重也明显下降,发达国家劳动报酬在国民收入中所占的比重一般在 55% 左右,根据收入法核算 GDP,近年我国劳动者报酬已经下降至 40% 左右。[①] 尽管中央已经明确提出居民收入增长要和经济增长同步、劳动报酬增长要和劳动生产率同步,但相关统计数据表明,居民收入比重过低的状况并没有明显改变的迹象。

(五)收入再分配调节力度不够

现行社会保障体系覆盖面还不够宽,农村社会保障体系建设相对滞后,城乡居民在享受社会保障和福利等方面存在较大差距。教育和医疗卫生资源在城乡、地区间布局仍不均衡,居民获得收入的能力培养和人身健康机会不均等,存在一定的竞争起点不公问题。税收调节分配力度和财政转移支付功能尚未得到有效发挥,难以有效调节地区之间、不同群体之间的收入差距。税制结构不尽合理,企业所得税和个人所得税调节高收入的作用还没有得到充分发挥,财政支出结构需要进

---

① 陆学艺等:《社会蓝皮书:2013 年中国社会形势分析与预测》,社会科学文献出版社 2012 年版。

一步优化。由于我国教育、医疗和社会保障等政府公共服务支出总体不足,迫使居民用自身收入来抵付,从而挤压了其他消费增长,强化了居民的谨慎预期,降低了居民消费倾向,引发的了内需的相对不足。

二、收入分配制度存在问题的主要原因

应该看到,新中国成立以来我国人民的收入水平有了大幅度提高,生活质量明显改善,但与此同时我国的收入分配领域发生了并将继续发生重大变化,其中最引人关注的就是收入差距的扩大。根据国家统计局数据,我国居民收入分配的基尼系数 1988 年为 0.341、1990 年为 0.343、1995 年为 0.389、2000 年为 0.417、2008 年为 0.491、2011 年为 0.477、2012 年基尼系数为 0.474。其中,2000 年以后就已经越过了国际公认的警戒线 0.4 的标准。我国居民的收入差距过大和贫富悬殊,既体现在不同区域之间和城乡居民之间,也体现在不同行业、不同部门、不同阶层之间,后者尤为公众所关注和感受强烈,已成为社会矛盾的主要"孵化器",阻碍经济社会又好又快发展,从深层次的原因分析,主要有五个方面。

(一)政策因素导致的收入差距

改革开放后,我国首先提出了"让一部分地区、一部分人先富起来"的政策,并通过"两富"来最终实现共同富裕。在这种政策指导下,我国率先在基础较好且具有开放区位优势的东南沿海地区实行了特殊的优惠政策,从而加速东南沿海地区的经济发展。但同时,这一政策也不可避免地扩大了地区之间特别是东部和中部、西部地区之间的收入差距。此外,城乡二元结构也导致了城乡收入差距的扩大。长期以来,由于我国采取先工业后农业,先城市后农村的政策,使农村与城市存在明显的界限。而且在市场经济条件下,资金、人才等各种要素都在向城市流动,这就进一步加剧了城乡收入差距的扩大。

（二）体制因素导致的收入差距

当前我国收入分配格局存在劳动者报酬在初次分配中占比偏低，收入分配不公平，公共服务支出在政府总支出中占比偏低等突出问题。这些问题的存在虽然有要素禀赋、发展阶段、国际分工格局等方面的原因，但分配体系不健全等体制性弊端是根本原因。在一次分配中，没有明确合理的国家、企业、居民三者的分配比例关系，没有建立劳动报酬的正常增长机制；在二次分配中，没有以制度形式明确各级财政用于社会保障以及转移支付的支出比例，难保二次分配的公平性、合理性；三次分配规模小，慈善捐赠有待健全机制，调节功能有限。

（三）制度因素导致的收入差距

对个人收入最具有调节效力的是个人所得税，但从我国现行的税种结构来看，由于个人所得税不占主要地位，公民个人纳税的意识比较淡薄，个人收入特别是无形收入难以查实，使得个人所得税在收入调节方面的作用大打折扣。消费税对个人的收入也有一定的调节作用，但从消费税设计来看，范围偏窄，把本应纳入消费税征收范围的个别高档娱乐消费行为，如保龄球、歌舞厅、高尔夫球等价高利大的行业未列其中。遗产和赠予税在调节个人收入方面有其特殊作用，但由于准备工作还不足，所以我国目前还未开征。而且我国的社会保障制度不完善。社会保障制度在实现收入的公平分配方面有一定的作用，但由于历史的原因，社会保障制度实施时间短，资金来源严重不足，致使全社会范围内的有效保障力不从心，影响了社会公平的实现。更重要的是分配制度也不规范，我国目前还处在经济转型时期，收入分配还缺乏行之有效的制度约束。

（四）竞争机会不均等因素造成的收入差距

一方面，城市居民和农村居民对物质资本、人力资本、社会资本的掌握和运用不同，造成了他们收入的差距。目前在我国，城市居民对这三种资本的掌握和运用能力远超过农村居民，教育的不平等造成了就业不平等,就业不平等造成了生活的不平等,生活的不平等造成下一代不平等。总之,经济越往前发展,城里人的三种资本越来越多,而农民的三种资本即使有所增加,城乡的收入差距、地区的收入差距也会越来越大。另一方面,一些行业、部门和群体依靠行政权力、垄断地位、资源独占、人员身份等条件或手段获取大量不公平、不合理、不规范的收入。直到现在,有些行业如电力、电信、烟草、金融保险等仍未获市场准入。垄断经营的行业,在极力维护垄断经营地位的同时,把其所获垄断收入的一部分以各种形式分配给自己的职工。少数行业、部门和群体依靠资源垄断和特殊身份获取不公平、不合理的利益,在很短的时间内聚敛了大量的财富。土地、资源、资本、垄断、身份、腐败等因素在收入分配中的负面作用日益凸显。

(五)灰色、黑色和腐败等非法性经济因素导致的收入差距

"灰色经济"主要是指有些单位和部门的自行"创收"现象,通过各种合法和非法甚或"打擦边球"的途径,尽可能多地攫取收入并将其所获得收入的一部分分配给其职工。如果是政府部门,则便是权力的滥用,向其管理或服务的对象搞摊派,搞集资,或者乱收费、乱罚款。由此获得的收入,成为其职工发奖金、搞福利的财源基础。还有就是指未经工商登记,逃避纳税的个体经济,如没有营业执照的小商小贩、家居装修、私房建筑等;"黑色经济"主要是指抗法抗税的犯罪经济,包括走私、贩毒、洗钱、制假、色情业、人口贩卖、坑蒙拐骗等;"腐败经济"主要是指以权谋私,权钱交易。不合法的高收入会带来反面的示范作用。非法经营、寻租活动带来的高收入会严重挫伤合法经营者的生产积极性,破坏人们守法经营的理念,诱使更多的人从事非法经营活动或通过拉关系、走后门、疏通、行贿等寻租活动来增加个人收益,这既阻碍了市场经济新秩序的建立,也加剧了收入分配的不公平。

第四节 深化收入分配制度改革重在 突破利益固化障碍

从发达国家曾经走过的历程来看,收入分配问题会随着经济发展水平的提高而得到改善,但这一过程并不会自动完成,应从体制、机制和政策上进行改革,切实缩小不同群体间收入差距,在保持我国经济持续较快增长的同时,加快收入分配制度改革,在初次分配中强调效率与公平并重,在二次分配中更加重视公平,提高低收入群体的收入水平,培养和扩大中等收入群体在社会结构中的比重,搞好国民收入第三次分配,促进收入分配公平。针对"收入差距过大"与"收入分配不公"两个不同性质的问题采取不同的政策,从根本上遏制腐败收入、寻租收入和垄断性收入带来的收入分配不公,尽力缩小收入差距。

一、深化收入分配体制机制改革

通过市场效率分配和政府公平分配两大手段,调节个人收入分配领域中的行业、企业、阶层、群体、体制内外间的收入差距。继续坚持以按劳分配为主体、多种分配形式并存的分配原则,从政策设计上完善生产要素参与分配的激励机制,鼓励通过团队效率、个人效率取得和增加个人收入;不断完善财税体制,财政收入增长要与 GDP 增长相适应,合理调整政府、企业、居民之间的分配关系,以及中央与地方的分配关系。严格规范中央对地方的转移支付,归并和简化转移支付体系,形成以均等化转移支付为主体、以专项拨款为辅助的政府间转移支付模式。强化税收调节分配的功能,调节行业、企业、阶层、群体间的收入分配差距;用财政支出工具调节体制内外、低收入群体的收入差距;规定最低工资水平,制定和推行最低小时工资标准;建立并完善防止工资拖欠的法规和机制,保证低收入群体增加收入;尽快建立综合与分类相结合的个人所得税制度,减轻中低收入者的税收负担,加大对高收入者的调节力度,适时开征遗产税、赠予税、财产交易税、房地产超面积使用税、高消费行为的消费税等。全面推行企业工资协商制度,大力推动区域性、行业性工资集体协商制度,使企业职工劳动报酬增长与经济发展、劳动生产率提高同步。改革、完善事业单位薪酬制度和公务员工资制度,改变目前所有事业单位均实行同一岗位绩效工资制的状况,进一步改革完善公务员工资制度,使之更好体现公务员工作特点,并为社会分配树立规范分配的样板。

二、加强收入分配政策和法规建设

通过给予政策等方面支持,加快中西部地区和农村的发展,提高其经济水平。推动和鼓励东部经济发达地区、城镇加强对中西部地区和农村的支持帮助力度,先进帮助后进,工业反哺农业,促进共同发展。目前我国尚缺乏高层次的收入分配法律法规,现有法规政策层次不高,系统性不强,针对性和可操作性不足。应逐步将现行收入分配规章政策上升到法律的层次,同时,将初次分配领域中的资源配置制度、薪酬分配制度、农村分配制度以及收入分配调控制度法制化,均纳入收入分配法律体系,使之具有系统性。加快健全完善工资分配法律法规,规范工资分配行为,在刑法中增加恶意拖欠工资罪的相应规定;推动各地进一步健全本地区工资分配法规规章。同时,健全收入分配调控法律法规,进一步完善个人所得税法,健全打击非法收入的法律法规并增强处罚力度;加大收入分配执法力度,维护劳动者劳动报酬权益。

三、提高劳动收入在初次分配中的比重

以往我国在初次分配过程中过分强调"国家拿大头、集体(企业)拿小头、个人拿零头"的分配原则,结果国家和地方的财政收入增大

了、GDP 增加了,而普通劳动者的工资收入却偏低。从国际比较看,在初次分配中我国劳动者占比明显低于发达国家,而企业盈余则明显高于发达国家。世界重要经济体的劳动者报酬在 GDP 中的份额一般介于 50%—57%之间,比我国 2007 年 39.7%的水平高 10—17 个百分点。而这些国家的企业营业盈余介于 20%—25%之间,比我国 31.3%的水平低 6—11 个百分点。劳动收入所占比例偏低是由多种因素造成的,其中之一是由于我国目前的劳动力供给仍大于需求,但是最根本的原因是由于初次分配制度不健全。要建立并完善企业协商工资制度,保障劳动者在工资形成制度中的平等地位,从而形成公平、公正的企业工资形成机制。大力推进实施最低工资制度,保证广大劳动者的合法权益。积极推进《劳动法》和《劳动合同法》的实施,为保护劳动者的合法权益提供法律依据和法律支持。

需要特别指出的是,提高劳动收入在初次分配中的比重是个渐进过程,不能期望一步到位。这是因为国家需要降低政府收入占国民收入比重、企业需要调整劳动和其他要素的分配结构。现在看,降低政府收入占国民收入的比重还有较大潜力可挖,应该抓紧通过税制改革予以调整。但企业分配中的潜力十分有限,这是因为企业分配中不仅有劳动因素,还有资本、技术、管理等参与分配的因素,如果大幅提高劳动因素收入比重,就会导致或其他因素的收入比重大幅降低,或企业成本大幅提高,这样势必影响其他要素所有者的积极性,必然使企业竞争力下降,进而会使企业的生产经营难以为继,最终将会导致职工失去赖以生存的就业场所。最现实有效的办法是降低政府收入占国民收入的比重和在再分配中更加注重公平,将更多的财力投向低收入阶层最急需的地方,尤其是较大幅度提高最低生活保障水平。

四、深化垄断行业收入分配改革

由于我国的生产要素市场存在过度的政府干预,缺乏充分的竞争,受到信息不充分、法规不完善、市场垄断和分割、要素价格扭曲等问题的困扰,国民收入的初次分配过程既未体现效率,也有失公平。要进一步在各个领域中打破垄断、引入竞争,限制垄断行为,控制垄断行业过高收入;进一步完善土地市场、资本市场、劳动力市场等生产要素市场的竞争和准入,规范要素市场交易行为,减少暴富和破产现象;进一步完善对垄断行业工资总额和工资水平的双重控制政策,完善垄断性企业资本收益的收缴和使用办法,合理分配国有和国有控股企业利润。严格规范国有企业、金融机构经营管理人员特别是高层管理人员的收入,建立和完善经营管理绩效、风险、责任相关联的薪酬制度,完善监管办法。建立和完善国有资本预算经营制度,合理确定国有垄断行业的资本与劳动的分配比例,严格划定国有经济的边界,推进国有企业改革,打破国有企业对原本属于竞争性行业的垄断。

五、增加农民收入,稳步推进城镇化进程

国家要继续加大对"三农"的投入力度,财政支出要重点向农业农村倾斜,对中西部地区和农村的贫困人口进行生活救助和就业帮助,保障并逐步改善他们的生活;完善土地收益分配制度,对农村土地进行产权界定(即让农民有三权三证,确认农民对承包的土地要有使用权,要发给承包土地使用权证;确认农民对宅基地有使用权,要发给宅基地使用权证;确认农民对住房有房产权,要发给房产权证)。要从制度安排层面上解决好国有土地所有权、使用权和集体土地使用权两大权能收益分配政策。土地出让收益重点投向农业土地开发、农田水利和农村基础设施建设,适度提高农产品价格,扩大农业补贴范围、提高补贴标准,为农民增收打牢可靠的物质基础。坚持"多予、少取、放活"的方针,继续促进"工业反哺农业、城市支持农村"战略的实行,以建设"社会主义新农村"和推进城镇化建设为契机,完善城乡统筹的就业、教育、医疗、住房等基本社会保障制度,降低大中城市农民工落户的门槛,

切实解决新生代农民工的市民化问题,使得城市工业部门和第三产业部门能够吸收农业部门过多的剩余劳动力,实现农村劳动力在城镇地区的稳定就业。同时,大力实施科教兴农战略,通过实施规模化、机械化种植提高农业生产效率,从而达到农业乡村部门经济和城市部门经济共同发展,缩小工农劳动力边际产值间的差距,最终缩小城乡差距。

六、扩大就业,鼓励创业

就业是增加劳动收入的先决条件。我国的城镇就业压力仍然存在,农村仍有一定数量的剩余劳动力,解决就业问题是我国当前和今后较长时期内的一项重大而艰巨的任务,要建立市场主导就业、政府促进就业、个人自谋职业相结合的就业机制,健全统一规范灵活的人力资源市场,以创业之策缓解就业难题。加大产业结构调整,通过大力发展技术资本密集型产业和新兴产业,促进和带动劳动密集型产业、服务业和小微企业的发展,加大财政对服务业以及小微企业的扶持力度,通过税收减免、财政贴息等手段,最大限度地降低创业者的创业成本,促进服务业和小微企业的发展。大力发展非公有制经济,全面贯彻落实国务院"非公经济36条",特别是扎实有效地支持中小企业多领域、多视角地发展。进一步完善失业率等指标统计方法,使失业率指标真实反映社会就业状况。同时,把就业水平作为衡量地方政府绩效的一项主要指标,采取有效措施,不断提高劳动者的素质和技能,增强劳动者的就业和创业能力。

七、进一步扩大社会保障的覆盖面

社会保障的根本原则就是社会公平,它可以通过收入再分配的功能进行调节,可以在一定程度上减少差别,缓解社会矛盾,有利于维护社会稳定。要通过发展生产、完善公共服务体系、健全社会保障制度等途径,让低收入群体有一个基本稳定的收入,同时解决好教育、医疗、住房、就业等民生问题,保证他们的基本生活和基本权益。要保障困难群众平等参与经济发展并分享其成果的权利,有效发挥和调动他们依靠自己力量改善生活的积极性。继续抓好农村扶贫工作,把扶贫开发的重点放在贫困程度较深的集中连片贫困地区和特殊类型贫困地区。继续加大对革命老区、民族地区、边疆地区和贫困地区发展扶持力度。不断完善劳动力转移培训、产业化扶贫等政策。创新工作机制,实现农村低保制度和扶贫开发政策的有效衔接。

八、大力发展社会慈善事业

国民收入第三次分配是指在道德力量的作用下,通过个人收入转移和个人自愿缴纳以及捐献等非强制方式对经过国民收入初次分配和再分配形成的收入再一次进行分配,其主要内容是慈善捐助,包括各种形式的扶贫、济困和救灾等,即是人们通常所说的慈善事业。在一些发达国家,慈善事业等第三次分配的总量大概占 GDP 的 3%—5%,而我国目前只占 0.1%,而且其中还有不少来自海外。在这种背景下,加速推进慈善事业的发展,对公益事业的捐赠款项实行全额税前列支或抵扣,对第三次分配格局的形成无疑具有很大的促进作用。它不仅有利于弥补税收制度的不足,减小贫富差距,而且有助于重塑中国富裕阶层的社会形象,缓解"仇富"心态。通过发展慈善事业,利用高收入阶层的自愿捐献,动员更多的社会公众参与慈善活动,援助低收入阶层特别是社会最底层和生活不幸者,在改善贫困社会群体的生存状况、缓解贫富阶层的社会矛盾和增强社会凝聚力等方面发挥重要作用。

改革走到今天,容易改的都改得差不多了,剩下的全是难啃的"硬骨头",不能回避也无法回避——收入分配制度改革就是这样一块难啃的"硬骨头"。人们渴望分配公平、期待收入分配制度改革,不仅是因为在这个文明古国的文化里追求"老有所终,壮有所用,幼有所长,鳏寡孤独废疾者,皆有所养"的大同理想;也不仅是因为在改革开放的最初设计中,把"共同富裕"标注为改革的最终目标;而且是因为,改革收入分配制度、促进分配公平,更是一个关系到经济转型和社会稳定的时代命题。收入分配格局制约着经济结构转型升级,落后的收入分配结构只能催生畸形的消费结构,而畸形的消费结构难以支撑经济的持续稳定发展。贫富差距的拉大,还会带来社会的撕裂,使更多人产生"相对剥夺感",滋生出仇官、仇富的扭曲社会心理,既不利于社会和谐稳定,也不利于经济的稳定发展。因此必须以更大的政治勇气和智慧,不失时机深化收入分配制度改革,处理好劳动与资本、城市与农村、政府与市场等重大关系,推动相关领域改革向纵深发展,以规范收入分配秩序,确保经济发展成果让人民群众共享,为逐步实现共同富裕奠定物质基础和制度基础。

第十二章　社会保障体系建设的重中之重是加快城乡保障一体化

在我国的改革发展进程中,社会保障改革既是整个改革事业的重要组成部分,也是维系整个改革事业顺利进行、国民经济持续发展和社会基本稳定的重要制度保障。从计划经济时代的国家——单位保障制到能够与市场经济体制和社会发展相适应的国家——社会保障制,我国社会保障制度走过的是一条并不平坦的改革之路,这一制度变革的全面性、深刻性及其对我国经济社会发展的巨大贡献,无一例外地显示出它是一场意义超越了社会保障制度自身的伟大改革实践。①

一般而言,社会保障是国家面向全体国民、依法实施的具有经济福利性的各项生活保障措施的统称,是用经济手段解决社会问题进而实现特定政治目标的重大制度安排,是维护社会公平、促进人民福祉和实现国民共享发展成果的基本制度保障。在我国,社会保障体系由社会救助、社会保险、社会福利三大系统及商业保险、慈善事业等补充保障构成。其中:社会救助包括最低生活保障、灾害救助及其他专项救助,是整个社会保障体系的基础性制度安排,旨在免除国民生存危机,避免困难群体与不幸者陷入绝境;社会保险包括养老保险、医疗保险、失业保险、工伤保险等项目,它是社会保障体系的主体内容,旨在解除劳动

---

① 郑功成:《我国社会保障30年》,人民出版社2008年版。

者及城乡居民的养老、医疗等后顾之忧,促进劳动关系的和谐、稳定;社会福利包括老年人福利、儿童福利、残疾人福利、妇女福利等,是满足国民特定生活需求,并实现全体国民参与分享国家发展成果的基本途径。在这一体系中,养老保险、医疗保险、最低生活保障及老年服务等构成了支撑整个制度的基本骨架。

从德国 1883 年创建现代社会保险制度,到美国 1935 年通过社会保障法案,再到英国在 20 世纪 40 年代末率先建立福利国家,100 多年来,可以发现这样一个有目共睹的现象,即凡是追求国家健康、持续发展的国家,必定高度重视社会保障制度建设;凡是社会保障制度健全、完备的国家,都是能够获得健康、持续发展的国家。反之,凡是不重视社会保障或者社会保障制度残缺的国家,通常也是社会矛盾相对尖锐、社会排斥与社会对抗相对严重的国家。[①] 当代世界发展实践告诉我们的一个重要结论是,在市场经济条件下,如果没有健全的社会保障制度维系,便不可能有持续的社会稳定与经济繁荣,更不可能实现长久和谐的发展。

经过近 30 多年来的高速增长,我国已经从一个发展不足的落后农业国成长为跻身中等收入国家行列的新兴工业化国家,但在经济全球化背景下,也面临着从外向依赖型经济向稳定的内需驱动型社会转变、从依靠低劳工成本优势向通过提高劳动者素质与技术创新来提升核心竞争力转变、从单纯追求经济增长向实现国民福利与国民经济同步发展转变的巨大挑战。[②] 因此,通过深化改革,全面优化现行社会保障制度并促使其尽快走向定型、稳定与可持续发展,以切实解除城乡居民的后顾之忧并提供稳定、理性的安全预期,客观上已经成为实现整个经济

---

① 郑功成:《我国社会保障改革与发展战略:理念、目标与行动方案》,人民出版社 2008 年版,第 2 页。

② 郑功成:《我国社会保障改革与发展战略:理念、目标与行动方案》,人民出版社 2008 年版,第 5—6 页。

社会健康、持续发展和全民共享国家发展成果的必由之路。

第一节 社会保障制度改革的回顾与评估

一、社会保障制度变革的基本过程

我国的社会保障制度始建于 20 世纪 50 年代初期,迄今可以划分为两个发展阶段。改革开放前的社会保障制度与计划经济体制相适应,是国家主导下的单位保障制,制度安排具有典型的国家负责、单位(集体)包办、板块结构、全面保障、封闭运行等特征。改革开放后,我国社会保障的改革与发展是针对这种传统社会保障制度而进行的制度变革与创新,即在利益日益多元化的条件下,虽然由政府主导着社会保障制度的建构,但企业、社团与个人等却必须共同分担责任,同时通过社会化方式来加以实施,社会保障成为一个独立于企、事业单位之外的社会系统。因此,我国社会保障制度变迁的路径,即是由国家—单位保障制向国家—社会保障制发展。① 具体来看,我国社会保障改革与制度变迁基本上可以划分为五个阶段:

(一) 改革准备阶段 (1978—1985 年)

主要是为了解决历史遗留问题和恢复被"文化大革命"破坏了的退休制度等,国家—单位保障制的实质及其以单位为重心的格局并未改变,但强化了社会保障管理体制,同时基于原有制度与新时期经济社会发展开始出现的不适应性,个别地区亦自发尝试在劳保医疗中让职工自负部分费用,或者尝试退休费用行业统筹,从而为制度变革做了一

---

① 郑功成:《我国社会保障制度变迁与评估》,中国人民大学出版社 2002 年版,第一篇。

定的准备。

（二）为国有企业改革配套的阶段（1986—1992年）

以1986年国家"七五计划"首次提出"社会保障"概念并阐述社会保障社会化问题、国务院颁布《国营企业实行劳动合同制暂行规定》和《国营企业职工待业保险暂行规定》法规，以及当时的劳动人事部出台外资企业必须缴纳中方职工养老基金和待业保险基金的政策为标志，单位保障制自此开始被摒弃，以社会化为主要取向的新型社会保险制度开始生长，但因强调为国企改革配套，社会保障制度处于被动应变的从属地位。

（三）作为市场经济体系支柱之一进行改革的阶段（1993—1997年）

以中共十四届三中全会通过《关于建立社会主义市场经济体制若干问题的决定》为主要标志，社会保障制度被确定为市场经济正常运行的维系机制和市场经济体系的五大支柱之一，社会保障社会化以及以"社会统筹与个人账户相结合"为代表的个人责任回归成为改革中追求的主要目标，但原有社会保障制度亦未明确宣布废除，它体现了为市场经济改革服务、以养老与医疗保险改革为重点、急剧变革与全面变革等特色，既推进了社会保障改革事业，也因效率优先的取向和过分强调个人责任回归，留下了一些严重的后遗症，因此，这一阶段是国家—单位保障制和国家—社会保障制双轨并存、此消彼长的时期。

（四）作为一项基本社会制度并逐渐得到确立的阶段（1998—2011年）

以1998年组建劳动和社会保障部并统一社会保险管理体制，实行"两个确保、三条保障线"和社会保障全面走向社会化与去单位化为基本标志，建立独立于企事业单位之外的社会保障体系、筹资渠道多元化、管理服务社会化，成为改革旧制度和建设新型制度的明确目标，等等。

（五）全面建设普惠型社会保障制度并走向定型、稳定、可持续发展的阶段（2012 年至今）

以党的"十八大"提出社会保障要增进公平性、适应流动性、保障可持续性和充当调节社会财富分配格局的基本制度为目标，以基本建成全民医疗保险、实现基本养老保险制度全覆盖和国家"十二五"规划勾勒社会保障体系建设蓝图等为起始标志，预示着我国社会保障体系建设已经进入了普惠全民的新阶段，我国特色福利社会的序幕正式开启。

回顾我国社会保障制度改革历程，可以发现影响因素异常复杂。绝大多数国家通常是在制度定型的条件下，基于制度自身的原因进行改革，如随着人均预期寿命的延长而延迟退休年龄，适应经济社会发展进步而整合相关制度，等等。而我国社会保障改革的直接原因却是经济体制变革使其丧失了原有的单位（集体）保障制下的组织基础与经济基础，是制度外部的原因直接促使制度变革；同时，原有制度自身也存在着诸多缺陷，但经济改革显然是主要因素。这种制度内外的双重挤压，迫使改革必须进行，但也决定了社会保障改革必然要超出这一制度变革可以控制的范围，它在改革实践中往往要受制于许多外在因素。例如，城乡二元结构对社会保障体系建设一直存在着强力牵制，医疗保险制度改革要受到医疗卫生体制、医药流通体制的深刻影响，养老保险制度变革受到传统体制与大规模的劳动力流动的影响，还有利益格局调整与人口变化的复杂性，也直接影响着社会保障改革与制度建设。正是这种复杂性，决定了这一制度的变革不可能像国外一样采取立法先行的方式，而是只能采取自下而上、从局部试验到渐次推广、从单项突破到整体推进、从双轨并存到以新替旧的渐进改革策略，这既是服从并服务于我国整个改革事业采取渐进改革方式的必然结果，也是富有自己特色并比较适合改革开放初期的国情的选择。当然，客观而论，渐进改革因对其他领域的改革存在着路径依赖而可能损害社会保障体系建设的独立性,新旧制度并行因旧制度下的既得利益者反对或消极对待而易造成对新制度生长的压力,试点先行因长期试而不定亦会影响到新型社会保障制度的改革进程。

二、社会保障制度改革的主要成就和存在的突出问题

迄今为止,除公职人员退休制度等个别保障项目仍基本保留着原有制度的框架外,其他各项社会保障制度都处于改革与发展过程中。例如,职工退休制度被职工基本养老保险制度所替代,劳保医疗、公费医疗被基本医疗保险制度所替代,劳动保险中的职业伤害保障被社会化的工伤保险所替代,社会救济被最低生活保障制度及专项救助政策所替代,灾害救济加入了分级负责及对社会资源的动员,官办福利走向社会化,民间资本进入福利领域,福利彩票成为新生的支撑福利事业发展的重要力量,残疾人就业由依靠福利企业走向全社会按比例安置就业,失业保险成为改革开放后新的制度安排。即使是军人保障,也正式建立了军人保险制度。由此可见,我国社会保障制度的变革是波及面广泛的全面变革,原有社会保障制度全面成为改革的对象,从社会保障观念更新到制度结构、责任承担方式、财务模式的调整,在总体上几乎重塑了整个社会保障制度体系。同时,它也不可避免地要波及相关政策系统,如收入分配体制、劳动就业体制、公共财政体制乃至于相关产业政策、医疗卫生政策、户籍政策等,这些相关政策系统的牵制又进一步加深了它的复杂性与艰巨性。

(一)社会保障制度改革的主要成就

1.实现了社会保障观念革新。改革开放以来,一方面是因为整个经济社会转型中选择了效率优先的发展取向,另一方面也是由于认识到了国家或单位单方承担全部社会保障责任的做法不可持续。因此,在社会保障制度变革中,强调了个人责任回归,促使人们从传统体制下对国家与单位的过度依赖转向认可自身应当承担的责任,从而事实上

为重塑社会保障体系并奠定了相应的思想基础,同时也扫除了制度变革最重要的观念障碍。

2.构建了责任分担的机制。在新型社会保障体系建设中,建立多方共担责任的机制是核心目标之一,实践中已经体现出了政府、企业、社会、个人等主体各方共同分担社会保障责任。例如,养老保险、医疗保险建立在用人单位与参保人缴费的基础之上,再加上政府补贴,实质上是三方分担责任;在强调政府承担社会救助责任的同时,民间的慈善公益事业也在不断发展;在各项社会福利事业的发展中,福利彩票公益金成为重要资金来源,社会资源与市场资源在一定程度上得到了调动,个人亦须支付一定的成本,等等。这种责任共担机制的构建,不仅使社会保障制度的互助共济功能得到了巩固,也为这一制度实现稳定与可持续发展奠定了基础。

3.社会化取向替代了单位或集体保障制。社会化是社会保障改革的又一核心目标,它是对传统社会保障制度的板块结构与封闭运行的否定。例如,社会保险已经由单位包办、彼此分割的劳动保险变成了开放型的社会化保险机制,社会救助从只针对传统的鳏寡孤独救济对象转化成面向所有低于一定收入标准或生活水平的社会成员,老年福利事业摆脱了官办福利院的局限而步入社会化发展阶段,等等。社会保障制度的社会化,彻底矫正了政府主导的社会保障事务与单位负责的职业福利严重错位的现象,既为这一制度走向公平创造了必要条件,也为全体人民特别是劳动者的自由流动提供了相应的制度保障。

4.制度化建设取得了重要进展。一方面,从习惯于按照"红头文件"办事,到制定相应的法律、法规。如制定《社会保险法》、《军人保险法》及《工伤保险条例》、《失业保险条例》、《城市居民最低生活保障条例》、《农村五保供养工作条例》等,还有与社会保障直接相关的《老年人权益保障法》、《妇女权益保障法》、《残疾人保障法》、《公益事业捐赠法》等,确实使国民的社会保障权益更加明确并更有保障。另一方面,社会保障行政管理与经办机制改革取得了重要进展。从改革开放初期恢复民政部,到1998年、2008年两次机构改革,社会保障管理体制正在沿着监管权责明确、管办分离的正确方向发展。在1998年以前,社会保险事务由劳动部、人事部、民政部及铁道、交通、银行等十多个部委分别管理,导致了政出多门、制度规范失控。1998年,国务院组建劳动和社会保障部统一管理全国社会保险事务;2008年又将劳动保障部与人事部合并,组建人力资源和社会保障部,使机关事业单位与企业单位乃至全国的社会保险事务进一步集中到一个部门监督管理,从而完成了社会保险从分割管理到集中管理的进程。同时,社会保障行政管理与具体业务经办管理走向分离,将经办社会保险等事务的机构从政府序列中独立出来变成事业单位,成立非政府机构性质的全国社会保障基金理事会,利用邮局、银行等提供发放养老金等社会保障服务,发展民办慈善公益组织等。所有这些,都标志着社会保障行政管理体制与经办机制正在走向成熟。

5.实践效果非常明显。从现实情况看,新旧制度已经整体转型,并部分地实现了制度创新。一个政府主导、责任分担、社会化、多层次化的新型社会保障体系,已经全面地替代了原有的国家负责、单位(集体)包办、板块分割、全面保障、封闭运行的国家—单位保障制度,在养老保险等方面还部分地实现了制度创新,即构建了社会统筹与个人账户相结合的新模式。同时,越来越多的城乡居民受惠于新型社会保障体系。全民医疗保险与基本养老保险制度全覆盖基本实现,社会救助直接惠及1亿以上的低收入人口及天灾人祸中的不幸者,保障性住房供应规模持续扩大,各项社会福利事业亦获得了较大发展。正是由于新型社会保障体系使绝大多数城乡居民获得了不同程度的保障,我国市场经济改革中的巨大社会风险才得以基本化解,国民经济持续高速增长才具有了稳定的社会环境,并明显地推动了社会的发展进步,增强了人们适应时代剧变的承受能力。

（二）社会保障制度改革存在的突出问题

1.城乡分割与地区分割的推进方式,损害了社会保障制度的统一性及特定功能的全面发挥。在养老保险中,职工基本养老保险处于地区分割统筹状态,农民工很难完全融入这一制度,城镇居民与农村居民养老保险分别由不同政策规范;在医疗保险中,城镇职工基本医疗保险、城镇居民基本医疗保险与新型农村合作医疗三轨并存;在社会救助中,最低生活保障制度同样是城乡分立,其他专项救助亦在城乡之间差异巨大;即使是针对无依无靠的孤寡老人也是城乡分割实施,在城市是通过公办老年福利院来满足其生活保障需求,在农村则是五保户制度来规范;等等。这种城乡分割与地区分割的推进方式,损害了社会保障制度的统一性,限制了社会保障特定功能的全面发挥,使社会保障社会化发展的正向效应打了折扣。

2.社会保障主体各方责任划分的模糊化,直接影响着这一制度的健康发展。传统制度下的社会保障历史责任与新制度下的现实责任一直处于模糊状态,它必然影响到化解历史负担的责任在相关主体之间的合理分担,并对新制度及其运行效果造成严重影响,目前难以推进养老保险全国统筹、各地社会保险费率高低不一等问题,其实都和历史责任与现实责任划分不清密切相关。在新制度的实践中,政府责任与企业、社会、个人的责任边界也是模糊不清的,即主体各方所负责任的大小并不明确,甚至具有一定的随意性。即使是政府责任,在中央政府与地方政府之间亦是责任模糊,虽然中央财政自 1998 年以来对社会保障的投入在大幅度增长,但并非法定的固定机制,地方财政的责任更缺乏规范。社会保障责任划分的模糊化,直接损害了新型社会保障制度的有计划性和可预见性,同时也给经济发展和市场竞争中的主体各方带来权利和义务的不确定性,并增加了劳动者代际负担的不确定性和每届政府应负责任的不确定性,进而损害市场经济的正常秩序,弱化国家参与国际竞争的能力。因此,用明确的责任划分来替代现实中的责任模糊,用分级负责的固定拨款机制来促使各级财政到位,客观上已经成为新型社会保障制度建设所面临的紧迫任务。

3.改革不同步与"老人老办法、新人新办法"的改革原则未能很好贯彻,滋生了新的社会矛盾。在养老保险制度改革中,企业职工早已建立了统账结合的社会养老保险制度,而机关事业单位工作人员还停留在原有的退休制度中,这种不同步导致了两大群体在养老金权益上的差距持续扩大。同时,无论是企业职工还是机关事业单位工作人员,因为未真正贯彻"老人老办法、新人新办法"改革原则,造成企业退休人员普遍觉得权益受损,而机关事业单位工作人员却明显获得较企业员工更为优厚的养老金待遇,结果滋生了企业与机关事业单位退休人员的尖锐矛盾,同时也直接影响到年轻人到机关事业单位就业的择业偏好。因此,不同步的改革直接放大了不同群体的福利权益差距,而不分新人、老人的做法,既是对同一代人追求公平权益的损害,亦使深化改革难度显著增大。

4.现行制度安排的设计均不同程度地存在着缺陷,致使优化制度安排的任务异常繁重。职工基本养老保险还停留在地区分割状态,制度结构亦存在着不合理现象;医疗保险依然是城乡分割,责任负担失衡;失业保险与工伤保险制度均缺乏预防风险的功能;最低生活保障制度同样存在着只考虑收入状况而不考虑资产状况以及非专业化实施的缺陷;老年人福利事业、残疾人福利事业城乡分割,有的甚至是将救助、福利与保险相混淆;灾害救助只体现出政府责任而且主要集中在中央政府;住房福利将住房救助与公共房屋供应混为一体;整个制度体系表现出经济保障项目与服务保障项目失衡,管理体制中多龙治水的格局仍然存在,等等。如果不能尽快全面优化现行制度安排,随着投入规模的持续扩张与路径依赖的惯性强化,整个社会保障体系将陷入极为不良的状态。

此外,社会保障立法依然滞后,急切需要制定《社会救助法》等基本社会保障法律;相关配套改革必须同步推进,如医疗卫生体制改革、公共财政改革、户籍制度改革等,都是社会保障改革与制度建设不可缺少的配套改革,只有同步协调推进,才能取得相得益彰的效果。

上述不足、缺陷与问题的存在,一部分是由于历史原因与发展不平衡造成的,一部分是由于进改革中经验不足造成的,但也有一部分是由于改革不够理性、制度设计不够周密的决策失误造成的,从而是值得吸取的深刻教训。

第二节　城乡分割的社会保障体系及其不良效应

一、社会保障体系建设城乡分割的现实状况

前已述及,新型社会保障体系建设中还存在着诸多缺陷,而最核心的问题则是城乡分割的制度安排及与之相关的管理体制、资源配置等直接影响了社会保障体系的统一性及其整体功能的全面、正常发挥。

（一）社会保障制度安排的城乡分割

在养老保险中,职工基本养老保险制度面向城镇职工,农民工参保客观上还面临着一些障碍;国家对城镇无业居民与农村居民养老保险采取同样的财务模式,而政策依据却是分割规范;失地农民迄今缺乏统一的政策规范,处于非城非乡状态。在医疗保险中,城镇居民与农村居民采取的同样是政府补贴加个人缴费的筹资机制,但前者称城镇居民基本医疗保障制度,后者称新型农村合作医疗。在社会救助中,最重要的项目是最低生活保障制度,面向城镇居民的依据是国务院颁布的《城镇居民最低生活保障条例》,面向农村的依据则是国务院发布的政策性文件。在社会福利中,同样是无依无靠的孤寡老年人与未成年人,

城镇依据民政部制定的相关或地方性法规采取由公办福利院集中供养,农村则由国务院制定的《农村五保供养工作条例》规范;城镇残疾人就业有《残疾人就业条例》作为法制依据,机关与企事业单位必须依法雇用残疾人就业,否则要承担缴纳残疾人就业保障金的法定义务,而农村残疾人就业仅有该法规第二十条规定"地方各级人民政府应当多方面筹集资金,组织和扶持农村残疾人从事种植业、养殖业、手工业和其他形式的生产劳动。有关部门对从事农业生产劳动的农村残疾人,应当在生产服务、技术指导、农用物资供应、农副产品收购和信贷等方面给予帮助。"在住房保障中,住房福利基本上是城镇低收入群体或机关事业单位工作人员的专利,公租房、廉租房等具有经济福利性的房屋供应对象不包括农村居民。即使是退役军人安置保障,也是按照城镇户籍与农村户籍分别处理;等等。因此,新型社会保障制度安排的现实,明显地表现出城乡分割的特征。

(二)社会保障管理体制与运行机制的城乡分割

与城乡分割的制度安排紧密联系的是社会保障管理体制与运行机制。一方面,尽管通过多次机构改革在一定程度上消除了一些管理体制中的城乡分割痕迹,但迄今仍未真正得到彻底根治,传统体制的惯性依然强大。例如,同样属于医疗保险事务,城镇人口由人力资源和社会保障部门主管,农村人口由卫生部门(现在的卫生和计划生育委员会)主管;即使同一种社会保障业务由一个部门统一管理,也会设置城乡有别的内设机构,如人力资源和社会保障部的养老保险司专司城镇人口养老保险管理之职责,农村社会保险司专司农村居民养老保险管理之职责;民政部门统一管理全国无依无靠的孤寡老幼救助,在许多地方也是由两个不同的内设机构来分别管理;住房和城乡建设部虽然名义上包含了城乡两字,内设机构中也有一个村镇建设司,但基本上是城镇住房建设部门,农村居民的住房保障问题通常处于被忽略状态。另一方面,社会保障制度运行中的城乡分割经办也是普遍现象。例如,医疗保险由于是不同部门分割管理,在绝大多数地区也处于城乡分割经办状态,即同一地区往往并存着城镇居民与职工医疗保险经办机构与新型农村合作医疗经办机构,并运用着相互分割的两套信息系统;最低生活保障制度在城镇基层由居民委员会代为实施,在农村由乡村组织代为实施,并无统一的专业经办机构;城镇中无依无靠的孤寡老幼只能在公办的福利院集中供养,而农村中无依无靠的孤寡老幼只能进专门为其开办的敬老院,即使在城乡结合部也不能入住同一养老机构。社会保障管理体制与运行机构的城乡分割,既是社会保障制度安排城乡分割的现实反映,又进一步强化了社会保障制度的城乡分割,并必然带来社会保障资源配置的城乡分割。

综上可见,城乡分割构成了我国现阶段社会保障体系的一个重要特征,它实质上是计划经济时代城乡社会二元结构的延伸,是社会保障改革不彻底、不成熟的具体表现。

二、社会保障城乡分割的原因剖析

我国改革开放已历三十多年,国家已步入工业化时代,而社会保障体系在经历全面而深刻的制度变革后,依然未能超越城乡分割的历史局限,隐藏在背后的原因是多方面的,既有传统的观念与路径依赖,亦有重城镇轻乡村的发展取向和城乡利益冲突的影响。

(一)传统户籍制度的樊篱不易突破

我国现行的户籍制度是严格区分城乡居民身份的标识,而社会保障权益又长期以来都与户籍紧紧地捆绑在一起。户籍制度决定着城乡居民不同的社会保障权益,背后隐藏的是城乡利益分歧与冲突,而现行社会保障体系建设的城乡分割又进一步固化了户籍制度的城乡分割。因此,传统户籍制度实质上是城乡二元分割的总根源所在。

(二)传统观念障碍依然深厚

在一些人(包括在一些决策机构、政策制定者、立法者)的意识里,城乡二元分割不是可以逐渐改变的现象,而是一种已经固化的历史,在考虑政策措施、进行制度设计甚至立法过程中,总是自觉不自觉地将农村居民与农民工视为另类,一些貌似公正的观点与主张透出来的依然是城乡二元分割分治的旧思维与价值取向。包括主张为农民工维权单独立法,提出建立农民工养老保险制度与失地农民社会保障制度等,就是不考虑如何与现行基本社会保障制度接轨。传统观念的障碍,直接影响到新型社会保障体系的理念与目标设定。因此,如果不能从根本上改变传统的城乡二元分割分治的观念、意识与思维定式,社会保障体系建设仍将很难超出城乡分割的困局。

(三) 体制性障碍影响巨大

在这方面,主要表现有二:一是职能部门的相互分割,直接导致了社会保障制度安排与相关政策的不协调,即使同一项制度亦存在着被多个部门分割的体制缺陷;二是职能部门职责紊乱、责任不清的局面并未得到扭转,还在直接影响到社会保障制度的健康发展。例如,20世纪 80 年代中期国家对社会保险制度的管理职能进行不当分割,让劳动部门管理国有企业职工、中国人民保险公司管理集体企业职工、人事部门管理机关事业单位职工、民政部门管理农民,所造成的不良后遗症迄今还在影响着养老保险改革的深化;医疗保险制度更是由两个部门分割管理,直接演变成了一种部门利益之争。而城乡孤寡老幼之所以在民政部门统一管理下也在实践中分割实施,主要原因是财政资源配置一直沿用着原有的拨款方式,用于城镇孤寡老幼的财政资金与用于农村五保户的财政资金不能混用,是财政拨款体制的城乡分割导致了这一制度在具体实践中的城乡分割格局难以改变。因此,体制性障碍使一些看起来容易改变的现象变得很难改变。

(四) 新型社会保障体系建设缺乏统筹规划与顶层设计

由于我国的社会保障制度改革采取的是局部地区、局部领域、个别项目试点先行的渐进方式,从一开始就缺乏对整个社会保障体系的目标设定与发展战略思路,更缺乏应有的整体设计与统筹安排。在这样的情形下,单个职能部门不可能超越本部门职权去统筹考虑非自己主管的社会保障事务,从而使得城乡统筹在社会保障体系建设中大多只能停留在纸上。即使一些地方在社会保障体系建设中体现出了城乡统筹发展的取向,也只是依靠地方领导的自觉,而这种自觉还往往要受到上级职能部门的干预。因此,缺乏统筹规划与顶层设计,城乡社会保障体系建设便只能沿着历史路径前行。

(五) 工业化与城镇化的不成熟也是重要原因

我国的工业化与城镇化在近 30 年间进展迅速,但产业结构的工业化、就业结构的工业化并未真正带来人口的工业化,经济的城镇化、物质的城镇化并未同步带来常住人口的城镇化,如亿万农民工长期在城镇工作、生活,却无法真正融入城镇化进程。虽然有关部门公布我国人口的城镇化率超过了 50%,但真正拥有城镇户籍身份的人口还不到总人口的 35%。它表明我国的工业化与城镇化并不成熟,这种不成熟的工业化与城镇化势必影响到城乡社会保障体系建设的一体化。

三、社会保障制度城乡分割的不良效应

毫无疑问,城乡分割的社会保障体系与城乡统筹、协同发展的国家取向是相悖的,其带来的不良效应也是十分明显的,从而值得引起决策层与主管部门的高度重视。

(一) 造成了社会保障制度统一性与公平性的先天不足

现代社会保障的一个重要功能是增进全体国民对国家的认同和促进整个社会的公平、正义与共享,但这两点均以维护这一制度体系的统一性为前提条件。统一性与公平性是密切相关的,没有社会保障制度安排的统一性,不可能实现这一制度的公平性。因为多元化的制度安排实质上是参与者权益的不平等,就像有人好心地主张为农民工建立专门的养老保险制度一样,其结果只能是将农民工不能平等地享有与

城镇职工同等的养老保险权益通过相关法规制度化。从养老保险、医疗保险、最低生活保障制度、老年福利政策等的城乡分割中，可以发现社会保障待遇的城乡差距巨大，结果都是农村居民低于城镇居民。因此，任何城乡分割的社会保障制度安排，都存在着损害这一制度统一性与公平性的先天缺陷，进而可以视为屈从城乡二元结构现实而作出的不利于农村居民的选择。

（二）导致了效率低下与资源浪费，也无法实现精细管理

城乡社会保障制度分割与管理、经办的分割，必然带来资源配置的城乡分割。如果这种分割在改革开放前或改革开放初期还因人员流动率低而有其合理性，那么，在工业化、城镇化加速进行和乡村人口大规模流动的背景下，传统的城乡分割式社会保障资源分割配置便遭遇了越来越大的挑战。例如，在医疗保险中，城乡分割的制度安排就根本不能适应工业化与城市化进程，导致了普遍存在的城乡居民重复参保、政府重复补贴与公共资源浪费的现象；在教育福利中，教育经费按照城乡户籍居民预算，根本无法适应农民工大规模向城镇流动的现象，导致大量农民工的子女不能在父母工作、生活地享受平等的法定义务教育。不仅如此，主管部门分割带来的经办机制分割，必然要滋生成倍的运行成本，亦无法实现精细化管理。如许多地区就存在着两套医疗保险经办机构、两套医疗保险信息系统，其管理与运行费用几乎是双倍投入，结果不仅行政效率低下，还出现了混杂参保、信息失真等问题。因此，城乡分割的社会保障体系建设，虽然有历史路径依赖的缘由，却不能成为阻碍深化改革并逐步走向城乡一体化的理由和依据。

（三）阻碍了城乡统筹发展，也延缓了城市化进程

实现城乡统筹发展是我国经济转型与可持续发展的必要前提与正确方向，其要求的就是劳动力、资本、土地和技术等要素在城乡之间能够合理流动，通过城乡之间的良性互动来达到国家经济社会持续发展的目标。而社会保障制度的城乡分割与严重失衡，必然限制和阻碍

劳动力要素的自由流动和不断优化,明显不利于全国城乡统一的劳动力市场的形成。不仅如此,社会保障体系的城乡分割,还使处于非农化过程中的农民被排斥在城镇社会保障体系之外,被置于"边缘人"地位,结果造成农村人口的非农化与农村人口的城市化呈现为两个分裂的过程。这一现实背景意味着农村人口在城市化过程中的预期成本将大大增加,农村人口的城市化动机也因此而大大降低,从而延缓了城市化进程。我国城市化率滞后于工业化水平,人口的城市化滞后于土地的城市化,一个很重要的原因即是农民工因农村户籍身份而无法获得与务工地居民同等的社会保障权益。因此,社会保障体系建设基于户籍标识而形成的城乡有别,构成了农民工市民化的重大障碍。

（四）城乡分割的社会保障体系还衍生出新的社会问题或矛盾

本来,社会保障制度与生俱来的使命应当是缩小不同群体收入差距的,城乡有别的制度安排却不利于缩小城乡差距,个别项目甚至出现了逆向调节。社会保障制度应当为全体人民提供稳定的安全预期,但这一制度的城乡有别却导致了认同感的缺乏,不公平感明显上升,对社会保障制度的不信任程度亦有上升趋势,而要重建对这一制度的信任还需要付出更多的成本。由于城乡分割实施社会保障制度,致使规模庞大的农民工迄今仍然处于无所适从状态,如参加农村合作医疗却又工作、生活在城镇,既被要求参加新型农村养老保险又须按照《劳动合同法》、《社会保险法》参与职工基本养老保险,在务工城镇遭遇急难事件却因农村户籍身份而不能在当地获得社会救助,等等,这一群体的社会保障权益事实上受到了直接损害,不满感同样在上升。因此,社会保障体系建设的城乡分割,正在成为恶化城乡关系、激化社会矛盾的潜在因素。

第三节　加快推进城乡社会保障体系一体化

从前述分析可见,我国社会保障体系建设城乡分割格局的效应是不良的,既妨碍了这一制度正向功能的全面发挥,亦拖了城乡统筹发展与城镇化发展的后腿,客观上已经成为困扰这一制度健康发展的桎梏,其负面影响已开始向社会、经济乃至政治领域延伸。因此,国家有必要将城乡社会保障体系一体化作为城乡一体化进程中的重点,同时摆到全面优化社会保障制度的优先位置,并采取有力措施加以推进,以切实促进城乡之间良性互动,早日实现城乡一体化。

一、推进城乡社会保障一体化的总体思路

建设城乡一体化的社会保障体系,不仅是社会保障制度基于公平与效率的内在要求,更是根治计划经济时代遗留下来的城乡分割分治痼疾的良药。而在新时期推进社会保障体系建设城乡一体化的进程中,特别需要有科学的总体思路。

（一）必须牢固确立城乡统筹发展的理念，并付诸社会保障制度安排的具体实践

理念是行动的先导,如果没有城乡统筹发展的理念,包括社会保障制度在内的任何制度安排都不可能自动实现城乡一体化。根据社会保障制度发展的客观规律,统一性越高的制度安排便越公平、越有效,世界上有按照职业人群来设定相关制度安排的国家,但没有哪个国家根据城乡地域来划分社会保障制度安排。因此,在我国社会保障体系建设中,必须摒弃城乡分割分治的传统观念与思维定式,代之以统筹城乡发展、统筹考虑城乡社会保障一体化的新理念。理念先行首先是各级领导的理念要先行,要让领导的理念先行,又必须要有相应的考核指标

作为评估标尺,这就是任何一项新的社会保障制度建立均须同时考虑
到覆盖城乡居民,已经建立的面向城镇居民的社会保障项目应当有计
划、有步骤地向农村居民延伸,已经建立的面向农村居民的社会保障项
目应当尽快启动与城镇相关社会保障项目的对接程序。如果能够在短
期内矫正城乡分割分治的传统观念,认真清理现行社会保障制度安排
的城乡分割缺陷,便会为推进城乡社会保障一体化奠定坚实基础。在
这方面,成都等一些地区已经做了很好的探索,特别值得总结与推广。

(二) 做好统筹规划与顶层设计, 自上而下地推进城乡一体化

现阶段社会保障制度实践中的城乡分割,实质上一直是传统体制
自上而下在起作用,尽管以往采取的试点先行改革策略确实避免了大
范围失误的风险,但要推进城乡社会保障体系一体化,绝非地方政府可
以单独完成的任务,近几年来一些地方主动推进城乡社会保障体系一
体化遭到上级相关职能部门的强力牵制,就表明了只有做好统筹规划
与顶层设计才能实现对各项社会保障制度的合理定位并覆盖城乡,只
有通过顶层发力自上而下地推进才能取得实质进展。因此,应当在中
央政府主导下,尽快启动针对现行社会保障制度的全面评估(从主管
部门、相关部门、研究机构等不同视角),在摸清城乡分割状况及其带
来的不良效应的基础上,按照统筹城乡发展与城乡一体化的总原则,做
好整个社会保障体系建设的统筹规划,对各个项目特别是基本保障制
度制订出具有操作性的顶层方案,再自上而下地推进。当然,这种顶层
设计可以且应当借鉴一些先行先试的地方的经验,但又须超越局部地
区的局限性。它可以实行主管部门与研究机构等分别规划与并行设计
的思路,在比较与综合提炼中获得最优方案,并用以指导全国社会保障
体系城乡一体化的实践。

(三) 理顺行政管理体制,整合服务实施机制

鉴于社会保障体系城乡分割的现实在很大程度上是管理体制分割
分治传统造成的,理顺行政管理体制便构成了推进城乡社会保障体系

一体化的先决条件。在这方面,应当确立集中管理与行政问责相结合的原则,即尽快消除同一保障制度由不同部门分别管理或交叉管理的现象,实现同一类别社会保障项目或同一种制度安排由一个部门集中管理并实行问责制,以便为推进社会保障体系城乡一体化提供有力的组织保证。同时,还必须注意到实施机制的分割也会扭曲制度运行的现象,通过整合服务实施机制来助推社会保障体系的城乡一体化。如取消按照城乡分立的社会保险经办机构,将同一类别或同一种社会保险制度交由一个机构统一经办并直接面向所在地区的城乡居民;对社会救助事业则建立专业化的实施机制,替代非专业化的城镇居民委员会与农村乡村组织代办机制,同样会有利于这一制度的城乡一体化。特别是在基层,社会保障服务更应当尽可能地综合起来。

(四)优先推进基本保障制度的城乡一体化

我国社会保障制度是一个由多个项目组成的庞大体系,要全面实现这一制度体系的城乡一体化,还需要一个过程。因此,在确立城乡一体化的发展取向的条件下,应当优先推进基本保障制度的城乡一体化,主要包括社会救助、医疗保险、基本养老保险与老年服务等。其中,建立城乡一体化的最低生活保障制度又构成了城乡一体化的社会救助体系的核心与基础;而从城乡分设的医疗保险制度向城乡一体化全民医疗保险制度迈进,显然是符合这一制度内在规律的合理选择;城乡居民的基本养老保险同样需要有整合的计划,以便为建立全民共享的公平养老金奠定基础;同样值得重视的还有面向老年人的社会服务,因为农村人口老龄化程度正在赶超城市,留给我们解决老年人服务需求问题的时间并不宽裕,必须改变只考虑城市而忽略农村的现实局面。在优先推进上述基本保障制度城乡一体化的基础上,再循序渐进地完善其他社会保障制度安排,适时促进各项补充保障机制的建设与发展,则我国社会保障体系城乡一体化目标便会实现,这将意味着这一制度在真正走向成熟。

二、通过制度整合推进社会保障体系城乡一体化

要实现社会保障体系城乡一体化,必须确立各项制度整合与优化的合理路径。根据"中国社会保障改革与发展战略研究"成果,①在坚持城乡统筹发展的条件下,根据各项社会保障制度的发展规律与现实情形,分别采取相应的制度整合与优化措施。

在社会救助制度城乡一体化方面,应当尽快制定《社会救助法》,对城乡居民申请救助给予平等赋权,彻底清除现行政策中城乡分割的痕迹;同时,在现行《城市居民最低生活保障条例》的基础上,尽快制定新的《最低生活保障条例》,它不仅应当同时适用于城乡居民,而且还需要重新设定收入与财产标准,矫正这一制度现实中的巨大缺陷。再择时制定有关医疗救助、教育救助、住房救助、急难救助等法规,同时适用于城乡居民。有了统一的法制规范,社会救助制度便实现了城乡一体化,它虽然不可避免地会因地区发展失衡与城乡发展失衡而存在着一定的差距,但制度的一体化必然直接有效地促进权益的平等化。

在医疗保险制度城乡一体化方面,需要尽快整个城镇居民基本医疗保险与新型农村合作医疗,即以统一的居民基本医疗保险替代分设的城乡居民医疗保险,再在此基础上,实现与职工基本医疗保险制度的整合,最终建立起覆盖全民的统一医疗保险制度。由于城镇居民基本医疗保险与新型农村合作医疗均采取政府补贴与参保人个人缴费的筹资机制,并必定要享受同等的医疗保障待遇,它们的整合并无制度之间的内在冲突,主要的阻碍因素仍然是管理体制的部门分割,因此,整合这一制度的关键在于调整部门职能并实现集中管理。杭州、成都、东莞等许多地区已经实行城乡居民医疗保险一体化的事实及其取得的良好

---

① 参见郑功成主笔:《中国社会保障改革与发展战略:理念、目标与行动方案》,人民出版社 2008 年版。参见郑功成主编:《中国社会保障改革与发展战略》(含总论卷、养老保险卷、医疗保障卷、救助与福利卷),人民出版社 2011 年版。

效果,表明实现医疗保险制度城乡一体化应当是水到渠成的事情。

在养老保险制度城乡一体化方面,需要分类分层推进。目前的城镇(无业)居民养老保险与新型农村养老保险可以通过制度整合走向一体化,它们的有利因素在于筹资机制与基础养老金待遇的一致性,不利因素则是真正意义上的市民与农民确实存在着职业差异与生活风险差异,农民因拥有土地更多了一层保障,城乡之间的生活成本也往往差距甚大,这些都是必须要充分考虑的因素。而值得高度关注的其实是农民工与失地农民,不宜为其单独建立一种制度,但必须打通让他们融入现行养老保险制度的路径。

在社会福利制度城乡一体化方面,要尽快打破老年福利事业的城乡分割格局,最急切的是要打破城镇公办养老福利院与农村敬老院因城乡户籍制度而分割的现状,制定统一的老年福利事业法规,统筹老年福利事业的公共资源与服务设施,真正实现社会化发展。在残疾人福利、儿童福利及妇女福利事业发展中,同样需要彻底打破城乡户籍政策的樊篱,根据地区需要统筹规划布局,以满足当地城乡居民的需要为发展目标。

在其他社会保障城乡一体化方面,同样需要制度整合与调整。例如,住房保障作为我国社会保障体系中的重要项目之一,虽然客观上要以城镇为重点,却不应当成为城镇低收入家庭的专利,必须同时惠及农村困难居民,应当制定《住房保障法》,确立城乡居民平等的起码居住权,并通过统筹考虑城乡居民中的低收入群体需求、土地资源的合理配置与保障性住房建设的合理布局,使之成为城乡一体化的制度安排。

三、推进城乡社会保障一体化的关键性措施

要完成社会保障体系城乡一体化的建设任务,特别需要采取以下一些关键性措施:

（一）深化政府机构改革，实现社会保障集中管理并切实推行问责制

在社会保障体系建设城乡一体化目标与方向明确之后，社会保障管理体制合理与否便成了决定性因素。符合制度规律的管理体制应当是尽可能地将所有社会保障事务集中到一个政府部门统一管理，即使做不到高度统一，也要将同一类别社会保障项目由一个部门统一管理，这样才能在权责集中的条件下做好统筹规划与顶层设计，并可以推行问责制。针对我国目前管理体制尚未理顺的现状，在建立大社会保障部暂时不具备条件的情形下，应当将社会保险事务交由人力资源和社会保障部统一管理，将社会救助事务与社会福利事务由民政部统一管理。为此，需要调整相关部门的职能，同时充实上述两个主管部门的机构，让其切实承担起分工管理全国社会保障事务的职责。一方面，应当将卫生部门管理农村合作医疗的职能划归人力资源社会保障部门，以确保该部门统筹规划并切实推进医疗保险制度的城乡一体化；将卫生、人力资源社会保障、住房与城乡建设等部门的相关救助职能划归民政部，让民政部切实承担起推进社会救助城乡一体化的职责；同时，让工会、妇联、残联等组织回归人民团体或社会组织，将其分割的有关福利事业管理职能划归民政部门统一管理，同时取消包括国务院老龄工作委员会、残疾人工作委员会、妇女儿童工作委员会等部际协调机制中的福利管理职能，让民政部门切实承担起管理全国社会福利事务并推进城乡一体化的职责。之所以需要进行以上机构职能调整，是因为多龙治水的格局导致了城乡分割与政出多门，也导致了公共资源的分散使用，因为这些机构运用的都是财政资源。如果进行了这样的机构改革与职能调整，则社会保障体系城乡一体化必定能够顺利推进。

（二）调整财政资源配置方式，推进社会保障体系建设城乡一体化

这主要包括四个方面的内容。一是在城乡之间均衡配置社会保障财政资源,确保农村居民能够平等地分享到国家财政补贴,包括养老、医疗、救助、福利、教育补贴等。二是同一保障项目的财政资金只由一部门负责分配,以此避免多部门分散使用造成的城乡分割、群体分割及可能出现的重复支付或者遗漏支付现象。如政府对城乡居民的医疗保险补贴,就不能分别由人力资源社会保障部门与卫生部门分配,它带来的只能是重复参保、重复补贴,如果一个部门负责使用,则很容易杜绝上述现象。三是同一保障项目的财政资金只采用同一预算科目,取消按照城乡分割设置预算科目的惯例,以确保主管部门能够在城乡之间统筹使用财政资源。如现行城乡有别的孤寡老人福利,如果财政资金不再按照城乡需要分割,则城镇福利院与农村敬老院建设便可以统筹规划、统一配置资源,这不仅可以提高资源利用效率,亦会促使老年人福利事业走向公平。四是改变财政资金只随机构拨款的做法,推行"费随事转、费随人走",如老年人福利、残疾人福利、儿童福利等拨款,不能只拨给公办福利机构,而是随老年人、残疾人、儿童所享受的相关服务与福利分配给所有提供服务的机构,这样不仅可以打破城乡界限,更可以调动社会资源与市场资源共同提供社会福利服务。

(三)同步推进相关配套改革

我国的养老保险制度实行基础养老金与个人账户养老金组合,基础养老金是现收现付,而个人账户基金是完全积累,它不仅需要有专业的基金管理机制,更需要通过资本市场开展有偿运营来实现保值增值。医疗保险的城乡一体化不仅需要以公共卫生事业城乡一体化为基础,而且需要公立医院改革与医疗服务机制创新同步推进;城乡老年服务设施(养老机构)建设的一体化,需要有与之配套的可以有机整合城镇国有土地与农村集体土地资源的新政策;社会保障体系城乡一体化还需要与户籍制度改革、农村土地制度改革、公共财政体制改革、新型城镇化与新农村建设协同推进,等等。

总之,城乡一体化是我国社会保障体系建设的必由之路,也是评估

这一制度公平程度的核心指标。在"十一五"时期，我国社会保障体系
建设的目标是解决从"无"到"有"的问题，即从选择型或残补型制度安
排走向普惠型制度安排，让所有的人都能够不同程度地享有社会保障，
这个目标正在变为现实。但是，这一制度却因城乡分割的现实而缺乏
应有的公平性，也导致了这一制度在实践中被扭曲，以及公共福利资源
的低效。因此，从"十二五"开始，国家应该从追求"普惠"转向"公平普
惠"，这个公平就落脚在城乡统筹发展与社会保障体系城乡一体化上。
只有城乡一体化的制度安排才能体现制度的公平性，并且在普惠的基
础上，使制度建设产生质的飞跃。如果社会保障体系实现了城乡一体
化，就为缩小城乡差别、促进城乡经济社会一体化发展奠定了坚实的
基础。

第十三章　发挥工业化主导作用，推动信息化、城镇化、农业现代化同步发展

"坚持中国特色新型工业化、信息化、城镇化、农业现代化道路"，促进"四化"同步发展，这是建设富强、民主、文明、和谐社会主义现代化强国的重要内容，也是实现中华民族伟大复兴的历史使命。实现"四化"同步发展，必须正确处理工业化、信息化、城镇化、农业现代化的关系，充分发挥工业化主导作用。

第一节　工业化的基本内涵和主要特征

一、中国新型工业化的基本内涵

工业化是人类社会发展不可逾越的阶段，是由传统农业社会向现代工业社会转变的历史进程。工业化的思想最早可以追溯到19世纪，那时人们认为工业生产是劳动生产率提高及国民财富增长的主要动因。20世纪中叶以来，有关工业化的研究越来越多，现在比较一致的观点认为，工业化是第二产业产值在国民生产总值中比重不断上升，以及第二产业就业人数在总就业人数中比重不断上升的过程。随着工业

化的不断发展，其内涵也在不断丰富。纵观世界两百多年的工业化历程，各国由于所处的历史环境和国情不同，经历了不同的工业化历程，呈现出各具特色的工业化发展道路和经验模式。

按照中央提出的战略目标和要求，根据我国多年来的实践，走中国特色新型工业化道路，要坚持把经济发展建立在科技进步的基础上，带动工业化在高起点上迅速发展；坚持注重经济发展的质量和效益，优化资源配置，提高投入产出效率和经济回报；坚持推广应用先进适用技术，提高能源资源利用效率，突破能源资源约束；坚持防治污染、保护生态环境，使经济建设和生态建设和谐发展；坚持以质取胜，为社会提供能够引导消费、满足需求、优良质量的产品和服务，提高市场竞争力；坚持以人为本，提高劳动者素质，充分发挥人力资源优势，注重改善民生，保障劳动者生命和健康安全；坚持信息化与工业化融合发展，协调推进工业化、城镇化和农业现代化。

二、中国新型工业化的主要特征

（一）资源节约和环境友好

先行国家曾无节制地使用能源资源，先污染后治理的路径付出了巨大代价，掠夺性的开发给地球和人类酿成了灾难。不能重走发达国家的老路，必须在工业化进程中始终高度注重节约资源、保护环境，以清洁生产和集约增长为内在要求，大力推进节能减排，倡导循环经济、低碳发展、绿色发展。

（二）信息化与工业化融合

充分发挥后发优势，抓住重大技术进步的时代机遇，通过引进消化吸收再创新、集成创新和原始创新，充分利用先进国家知识和技术的外溢效益，借鉴制度创新、机制创新的经验成果，推进工业化和信息化两步并作一步走，实现赶超发展、创新发展。

(三) 工业化新的历史起点

党的十八大提出推动信息化和工业化深度融合,工业化和城镇化良性互动、城镇化和农业现代化相互协调,科学阐述了工业化与其他"三化"的辩证关系。在实现工业化这一历史阶段中,推进"四化"同步发展是新时期推进现代化建设必须牢牢把握的客观规律,也是在新的历史起点上加快产业结构调整优化的新思路、新举措。因此,要遵循工业化客观规律,加强战略谋划和顶层设计,坚持深化改革、扩大开放、创新驱动、转型升级,确保在 2020 年基本实现工业化。同时,要充分发挥工业化主导作用,推动"四化"同步发展、协调发展。

三、"四化"同步发展的战略含义

推动工业化、信息化、城镇化、农业现代化同步发展、全面建成小康,这是基于对"四化"的重要性、关联度和存在问题的科学分析作出的战略决策。工业化、信息化、城镇化、农业现代化相互支撑、相互促进、相辅相成、相得益彰,统一于社会主义现代化建设过程中,统一于全面建成小康社会的宏伟事业中。"四化"既是我国社会主义现代化建设的战略任务,也是加快形成新的经济发展方式,促进我国经济持续健康发展的重要动力。

深刻理解"四化"之间的内涵关系,对于实现中国新型工业化、全面推进现代化建设具有十分重要的意义。"四化"同步,关键在互动,目的是统筹发展。信息化和工业化深度融合是加快转变经济发展方式的重要途径,工业化和城镇化互动发展是扩大内需的强大动力,城镇化和农业现代化协调发展是实现城乡统筹发展的必然选择,工业化和信息化是推动城镇化和农业现代化加速发展的强大引擎。

信息化是工业化发展到一定阶段产生的,信息化带动工业化的集中表现是:促进经济增长方式从劳动、资本密集型向技术、知识密集型转化;促进制造业的发展模式由大规模、高投入向低消耗、智能化、高附加值、高效益转变。我国在推进工业化的过程中,恰逢信息技术的快速发展和普遍应用,因而可以利用信息技术解决工业化进程中出现的环境污染、能源资源浪费、本质安全性不足等问题,可以有效提高生产效率和管理质量,加快工业化进程。

工业化和城镇化良性互动,是现代经济社会发展的显著特征。工业化的发展过程,同时也是将大量农民变为城市市民,加快城镇建设的过程。从某种程度上说,工业化是城镇化的经济支撑,工业化为城镇化提供了充足的供给保障;城镇化是工业化的空间依托,是工业化巨大的潜在市场。

在实现工业化的历史阶段中,以工业为主导、农业为基础的格局将长期存在。农业为工业提供了土地、资源和劳动力,农村是工业广阔的市场。我国已到了工业反哺农业、城市支援农村的发展阶段。只有促进生产要素在工农之间、城乡之间优化配置,形成以工补农、以城带乡的联动发展格局,才能推动农村区域经济发展和新农村建设。

第二节 工业化进程中取得的 成绩和存在的问题

一、基本实现了由工业化初期向工业化中期的历史性跨越

(一) 现代工业体系门类齐全

我国已建成包括由完整的能源工业、原材料工业、装备制造工业、消费品工业、电子信息产业、国防科技工业等组成的门类齐全的工业体系,并已形成了宏大的生产制造能力,实现了从农业大国向工业大国的历史性转变。

（二）工业生产规模跃居世界前列

近 10 年来,我国工业占国内生产总值的比重保持在 40% 左右,对经济增长的贡献率接近 50%,在国民经济中处于主导地位,发挥着支柱作用。2010 年,我国制造业占全球制造总量的 19.85%,历经一个半世纪后又重新回到世界第一制造业大国的地位;工业制成品出口贸易总额占全球比重达到 14.5%,成为世界第一大工业制成品出口国。2012 年全部工业增加值达到近 20 万亿元人民币,在 500 多种主要工业产品中我国已有 220 多种产量位居世界首位。

（三）工业技术水平持续提升

我国工业创新能力明显增强,在载人航天、大运载火箭、卫星导航、高性能计算机、超大规模集成电路、超高压输变电、特种专用设备、核电技术、通信技术等当代科技的尖端领域,取得一大批重大自主创新成果。工业行业经济技术水平和装备水平大幅跃升,极大地提高了我国的综合国力和国防实力。

（四）通信业实现跨越发展

2012 年,全国电话用户总数达到 13.9 亿户,其中移动电话用户达到 11.12 亿户,全国网民数达到 5.64 亿人,互联网普及率达到 42.1%,均居世界第一。ICT 产业加快融合协调发展,应用信息技术改造提升传统产业不断取得新的进展,研发设计信息化、生产装备数字化、生产过程智能化和经营管理网络化迅速发展;相关领域信息化步伐加快,经济和社会信息化水平得到全面提升。

二、深层次问题和结构性矛盾比较突出

（一）自主创新能力不强

不少关键技术、核心技术受制于人,关键技术对外依存度高达50% 左右,每年发明专利数占世界的比重不到 3%,远低于韩国等新兴工业化国家。一些成套设备、关键零部件元器件、关键材料依赖进口。

例如,我国电子制造业是世界第一,一年生产 11.8 亿部手机,3.5 亿部计算机,1.3 亿台彩电,但高端芯片 80%依靠进口;我国航海航空有了长足进步,但是发动机还要进口或依靠国外专利;我国的高铁取得了举世瞩目的成就,但是轴承、轮毂、轴还要进口;95%以上的高端数控系统市场被国外品牌占据。我国大中型企业研发投入强度平均不足 1%,远低于跨国公司 3%—5%的水平,科技进步对工业增长的贡献率仅为30%左右。

(二) 资源环境已经难以支撑

工业增长过度依赖物质资源投入,付出的资源环境代价过大。单位 GDP 能耗是世界平均水平的 2.2 倍,发达国家的 4 倍。2012 年我国能源总能耗折合 36.2 亿吨标准煤,约占全球的 20.5%。我国使用了全球 45%的钢、46%的煤、50%的水泥和 14%的油气,却仅创造了全球10.5%的 GDP。原油进口依存度达 56%,铁矿石进口按含铁量计算超过 50%,铝矿铝材进口、铜矿铜材进口分别达到 50%和 70%。化学需氧量(COD)、二氧化硫等污染物及二氧化碳(CO_2)排放量名列全球首位。如果再不加快转变发展方式,资源环境已不可支撑。

(三) 产业结构不合理

落后产能约占 20%,钢铁、电解铝、水泥、部分煤化工、平板玻璃、造船以及风电设备、多晶硅等行业产能明显过剩。高技术产业占制造业比重从 2001 年的 14.5%下降到 2010 年的 12.5%。一些规模经济行业集中度不高,缺少具有国际竞争力和产业链整合能力的大企业大集团。一些产品质量低下,已造成不良影响。总体来看,我国的制造业还处于世界的中低端。

(四) 地区、行业不平衡、不协调

重大生产力布局与资源禀赋不匹配,区域经济、空间布局、产业链条、企业结构失衡;盲目投资、重复建设、产业雷同的现象突出;产业园区化、集群化发展不足,影响工业发展的质量和效益。

第三节 实现工业化面临的形势和任务

一、切实增强危机感、紧迫感

世界经济在应对国际金融危机中缓慢复苏。发达国家、新兴国家提出并推行一系列新观念新举措,致力于本国和国际经济、金融秩序的改革治理。同时,加大人才、资金等要素投入力度,正在推动着新科技、新发明、新创造。

(一)发达国家高度重视发展实体经济

发达国家深刻吸取金融危机的教训,重新重视发展实体经济。美国及欧洲一些国家过度操弄虚拟经济导致的后果,使人们重新认识到人类赖以生存的基础还是实体经济。美国率先提出"再工业化",发展高端制造,为节约物流成本提出"本土回归"并付诸行动,对我国形成新的竞争。近来国际贸易保护主义加剧,美国、日本等国家屡次"量化宽松"货币政策,也给我国进出口及汇率稳定带来重大影响。

(二)发展中国家致力于调结构、转方式

发展中国家尤其是"金砖"国家和资源富饶的国家更新观念,致力于调整结构、转变发展方式,并由出口能源、原材料初级产品向深度加工延长产业链提高附加值转变,经济实力有明显提升。他们发挥资源优势,如欧佩克集团实行"限产保价",富产铁矿国家垄断了国际市场,能源、原材料国际价格居高不下。这些无疑也加剧了我国经济发展外部条件的苛刻度。

(三)国际科技发展正酝酿着新的突破

以新一代信息技术、新能源、新材料为代表的"第三次工业革命"

正在形成。物联网、云计算、大数据等开始应用于经济、社会各层面，开发页岩气等非常规能源及风能、太阳能、生物能等非化石能源已产业化，甚至在研发海洋能、可燃冰。结构性、功能性、智能性等新材料接连问世。这些新技术的融合，已诞生了"3D 打印"、激光成型等增材制造，正在构思的能源互联网展示了新前景。

以上这些国际经济、科技的新变革和新发展无疑对我国发挥工业化主导作用，推动"四化"同步发展带来了新的挑战。我们必须加强忧患意识，以高度的危机感、紧迫感奋起直追，进一步扩大改革开放，加强自主创新，努力缩短差距，迎头赶上。

二、科学合理设置基本实现工业化的衡量标准

国际上衡量工业化程度，主要有四项指标：一是人均国内生产总值（GDP）。二是工业化率，即工业增加值占全部生产总值的比重。三是三次产业结构和就业结构。四是城市化率，即城镇常住人口占总人口的比重。对于我国来说，2020 年基本实现工业化，也需要根据我国的实际情况，科学构建一系列相关指标，才能客观准确地反映中国新型工业化实现的程度和达到的水平。制定这些评价指标，既要吸取先行国家的经验和教训，体现当今经济全球化的大格局和现代科技迅猛发展的大背景，更要根据我国社会主义初级阶段的基本国情，体现中国新型工业化道路的内涵特征和根本要求。这样的指标体系既要包含反映工业化基本特征的经济发展水平、三次产业结构、就业结构、城镇化水平等方面指标，也要从创新驱动、结构优化、绿色低碳、融合发展、改善民生等角度构建反映"新型"特征的相关指标。

（一）借鉴先行国家工业化的标准

先行国家工业化大体上是在 20 世纪中后叶完成的。总结其工业化历程，可为我们科学合理地制定基本实现工业化的相关指标提供有益的借鉴。在先行国家的标准体系中，人均 GDP 是标志性指标，先行

国家大体上是在人均 GDP1 万美元时完成工业化的。美国是在 1955 年实现工业化的,当时他们的人均 GDP 为 13580 美元(已折算为 2000 年价格,下同);韩国是在 1995 年人均 GDP 为 9982 美元时实现工业化的。各国国情不同,应该有所差异。我国 2011 年人均国民总收入按世界银行统计是 4930 美元,2020 年有望达到 1 万美元左右。

(二)指标体系要体现生产力发展水平

设定指标体系要突出先进的行业经济技术指标,特别是反映科技进步与创新、节能降耗、环境保护、品种质量、信息化以及劳动生产率等方面的指标。一些重点领域的核心技术、关键技术,要走在世界前列。经济和社会信息化水平要大幅提升。

(三)产业结构要有合适的比例

2012 年我国工业增加值占 GDP 比重为 40%,加上建筑业二产占 45.3%,一产占 10.1%,三产占 44.6%。8 年以后,工业农业总量要增加,但比例肯定减少,三产比例也会相应提高,对比要有科学的测算。要明确包括三次产业及就业分布的合理比例,以及工业领域高新技术产业占比、战略性新兴产业占比、新产品产值率等。此外,工业化引起的城乡产业布局、农业产业化水平提升等也应设置相关指标。

(四)应与民生指标相关联

工业化是经济社会发展的历史进程,工业是重点,但不是全部,应包含整个社会的进步。工业化是全面小康的支撑和基础。以人为本是科学发展观的核心立场,基本实现工业化,在就业、社保、城乡居民收入、教育、医疗、住房等方面指标上应有所涵盖。

总体来说,新型工业化评价指标体系既要揭示经济规模和结构的变化,评价工业增长的质量和效益,又要突出信息化对工业增长的促进作用和对经济结构调整优化的作用,特别要注重与城镇化、农业现代化的要求相适应。

三、转变发展方式、调整产业结构，工业是主战场

转变发展方式的关键是调整产业结构。总的方向是，改造提升传统制造业，培育发展战略性新兴产业，加快发展服务业，加强能源、运输、公共基础设施建设，构建现代产业发展新体系。工业理应是转方式、调结构的主战场。"十二五"期间工业领域要重点做好以下三项工作。

（一）把传统产业的改造优化、转型升级放在更加重要的位置

当前，我国工业多数行业经济技术指标与国际先进水平存在较大差距。工业行业的效益不高，集中表现在工业增加值率偏低，当前只有26.5%，而发达国家为35%—40%。推进产业转型升级是工业化、信息化的紧迫任务，要切实抓好技术改造、节能减排、提高质量、淘汰落后、重组兼并、产业转移、集聚发展等难点和重点。可以预见，在今后相当长时间内，支撑中国经济的还是传统产业的改造优化、转型升级，战略性新兴产业由于各种原因，一时还难以形成国内经济的支柱。因此，要把更多的人财物投到传统产业的改造优化、转型升级上来。技术改造是推进"两化"深度融合，促进传统产业优化升级的战略举措，也是转方式、调结构、稳增长的重要手段。技术改造以品种质量、节能降耗、减排治污、装备改善、安全生产以及信息化提升等为重点，用高新技术和先进适用技术改造提高企业生产力要素水平，具有技术新、效益好、投资省、工期短、见效快等显著优点，是内涵为主的发展方式，必须持之以恒地抓紧抓好。

（二）培育和发展战略性新兴产业

基本实现工业化，必须加快战略性新兴产业的培育和发展。培育和发展重点，应该突出新一代信息技术、节能环保、新能源、生物、高端装备制造、新材料、新能源汽车七个方面。加快不是追求数量，关键是在核心技术、关键技术上下功夫。新技术是新产业的灵魂，包括电子信

息、能源环保、装备制造、生物医药、国防科工等方面的 17 项国家重大科技专项，涵盖了上述战略新兴产业的核心技术、关键技术，要加快组织研发，力争"十二五"期间取得决定性成效。当前各地发展新兴产业积极性很高，但也出现了一些盲目投资、无序发展、条块分割的状况。在充分发挥企业积极性的同时，也必须发挥政府的引导作用。要抓紧制定并组织实施总体规划、专项规划，要抓紧编制技术标准、行业规范，制定出台一系列支持政策，要改革不适应新兴产业发展的机制、制度，要抓好典型示范工程。尤其是要注重新兴产业和传统产业的结合，传统产业为新兴产业提供了技术、装备、人才、市场基础，新兴产业带动传统产业的转型升级。

（三）大力发展生产性服务业

制造业发展方向是智能化、数字化、网络化和服务化，生产性服务业是制造业的延伸。要鼓励和引导制造企业围绕产品功能拓展业务，发展故障诊断、远程咨询、专业维修、在线商店等新型服务形态，搞好售后服务和全寿命周期服务。支持发展增值服务、专业服务，增加制造业的附加值。推广服务外包，创新服务商业模式，大力发展科技、商贸、金融、现代物流、电子商务、工业设计、信息服务、软件技术应用等，促进制造业与服务业融合发展。

四、加快工业改革开放和自主创新步伐

（一）着力推进改革开放

充分发挥市场配置资源的基础性作用，全面提高开放型经济水平，根本要靠推进改革开放。一是要坚持两个"毫不动摇"，在深化国有企业改革的同时，尤其要切实落实支持中小微企业健康发展的政策措施。二是要加快财税、价格、金融体制改革，牢牢把握发展实体经济这一坚实基础，纠正和避免"脱实向虚"。应该创造实体经济平均收益率合理化的条件，营造有利于实体经济发展的政策环境，形成鼓励脚踏实地、

勤劳创业、实业致富的社会氛围,增强社会资本投资实业的信心和动力。三是当今我国经济已融入全球经济,面对发达国家和新兴国家的双重挑战,要统筹好两个市场、两种资源,着力吸引国外技术、人才、资金、资源。当务之急是稳住出口,开拓海外市场,支持产业资本"走出去",实现资源全球化配置,为我国工业化创造有利条件。

(二) 创新驱动是关键

突破制约产业优化升级的关键核心技术,完善产业链条,促进由价值链中低端向高端跃升,关键是实施创新驱动发展战略,提升自主创新能力。核心技术、关键技术花钱买不来,市场换技术的时代已经过去,只有依靠自主创新,才能使现有产业不断优化升级。在加强原始创新的同时,要加强国家重大科技专项的研发,注重引进消化吸收再创新和集成创新,组织开展行业共性技术攻关,解决制约发展的科技瓶颈。要切实做到以企业为主体、市场为导向,产学研相结合,尤其要在"用"字上狠下功夫。用户要自始至终参与创新研发,提高研制的效率和水平。研发的目的在于用,只有有用才能进入市场,要大力推进成果的产业化和市场化。要切实加快科技创新,加强产品创新、品牌创新、产业组织创新、商业模式创新,加快科技成果推广应用,促进科技和经济有机结合。

(三) 东中西部要协调发展

基本实现工业化是全国整体的概念。东部发达地区离不开中西部的资源、能源和劳动力,中西部欠发达地区也离不开东部的技术、人才和市场。要贯彻落实国家区域发展战略和主体功能区战略,强化产业政策的激励和约束机制,发挥区域比较优势,推进产业有序转移和产业集聚发展,推动东中西部结构调整,促进全国范围内的资源优化配置。各地应根据资源禀赋、环境容量、市场状况和产业基础,选准优势产业,实施差别发展。政府应该实施差别化政策,防止产业趋同,低水平重复建设。东部地区应着重加快发展先进制造业和生产性服务业;中西部地区应注重依托资源优势和承接产业转移,加快培育发展特色优势产业。同时,应按照科学规划、合理布局的原则,建设一批符合新型工业化要求、国际竞争力强的工业园区和产业基地。

(四) 增强企业的内生动力和活力

企业是国民经济的微观基础,2020 年基本实现工业化,要靠全社会首先是企业的努力。只有企业做强做优,工业才能由大变强,只有企业转换机制增强内生动力,工业经济存在的深层次问题、结构性矛盾才能缓解。现在,迫切需要打造一批具有自主品牌和知识产权的大企业,发展一批"专精特新"的中小企业;构建和完善以大企业、骨干企业为龙头,中小微企业配套服务延伸加工的产业链,提升行业水平和综合竞争力。大力提升产业大军的基本素质,培育优秀企业家和职业经理人。尤其是企业自身应当自觉遵循市场规律,服从国家宏观调控,履行应尽的社会责任。当前和今后企业生存发展仍会有许多困难,但总的趋势是有利于实体经济发展的政策环境会逐步改善,关键还是靠企业主动适应市场,练好内功,提升创新发展能力。

第四节 推动"四化"同步发展的基本思路

进入新世纪以来,我国"四化"进入新的发展阶段,但是按照同步发展的更高要求,还存在明显缺陷。主要表现为:信息化与工业化融合广度深度不够、水平不高;工业化与城镇化互动不足,城镇化质量不高;城镇化、工业化与农业现代化协调不够得力,农业现代化明显滞后。因此,发挥工业化主导作用,推动"四化"同步发展的任务相当繁重。

一、推进信息化和工业化深度融合

以下一代互联网、无线通信、物联网、云计算等为代表的新一代信息技术的应用,为我国推动两化深度融合带来重大机遇。我们不能重复西方国家先工业化后信息化的老路,必须抓住信息技术迅速发展的宝贵机遇,大力推动信息网络技术广泛应用和全面覆盖,带动产业升级,实现跨越式发展。

(一)"两化"融合的水平较低

从总体上看,"两化"融合整体水平还不高,对传统产业转型升级的提升带动作用尚未充分发挥,仍然存在不少亟待解决的问题。一是"两化"融合"广度"、"深度"不够。多数地区仍然停留在试点示范阶段,还没有形成系统和网络,缺乏总体设计和具体部署、实施方案、评价标准及有效措施。二是信息资源整合利用明显滞后。"两化"融合的资源仍处于分散隔离的状态,条块分割、资源分散、"信息孤岛"的现象严重。三是信息产业的支撑能力不足。工业电子和软件的核心技术、关键元器件严重依赖引进,网络基础设施及应用服务不能满足需要。

(二)发展信息化要以工业化为条件和基础,推动工业化要依靠信息化的带动和提升

工业化是信息化的物质基础和主要载体,信息化是推动工业化的"加速器"。信息化与工业化的相互结合,不仅使加快工业化有了新的动力,也为信息化开拓了更为广阔的应用空间。多年来,在推动"两化"融合方面取得了初步成效。传统产业信息化水平和核心竞争力明显提升,信息技术快速发展,基础支撑能力得到加强;信息技术在金融、商贸、社会管理等方面实现集成运用,为进一步推进"两化"深度融合打下了良好的基础。当前,两化深度融合的重点应当放在改造提升传统产业、着力推动制造业信息技术的集成应用、用信息技术促进生产性服务业发展、提高信息产业支撑融合发展的能力、促进工业结构整体优化升级。

(三)以"广覆盖、全渗透"为抓手,把"两化"融合引向深入

一是把信息技术集成应用到企业研发设计、生产制造、企业管理、营销服务等生产经营的全过程。用新一代信息技术提升现有生产线、基础设施运营的智能化水平,加强技术改造,加快转型升级。二是拓展信息技术应用范围。把信息技术从制造业向能源、交通运输、城市基础设施等领域及物流、商贸、金融等生产性服务业扩展,抓好重点示范。三是发展现代信息技术产业体系。从新兴产业的规划设计、技术路线、研发制造、工程建设到市场开拓,一开始就与新一代信息技术的发展应用紧密结合,提升发展起点和水平。注重信息技术与新能源、新材料相结合,变革现有生产方式。四是推广信息技术在社保、教育、医疗、文化产业、城乡建设以及农村信息化等方面的广泛应用,提升社会管理水平和人民生活质量,扩大信息消费,拉动经济发展,促进社会进步。

二、推动工业化和城镇化良性互动

工业化与城镇化双轮协调发展、良性互动,是"四化"同步发展的基础和保障,应当放在重中之重位置上抓紧抓好。

(一)工业化是城镇化的前提和条件

工业化导致要素的空间聚集和大规模的人口迁徙,可以有力促进现代城市的形成和发展。工业是城镇化的原动力,可以为城镇化提供坚实的物质基础,提供市民生活消费的物质产品。我国每年新增上千万农民工进城务工,要靠工业及衍生产业提供市民和农民工的就业岗位,并为城镇基础设施建设提供物质保障和资金支持。工业产业的发展有利于改变和优化城乡布局和经济结构,只有工业化进程不断推进,才能吸纳城市人口并消化农业现代化释放出来的剩余劳动力;只有工业产业发展,才能使城市获得稳定可靠的财源,更多地投入到城市基础设施建设,提升城镇化水平。

(二)城镇化的发展为工业化创造巨大需求

城镇化为工业化提供要素保障,不仅带来劳动力资源,还促进了资金、信息、技术、管理等要素资源的集聚和有效配置，为发展工业生产、调整经济结构、吸引外来投资等创造良好的外部环境。因此，要坚持"产城互动、产城融合"的发展思路，科学规划城镇体系，根据城市功能和布局留出产业发展的空间，促进现存分散布局的产业向城市规划产业区集中，新增产业在规划产业区落地。通过工业园区、科技园区、开发区的建设，吸引更多企业和农村劳动力进城落户，同时加大城市基础设施建设，扶持生产生活性服务业发展，为产业发展提供更有效的平台。据测算，城市居民的人均消费水平是农村的 3.2 倍，目前我国城镇化率刚超过 50%，其中还有 13% 以上的人是长期在城里打工的流动农民工，如果把这个因素考虑进去，发展潜力相当巨大。

（三）推进城镇化建设要注重产业集聚化

城镇化不是简单的城镇人口增加和城市面积扩张，更重要的是实现产业结构、就业方式、人居环境、社会保障等一系列由"乡"到"城"的重要转变。从总体上看，全国及各地区的城镇化水平还远远落后于工业化水平，而产业集聚集群发展有利于优化资源配置，是提升城镇化发展内生动力的重要措施。应当认真贯彻区域发展战略和主体功能区战略，选准优势产业、特色产业，实施差别化发展，形成更具竞争力的工业园区和产业集群，实现集约使用土地、节约利用资源、集中治理污染，打造各具特色的地方经济，进而形成具有生机活力、配套协调的城市群和经济带，提升城镇化的质量和水平。

三、工业化与农业现代化互为支撑

农业始终是国民经济的基础。发展现代农业、搞好新农村建设、不断提高农民收入始终是摆在我们面前的重要任务。要适应形成城乡经济社会发展一体化新格局的要求，搞好工业总体布局和发展规划，引导工业资金、技术、人才、管理等生产要素向农村流动。

（一）农业是工业的基础，工业化要靠农业提供保障

农业是轻工业特别是食品、纺织、医药等工业原料的主要来源，农村是工业产品销售的重要市场。农牧副产品深度加工是工业的重要组成部分，是提高农产品附加值、满足民生需要、农民致富的重要渠道。通过巩固农业基础地位，发展现代农业更好地为工业发展提供丰富的原材料、充裕的劳动力、广阔的市场空间和必需的工业用地。农村市场对工业产品有着巨大的需求，家电下乡、汽车摩托车下乡、农机下乡、建材下乡等有效拉动了内需。

（二）工业反哺农业、支持农业

工业化所带来的先进技术，改造了传统农业生产方式，推进新型工业化与农业现代化相互促进和协调发展。积极提供农用机械装备、燃料、动力和化肥、农膜、农药等农业生产资料，既可以促进农业生产规模化、农业技术集成化、劳动过程机械化、生产经营信息化，又有利于普及科学种田，加快农业现代化进程。当前，应当着力支持农用工业发展，加快推进农业机械化、水利化、产业化。2011 年，我国农业机械包括排灌设备总动力已达 9.77 亿千瓦，大中型拖拉机达 440 万台，全国农作物耕种综合机械化水平达 54.8%。越来越多的农业生产和农产品加工装备得到广泛应用，在农业增产增收、农产品精深加工等领域发挥着举足轻重的作用。今后，应该继续在改造提升农村电网，发展农用水电，广泛利用风能、太阳能、生物能，实施农工贸一体化促进农产品加工业结构升级，扶持壮大龙头企业，培育知名品牌等方面下功夫。同时，应当以更大力度支持新农村建设，更加注重改善农民生活条件。

（三）提升农村信息化水平

目前，我国行政村通电话的比例和乡镇能上网的比例均达 100%，自然村通电话比例达 94.6%，行政村通宽带比例达 84%，2G 网络基本覆盖所有农村地区，3G 网络已经覆盖所有县级以上城市及部分乡镇，

信息化为农业现代化的发展创造了有利条件。今后,应该进一步发挥信息化为新农村发展的服务作用,着力推进广电网、电信网、互联网"三网融合",改善农业农村信息化基础设施;扎实推进农业生产经营服务信息化,及时发布市场信息,努力提升科学种田水平;积极促进科技下乡、文化下乡,提高教育、医疗信息化水平,尽快提升农民的生活质量。

第十四章　农地经营制度改革是发展现代农业的必然要求

我们所讲的农地经营制度,是指实现农地产权人权益和农业生产组织形式的制度。在农地所有权确定的前提下,农地经营可以采取多种产权实现形式和生产组织形式。寻找符合农业特点、有利于解放和发展农业生产力的农地产权实现形式和生产组织形式,始终是农地经营制度改革所追求的目标。

第一节　农地经营制度的变迁

一、从农地的所有制改革到农地的经营制度改革

1950 年 6 月,刚成立不久的新中国中央人民政府颁布了《中华人民共和国土地改革法》。我国的土地改革,只在农村进行。土地改革的核心,是没收地主并征收富农等超出当地人均水平的土地,将其大体平均地无偿分配给无地、少地的贫困农户。到 1952 年年底,我国大陆除西藏外基本完成了土地改革,农村普遍实行了农户土地私有制,国家对农户私有的土地颁发了地契,实现了农民"耕者有其田"的愿望。但土地改革刚完成不久,要求农民"组织起来"的意见便逐渐占了上风。

先是号召农民自愿加入以"变工插犋"（即农户间互换人工、畜工而形成的生产互助）为主的农业生产互助组。紧接着就又要求互助组向以土地和生产资料入股分红的初级农业生产合作社过渡。初级社虽对入股土地实行统一经营，但未改变农户的土地所有权。1955 年 11 月，全国人大常委会通过了《农业生产合作社示范章程》，提出建立以土地和农业生产资料交合作社统一经营、取消土地入股分红、完全实行按劳分配的"高级农业生产合作社"。建立高级农业生产合作社的过程，实际上是在农村开展的又一次土地改革，它是针对土改后刚建立的农户土地私有制的改革。入社农民的土地归高级社集体所有，由此开启了我国农村土地的"集体所有制"时代。到 1956 年年底，高级社已在全国基本覆盖。

1958 年夏季，部分地方的农村又开始推行土地"集体所有"范围更大的人民公社，即由若干高级社合并而成的农村集体组织。1958 年 8 月底，中共中央政治局扩大会议通过了《关于在农村建立人民公社的决议》。到该年年底，全国农村就已普遍建立了人民公社制度。人民公社最初实行在全公社范围内"统一经营、统一核算、统一分配"，但这带来了经营管理上的极大困难和分配上严重的平均主义。因此，1959 年以后又明确为"统一领导、分级管理、三级核算、队为基础"，即把人民公社的生产资料（主要是土地），分为公社、生产大队和生产队（也称生产小队）三级所有。大体上，小队的规模相当于之前的初级社，大队的规模相当于高级社，公社则相当于后来的乡、镇。但当时对作为基础的"队"，并未明确到底是大队还是小队。1962 年 9 月，中共中央制定了《人民公社工作条例修正案》（即《六十条》），强调了作为基础的"队"，主要指的是小队，由此明确了生产队（即小队）既是农村集体土地的所有权单位，也是人民公社的基本核算单位，农村集体的生产经营活动，在"队"的范围内实行独立核算、自负盈亏。这个体制一直实行到了改革开放之初。

二、农地实行集体统一经营存在难以克服的内在矛盾

人民公社经营体制的主要弊端,在于"统一经营、统一核算、统一分配"的制度违背了农业生产的规律。农业,是人类在自然环境中通过控制动植物的生命活动而开展的生产活动。历史的经验表明,当农业经营的主体超越了家庭之后,就必然产生对劳动监督和计量的困难。而解决不了这一问题,就不可能对劳动成果进行合理分配,由此就必然挫伤劳动者的生产积极性,就会引发普遍的"出工不出力"现象,最终导致农业生产效率的低下。其实,这一体制性的弊端,在初级社、高级社时就已经显现,只是人民公社因其"规模更大、公有化程度更高",而将其发挥到了极点。面对这一突出矛盾,人民公社制度建立不久,就开始了对自身经营体制的调整。一是将土地和生产资料的公有范围、经济核算的层级,缩小和降低到了相当于原初级社的规模,即生产小队。二是在生产小队内部建立生产责任制,包括实行劳动定额、小段包工、包产到组等。但终因无法从根本上解决对劳动的监督和计量问题,因此对调动社员的生产积极性收效甚微。

三、通过家庭承包形式实现了农村集体土地所有权与经营权的分离

1978 年,在党的十一届三中全会召开前夕,一些地方的农民自发搞起了"包产到户",安徽省凤阳县小岗生产队的农民则选择了更为简洁明了的"大包干"。用当地农民的话说,"大包干"就是"交够国家的,留足集体的,剩下都是自己的"。这虽然是指承包到户后土地产出的分配制度,但它隐含的前提却是取消了生产队的统一经营和统一核算,而土地回归家庭经营之后,也就不再需要对劳动进行监督和计量。这个看似简单的土地所有权与经营权"两权分离"的改革,对调动农民生产积极性、发展农业生产的作用却不可小觑。从 1979 年到 1984 年,全

国的粮食总产量增长了三分之一,年均增长率达 4.95%,明显缓解了我国长期存在的粮食供不应求的矛盾。实际上,自高级社成立之后,农民对实行家庭承包经营的愿望和行动就始终没有放弃过,从 1956 年到"文化大革命"前,在这近 10 年的时间中,各地农民自发的"包产到户"曾有过几起几落的经历,但都因当时的社会氛围而未能持续。另一方面,人民公社虽然对自身的经营体制进行了调整,但无论是缩小土地公有的范围、降低核算的层级、实行生产责任制等,只要农业生产的经营主体没有回归到家庭,农民就是不认可,就还能寻找到各种"出工不出力"的办法,来应付"统一经营、统一分配"。这个"牛"一直顶了 20 多年,直到农村开始改革。

人民公社在经营体制上留下的深刻教训是,如果农民感到种的不是自己的地、打的不是自己的粮,而经营者又无法有效解决对劳动的监督和计量问题,农民就不可能尽心竭力地付出劳动,农业就难以提高效率。可见,农业的特点和经济的规律是违背不得的。但我国人多地少,规模细小、经营分散的农户,既缺乏应对自然和市场风险的能力,也缺乏进行农业基础设施建设、采用先进科技成果的能力。因此,在各地普遍实行农业家庭承包经营之初,中央就提出了分散经营和统一经营相结合的指导原则,明确农村集体经济组织要实行"以家庭承包经营为基础、统分结合的双层经营体制",并以此为我国农村的基本经营制度,写入了国家的宪法。

第二节　农地经营制度面临的新形势

实行以家庭承包经营为基础的双层经营体制 30 多年来,农业农村发展的成就有目共睹。进入 21 世纪后,在工业化、城镇化加速推进的背景下,农村也正在发生深刻的变化。尤其是农村劳动力的大量外出务工经商,使不少农户的耕地承包经营面临新的挑战。在确保农户土地承包权益的前提下,进一步深化农地经营制度的改革,将不仅使农业的生产发展更加适应全面建成小康社会的要求,更有可能对激发整个农村经济体制的活力、加快现代农业的建设步伐,产生巨大的促进作用。

一、农地经营制度改革是农村改革的突破口

我国的改革,最初是从农村开始的;而农村的改革,又是从土地的经营体制入手的。改农地的集体统一经营为家庭承包经营,引发了这场波澜壮阔的农村改革,继而成为我国整个经济体制改革的起点。可见,选择一个符合规律和发展阶段的农地经营制度,对于激发农村经济乃至整个国家经济的活力,具有多么不可估量的作用。1983 年以后,以家庭承包经营为基础、统分结合的双层经营体制在农村已经普遍实行,它带来了一系列意想不到巨大的变化。首先是调动了农民的生产积极性,粮食等主要农产品的产量快速增长;其次是由于单位面积产量的提高,农民在完成粮棉油等主要农产品的国家收购任务后,可以按市场需求来生产农产品,提高了农业的经济效益;第三是劳动力由家庭支配后,剩余劳动力和劳动时间可以开展多种经营甚至外出打工;第四是农民家庭成为经营主体后,具有资本积累的功能,部分农户开始有了向二、三产业投资的能力。针对农业农村出现的这种新情况,中央出台了一系列重大政策措施。一是宣布撤销人民公社,设立乡(镇)政府,改变了人民公社时期政社合一的体制。二是实行村民自治,以原生产大队为基础,设立村民委员会,下设原生产小队为基础的村民小组。三是宣布延长土地承包期,明确耕地的承包期不应短于 15 年,林地的承包期应当更长。四是允许土地承包经营权有偿流转,鼓励耕地向种田能手集中。五是鼓励农村集体经济组织兴办乡镇企业(当时称做"社队企业"),允许农户兴办联户和家庭企业。六是允许农民自理口粮到小

城镇务工经商。这些政策措施极大地激发了农村经济的活力,也深刻影响了正处于起步阶段的城市经济体制改革。当改革进入攻坚克难的现阶段,在坚持农村基本经营制度的基础上,针对当前农业经营面对的突出问题,继续选择以农地经营制度为深化改革的突破口,无疑将有力促进农村社会生产力的进一步解放与发展。

二、农地经营制度改革面临的新形势

在工业化、城镇化的快速推进下,农业和农村的发展面临的新情况、新问题纷繁复杂,归结起来,主要是农村的人往哪里去、农业发展和农村建设的钱从哪里来、现代化农业的地该如何种? 显然,这些问题,总体上已经超出了"三农"的范畴。因此,当前的农地经营制度问题,也远比30多年前农村改革发轫之时要复杂。那时要探求的是能够解决温饱的农地经营制度,怎样才能使同样的地、同样的人打更多的粮? 这是30多年前农村改革需要解决的紧迫问题。在当时的历史条件下,农民和农村基层干部能从历史经验和自身实践中找到的有效办法,就是将农地的所有权与承包经营权实行"两权分离"。于是家庭承包经营、双层经营体制应运而生,而长期困扰人们的温饱问题也在短短三五年内基本得到解决。但当前农村所面临的农地经营制度问题,已不再是调动集体组织内部户户、人人都充分发挥农业生产积极性的问题,而是在工业化、城镇化创造的新条件下,农民为寻求富裕开始大规模向城镇、向二、三产业转移背景下的农地经营制度问题。在这样的新背景下,越来越多的农村劳动力正在离开农地,农村不同的家庭对农地经营的依赖程度发生了明显差别。于是,如何使已承包到各家各户的农地得到更有效率的利用,使愿意并有能力务农的农民能经营更多的农地,使愿意离开农地的农民能保全他的土地承包权的权益。而这样的新情况,是30多年前所未曾预料到的。工业化、城镇化的进展,为农民转移不断创造着新的就业岗位,也为逐步减少的农户能经营更多的农地创造着机会。显然,当前的农村,已经到了在已有的农地承包关系基础上进一步创新经营制度的阶段。

第三节　农地经营制度面临的主要矛盾

如果说实行农地家庭承包经营的一大成果,是使农地从集体统一经营的体制束缚中解放了出来,由此调动了所有农户的生产积极性;那么,当前农地经营制度创新所要实现的主要目标,就是要把高度分散的农地经营权,从那些已经不再依赖农业为生的农地承包户中逐步解放出来,使农地经营在效率上得到新的跃迁。否则,农业就难以适应经济社会发展的新要求。

一、农村青壮年劳动力的大量外出就业,引发了"谁来种地"的忧虑

据国家统计局调查,到 2012 年年底,我国农民工数量已达 26261 万人;其中在本乡镇从业的 9925 万人,比上年增长 3.9%;外出就业的 16336 万人,比上年增长 3.0%;农民工中举家外出的 3375 万人,比上年增长 2.9%。我国人多地少,农村中存在大量富余劳动力。2011 年,全国在农业中就业的劳动力仍达 26594 万人,仅比 1978 年的 28318 万人减少了 6.1%;2011 年我国主要农作物的播种总面积为 243425 万亩,比 1978 年的 225158 万亩增长了 8.1%。以此计算,我国农业劳动力人均承担的农作物播种面积,仅从 1978 年的人均 7.95 亩,提高到了 2011 年的人均 9.15 亩,即提高了 15.1%。这些数据一方面反映出在我们这个农民大国中,减少农业劳动力、扩大农业经营规模的进程之艰难,另一方面也在提示我们,农业农村发生的实际变化,可能远比统计数据的变动要复杂。

据清华大学中国农村研究院 2012 年组织的对 23 个省区、205 个村、5165 户农民家庭的调查显示,2011 年,被调查户中有 58.6% 的家庭有人外出打工,外出务工劳动力占农村劳动力的 36.4%,在家从事农业的劳动力中有 31.7% 的人兼业;户均从事农业生产的全劳力为 0.9 人,占户均 2.8 个全劳力数的 32%。农户家庭承包的耕地,40.3% 主要由妇女耕种,38.5% 主要由 60 岁以上有劳动能力的老年人耕种,只有 21.2% 是青壮年男劳力在耕种;农业生产者的平均年龄为 47.3 岁。这表明,农业劳动力在年龄和性别上发生的变化,要远大于数量上发生的变化。而正是农业劳动力的这种结构性变化,使得"谁来种地"正在成为一个日益严峻的现实问题。

二、影响农地流转、集中和发展规模经营的主要障碍

到 2012 年年底,全国外出和在本地就业的农民工数量,已接近农村劳动力总量的 50%,但全国农村流转的耕地面积,仅占农户土地承包合同面积的 21.2%。早在 1984 年,中共中央一号文件就提出:鼓励耕地向种田能手集中。此后,几乎在所有指导农村工作的文件中也都明确,允许农村土地承包经营权依法、自愿、有偿流转。造成农村劳动力流出与土地流转之间有如此差距的原因是,我国现阶段农村劳动力的转移,基本还是农民家庭中部分成员的外出流动就业,而并非全家迁徙。清华大学中国农村研究院组织的调查显示,在被调查农户中,58.6% 的家庭有人外出打工,但发生土地流转的家庭,却只占被调查户的 15.5%;而举家外出的农户占被调查户的 8%,但已转出全部承包地的家庭却占被调查户的 7.2%。这表明,由于农民家庭承包的土地面积本来就很有限,多数家庭的劳动力又有富余。因此,对于大多数有人外出的农户,留在家里的整、半劳动力,基本也能够应付承包地的生产经营。当然,除了这一基本原因外,影响农村土地流转的其他因素也不应忽视。

（一）农村土地承包关系的稳定性不强

这使农户担心转出土地后可能会丧失土地承包权。尽管 2003 年 3 月 1 日开始实施的《农村土地承包法》明确规定,在承包期内,发包方不得收回和调整承包地。但事实上,由于各种原因所致,农村承包地被三年一小调、五年一大调的现象在许多地方都存在,致使农民对土地承包关系的稳定性缺乏信心。

（二）流动进城就业的农民难以转为市民

由于难以在城镇落户,享受不到当地市民的基本公共服务,加上在城镇的就业又存在着不稳定性,因此多数外出农民把家里的承包地看作是最后的保障,不愿流转或只愿在亲友间作临时性的流转。

（三）土地的财富效应正日渐被农民所认识

农地虽然不值多少钱,但一旦被批准改变用途或被国家征收,价值就会成十几、几十倍地上涨。近年来,国家对征收农民集体土地的补偿标准不断提高,使农民对土地增值的心理预期也逐步提高。相对于土地改变用途后的增值而言,土地流转的收入就显得微不足道。为了避免在分配土地增值收益时可能遇到的麻烦,不少农户宁可选择不流转。

（四）农村土地流转的服务机制不健全

虽然有些地方为农户的土地流转设立了服务站、服务中心、托管所等中介机构,但总体上尚不普遍,致使有土地转出、转入愿望的农户相互间缺乏信息沟通,使得有些潜在的土地流转没能得以实现。

综上所述,在我国农民基本上还处在只能向城镇流动就业而难以实现向城镇迁徙的现阶段,农地流转面临的复杂因素被大大增加。在这样的背景下,就不能把农村外出劳动力的数量,作为衡量农地可以流转数量的主要依据。因此,当前既要在总体上加强制度建设,为农地流转创造良好环境,又要从各地不同的实际出发,制定差别化的政策,还要从外出就业农民面临的诸多不确定性因素考虑,在制度和政策设计中留有必要的弹性空间。

第四节　创新农地经营制度的基本思路

农业经营体系的创新,主要有两方面的要求:一是逐步改变18亿亩耕地分散在近2亿户农民家庭实行小规模经营的现状,培育经营规模更大、生产效率更高、经济效益更好的农业经营主体。二是加快建立健全能从各方面向农业经营主体提供各种生产和经营服务的组织和机构,提高农业生产的专业化、社会化程度。这是在工业化、城镇化进程中,随着农业人口向城镇迁徙而必然形成的趋势。当前,这一趋势在我国已初现端倪,应当把握趋势、顺势而为,加快农业经营体系创新的步伐。早在20世纪80年代,我国的农地就已经实现了集体所有权与农户承包经营权的分离,而培育新的农业经营主体,要解决的主要问题,就是把部分农户自发的土地流转行为,培育成农地承包权与经营权再次分离的有效机制,以引导农地所有权、承包权和经营权的"三权分离"。这里必须解决好的关键问题,一是转入农地经营权的主体,必须具有从事农业生产经营的较强能力。二是农地经营权从承包权中分离出去后,必须有可靠的制度来保障农地承包权人的合法权益。

一、明确家庭经营在农地经营中的主体地位

从世界各国发展现代农业的实践看,家庭经营与规模经营、家庭经营与现代农业之间,都不存在内在矛盾。从东亚到中东再到欧洲到新大陆,不同国家的农业资源禀赋和人口规模差距极大,各国农户或农场主经营的农地规模,小的只有一两公顷,大的达到数千公顷。但无论农地经营规模的大小,都没有妨碍它们中的有些国家实现农业现代化。而在那些已经实现了农业现代化的国家中,家庭经营仍在农业中占据着主体地位。农业之所以适合家庭经营,是由农业自身的产业特点决

定的。农业生产要面对气候和动植物生命活动这两个不确定性,它要求生产者随时关注气候和动植物的各种变化,并及时采取措施以应对这些变化,因而农业要求生产者同时也是管理者。动植物的生命活动是连续并不可逆的,对生产者在各生产环节所付出的劳动,只能以最终产品的产量与质量来检验,因此,农业要求生产者对生产的全过程负责。农业的生产时间和劳动时间不一致,生产者必须能够自主支配劳动时间,才能充分利用劳动时间,创造更多财富。农业的这些特点,如果采取管理者与生产者相分离的体制,就必然造成对劳动监督和计量的特殊困难。而家庭经营的农业,却能以家庭这个利益共同体的特殊优势,使上述困难不再成为困难。因此,家庭经营的农业,是管理成本最低的农业。古今中外的农业发展史证明,不是家庭经营选择了农业,而是农业选择了家庭经营。随着农业人口的减少,家庭经营的规模必然逐步扩大。因此,在农业现代化的过程中,需要改变的不是家庭经营这个农业生产的基本组织形式,而是为其提供各种社会化服务的外部条件和环境。

二、切实保障农户土地承包权的合法权利

培育新的农业经营主体,当然就离不开农业生产要素的流动和重新组合,必然要涉及农户承包土地经营权的流转和集中。而土地承包经营权,是农户对其依法承包的土地所享有的占有、使用和收益的权利,是农户的合法财产权利。因此,必须消除农户对土地流转后可能丧失财产权利的担忧,才能为土地的流转创造适宜的环境。而加快推进农村土地承包经营权的确权、登记、颁证工作,就是建立农户财产权利保障制度的重要基础。2003 年开始实行的《农村土地承包法》就已规定,对农户在承包期内依法承包的土地(耕地承包期为 30 年,草地为30 至 50 年,林地为 30 至 70 年),发包方(集体组织)不得收回和调整承包地。这符合 2007 年颁布的《物权法》中关于"所有权人不得干涉

用益物权人行使权利"的规定。但实际上在承包期内调整甚至收回承包地的现象仍经常发生。这严重影响着农户对土地承包经营权长期稳定的预期,构成了农户对土地流转的重大心理障碍。2008 年,中共中央一号文件提出:"加快建立土地承包经营权登记制度。"2009 年的中央一号文件又进一步要求:"强化对土地承包经营权的物权保护","稳步开展土地承包经营权登记试点,把承包地块的面积、空间位置和权属证书落实到农户,严禁借机调整土地承包关系,坚决禁止和纠正违法收回农民承包土地的行为"。农村土地承包经营权的确权、登记、颁证,不仅是建立农户财产权利保障制度的重要基础性工作,也是在农村深入广泛开展的普法教育活动,它有利于在全社会树立起尊重和保护土地权利人合法权利的意识,是建设法治政府和法治社会的一项重大举措。

有一种观点认为,如果农民在城镇落了户,就应放弃其在农村的承包地和宅基地,理由是"不能两头占资源"。而据一些开展户籍制度改革、允许符合条件的农民在城镇落户的地方反映,如把放弃承包地和宅基地作为前提条件,绝大多数农民都宁可选择不在城镇落户。人力资源和社会保障部所属劳动科学研究所最近完成的对京、浙、鄂、粤、川、陕六省市的一项调查表明,已经在城镇就业的农民工,如可在大中城市和小城镇落户,表示不愿意放弃承包地的比例分别为 58.01% 和 73.73%,不愿意放弃宅基地的比例分别为 69.65% 和 78.47%。可见,农民是非常看重自己在农村的土地承包经营权和宅基地使用权的,因为,那是他们合法的财产权利。对财产,只能问其是否合法。合法的财产,再多也受法律保护;不合法的财产,再少也应依法进行追究。对农民的财产权利,当然也不能例外。因此,要形成有利于农地流转的制度条件和社会氛围,一是必须对农户的土地承包经营权进行具有法律意义的确权、登记、颁证,二是必须由农民自愿决定是否流转农地的经营权,三是必须保障经营权流转后农地承包权人的合法权益。

三、在多样化的发展中培育符合国情的农业经营主体

我国各地经济社会发展水平差异很大,必须从当地的实际出发,允许新的农业经营主体多样化地发展,同时也要从中国特色农业现代化道路的要求出发,积极探索符合我国国情的新型农业经营主体的基本特征。在近年的农村改革发展实践中,各地已经出现了如专业大户、家庭农场、农民合作组织、"公司+农户"、公司制农业等一系列新的农业经营主体。应当明确,只要不改变农村集体土地所有制,不改变土地的农业用途,不损害农民的利益,有利于农业生产力的发展,就应当允许各种形式的农业经营主体在实践中发展、经受实践的检验和选择。

虽然新主体的形式多种多样,人们对各种新主体的理解也各不相同,但概括起来看,各种新主体的共同之处,在于都需要转入土地的发展规模经营;而主要的不同之处,则在于是依靠家庭成员经营,还是通过雇工来经营。因此,各种新的农业经营主体的现状和前景,大体可以分为两类:一是适度规模经营的家庭农业,二是雇工经营的公司制农业。当然,有些主体的经营形式,如专业大户、农民合作社等,目前尚处于两者之间。

"专业大户"是约定俗成的叫法,有些实际上是适度规模经营的家庭农业,有些则更接近于雇工经营的公司制农业。农民合作社可分为两大类,一类是围绕某种农产品生产、销售进行的合作,合作社主要负责技术指导和产品销售,生产仍由各户进行。另一类是以土地入股的合作社。农户把自家的承包地入股后,生产经营可有多种形式。一是有的合作社可能转化为比较规范的合作制农场。二是合作社负责提供生产中的统一服务,各家负责自家土地上的田间管理。这主要是为了解决统一种植和机械服务的规模问题。三是由合作社的部分成员负责农业生产经营,其他成员按入股的土地分红。这主要是为了解决土地的规模经营和保障入股农户的土地收益权。四是合作社把土地整体流

转给公司或大户经营,收取租金按入股土地分配给农户。这主要是为了解决本集体多数农户不愿种地和提高土地收益。五是合作社再以土地入股的方式与公司、企业联营,这主要是为了解决农业结构调整中引进技术和资金问题。不难看出,合作社的发展也处于分化之中。有的将向依靠社会化服务的家庭经营转化,有的可能逐步发展成公司制农业,还有的则可能演变成为农户提供土地流转服务和保障农户土地权益的中介机构等。

"公司+农户"的经营形式,更接近于提供社会化服务下的农业家庭经营。由于公司对农产品有特殊要求,因此提供的服务更为专业化,也更有利于推进农业的标准化。但由于农户生产的农产品是提供给特定公司、企业的,为避免公司企业在遇到市场风险时损害农户的利益,有些地方已将"公司+农户"的形式发展成"公司+合作社+农户"的形式,以提高农户的谈判地位、保障农户的利益。

对公司制农业,存在着不同的认识。总的看,由于公司制农业必须依靠雇工生产,因此它并不适合农业的所有领域,特别是不适合大规模的种植业生产,因为它同样会面临对劳动监督和计量的困难。但在一些特定领域,如设施农业、规模化养殖等,一方面因为对投资和技术有较高要求,同时类似工厂化的生产方式,也有助于解决管理者对劳动的监督、计量和产品质量的监管问题,因此,公司制农业这类领域可能具有优势。但在现实中,公司制农业也引发了若干令人忧虑的问题,如转入土地后较多地实行"非粮化"、"非农化"经营,有的甚至就是为了圈地并改变农地的用途。同时由于规模大、投资大、缺乏经验,公司制农业也面临较大经营风险,而一旦经营失利,向公司流出农地的农户往往难以保障自身的合法权益。因此,2013年的中共中央一号文件,既提出要鼓励和引导城市工商资本到农村发展适合企业化经营的种养业,也明确要探索建立严格的工商企业租赁农户承包耕地(林地、草地)准入和监管制度。

家庭农场,目前尚无明确定义。但与国外的家庭农场相比较,有两点可以参照:一是主要依靠家庭成员生产经营;二是主要收入来自农业。由此两点出发,可以从我国的实际去探究家庭农场的合理经营规模。一是技术条件。在我国现有的农业机械化水平下,即使不雇工,家庭农场的规模在技术上似乎可以基本不受限制。而真正对农业经营规模构成制约的,主要是自然和社会这两大非技术因素。自然因素即地形地貌,我国的耕地,有相当多处于不适合大规模机械化作业的丘陵和山区;社会因素主要是指农村人口的迁徙程度。全国只有 18 亿亩耕地,而农村还有近 2 亿农户、6 亿多人口,对农地这个农业生产最基本要素的分配,不能不顾及社会公平。因此,家庭农场的规模必须与现阶段的农村人口状况相适应,但这在各地有很大差异,因此要坚持因地制宜。二是收入水平。家庭农场的人均收入如超不过外出打工的收入,他就可能弃农。上海松江区的家庭农场,通常都由本村或邻村的农户竞争承包。在有政府财政补贴和社会化服务体系的支持下,一年两季(稻、麦或稻、油菜)的亩纯收入为 700 元左右,经营 100 亩耕地,年纯收入可达 7 万元左右,夫妻两人经营,加上吃住在家,收入明显高于外出打工。如果再为公司代养生猪,饲料由公司配送,防疫由公司负责,猪粪用于就地肥田,一头生猪出栏,可获劳务费 50 元,500 头规模的猪舍,一年出栏三茬,年收入又是 7 万多元。种养结合,两人年纯收入可达十四五万元,不低于城里人的中等收入水平。由于有了这样的收入,想当家庭农场主的人就多了起来,包括村里已经外出就业的知识青年,也愿意回来种地、养猪,于是就有了竞争。这不仅提高了对家庭农场主的素质要求,客观上也对农场的规模构成了一定限制。而这实际上也是社会对农地资源分配公平要求的又一种表现形式。达到松江家庭农场的水平,需要一系列社会经济的外部条件。一方面,这些条件不是各地都已具备,所以不能照抄照搬松江的经验;同时也要看到,松江家庭农场的规模,是当地现阶段经济社会发展的产物,今后必将还会发生与时俱进的变化。但松江的实践给出了有益的启示：一是在农业社会化服务体系比较健全的条件下，从事种植业或种养结合的家庭农场，完全有可能在各类新型农业经营主体中占有重要席位。二是主要由本村或邻村的种田能手来经营家庭农场，有利于农村社会治理结构的稳定。三是家庭农场的适度规模经营，既能给农场主带来体面的收入，又能顾及农地资源分配的社会公平和农民获取自主经营权的机会公平。

四、建立健全农业社会化服务体系

以家庭经营为基础的农业，必须在健全的农业社会化服务体系支持下，才能稳步实现现代化。在市场经济背景下，家庭农业想把生产的所有环节都包下来，既不现实也不必要。建立起完善的农业社会化服务体系，既能解决一家一户办不了、办不好、办起来不经济的事情，更能极大地提高农业生产的专业化、社会化水平。我国每年夏粮收获季节，在农业和其他部门的通力协作下，从全国各地调度数十万台联合收割机转战南北，既解决了数千万农户抢收小麦的问题，又极大地提高了机械的利用率，增加了农机户的收入，充分显示了农业社会化服务的优势。要提高家庭经营的农业效率、降低生产成本，发展农业社会化服务是必不可少的途径。农业的公益性服务，如病虫害测报、动植物防疫、农产品质量安全检验检测、气象预报等，应由政府职能部门通过健全相关的机构体系来承担；有条件的地方，也可以通过购买服务的方式委托经营性机构承担。经营性的农业社会化服务，则应当调动社会各方面的力量，通过发展多种形式的服务组织和机构来满足农民的需求。在当前各地农村的实践中，已经形成了多种形式的农业社会化服务组织。国家的基层农业技术推广机构，农村的集体经济组织，农民的合作组织，农业产业化经营中的龙头企业等，形成了我国农业社会化服务体系的基本构架，近年来方兴未艾的民间专业服务组织，更是从供种育苗、农机作业、植物保护、设施建设等各方面，为各类农业经营主体提供更有针对性的专业化服务。一些农业社会化服务比较健全的地方,已经初步形成"耕、种、收靠服务组织,日常管理靠家庭成员"的格局,农业生产的社会化程度显著提升。从一定程度上看,农业社会化服务体系的形成,使农业生产中的某些重要作业环节,成为独立于农地经营主体的专业服务部门。这种农业经营主体、生产服务组织相互依托的结构,节约了农地经营主体的装备投资,提高了生产环节的作业效率,扩大了专业技术和装备的服务规模,是在农地适度规模经营条件下,通过对农业生产环节的社会化分工、专业化服务,对推进中国特色农业现代化的有益尝试。

第五节　推进农地经营制度改革
需要采取的措施

促进"三权分离"的农地经营制度改革,必须切实保障农户土地承包权的权益,坚持农地流转必须依法、自愿、有偿的原则,坚决守住不改变农地用途的底线。同时,还要进一步完善政策,为改革创造必要的条件。

一、尽快形成规范的农地经营权流转制度

目前,农地经营权主要在熟人间自发流转,流转时间短,缺乏规范的程序和手续,易产生纠纷,不利于在当事人之间形成稳定预期。同时,还有两种现象需要注意。一是农地流转后,通过调整种植结构所产生的较高效益如何合理分配问题。由于在农地流转前,农户对此往往并不清楚,效果出来后,转出农地的农户感到吃亏,就容易在流转期限和租金水平等方面产生纠纷。二是公司企业对转入农地的利用问题。据清华农研院的调查,在农村全部流转的土地面积中,由公司经营的面

积只占 19.6%,而公司用于粮食生产土地面积仅为 15%,这与农户转入土地后,用于粮食生产的面积占 66.7%形成了明显差别。为此,需要加强两方面的工作:一是引导和规范农地经营权流转的程序和手续。除本集体组织成员间发生的小规模、季节性流转外,要引导农户向农村土地承包合同管理部门签订规范的农地经营权流转合同。合同应明确流转土地的位置、面积、用途、期限、租金和违约责任等内容。有关合同的基本情况,在征得同意后,可在农户所在的集体组织进行公示,便于大家了解和监督。而信息公开,也有助于当事人对自身合法权利的维护。二是加快建立严格的工商企业租赁农户承包耕地(林地、草地)准入和监管制度。对拟向农户转入农地经营权的工商企业,农村土地承包合同管理部门要对其进行必要的资质审查,确保其不改变农地用途、有经营农业的较强能力,并严格依约履行对农户的各项承诺。

二、制定差别化的财政补贴政策

自 2004 年国家建立对农户粮食生产的直接补贴制度以来,农民获取的各项农业补贴逐年增加。但大多数承包农户由于经营规模过小,来自农业的收入比重偏低,生产积极性不高。据国家统计局调查,2012年全国农民人均从农业(种植业)中获得的纯收入为 2107 元,只占当年农民人均纯收入 7917 元的 26.6%。因此,农地经营对不少农户实际上已成了食之无味、弃之可惜的"鸡肋"。要加快调整国家财政对农业补贴的方向和结构,引导规模过小、效益低下、农业生产积极性不高的农户流转农地经营权。对现行按承包土地面积发放的农业补贴,可转为对农民的收入补贴;今后新增的农业补贴,一部分用于对转出土地经营权的农户进行奖励,另一部分用于对新型农业经营主体进行生产性补贴。但一定要尊重农民的意愿,不能强制农民流转土地,也不能认为农业的经营规模越大越好,要从我国的国情和农村的实际情况出发,鼓励和支持发展适度规模经营。

三、加大对农地集中连片的整治力度

要着力改变农村多数地方耕地地块细碎化的现状,为发展适度规模经营和现代农业创造条件。这就需要开展对农村耕地的集中连片整治。日本和我国台湾省的农地,在土地改革前后也都与我国同样面临类似的问题,但开展了大规模的耕地集中连片整治后,取得了良好效果。他们的基本经验,就是基本不动住宅,通过农户间适当调剂土地的办法,按规划进行耕地、道路和水利设施等集中连片整治。土地整治,在提高耕地质量的同时,通常还能使耕地面积有所增加,因此总体上不会损害农民的土地权利。要制定规划,在国家支持下,吸引社会力量,调动农民积极性,在有条件的地方先行开展。但要切实避免以耕地整治为名,行增加城镇建设用地指标为实,在农村搞不切实际的大拆大建。

四、切实加大对农业社会化服务体系建设的扶持力度

农地资源禀赋和农村人口规模决定了我国只可能发展农业的适度规模经营。如果每个农业经营主体都需要购置全套的耕、种、收等农业机械,不仅成本极高,而且闲置浪费严重。因此必须大力发展农业的社会化服务,以扩大服务的规模来弥补农地经营规模的不足。要从各地实际出发,认真研究切实可行的政策措施,加大对农业社会化服务体系建设的扶持力度。要像重视发展农地适度规模经营那样重视农业社会化服务体系的建设,不断提高农业社会化服务的水平。

五、积极稳妥推进农民转为市民

实现农地适度规模经营的最重要外部条件,在于农业人口向城镇的迁徙。不真正减少农业人口而强行推进规模经营,就会变成事实上的土地兼并,就会严重伤害农民的利益和感情,引起农民的强烈反抗。

当前农村中存在的不少问题,如村庄空心化、农民老龄化、农业兼业化,以及留守儿童、留守妇女、留守老人等,其实都与流动的农民难以实现向城镇的迁徙有关。因此,改革农地经营制度,促进农地经营权流转,既需要农村工作的努力,更需要以人为本的城镇化更加健康的发展。

第十五章　电力体制改革的艰难历程和对
深化能源体制改革的重要启示

改革开放以来,我国迅速崛起为世界最大的能源生产国和消费国,生产关系必须与生产力水平相适应,不断深化的能源体制改革逐步消除阻碍生产力发展的制度因素,对促进生产力的发展起到了重要作用。电力和铁路、民航、通讯曾被称为四个垄断性行业,电力体制改革涉及面广、争论多、难度大。对于历经争论、几易其稿的电力改革方案而言,形成最后"共识"是一个漫长而又艰难的过程。回顾电力体制改革的实践过程,对于深化电力体制改革具有重要的现实意义,也可为搞好整个能源领域的改革起到重要启示作用。

第一节　电力体制改革的艰难历程

我国电力体制改革,从统一思想认识到谋划制订方案、从改革方案启动到实施至今,都经历了非常艰难的探索过程。

一、电力体制改革的进程和经验

2002 年开始进行的电力体制改革已经过去 10 年了,这 10 年间我国电力工业飞速发展,装机容量从 2001 年的 3.386 亿千瓦,增加到

2012 年的 11.44 亿千瓦,赶上并超过了美国,成为世界上电力装机容量最大的国家。电网也从六大区域网互不相连,实现了包括西藏和海南岛在内的全国联网。

(一)引入竞争,多家办电

20 世纪 90 年代末,相对民航和电信改革,要求对电力体制进行改革的呼声最高。过去我国政府管理经济的架构,很大程度上受苏联的影响,设置了很多专业性的工业部门。随着改革的不断深入,一些工业部门被撤销,归并成几个综合性的管理部门。电力部门就是被撤销部门中的一个。这是我国改革进程中一个非常重大的步骤,也是一个阻力最大的动作。当时有这样一种说法,庙里有这么多的菩萨,把这帮菩萨请走了还会进来其他的菩萨,要改革就要先拆庙后搬菩萨。但这一直接关乎着若干方面的利益,又关系到千家万户的用电的重大举措,需要具有很大的魄力,也需要采取积极而又稳妥的办法。改革之后,有一些专业部门变成了企业,这些企业既管理一些下属企业,又继承了原来政府部门管理的部分职能,电力也是这样。过去的电力部演变成了国家电力公司,电力公司仍然行使部分政府行政职能,同时也履行管理企业职能。从当时来看,启动电力体制改革是进一步打破垄断的需要,但让电力部门自己提改革方案是很难推进的,这个任务落到了国家计委这个综合部门头上。国务院体改办以及被改革的几个部门的同志参加了改革领导小组。当时,提出了若干方面的改革思路,基本能够形成共识的首先是电力系统的政企分开,即把政府职能从原来的国家电力公司剥离出来,划转到政府有关部门里去。同时,还研究了厂网分开等事宜。移交政府职能,尽管会有阻力,但进展还算顺利。而把发电企业剥离出来,不再由一家公司办电,而是引入竞争机制,允许多家办电。多种所有制办电就更加艰难复杂了,主要是分两个步骤到位的。一是先把国家电力公司所属的发电企业剥离出来,组成五家发电企业。五家企业独立经营,形成既合作又竞争的格局。二是允许原来国家电力公司范围以外的企业也参与竞争,就是多种所有制都允许参与到发电领域中来。包括民营企业、外资以及中外合资企业。也允许非电力领域的企业参与办电。香港的华润,台湾的台塑,煤炭行业的神华、同煤集团,民营的协鑫、珠江,地方投资主体的河北建投、江苏国信等都办了一些电厂。水电企业基本上是按照一个流域一个公司的调整办法,没有再进行拆分。比如黄河中上游,就划给了中电投公司。同时,留了一些调峰水电站给电网公司。现在看,这个决定是正确而有效的。目前,从事发电的上百家企业,原属于国家电力公司的五大发电公司所占发电容量的比例连一半都不到,这就形成了多家办电的竞争局面。

(二)电网拆分,看准了先行一步

在电力体制改革过程中,比较棘手的是电网怎么办?有人提出电网也应引入竞争,类似于把发电企业分离出来一样,把电网也变成几个公司。曾经有过设想,按照原有的六个电管局(即东北、西北、华北、华中、华东、南方)变成六个网公司。但有些人提出了不同意见,他们说,就算把电网变成六个网公司,在任何一个网公司的管辖范围内还是一家,仍然属于垄断经营,只是垄断的范围从全国变成了一个区域而已。当时,高层领导同志也有不同看法,有主张"一张网"的,也有主张"多张网"的。社会上也很关注,大家提出了各种各样的建议,有主张分开的,也有主张不分开的。电力体制改革到了具体方案设计的阶段,遇到了很大的难题,这要比现在想象的复杂得多。为了形成改革共识,当时组织人去国外考察,借鉴其他国家的管理经验,并举办了很多国内外有关人员参加的研讨会和座谈会。还请了许多国外的咨询机构和能源机构,比如高盛、美国剑桥能源研究所。由于在这个问题上争议很大,电力体制改革搞不下去。这时江泽民同志亲自过问电力改革,他问为什么到现在还没有改成?到底有什么阻力?分歧在哪里?并直接打电话给曾培炎同志。实际上最后的问题就集中到"一张网"还是"多张网"上了。

为什么后来变成了国网和南网？由于当时已有从西南部往广东送电的雏形并已经开展了一系列西电东送工作。在此基础上，已形成了云南、贵州、广西、广东联网的雏形。所以说后来形成的国网、南网这两张网是根据已有的雏形，各种意见，包括高层领导意见协调统一的结果。曾培炎同志在《西部大开发决策回顾》一书里面回忆说，电网改革的主要背景是二滩弃水，还有就是西电东送。2000年夏天，中央政治局在北戴河召开会议。李长春同志当时任广东省委书记，他提出由于改革开放，广东的经济发展迅速，缺电问题已成为制约经济发展的瓶颈，要求在新的五年规划中，为广东新增1000万千瓦电力。讨论中，到底是在广东建1000万千瓦，还是从贵州、云南向广东送1000万千瓦？朱镕基同志极力主张广东不用建这么多电厂，要搞西电东送，由贵州、云南向广东送电1000万千瓦，并强调这是对西部欠发达省份的支持。这个意见在政治局会议上达成了共识，包括江泽民同志也同意按这个意见办。按照这个意见，李鹏同志在会上提出了另一个建设性意见，他担心短期内向广东送电1000万千瓦有困难，即使在贵州或云南建水电站也可能来不及。李鹏同志提出，把三峡的电建一路直流送往广东。三峡的输电方向是早已确定的，华东和华中是三峡电力的消纳地，以前没有考虑过把电送到广东，这是这次会议上定的。那时候已经开始进行三峡输电（"三常线"，即三峡到常州）的招标。李鹏同志建议把三峡到广东这条"三广线"加进去，变成了两条正负500千伏直流输电线路，打捆拿去和ABB（位列全球500强电力与自动化跨国公司）统一招标谈判。这一意见很快被大家接受。电力体制改革还与二滩送电难有一定关系。二滩水电的建成正好是我国经济遭受亚洲金融危机影响的低谷时期，那个时候电力的需求并不是非常旺盛，二滩的电送不出去，那时每年都要开一次会，讨论怎么把二滩的电消纳掉，但是没人要，到了丰水期的时候，计划外发的电一度只有2—3分钱。如何让二滩的电送出来，经研究后建了"三万线"，从三峡到万县用50万伏交流联起来，让"川电出川"，想办法把四川的电送到华中、华东。原来川渝和华中电网是不联的，川渝是一个网，华中是一个网，由于建了"三万线"，才把川渝电网和华中电网连成了一个同步电网。三峡发电的外输同样有上述问题，分给谁谁都不要。找重庆谈，重庆说：千万不要分给我，我们重庆为三峡建设移民做了这么大的牺牲，你还要分给我。湖北说：我们水电这么丰富，我也不要。河南说：我有这么多煤，以火电为主，我们不缺电。找江西、安徽，他们说我们是农业省，经济欠发达，也不要这么多电。只有江浙沪没有说过这样的话。因此，三峡电送往广东，在当时情况下是非常正确的选择，这样可以使三峡的电在更大的范围内消纳。方案还包括了离广东很近的湖南鲤鱼江电厂，上马扩建两台30万千瓦火电站，直送广东，一共凑足了1000万千瓦，满足了广东的需要，这就是西电东送的南线方案。西电东送方案发生在电力体制改革之前，从云南、贵州向广东输电的任务肯定是落在了云南、贵州、广西、广东电网的头上。当时云南、贵州、广西电网归国家电力公司管，广东是地方电网，合起来有了南方电网这个雏形。所以议论到电力体制改革的时候，和2000年以后决定往广东送电1000万千瓦有关，这是形成南方电网的基础。最终提出了搞两个电网，既吸收了主张电网不拆分的意见，也不是以前讲的"六张网"，而是搞了一个折中方案。

这个方案出来以后，各方面基本认可，但也不是没有阻力。当时海南省提出：海南电网是独立的，南方电网没电送给海南，海南也没电送给南网，为什么海南要进南方电网？最后决定建海底电缆把海南和南方电网联起来，海南才同意了组建南网的意见。另一个问题是，原先广东的电网投资主体是广东省，并不是中央资产，当时南方电网中广东的资产最多，大股东应是广东省，但后来把南方电网包括人事任免都收到中央管了，在大的形势下广东也同意了。

在10年电力改革操作中，基本上是按既定方案进行了改组和建设，并结合拉动内需的要求，顺利实现了西电东送。现在"两张网"的架构已经比较稳固了,但也有后遗症。当时拟往广东送电,还有其他方案,就是想把福建和广东联起来。从东南沿海来说,福建和广东都是经济比较开放、发达的地方,把这两个省的网联起来是顺理成章的事情,但是后来由于变成了国网和南网,至今福建和广东还是没有联起来,这是留下的一个遗憾。

(三) 中国电监会与英国模式

中国的电力改革方案在很大程度上参考了英国模式,成立电监会也是借鉴了英国做法。实际上电网在某一个特定区域内的垄断性没有改变,再往下分,在一个更小区域内还是自然垄断。因此,要做到公平交易,就必须加强电力监管。为了保证各种电力企业能够公平竞争,讨论来讨论去,参考了英国模式搞了个电监会。电监会,顾名思义就是对电力行业的游戏规则进行监管。这是过去在政企不分情况下,或者是在老电力部、老电力公司的情况下所没有的新机构。最近又把电监会和能源局合并成新的能源局。现在,有人把设立电监会称为政监分离,把电监会和能源局合并称为政监合一。

(四) 我国电力改革,"墙内开花墙外红"

现在,我们到底怎样看当时的电力改革?还是应该用历史唯物主义的视角作评价。世界上没有哪两个国家的电力管理模式是完全一样的。法国电力至今仍是国有垄断,所有电网都属于法电直接管理,并且还是厂网不分的,全部核电站也都归法国电力管。看到中国的电改,他们也想改,曾经想搞民营化,也想将厂网分开,但因引起法电职工罢工,政府就不敢改了。

日本和中国不太一样,他们每个区域都没有自产的能源,不像中国有一些地方有能源,有一些地方没有能源。因而日本的电力基本上是每个区域自己搞平衡,而不是像我们这样要把贵州的电送到广东去。他们互相之间也连接,但这些连接完全属于保安用电。印度有五个管理能源的部门,缅甸有两个电力部。有的国家甚至连频率都不统一,有

50赫兹、60赫兹,这是很大的安全隐患。其实美国的电力系统是最复杂最混乱的。由于历史形成的原因,美国现在基本上是三个网,东部电网、西部电网和得克萨斯电网。得克萨斯电网最小,大约9000万千瓦;东部电网最大,比我们现在谈论的三华电网还大。在管理上既有发、输、配不分的,例如杜克公司供电的六个州,杜克既有发电厂,也有输电和配电。也有独立的发电和配电公司。现在他们也想改,但改不动了。

俄罗斯和中国是一样的,实际上中国的电力体制是苏联帮我们建立起来的,虽然苏联解体变成独联体了,但是电网和发电还是一家:叫作统一电力公司。统一电力公司的第一任总裁是俄罗斯改革的设计者曾任俄罗斯总理的丘拜斯。后来中国改革电力体制,对俄罗斯触动很大,他们就比照中国改革的模式进行改革,把若干发电厂组成了六家大的发电公司,加上各加盟共和国的发电公司,共有40多家。但远东地区仍然厂网不分,组成了东方电力公司。改革后,电网还是一家,但将输配分开了,成立了一个全国电网公司和一个配电公司。但是经过几年的实践后,他们发现输配分开效率不高,因为骨干电网和配网必须同步发展,而且应该使入网程序更为简化,减少建设和运营成本,而输配分开后反而效率更为低下,所以在2013年的3月20日普京总统亲自召开电网发展专题会议,讨论《俄罗斯电网发展战略》草案和组建俄罗斯统一电网公司,决定把国家电网公司和配电公司重新组成统一的电网公司。俄罗斯的电力体制改革,基本上是比照了中国现在的模式。我们是"墙内开花墙外红"。

二、电力体制改革存在的问题和教训

尽管历经10年的电力改革取得较大成绩,也积累了不少经验,但现在看也还存在不少问题,并有一些教训值得吸取。

(一)主辅分离为什么会滞后

电力部门过去是一个完整的系统,不光是发电,还有输配电,还有施工企业和设计院。施工企业又分为两大类,一类是电站的施工企业,一类是电网的施工企业,几乎每个省都有这样一个公司。这些公司都属于老电力公司管理的企业。这部分公司,改革后应该归属谁?当时的意见是明确的,在适当的时候把它们剥离出来,大家简称为主辅分离。当时的思路主要是把辅业下放到各个省,但这些辅业企业不干。为什么他们不干?因为他们长期是以中央军的身份出现,现在要下放到地方,怕吃亏,怕被歧视,架子身段放不下来。我们不希望在改革中产生过多的社会矛盾,反过来影响改革进程和社会稳定。当时的水电建设企业,效益不好,离退休职工也很多。由于企业效益不好,离退休职工包袱沉重,地方政府不愿接收,大家都怕引发更多问题,所以就确定留到以后适当时机再去改。现在看,在分离辅业上确实滞后了。分离滞后,不是电网公司不愿意分,电网公司是愿意分的。这些辅业的施工企业参差不齐,电网公司怕捂在自己手里,长期背包袱,希望尽快把辅业剥离出去。为什么若干年内都没有完成这个任务?主要原因是电监会成立后,电力体制改革领导小组交给了电监会,但是电监会一家来挑改革的任务确实很困难,它是国务院直属的事业单位,一个事业单位去做这么大的动作是很难做到的。因而后来就出现了电力体制改革小组的组长是发改委主任担任,而办公室放在电监会,有什么事还得到发改委来开会研究,很难有效开展工作。当时有两种意见,一种意见是施工企业下放到各个地方自己找饭吃,相当于现在建筑公司一样,这是一种市场化改革的想法,但这个方案的阻力最大。另一个简单的操作办法是把所有的辅业、施工企业再成立一个公司。可在这个过程中,发生了两件事情,一是2008年的雨雪冰冻灾害,还有一个是汶川大地震,在这两次救灾中,电网的施工企业发挥了重大作用,如果没有施工企业统一调动,后果不堪设想。四川汶川地震最严重的是汶川和茂县,电网全部垮塌以后,才知道这个网不是电网公司的,也不是地方的,而是民营企业的。民营企业根本办不了救灾这样的大事,还得要求电网公司的队伍上。后来电网公司根据这两次救灾的教训，提出施工队伍是不是还留在电网公司，不要分出去。当时的情况就是这样。现在看，问题出在前面讲的两件事上，但根子在于政府机构改革滞后。现在虽然主辅分开了，但为了简单操作，把辅业组成了中国电建和中国能建两大集团，还都属于中央企业。把原来每个省都有一个的电力设计院也并成了大集团，有人认为这样的主辅分离反倒使辅业和设计院更加形成了垄断，没有真正走市场化的路子。

（二）竞价上网为什么没有搞起来

实现竞价上网，是电力体制改革的一个重要目标。其实，在 2002 年电力改革之前的 1999 年到 2001 年，受 1998 年亚洲金融危机的影响，我国用电需求下降，一度出现过供大于求的局面，当时想抓住这一时机，试行竞价上网。后来浙江率先尝试了竞价上网。他们引进了国外的竞价上网的报价软件，结合自己的情况进行了修改，通过计算机自动比对，择优调度上网。电力系统的其他单位也去参观学习浙江的做法，但亚洲金融危机的影响很快过去了，2002 年起全国大部分地方又变得缺电了，浙江省尤为严重，竞价上网已难继续下去，随后便自动消亡了。在此之后，又开始推动竞价上网，于是新成立的电监会就把电力供应相对宽松的东北电网作为试点，但实施不久，包括电网公司和几大电力公司的同志纷纷反映，企业亏损严重，时机不成熟，条件也不具备，要求停止试点，不久这项试点也宣告终止。总结我们尝试探索的过程可以看出，实行竞价上网是需要条件的，电力供应相对宽松是必需条件，还需要定价等制度的配套改革。前几年电力供应一直偏紧，煤电矛盾突出，尽快解决电力供应紧张成了主要矛盾，竞价上网一直没有实施。现在社会上对电力改革的意见集中在价格改革上，但是价格改革也需要创造条件。这个条件就是发挥市场配置资源的基础性作用。而这个基础性作用的发挥需要处理好政府与市场的关系。现在党的十八大已经明确要解决好政府与市场关系这个核心问题，在条件成熟时应该开展竞价上网的试点。

（三）"用电荒"缘何挥之不去

近些年,一方面我国发电装机爆发式增加,另一方面几乎每年都出现不同程度的"用电荒",特别是从 2011 年 3 月之后,浙江、湖南、重庆等地出现罕见的淡季"电荒",有些地方采取了限制用电甚至拉闸停供等非常规手段。人们常问:为什么电力上得这么快,"电荒"仍挥之不去呢? 主要原因与产业结构和发展模式有关。在中国这一发展阶段高耗能产业比重大、单位 GDP 能耗明显高于发达国家。中国成为世界工厂虽解决了就业问题,但也增加了能源消耗。此外还有以下三个方面原因。一是煤炭生产和运输一度没有赶上快速发展的电力需要。2012 年,全国煤炭产量达 36.6 亿吨,加上进出口相抵之后的净进口 2.5 亿吨,全部煤炭使用量达到 39.1 亿吨。如此巨大的煤炭产能,加上各种新能源发电量,才使得从 2012 年 5 月起煤炭价格下降,煤炭供需状况出现拐点。从 2004 年至 2012 年 5 月煤炭供应一直处于紧张状态的直接原因有两个方面。一方面是全国的煤炭生产企业和火电企业分布不均衡。近几年,新增煤炭产量主要集中在内蒙古、新疆和陕西等偏远地区,煤炭消费地区与之相距很远,这不仅增加了运输成本,更重要的是增大了产用衔接难度,时常出现有煤而没有铁路运力等问题,再加上煤炭价格的扯皮,致使煤炭生产、价格、运输等环节不畅,使本来不缺的煤炭而由于运输瓶颈使有些地区缺煤炭了,从而导致了一些地方的"用电荒"问题。二是煤炭生产企业和火电企业之间的博弈,也是导致"电荒"的重要原因。煤电之间的博弈由来已久,1992 年我国实行非电煤价格随行就市、电煤价格实行政府指导价的双轨制。2002 年,国家取消了政府指导价,但对重点合同煤价则实行干预,也就是说煤炭企业与火电企业之间的煤价仍由政府主导。尽管政府未放弃这一主导权,并时常进行协调甚至干预,但煤炭生产企业仍然在更多获利冲动下,特别是利用身处上游的优势,不断推高煤炭价格。2009 年 2 月,陕西省电煤告急,主要原因不是缺煤,而是煤企与电企在价格上谈不下来。在这种情况下,发电企业、煤炭企业、铁路局和电力公司紧急协商,最后达成执行每吨 385 元的开票结算价,这个价格比一年前的 2008 年 1 月份的价格大幅上涨了 41.5%,从而打破了政府主导重点合同煤价的规定。这样一来,煤炭企业有了更大的赚头,而火电企业却因电价不能相应提高出现了严重亏损,从而挫伤了火电企业的积极性,最终导致了有些地方的"电荒"。三是高能耗产业的急剧膨胀是造成"电荒"的重要原因。近些年来,我国高能耗产业急剧膨胀,用电量相应急剧增加。统计显示,2012 年我国钢的产量已达 7 亿吨、铁合金已达 3120 万吨、电解铝已达 1980 万吨、电石已达 1860 万吨。这样庞大的产量,需要庞大的火电支撑,而火电企业又要消耗庞大的煤炭量,必然导致电煤价格的上涨和电煤供应的紧张,从而也就相应出现了"电荒"问题。更为严重的是,化石能源是不可再生能源,我们这一代用多了,40—50 年后我们的后代将无煤可用了。再说,这样庞大的煤炭消耗量还直接导致了雾霾等污染加剧,严重损害了人民的健康。这样的产业结构和能源结构必须引起高度重视,必须用深化改革和转变发展方式的办法从根本上解决。

三、电力体制改革评价的依据和标准

任何国家任何领域的改革都不会有现成而又具体的评判标准,只能按照自己的国情和生产力发展状况进行评价,对我国电力改革的评价也应该这样衡量。

(一)世界上没有统一的电力体制,采用什么样的体制,要根据自己的国情和发展阶段来选择

西方资本主义国家采用的电力体制五花八门、各不相同。法国的电力体制至今仍是国有独家经营的模式。美、英、日、德采用的电力体制也各不相同,美国在美洲大开发后逐步发展起来的电力体制推崇自

由化模式,导致网络不清晰,事故频发,连他们自己都承认目前美国的电力系统在世界上并不是最先进的。俄罗斯的电力体制正如前述,普京总统亲自开会部署调整回归原有模式。中国的电力体制究竟好不好? 在世界上没有参照国,应该根据我国国情和发展阶段走自己的道路。

(二) 衡量一项改革正确与否的标准,不是改革本身,而是能否促进生产力发展

我国电力体制改革 10 年来特别是近 5 年来电力建设和技术进步前所未有。近 5 年新增装机容量是前 55 年的总和。10 年新增装机容量超过 7 亿千瓦,相当于一年建一个英国的装机容量。水力发电 5 年新增装机容量是自 1910 年中国有水电以来的 95 年装机容量的总和,2011 年年底水电装机容量总和达到 2.3 亿千瓦,居世界第一位。新能源发电异军突起,中国的风力发电 10 年前在世界上还默默无闻,10 年间装机容量达到 6000 万千瓦,崛起为世界第一风电大国。在这 10 年中,几乎各种能源资源都在涨价,而电力建设成本不仅未升反而稳中有降。电力技术和电力装备也迅速赶上了世界先进水平。通过引进消化吸收再创新我国在世界上创造了第一个百万千瓦风冷机组;第一个生产 60 万千瓦循环流化床锅炉;生产建设运行等级最高的 800 千伏直流输电和 1000 千伏交流输电工程;生产建设运行 33 台百万千瓦超临界机组等等,这些都表明了我国电力生产力通过电力体制改革得到了解放和发展,也表明我国的电力体制是基本适合我国生产力发展要求的。

(三) "摸着石头过河"是成功经验

30 多年来,我国改革的一条成功经验是"摸着石头过河",看准了的、成熟了的就改,一时看不准的、尚不成熟的缓一缓待时机成熟了再改。电力改革也是一样,也需要走一步,看一步。过去是这样,今后仍然需要这样。

第二节 电力体制改革对能源
体制改革的重要启示

过去 10 年电力体制改革的实践告诉我们:现在推进的包括电力改革在内的整个能源体制改革,必须更好运用统筹兼顾的根本方法,统筹考虑国际国内能源调整发展的形势,统筹考虑生产力发展对能源改革转型的要求,统筹考虑能源各行业协调发展。因此,在谋划能源改革和"十二五"能源发展规划中,我们全面回顾总结了前 10 年电力改革的艰难历程,认真吸取了推进改革中的经验教训,这对进一步推进能源改革与发展具有十分重要的启示作用。

一、只有认清能源发展形势,才能正确制定能源改革方略

目前,国内外能源发展形势正在发生前所未有的变化,能源结构也在进入深刻调整时期,我国既面临难得发展机遇,又面临诸多矛盾和严峻挑战。

(一) 世界能源市场复杂多变

1.能源资源竞争愈演愈烈。一些发达国家长期形成的能源资源高消耗模式难以改变,发展中国家工业化和现代化进程加快,能源消费需求仍在不断增加,全球能源资源供给长期偏紧的矛盾将会越来越突出。未来 10 年,发展中国家能源需求增量占全球增量的 85%左右,并且消费重心正在逐步东移。发达国家竭力维护全球能源市场的主导权,不断强化对能源资源和战略运输通道的控制。能源输出国也在加强对资源的控制,有些国家已在构建战略联盟强化自身利益。能源的战略属性、政治属性更加凸显,围绕能源资源的博弈日趋激烈。

2.能源供应格局仍在深刻调整。作为全球油气输出重地的西亚、北非地区局势持续动荡。美国页岩气、页岩油和加拿大油砂等非常规资源开发取得重大突破,正在推动全球化石能源结构变化。最近,美国还出台了《未来能源安全蓝图》,他们提出"能源独立"新主张,正在不断加大本土能源资源的开发,并大力调整石油进口来源。日本福岛核电站核泄漏事故不仅影响了世界核电发展进程,而且对全球能源开发利用方式产生了深远影响。欧盟制定了2020年能源发展战略,启动了战略性能源技术计划,并着力发展可再生能源。

3.全球能源市场大起大落。在能源资源供给长期偏紧的背景下,国际能源价格总体呈现上涨态势,但是金融资本投机形成了"投机溢价",国际局势动荡形成了"安全溢价",生态环境标准提高形成了"环境溢价",能源价格将会长期高位震荡。发达国家能源需求增长减弱,已形成适应较高能源成本的经济结构,并将继续掌控世界能源资源和市场主导权。这些都对我国形成了很大风险和压力。

4.气候变化的博弈错综复杂。气候变化已成为涉及各国核心利益的重大全球性问题,围绕排放权和发展权的谈判博弈日趋激烈。发达国家一方面利用自身技术和资本优势加快发展节能、新能源、低碳等新兴产业,推行碳排放交易,强化其经济竞争优势;另一方面,通过设置碳关税、"环境标准"等贸易壁垒,进一步挤压我国等发展中国家的发展空间。我国作为最大的发展中国家,正在面临温室气体减排和低碳技术产业竞争的双重挑战。

5.科技创新和结构调整加快。国际金融危机以来,世界主要国家竞相加大能源科技研发投入,着力突破节能、低碳、储能、智能等关键技术,加快发展战略性新兴产业,抢占新一轮能源变革和经济科技竞争的制高点。高效、清洁、低碳已经成为世界能源发展的主流方向,非化石能源和天然气在能源结构中的比重越来越大,世界能源将逐步跨入石油、天然气、煤炭、可再生能源和核能并驾齐驱的新时代。

(二）我国能源改革面临多重挑战

1.资源制约日益加剧,能源安全形势十分严峻。一方面,我国能源资源短缺,常规化石能源可持续供应能力严重不足。油气人均剩余可采储量仅为世界平均水平的6%,石油年产量仅能维持在2亿吨左右,常规天然气新增产量仅能满足新增需求的30%左右。煤炭也在超强度开采。另一方面,粗放式发展导致我国能源需求过快增长,石油对外依存度已从21世纪初的26%上升至2012年的58%。与此同时,我国油气进口来源相对集中,进口通道过度依赖马六甲海峡,远洋自主运输能力非常有限,能源储备应急体系尚不健全,应对国际市场波动和突发性事件能力不足,能源安全保障的压力越来越大。

2.生态环境约束矛盾相当突出。我国能源结构以煤为主,开发利用方式粗放,资源环境压力不断加大。大量的水资源被过度消耗或严重污染,煤矸石堆积大量占用和污染土地,酸雨影响面积达120万平方公里,主要污染物和温室气体排放总量已居世界前列,雾霾天气常态化。国内生态环境已难以继续承载粗放式发展的压力,我国在国际上应对气候变化的压力不断增大,迫切需要我们进行绿色转型发展。

3.能效水平亟待提高。我国服务业发展滞后,能源密集型产业低水平过度发展,钢铁、有色、建材、化工四大高能耗产业用能占到了能源消费总量的一半左右。我国人均能源消费已达到世界平均水平,但人均国内生产总值仅为世界平均水平的一半;单位国内生产总值能耗不仅远高于发达国家,也高于巴西、墨西哥等发展中国家。较低的能效水平,集中反映了我国发展方式粗放、产业结构不合理等突出问题,迫切需要实行能源消费强度和消费总量双控制,形成倒逼机制,推动在转方式、调结构方面取得实质性进展。

4.能源基础设施建设滞后。我国区域经济和能源发展不平衡、不协调,能源供需逆向分布的矛盾突出,跨区输煤输电能力也很不足,缺煤缺电和窝煤窝电并存现象时有发生。城乡能源基础设施和用能水平差距很大,农村能源建设和服务仍很薄弱,农村电网建设和改造尽管付出了很大努力,但目前仍处于严重滞后状态,甚至个别地方还没有用上电,全国仍有大量农户以秸秆和薪柴为生活燃料,减少能源贫困和推进城乡能源协调发展任重道远。

5.自主创新能力不强。能源科技创新投入不足,研发力量较为分散,领军人才十分稀缺,自主创新基础薄弱,能源装备制造整体水平与国际先进水平相比仍有较大差距,关键核心技术和先进大型装备对外依赖程度较高,能源产业总体上大而不强,迫切需要进一步深化能源科技体制改革,大力提升能源科技自主创新能力。

6.体制约束日益显现。能源产业行政垄断、市场垄断和无序竞争现象并存,价格机制很不完善。煤电矛盾仍然存在。风电、太阳能发电、小水电和分布式发电上网受到电力系统及运行机制制约。能源行业管理薄弱,缺位与错位现象并存,资源管理亟待规范,行业统计亟待加强。

二、只有确立正确的能源发展指导思想和基本原则,才能使能源改革循着能源生产力发展要求向前推进

过去电力体制改革的实践告诉我们,深化改革必须遵循生产力发展的要求。因此,今后的能源体制改革必须按照国家能源发展"十二五"规划确立的能源发展指导思想和基本原则向前推进。

(一)必须确立能源发展的指导思想

经过反复进行研究,确立的能源改革和发展的指导思想是:高举中国特色社会主义伟大旗帜,全面深入贯彻落实党的十八大精神,以邓小平理论、"三个代表"重要思想、科学发展观为指导,以科学发展为主题,以加快转变发展方式为主线,着力推进能源体制机制创新和科技创新,着力加快能源生产和利用方式变革,强化节能优先战略,全面提升能源开发转化和利用效率,控制能源消费总量,构建安全、稳定、经济、

清洁的现代能源产业体系,保障经济社会可持续发展。

(二)必须明确能源发展应当遵循的原则

经过我们反复研究,确立了8条原则:一是坚持节约优先。实行能源消费强度和消费总量双控办法,努力构建节能型生产消费体系,促进经济发展方式和生活消费模式转变,加快构建节能型国家和节约型社会。二是坚持立足国内。这就是立足国内资源优势和发展基础,着力增强能源供给保障能力,完善能源储备应急体系,合理控制对外依存度,提高能源安全保障水平。三是坚持多元发展。主要包括着力提高清洁低碳化石能源和非化石能源比重,大力推进煤炭高效清洁利用,科学实施传统能源替代,加快优化能源生产和消费结构。四是坚持保护环境。主要是树立绿色、低碳发展理念,统筹能源资源开发利用与生态环境保护,在保护中开发,在开发中保护,积极培育符合生态文明要求的能源发展模式。五是坚持深化改革。包括充分发挥市场机制作用,统筹兼顾,标本兼治,加快推进重点领域和关键环节改革,理顺价格机制,构建有利于促进能源可持续发展的体制机制。六是坚持科技创新。主要内容是加快创新型人才队伍建设,加强基础科学研究和前沿技术攻关,增强能源科技创新能力。依托重点能源工程,推动重大核心技术和关键装备自主创新。七是坚持国际合作。主要是指统筹国内国际两个大局,大力拓展能源国际合作范围、渠道和方式,提升能源"走出去"和"引进来"水平,推动建立国际能源新秩序,努力实现合作共赢。八是坚持改善民生。主要包括统筹城乡和区域能源发展,加强能源基础设施和基本公共服务能力建设,尽快消除能源贫困,努力提高人民群众用能水平。

三、只有科学确定能源发展目标和任务,才能有的放矢推进能源体制改革

能源发展目标和任务,既是能源改革的目标任务,也是能源改革的

着力点。深化能源改革必须保证能源发展目标任务的顺利实现。

（一）科学确定能源发展目标

根据我国经济社会发展趋势，综合考虑安全、资源、环境、技术、经济等因素，确定了能源发展的目标。

1. 能源消费总量与效率。在"十二五"期间要着力实施能源消费强度和消费总量双控制，能源消费总量确定为 40 亿吨标煤，用电量 6.15 万亿千瓦时，单位国内生产总值能耗比 2010 年下降 16%。能源综合效率提高到 38%，火电供电标准煤耗下降到 323 克/千瓦时，炼油综合加工能耗下降到 63 千克标准油/吨。

2. 能源生产与供应能力。主要包括着眼于提高安全保障水平、增强应急调节能力，适度超前部署能源生产与供应能力建设，一次能源供应能力 43 亿吨标准煤，其中国内生产能力 36.6 亿吨标准煤。石油对外依存度控制在 61% 以内。

3. 能源结构优化。主要是指非化石能源消费比重提高到 11.4%，非化石能源发电装机比重达到 30%。天然气占一次能源消费比重提高到 7.5%，煤炭消费比重降低到 65% 左右。

4. 国家综合能源基地建设。主要措施是加快建设山西、鄂尔多斯盆地、内蒙古东部地区、西南地区、新疆五大国家综合能源基地。到 2015 年，五大基地一次能源生产能力达到 26.6 亿吨标准煤，占全国 70% 以上；向外输出 13.7 亿吨标准煤，占全国跨省区输送量的 90%。

5. 生态环境保护。主要指标是单位国内生产总值二氧化碳排放比 2010 年下降 17%。每千瓦时煤电二氧化硫排放下降到 1.5 克，氮氧化物排放下降到 1.5 克。能源开发利用产生的细颗粒物（$PM_{2.5}$）排放强度下降 30% 以上。煤炭矿区土地复垦率超过 60%。

6. 城乡居民用能。主要包括全面实施新一轮农村电网改造升级，实现城乡各类用电同网同价。行政村通电，无电地区人口全部用上电，天然气使用人口达到 2.5 亿人，能源基本公共服务水平显著提高。

同时,为了实现上述目标,相应提出了能源体制机制改革的措施。重点是加快电力、油气等领域改革,力求取得突破性进展,特别是着力推进能源价格市场化改革。进一步完善能源财税机制,并基本健全能源法规政策和标准,初步形成适应能源科学发展需要的行业管理体系。

（二）进一步明确能源发展任务

1.加强国内资源勘探开发。主要包括加大国内能源资源勘探力度,优化开发常规化石能源,巩固能源供应基础。着力突破煤层气、页岩气等非常规油气资源开发技术瓶颈,大力发展非化石能源,培育新的能源供应增长极。

2.推进能源高效清洁转化。主要是指立足资源优势,依靠科技创新,加快推进燃煤发电、炼油化工技术进步和产业升级,探索煤炭分质转化、梯级利用的有效途径,提高能源加工转化效率和清洁化利用水平。

3.推动能源供应方式变革。包括根据新兴能源的技术基础、发展潜力和相关产业发展态势,以分布式能源、智能电网、新能源汽车供能设施为重点,大力推广新型供能方式,提高能源综合利用效率,促进战略性新兴产业发展,推动能源生产和利用方式变革。

4.加快能源储运设施建设。要求按照海陆并举、内外衔接、安全畅通、适度超前的原则,统筹境外能源进口和国内产需衔接,统筹各种能源运输方式,优化能源流向,扩大北煤南运、北油南运、西气东输和西电东送规模。加强能源储备和调峰设施建设,全面提升能源应急保障能力。

5.实施能源民生工程。包括坚持统筹规划、因地制宜、多能互补、高效清洁的原则,以逐步推进城乡能源基本公共服务均等化为导向,以实施新一轮农村电网改造升级、建设绿色能源示范县、解决无电地区用电问题为重点,全面推进能源民生工程建设。

6.控制能源消费总量。主要是指实施能源消费强度和消费总量双控制,尽快制订并严格落实控制能源消费总量工作方案,明确工作目标、任务和责任,采取综合配套措施,形成倒逼机制,推动经济发展转方式、调结构,促进资源节约型和环境友好型社会建设。

第三节　能源体制改革的基本思路

能源改革的思路是否正确,直接关乎能源改革的成败。经过反复研究,能源发展“十二五”规划中提出了“坚持社会主义市场经济改革方向,按照远近结合、标本兼治、统筹兼顾、突出重点的原则,加快构建现代能源市场体系,着力化解重点领域和关键环节的突出矛盾,力求在能源体制机制上取得重大突破”的基本思路。

一、牢牢把握能源改革正确方向,加快推进市场体系建设

(一)科学界定竞争性和非竞争性业务,对可以实现有效竞争的业务引入市场竞争机制,积极培育市场竞争主体;对自然垄断业务,加强监管,保障公平接入和普遍服务。

(二)加快国有能源企业改革,完善现代企业制度。

(三)完善区域性、全国性能源市场,积极发展现货、长期合约、期货等交易形式。

二、抓住推进重点,深化重要领域改革

(一)继续深化电力体制改革

主要包括加快建立现代电力市场体系,改进发电调度方式,逐步增加经济调度因素,为实行竞价上网改革探索经验。建立理顺煤电关系的长效机制。按照基本公共服务均等化和现代企业制度要求,兼顾电

力市场化改革方向,统筹推进农村电力体制改革。

(二) 深化煤炭领域改革

重点是指完善行业管理体制,加强对煤炭资源勘探开发、生产经营等全过程的监督管理。国家统一管理煤炭一级探矿权市场,规范矿业权二级市场。完善煤炭与煤层气协调开发机制。深化煤炭流通体制改革,实现重点合同煤和市场煤并轨,积极推行中长期合同,推进煤炭铁路运力市场化配置,加快健全区域煤炭市场,逐步培育和建立全国煤炭交易市场,开展煤炭期货交易试点。加快推进煤矿企业兼并重组,推行煤电运等一体化运营。

(三) 推进石油天然气领域改革

着力重点放在加强油气矿业权监管,完善准入和退出机制。主要包括推进页岩气投资主体多元化,加强对页岩气勘探开发活动的监督管理;完善炼油加工产业市场准入制度,研究推动原油、成品油进口管理改革,形成有效竞争格局;加强油气管网监管,稳步推动天然气管网独立运营和公平开放,保障各种气源无歧视接入和统一输送;明确政府与企业油气储备应急义务和责任。

(四) 推进可再生能源和分布式能源体制机制改革

主要包括研究建立水能资源开发权公平竞争、有偿取得及利益合理分配机制,创新移民安置和生态补偿机制;完善有利于可再生能源良性发展、分布式能源推广应用的管理体制,促进形成可再生能源和分布式能源无歧视、无障碍并网新机制;探索建立可再生能源电力配额及交易制度和新增水电用电权跨省区交易机制。

三、切实加大改革力度,加快完善能源价格机制

(一) 理顺电价机制

主要是加快推进电价改革,逐步形成发电和售电价格由市场决定、输配电价由政府制定的价格机制。重点包括加大对电网输配业务及成

本的监管,核定独立输配电价;改进水电、核电及可再生能源发电定价机制;推进销售电价分类改革;大力推广峰谷电价、季节电价、可中断负荷电价等电价制度;推进工业用户按产业政策实行差别化电价和超限额能耗惩罚性电价,实施并完善居民阶梯电价制度。

（二）深化油气价格改革

重点是深化成品油价格市场化改革。主要包括深入推进天然气价格改革,在总结广东、广西试点经验的基础上,建立反映资源稀缺程度和市场供求关系的天然气价格形成机制,逐步理顺天然气与可替代能源比价关系,建立上下游价格合理传导机制;研究推行天然气季节性差价和可中断气价等差别性价格政策;页岩气出厂价格实行市场定价。

第四节　能源体制改革的配套措施

能源发展和能源改革的进程,在很大程度上取决于能否制定和实施强有力的配套措施。因此,我们在研究、制定能源发展"十二五"规划中,着重提出了五个方面的配套措施。

一、提升能源科技和装备水平

（一）加快科技创新能力建设

主要包括两个方面的具体内容:一是加强能源基础科学研究。包括坚持政府在能源基础科学研究中的主导地位,进一步优化配置能源科技资源,加大资金投入和政策扶持,建立一批国家工程技术研究中心、国家能源研发中心和重点实验室;面向世界能源科技前沿和国家重大战略需要,在地质、材料、环境、能源动力和信息与控制等基础科学领域,超前部署一批对能源发展具有战略先导性作用的前沿技术攻关项目,突破制约能源发展的核心技术、关键技术。二是推进先进适用技术研发应用。主要包括调动和发挥企业的主体作用,围绕能源发展方式转变和产业转型升级,集聚优势科研力量,加快先进适用技术研发,完善技术推广应用体系;力争在煤矿高效集约开采、页岩气等非常规油气资源勘探开发、先进油气储运、高效清洁发电、新一代核电、海上风电、太阳能热发电、大容量高效率远距离输电、大容量储能等重点领域取得突破,达到或超过世界先进水平。

(二)提高能源装备自主化水平

主要是指加强对能源装备产业的规划引导,依托重点工程,加强技术攻关和综合配套,建立健全能源装备标准、检测和认证体系,努力提高重大能源装备设计、制造和系统集成能力。

(三)实施重大科技示范工程

主要内容是充分利用我国能源市场空间大、工程实践机会多的优势,加大资金、技术、政策扶持力度,以煤层气开发利用、油气资源高效开发、高效清洁发电、特高压输电、大规模间歇式发电并网、智能电网、多能互补利用、核燃料后处理等技术领域为重点,加快重大工程技术示范,促进科技成果尽快转化为先进生产力。

二、健全财政金融政策

(一)强化财政扶持

主要包括整合现有政策渠道,完善可再生能源资金支持制度,加大对分布式能源和非常规能源发展的支持力度;继续安排中央预算内投资,支持农村电网改造升级、无电地区电力建设、煤矿安全改造、国家石油储备基地、能源自主创新、能源战略性新兴产业、节能减排等领域发展,研究建立健全西藏、新疆等边疆地区及无电地区能源投入长效机制。

(二)完善税收政策

包括加快推进能源资源税改革,逐步理顺国家与开发主体、中央与地方资源收益分配关系。推进煤炭税费综合改革,清理各类违规收费,逐步推行资源税从价计征。强化能源消费环节税收调节,完善化石能源的消费税,加快环境保护税立法工作。

(三) 加强金融支持

主要是指加强信贷政策和能源产业政策的衔接配合;创新金融产品和服务,为能源投资多元化提供便利;拓宽企业投融资渠道,提高能源企业直接融资比重。

三、改进能源投资管理

(一) 理顺能源投资及国有能源企业管理体制

主要包括坚持国有经济在关系国家安全和国民经济命脉的能源重点领域的主导地位;深化能源领域投资体制改革,加强规划和产业政策对投资的引导和调节作用,简化行政审批;完善国有能源企业考核评价机制。

(二) 鼓励能源投资多元化

主要是指进一步放宽能源投融资准入限制,鼓励民间资本进入法律法规未明确禁入的能源领域,鼓励境外资本依照法律法规和外商投资产业政策参与能源领域投资,推进电网、油气管网等基础设施投资多元化;以煤层气、页岩气、页岩油等矿种区块招标为突破口,允许符合条件的非国有资本进入,推动形成竞争性开发机制;规范流通市场秩序,稳步推进石油分销市场开放。

四、减少政府干预,强化能源行业自律管理

(一) 加强能源法制建设

主要是加快推进能源法出台,尽快完成煤炭法、电力法修订,组织开展石油、天然气、核能等领域的立法工作,拟定配套法规和规章,加强执法监督检查。

（二）完善能源标准和统计体系

包括加强能源行业技术、装备、能效等标准体系建设，建立健全可再生能源和分布式能源发电并网标准；推进能源行业统计、监测、预测预警能力建设，建立信息共享平台，构建有利于宏观调控和行业管理的能源行业统计体系。

（三）转变能源管理方式

主要是指构建系统科学、层次清晰的能源战略规划和产业政策体系，完善实施监督和评估调整机制；对能源规划、建设、生产、运营、消费等各环节实施全过程监管；建立能源基本公共服务新机制。

五、深化国际能源交流合作

（一）深入实施"走出去"战略

要求着眼于增强全球油气供应能力，发挥我国市场和技术优势，深入开展与能源资源国务实合作；继续加强海外油气资源合作开发；积极推进炼化及储运业务合作；支持优势能源企业参与境外煤炭资源开发，开展境外电力合作；依托境外能源项目合作，带动能源装备及工程服务"走出去"。

（二）提升"引进来"水平

主要包括坚持引资引智与能源产业发展相结合，优化利用外资结构，引导外资投向能源领域战略性新兴产业，带动先进技术、管理经验和高素质人才的引进；鼓励外资参与内陆复杂油气田、深海油气田风险勘探；在四川、内蒙古鄂尔多斯等页岩气资源富集盆地选择勘探开发合作区，建设先导性示范工程；鼓励与石油资源国在境内合作建设炼化和储运设施；鼓励开展煤炭安全、高效、绿色开采合作；借鉴国际能源管理先进经验，加强与主要国家和国际机构在战略规划、政策法规和标准、节能、提效等方面的交流合作。

（三）优化能源贸易结构

要求以原油为主、成品油为辅，巩固拓展进口来源和渠道，扩大石油贸易规模，增加管输油气进口比例；以稀缺煤种和优质动力煤为主，稳步开展煤炭进口贸易；适度开展跨境电力贸易。优化能源进出口品种；推进能源贸易多元化。鼓励更多有资质的企业参与国际能源贸易，推进贸易主体多元化；综合运用期货贸易、长协贸易、转口贸易、易货贸易等方式，推进贸易方式多元化；积极推进贸易渠道、品种和运输方式多元化。

（四）完善国际合作支持体系

主要包括鼓励国内保险机构开展"国油国保"和境外人身、财产保险；积极稳妥参与国际能源期货市场交易，合理规避市场风险；积极参与全球能源治理，充分利用国际能源多边和双边合作机制，加强能源安全、节能减排、气候变化、清洁能源开发等方面的交流对话，推动建立公平、合理的全球能源新秩序，协同保障能源安全。

第十六章　怎样跨越"中等收入陷阱"

"中等收入陷阱"包括发展制度陷阱、社会危机陷阱和技术陷阱等三个"陷阱"。从世界上某些发展中国家的发展经历可以看到,世界银行报告中提到的"中等收入陷阱"确实存在。中国进入中等收入国家行列的时间并不长,中国会不会遇到"中等收入陷阱"并落入其中? 这已经成为人们关注的热点问题之一。我们认为,只要应对得当,改革措施及时到位,中国完全可以跨越"中等收入陷阱"。但是,除了"中等收入陷阱"外,就没有其他类型的"收入陷阱"么? 中国在跨越"中等收入陷阱"以后,就能保证此后不会再遇到"高收入陷阱"么? 这些问题都需要予以讨论和研究。

第一节　"中等收入陷阱"概念的提出

有一些发展中国家在由低收入国家行列进入中等收入国家行列之后,经济往往长期停滞不前,总在人均 GDP4000—5000 美元上下徘徊。因此,世界银行在《东亚经济发展报告(2007 年)》中提出了"中等收入陷阱"(Middle-Income Trap)概念。

"中等收入陷阱"就是指:有些中等收入国家经济长期停留于中等收入阶段,原有的发展方式中的矛盾积存已久,终于爆发出来了,原有的发展优势渐渐消失了,它们迟迟不能越过人均 GDP12000 美元这道门槛,不能进入高收入国家的行列。例如,东南亚的菲律宾、马来西亚,以及拉丁美洲的墨西哥、阿根廷、智利,都长期落入"中等收入陷阱"之中。

据世界银行的专家分析,落入"中等收入陷阱"的国家遇到了以下困难:

第一,由于国内工资收入水平上升,这些国家无法同低收入国家的廉价劳动力竞争,某些低收入国家在劳动密集型工业品的出口竞争中,比中等收入国家生产的同类商品具有优势,在吸引外资方面也更有吸引力。

第二,由于这些国家缺乏能与发达国家竞争的优势产业、先进技术和自主创新的产品,它们的困难加大了,它们迈入高收入国家行列的机会几乎没有了。

第三,这些国家已经丧失当初由低收入国家向中等收入国家挺进时的那种艰苦拼搏的精神和斗志。一般民众开始更多地追求福利社会的成果,总希望政府把更多的资源用来实现福利社会的各种目标,否则就对政府不满,于是胃口越来越高,难以自拔。一般民众不了解福利社会主要在高收入阶段才能逐步实现。

第四,这些国家政府官员的贪污腐败盛行。人们眼看到政府官员的贪污、受贿、敲诈勒索、滥用职权牟取私利等情况,他们的信心大大下降,官民矛盾激化,引发社会动乱。他们或者移民国外,或者消沉、失望甚至绝望,他们不再像当初创业阶段那样致力于经济振兴了。一般民众的消极、颓废、失望、绝望情绪成为落入"中等收入陷阱"的国家的又一致命伤。

"中等收入陷阱"就是这样出现的。在这里,不妨再做进一步分析。"中等收入陷阱",实际上包括了三个"陷阱"。

第一,"发展制度陷阱";

第二,"社会危机陷阱";

第三,"技术陷阱"。

下面,分别对这三个"陷阱"作些探讨。

第二节 避免"发展制度陷阱"

"中等收入陷阱"中的第一个"陷阱"是"发展制度陷阱",要靠深化改革来避免。已经或正在落入"中等收入陷阱"的发展中国家,主要是从传统社会走向工业化社会的国家。在它们从低收入国家行列进入中等收入国家行列时,不一定经历了传统制度的激烈变革阶段,从而可能还保留着较多的传统社会的特征,传统势力和传统的社会组织形式仍起着很大的作用。这些特征和势力往往在农村尤其是经济落后的山区、边缘地区表现得相当顽强,它们成为这些国家"发展的制度障碍",也就是"发展的制度陷阱"。

一个明显的例子就是土地制度依旧保留着工业化以前的状况,基本上有三种不同的表现:

一是传统的社会组织把持着土地,让土地的氏族共有性质长期不变,实际上农村的土地仍掌握在最有势力的氏族和家族长者手中,农村和农业尚未受到市场化和工业化的影响。

二是农村和农业已经受到市场化的影响,农村中所发生的土地关系变化,表现为一些有势力的家族对土地的占有,从而形成了大地产制度或新建的种植园制度;大地产通常采取租佃制生产,佃户没有地产,沦为失地的阶级。而成为新建种植园的劳动者或者是雇工,雇工没有土地,他们靠微薄的工资为生;或靠在种植园内领得一小块份地,自行耕种,作为工资的替代品。

三是在一些国家或地区经历过初步土地制度改革,农民曾分得一小块土地,但在市场经济中,农民中间发生了两极分化,土地兼并加紧进行,有些农民因种种原因,渐渐丧失了土地,又成为无地的农民。

无论哪一种情况,土地分配的不均和贫富差距的增大都成为一些发展中国家的"发展的制度障碍"或"发展的制度陷阱"。

除了土地问题迟迟未能解决以外,"发展的制度障碍"或"发展的制度陷阱"还表现在以下这些方面:

第一,传统组织和氏族、家族势力根深蒂固,阻碍了市场化的继续推行,地方政权大多数受到这些势力的操纵,成为大地产主人或种植园主人的工具,地方政府官员成为大地产主人或种植园主人的代理人。公平竞争的市场秩序在广大地区尤其是偏远地区难以建立。

第二,这些国家中,传统社会的限制和土地制度的不合理,使农业劳动生产率低下,农村的收入增长率大大低于城市的收入增长率。农村购买力普遍低下,造成内需不足,限制了工业化的继续推行,市场化步伐相应地受到严重限制。

第三,发展中国家要进一步发展经济,必须有财政的支持。然而在这些国家,由于市场经济发展受阻,财政通常十分困难,只能靠增税来维持,而财政收支经常有巨大缺口,财政赤字无法弥补,结果形成了财政赤字与经济增长率低下交替的恶性循环。

第四,发展中国家要进一步发展经济,必须有金融的支持。然而在这些国家,金融业的发展通常是畸形的:一方面是资本找不到合适的投资机会,没有出路;另一方面是资本严重不足,高利贷盛行。造成这种畸形金融状况的制度障碍主要是金融机构或者被外资控制,或者被官僚和权贵们控制,民间金融不得不转入地下活动。

第五,在这些国家,发展的制度障碍还在于社会垂直流动渠道被严重阻塞了。社会垂直流动渠道通常比社会水平流动渠道更重要。这是因为,如果存在着居民迁移受限制的户籍制度,农村或集镇的居民不能自由迁往城市居住并在那里就业,其后果主要反映为城市生活环境恶化,出现贫民窟或棚户区,社会治安状况不佳等情况。如果社会垂直流动渠道通畅,则可以调动低收入家庭成员努力学习和工作,以及自行创业、发家致富的积极性。反之,社会垂直流动渠道的严重阻塞,将会对经济的发展和社会的安定产生消极的影响。社会垂直流动渠道的严重阻塞,主要是制度性的问题,往往和垄断的存在、利益集团势力强大,以及社会上种族歧视、身份歧视、宗教与文化歧视、性别歧视等有密切关系。

如何克服发展的制度障碍? 如何避免落入"发展的制度陷阱"? 对发展中国家而言,唯有通过"补课",也就是通过对传统体制的改革,才有出路。这里包括对不合理的土地制度的改革、完善市场经济体制的改革和从制度上消除各种歧视。

然而,深化改革对这些发展中国家而言,绝对不是一件容易的事情。阻力越来越大,主要原因是:改革拖得越久,利益集团的力量越来越扩张,为改革所付出的代价也会越来越大。

以这些发展中国家的土地制度改革为例。如果在工业化开始前,或者在工业化刚开始时,对传统的土地关系就进行调整,使"耕者有其田"的主张得以基本实现,同时采取立法措施保护农民财产,限制以强凌弱式的土地兼并,也许后来就不会造成那么严重的"发展的制度陷阱"。如果在发展之初,采取土地赎买政策,让拥有大地产或大种植园的地主取得土地赎金而转投于工商业,也不至于后来的土地重新分配方案遇到那么大的阻力。然而,改革的最佳时机一旦错过,以后再改革就会困难得多。

何况,以后要深化改革,谁来主持这场改革? 利益集团及其代理人和支持者是不愿这么做的,因为他们的切身利益必然会因此受到损失。谁来主持和推进改革的深化呢? 单靠少数有正义感、责任感的知识分子,他们力不从心,不可能实现这项任务,在激烈的政局动荡中,他们会很快被排挤掉,或者被逮捕、被流放国外,或者被杀害。如果单靠下层社会的穷人,特别是贫困农民来从事改革的深化,很可能酿成暴乱,打出极"左"的旗号,实行极端的"均贫富"政策,甚至演变为一场内战,不仅无济于事,而且只能使局势越演越乱。

这就是这些落入"中等收入陷阱"的发展中国家的深刻教训。

第三节　避免"社会危机陷阱"

"中等收入陷阱"中的第二个"陷阱"是"社会危机陷阱",要靠缩小贫富差距、缩小城乡收入差距、地区收入差距和社会管理创新来避免。"社会危机陷阱"是怎样形成的? 原因很多,归结起来,无非是贫富差距扩大、城乡收入差距扩大、地区收入差距扩大和缺乏社会管理创新所造成的。

在这里,首先要从这些发展中国家经常遇到的失业和通货膨胀难题谈起。

对发展中国家而言,就业压力始终是存在的。经济发展到一定程度后,离开农村的青壮年,包括农村妇女在内,走出农村寻找工作的人越来越多,因为早离开农村在城镇中找到工作的人生活得到改善,会有示范效应,会吸引更多的农村中青壮年男女向往城镇,不断走出农村,结果是求职人数超过城镇的就业岗位数,就业成为城镇不得不面临的巨大压力。

同样的道理,在经济发展到一定程度后的发展中国家,由于投资需求增大,财政支出增大,便有了需求拉动型的通货膨胀压力;由于土地、原材料燃料供给紧张,房地产价格上涨,生产成本上升,又有了成本推进型的通货膨胀;加之,在发展中国家经济发展过程中同国际市场的关系日益密切,它们越来越卷入全球化的浪潮,所以无论从商品流通渠道看,还是从资本流通渠道看,它们都有可能发生国际输入型的通货膨胀。多种形式的通货膨胀相继发生,使发展中国家国内民怨沸腾,使公众不断增大对贫富差距扩大的不满,对政府的不满,对执政党的不满。

还应当注意到,如果发生的是成本推进型的通货膨胀或国际输入型的通货膨胀,那就会同失业交织在一起,形成失业与通货膨胀并发,也就是通常所说的"滞胀"。"滞胀"必将使这些国家的中产阶级受到打击,状况恶化,更重要的是使失业者和低收入家庭愤怒、绝望,"社会危机陷阱"不可避免地形成了。

"社会危机陷阱"的出现,造成社会动荡加剧,农村更加穷困,城市贫困人数增多,失业者增多,经济增长因城乡居民购买力下降而无法实现,因此政局会发生急剧变化,街头政治活跃起来,激进分子煽动大众起来推翻政府,并提出极端的政治主张。有钱人家相继移居国外。这时,任何想改革和发展的政治家都感到束手无策,不知从何着手。这些发展中国家只得长期落入"中等收入陷阱"之中,无法自拔。

就这些发展中国家的实际状况而言,要迈出"社会危机陷阱",必须进行重大改革,然而,在"发展的制度障碍"刚出现时,尽管改革的困难已经比经济发展初期大很多,但只要政府的决心大,魄力大,仍有可能推进,而到了"社会危机陷阱"出现后,改革的难度就更大了。在"社会危机"影响下,政局已很不安定,再谈"改革中发展"或"发展中改革",都使得政治家不知所措,通常转而以"自保"为第一目标。

比如说,由于贫富差距日益扩大和利益集团的势力比过去强大得多,这使得想进行改革的人员左右为难,如果不想得罪穷人一方,就会得罪利益集团一方,任何改革措施都难以使双方满意,有时甚至会使双方都不满意,改革因此半途而废。

要缩小城乡收入差距,在那些土地关系严重有缺陷的发展中国家,必须对现存的土地制度进行改革,但无论是住在农村的还是住在城里的大地主家族或大种植园主利益集团,全都反对土地改革,甚至连妥协的、折中的土地改革方案也被他们反对。这是发生"社会危机"的发展中国家最难解决的问题。

　　要缩小地区收入差距，一定要从解决三个问题着手，一是增加贫困地区的就业机会，二是改善贫困地区的投资条件和发展条件，三是向贫困地区输入资本。但这三个问题都是不容易解决的。要增加贫困地区的就业机会，就必须增加投资；要改善贫困地区的投资条件和发展条件，同样必须增加投资。发展中国家没有足够的资本，巧妇难为无米之炊。那么，贫困地区能不能依赖本地区以外、本国以外的资本输入呢？这也是不容易做到的，因为必须有安全可靠的投资环境，必须有盈利前景，还必须有在盈利前景的吸引下愿意前来投资的企业家和愿意为企业家融资的金融机构。资本是不可能自动流入动荡中的贫困地区的。

　　为了保证贫困地区能有一种适合于各项改革措施能有效地推进，能维持改革和发展过程中保持正常的社会秩序，社会管理工作应有所改变。这通常是指在贫困地区、经济落后地区和失业人数较多的城镇，推行农村和城镇社区的居民自治，采取各种化解民间矛盾尤其是地方贫富隔阂、官民隔阂的社会管理创新的措施。对于民间的突发事件，要采取应对预案，早作准备，早作疏导，早进行化解。在一些发展中国家，对民间突发事件如果处置不当，很容易发生大的骚动，最后加深社会矛盾，甚至激发更大的社会冲突。加之，在一些发展中国家，社会动荡往往同当地的民族矛盾、宗教矛盾、氏族或家族矛盾、地方派系矛盾纠缠在一起。因此，民间酿成的社会冲突必须在刚开始时采取适当的对策，及早化解，社会管理创新就显得格外重要。

第四节　避免"技术陷阱"

　　"中等收入陷阱"中的第三个"陷阱"是"技术陷阱"，要靠技术创新和资本市场创新来解决。一些落入"中等收入陷阱"的发展中国家之所以长期经济停滞,摆脱不了困境,同技术上难以有重大突破有关。虽然它们认识到,如果技术上没有重大突破,缺少自主创新,缺少产业升级,缺乏技术先进的优势产业,是难以使人均 GDP 跨越中等收入阶段与高收入阶段之间的门槛的。然而,在这方面,它们往往无能为力。为什么? 这主要是因为:技术创新必须同资本市场创新结合。如果缺少这种结合,这些发展中国家,即使已有一定的制造业基础,要想在尖端技术方面有重大突破,也是可望而不可即的。这就是"中等收入陷阱"中的"技术陷阱"。

要知道,技术上要有重大突破,必须有尖端的科研和技术人才,而在不少发展中国家,尖端人才是远远不足的。为什么会发生这种情况? 一是由于社会垂直流动渠道的严重阻塞,利益集团势力强大,通常缺乏鼓励人才脱颖而出的机制,所以科技领域的高端人才被埋没了,受压制了。二是由于工资待遇、福利待遇、社会保障和工作环境的影响,不少在国外学有所成的人才不愿回国工作,而愿意受聘于国外,留在国外长期不回。三是本国培养的人才也受到国外机构的吸引,不断流向国外。这样,尖端人才的严重不足是很自然的。

一些发展中国家之所以在尖端技术领域和产业升级方面有巨大困难,还由于本国的资本市场发育不全。简单地说,落入"中等收入陷阱"的发展中国家的资本市场是先天不足,后天失调,再加上金融专业人才短缺,金融监督松弛,腐败丛生,投资者望而生畏,把创业投资视为畏途。

这些国家的富人尽管拥有较多的财富,但从来都把不动产的持有看做是首要目标。即使从事实体经济领域的投资,也一直把采矿业、建筑业和劳动密集型制造业作为重点,很少涉及风险较大和自身又不存在优势的先进技术设备制造业和新兴产业,因为他们对这方面投资并无把握。

在发达的西方市场经济国家,从来都要依靠较完善、较完整的资本市场体系来为技术创新的开展与推广进行融资。然而在这些发展中国家，如上所述，既由于资本市场不完善，又由于富人作为投资主体不愿涉及风险较大的行业，所以不仅资本市场发展不起来，而且高端技术、自主创新、新兴产业也难以取得重大进展。富人作为投资者，太急功近利了，只想迅速获得暴利。如果股市看涨，他们常常带着投机的想法，大量涌入，徒然增加资产泡沫；一旦股市看跌，他们又匆匆撤离资本市场，造成资本市场无声无息，不起作用。这在一定程度上归因于发展中国家一直缺乏有战略眼光的、有志于振兴民族经济的企业家。另一方面，这也在一定程度上归因于一些发展中国家的政府几乎从不关心改善资本市场的现状，使得先天不足，后天又缺少对资本市场的关心和扶植，使资本市场未能在技术创新和新兴产业崛起中发挥应有的作用。

第五节 没有信心，就谈不上 发展优势的创造

这里涉及所谓"红利"已经消失或正在消失的问题。

"红利"，实际上是指一个国家或地区在特定发展阶段所具有的发展优势，以及利用这种发展优势所带来的好处。比如，"人口红利"、"资源红利"、"改革红利"（或称"体制红利"、"制度红利"）都是发展优势及其运用所带来的结果。

因此，"红利"的消失就是指发展优势的消失。无论是"人口红利"、"资源红利"，还是"改革红利"的消失，对任何一个国家或地区来说，都应当被认为是经济发展过程中的正常现象。每一个国家或地区在经济发展的一定阶段都会出现这种现象，原有的"红利"的消失并不是某一个国家特有的问题。

重要之处在于：经济发展方式在经济发展到一定阶段时就必须转

变。如果原有的发展方式不能及时转换,那么在原有"红利"消失后,经济便会逐渐陷入困境。由此可知,每一个国家或地区都面临发展方式相应转换、发展战略重新制定以及产业结构及时调整等迫切问题。通常所说的经济转型正是这个意思。经济转型及时、顺利,"红利消失"这一关就闯过去了,否则经济将继续陷于困境之中,难以摆脱。

可以说,一些发展中国家如果认识不到经济及时转型的必要性,如果只是留恋原有"红利"或优势而不愿尽力转型,那只会造成以下三个恶果:

第一,继续发展经济的信心丧失了,认为既然原有的"红利"已经消失,发展的优势已经不存在,那就很难再有所作为了。

第二,由于信心的丧失,所以国内实体经济领域的投资者将会纷纷撤走投资,或者把企业迁移到较晚发展起来的国家,结果,国内投资总额减少,使本国经济的发展碰到投资不足的难题。同时,由于投资不足,与实体经济发展有关的专业人才也随着流向国外。

第三,或者,由于本国实体经济空心化了,实体经济产业被投资者认为是没有发展前景的产业,大量资金转到了虚拟经济领域,使经济中的泡沫增加了,经济有可能陷入更深的陷阱之中。资产泡沫的破灭,也会使经济更加停滞不前,使以后的经济发展更加缺乏后劲。

一、从"旧人口红利"走向"新人口红利"

"人口红利"是指一国或一个地区在经济发展过程中因人力资源的存在而产生的发展优势及其体现。

但人力资源的优势在一国或一个地区的经济发展过程中是会转换的。常见的情况是,在经济发展前期,一国或一个地区人力资源的优势表现为大量廉价劳动力的存在。当时,有四个就业条件适合于这些国家或地区廉价劳动力的运用,于是就出现了廉价劳动力资源所带来的"人口红利"。这四个就业条件是:

第一，国内自然条件合适于经营种植园，生产谷物、甘蔗、水果、棉花、橡胶等农产品，而国内的廉价劳动力大量存在，只要有人（无论是本国投资者还是外国投资者）愿意经营种植园，就不愁雇不到廉价劳动力。

第二，国内有丰富的矿产资源，包括铁矿石、有色金属、煤炭、石油天然气、稀有金属、贵金属、钻石、宝石、建筑用石料等，有人愿意投资于采矿业，本地廉价劳动力的充裕供给可以满足投资者的需求。

第三，发展中国家在发展前期，在制造业方面主要根据本国的实际情况，以轻纺工业、食品工业等劳动密集型工业为主，需要廉价劳动力作为工人，对他们的技术要求不高。这样，对发展中国家的劳动力稍加培训就可以适应投资者的需要。除劳动密集型工业可以吸纳就业以外，大量个体手工业作坊和小商小贩的存在，也可以使劳动者获得就业的机会。

第四，建筑业在这个阶段的较快发展，也为廉价劳动力提供了就业岗位。如修建公路、铁路、港口设施、住宅、商店、工厂以及其他公用设施的建设，都使得廉价劳动力的使用带来"红利"。

上述这种"人口红利"都是同廉价劳动力的大量存在和被使用分不开的。在发展前期，廉价劳动力资源的丰富成为生产成本低廉的主要依据。一些发展中国家正是依靠生产成本低廉而开拓市场，增加资本积累，进而使 GDP 逐渐由低收入阶段接近中等收入阶段，再迈入中等收入阶段。

然而形势是会变化的。在那些逐渐由低收入阶段接近中等收入阶段和迈入中等收入阶段的国家或地区，廉价劳动力资源的优势会逐渐消失，原有的"人口红利"也逐渐随之消失。工资低廉不再成为这些国家或地区吸引投资者前来投资的独特的因素，因为又出现了一些较晚发展起来的国家和地区，那里同样存在丰富的廉价劳动力资源，而且他们的工资更低，生产成本更低，从而对外来投资者更有吸引力。加之，有些一直依靠廉价劳动力资源而使收入已摆脱低收入阶段的国家或地区,多年以来忽视人力资本的投资,即不注意提高自己的劳动力质量,仍然以提供廉价劳动力为满足。这就使原来的"人口红利"减少了,最后消失了,使这些发展中国家或地区陷入经济停滞的状态。这种例子并不少见。

怎么办?难道就此对今后的经济发展失去了信心?信心丧失能解决问题吗?这是一个对"人口红利"缺乏正确认识的问题。

要知道,一国在发展的不同阶段都会有适应于当时的人力资源优势。廉价劳动力优势和"旧人口红利"消失后,熟练劳动力优势将取而代之,"新人口红利"将成为发展新阶段的特征,经济将随着经济发展方式的转换而继续发展下去,这是已有先例的。任何一个国家或地区都应当有此信心。

再说,当人均收入不断随经济持续发展而上升的时候,特别是当人口随着城镇化的推进和城镇化率越来越高以后,人口增长率一般都出现下降的趋势,于是开始出现人口老龄化和青壮年人口在社会总人口中所占比例下降的现象。这又从另一个角度说明了"旧人口红利"消失的原因。

"人口红利"的新旧替代是不可避免的。所以发展中国家和地区必须坚定信心,争取早日创造"新人口红利"。

措施之一是,增加人力投资,扩大职业技术培训,使工人的技术素质有大幅度提高。应当了解到,为什么当初劳动力廉价?这正与他们素质低、技术水平低、效率低有关。所以把低素质、低技术水平、低效率的劳动力进行职业技术培训,通过增加人力投资而使越来越多的工人成为技术工人非常必要。

措施之二是,让已经就业的和等待就业的工人有提高自身技术素质的积极性。这不仅取决于企业与职工双方都能认识到提高工人技术素质对于企业生存与发展的意义,而且也取决于企业与职工双方都认同工资应同绩效挂钩的重要性。如果职工工资不同绩效挂钩,只能导致许多职工认为自己努力学习、刻苦钻研、提高技术水平是没有太大意义的,这就有碍于他们向上进取的主动性、积极性的发挥。

措施之三是,农村进城务工人员的不平等待遇是阻碍"新人口红利"产生的一个重要因素。这主要因为,他们的权利遭限制,甚至在某些方面还遭到身份歧视。在这种处境之下,他们刻苦学习的积极性也就逐渐消失了。

在这个问题上,还要懂得这样一个道理,即应当重视小微企业在发展中国家经济进一步发展中对技工的培养所起的作用。这里所说的小微企业,是指自行投资、自主创业的小型微型企业,业主本人往往就是熟练工人、高级技术工人。英国工业革命开始于18世纪70年代,最早的蒸汽机、机器设备、铁路运输车辆(机车和载人载货车辆),都是前所未见的。它们是谁最先设计并制造出来的? 主要是手工作坊的小老板或熟练手工工匠,如水车匠、钟表匠、磨坊匠、唧筒匠等人。手工技艺是家传的,或者是以师傅带徒弟方式,师傅手把手地教出来的。这样,久而久之,熟练工人人数就会越来越多,他们的技艺会越来越好。兴办职业技术学校,那是后来的事情。直到现在,中型企业和小微企业在西方发达国家中仍占有重要地位,它们不但缓解了就业问题,而且还是大型企业的合作伙伴,为后者生产零部件等等。许多小微企业以自己的技艺为特长,生产名牌产品,也向社会输送手艺高超的熟练工人,包括为特定的顾客定做商品的独特的熟练工人以及修理汽车、摩托车、游艇与一些家用电器的能工巧匠。因此,发展中国家在转向"技工时代"的过程中,不要忽视小微企业在这些方面的作用。

二、从"旧资源红利"走向"新资源红利"

"资源红利"是指一国或一个地区在土地资源、矿产资源、森林资源、淡水资源、草场资源等方面的优势。在经济发展前期,这些资源一般都比较丰富。以土地资源为例,那个时期可利用的土地数量一般都比较多,土地价格也相当低廉。这就是资源优势,其结果体现为"资源红利"。

应该看到,这些也许是"旧资源优势"。除非个别确实是地大物博的国家,"资源红利"会长期存在,否则经济发展到一定阶段,某些资源会越来越紧张、短缺,一定时间以后,原有的资源优势和"资源红利"都会逐渐消失。

"新资源红利"从何而来?新的资源优势和"资源红利"都来自先进的科学、先进的技术,以及对这些科学技术的运用。在一个国家境内,自然界提供的资源一般说来总有用完的时候,只有智力资源、人才资源是无限的。先进的科学和技术来自智力资源、人才资源。增加开发、利用智力资源和人才资源的投入,才能使科学技术越来越进步。一旦先进的科学技术研究成果应用于实际,新的资源优势就形成了,新的"资源红利"也就产生了。

比如说,在淡水资源严重不足的沿海国家,如果海水淡化的成本降低了,这将是一个巨大的突破。又如,新能源的开发和应用、沙地的改良、石漠化的治理、草场牧草良种化等等,都是有助于"新资源红利"产生的科研开发活动。

在某些方面,新的"资源红利"往往是同新的"人口红利"结合在一起的。

新的"资源红利"同新的"人口红利"相结合之处在于:没有大批科学研究人员、专业人才、熟练技工,就谈不上科技领域的新突破,也就不会出现新的"资源红利"。人才为本,资源优势才能显现。从这个意义上说,新的"资源红利"和新的"人口红利"相辅相成,谁都离不开谁。科研队伍和技术人员队伍的成长是新的"人口红利"产生的前提,也是新的"资源红利"产生的必要条件。

正由于新的"人口红利"和新的"资源红利"都要依靠专业人才的

大力培养,也要依靠庞大的熟练工人、高级技术工人队伍的形成。因此,如果不建设新的、有效的职业技术教育制度,如果不打通社会垂直流动和社会水平流通渠道,使优秀人才能脱颖而出,如果不重视教育经费在 GDP 中的比例的逐步上升,怎能使专业人才、熟练工人、高级技术工人队伍迅速成长和扩大呢?

为了实现更多的科学技术领域内的突破,一是需要有更多的新发明,二是需要把新的发明应用于经济领域,使这些科研成果在经济中产生效益。前者靠发明家,后者靠企业家,这两种人才缺一不可。

也就是说,社会需要有更多的发明家和更多的企业家,需要有更多的人加入成功的发明家队伍,加入成功的企业家队伍。成功的发明家,可能终身从事科学研究工作和技术创新工作,也可能在科技发明之后从事企业家的活动,他们自己创业,成为出色的企业家。

成功的发明家和成功的企业家的成长,都需要有合适的制度环境。比如说,乔布斯之所以能够成功,主要不在于他个人的聪明才智,也不在于他个人的魄力、勇气和决断,而在于他成长在一个适宜于人们施展才能的制度环境中。那里有产权激励的体制,有严格的知识产权保护制度,还有比较完善的资本市场,于是在乔布斯的周围形成一支庞大的科研开发的团队,整个团队的积极性被调动起来了。这样才形成了技术创新的热潮。

于是就必然涉及"新改革红利"问题。

三、从"旧改革红利"走向"新改革红利"

从以上所述可以懂得,在"新人口红利"、"新资源红利"和"新改革红利"中,"新改革红利"是最大的红利,也是具有关键性的红利。

"改革红利"又称"制度红利"或"体制红利"。这是指通过改革,制度或体制得以调整,让制度或体制能释放出更大的能量,推动经济的前进。

每一项改革总是适应于经济发展过程中当时的特定状况而出台的。改革的"红利"体现于消除了原有制度或体制对生产力的束缚,使经济继续发展、前进。

要知道,任何一种改革措施实行了一段时期之后,改革带来的优势或"红利"总有越来越减少的趋向。这是难以避免的。道理很简单:在一定体制之下,改革措施总会有从适应当初的形势到逐渐不适应新形势的变化,因为任何改革都适应于某种客观形势,后来由于形势改变了,原有的改革的效力的递减也就成为必然。原有的"改革红利"之所以会逐渐消失,是普遍现象,而并非只有某一个国家才发生的情况。

可以把原有的改革措施带来的优势或红利称为"旧改革优势"或"旧改革红利"。这里,新与旧都是相对而言,而不问有效期间的长短:有的改革红利可能存在的时间相当长,有的改革红利可能只存在短暂的时间,这无非是因为形势变化的快慢不同,以及改革措施的效应有大有小的缘故。所以当"旧改革红利"行将消失之日,也就是原有改革措施的优势潜力耗尽之时。

改革,就是制度调整。制度调整必须及时推进。继续推出新的改革措施,继续进行制度调整,才能保证新的"改革红利"或"制度红利"的出现。民间从来都蕴藏着极大的积极性,这是改革的最大动力。不继续进行制度调整,就是对民间蕴藏的极大积极性的漠视,甚至是压制。

第六节 中国完全可以跨越
"中等收入陷阱"

中国至今仍然是一个发展中国家,而且由低收入国家行列进入中等收入国家行列的时间并不久。在中等收入阶段继续前进时,中国会不会遇到"中等收入陷阱"并落入其中,这已经成为人们关注的热点问题之一。希望中国能够跨越"中等收入陷阱",这虽然是一种愿望,但也只是一种假定,因为这里还有若干假设条件,需要探讨。

假设之一:在中国经济发展的现阶段,如果遇到"发展的制度障碍",该怎么对待?是继续推进改革,清除这些制度障碍(如城乡二元体制、市场的不公平竞争环境等等),还是犹豫不决,不敢或不打算采取有效措施,或者认为这些方面的障碍在现阶段的格局下不可能阻碍中国经济的继续前进?只有采取第一种对策,下定决心,大力推进相关的改革,才可以跨越"发展的制度障碍"而不至于落入"中等收入陷阱"。

假设之二:要对中国现阶段和在经济继续发展的过程中的社会冲突的状况和趋势作出实事求是的估计,要正确对待已经露头的社会不和谐的迹象,既不能视而不见或听之任之,也不要惊慌失措。正确认识,正确评价,正确对待,是最重要的。如果认为贫富差距、城乡收入差距、地区收入差距等等问题确已到了必须正视而不能忽略的程度,那就应当迅速采取有效的措施一一缓解,以增加社会的和谐程度。这样就可以防患于未然。否则,不是没有可能导致社会不安定和社会矛盾激化,从而落入"中等收入陷阱"的。

假设之三:在中国今后经济发展过程中,如果绕不过"技术陷阱",不能在自主创新、产业升级、新兴产业壮大和尖端技术等方面有重大突破,如果资本市场依旧是不完善、不完整的体系,技术创新得不到资本市场有力支撑,那么即使跨越了中等收入阶段,但在高收入阶段仍会长期停留在较低水平的高收入阶段。这可能反映出中国资本市场并没有发挥在促进技术创新中应有的作用。也就是说,中国的产品能以"中国制造"而开拓国际市场是必要的,今后仍应继续在"中国制造"方面努力,不能丢掉"中国制造"的成果;但中国又不能以"中国制造"为限,而应当努力在某些关键性行业和产品上以"中国创造"代替"中国制造"。

假设之四:在中国,必须摆脱过去长时期内支撑经济增长率的旧模式,也就是主要依靠政府投资的旧模式。中国应当摆脱过多依赖投资来拉动增长的旧模式,转向投资与消费并重的拉动增长的模式,再进而实现以消费需求带动增长为主、投资需求带动增长为辅的拉动增长的模式。这样才会形成经济的良性循环,才能避免经济的大起大落,避免失业与通货膨胀的交替出现,也才能避免失业与通货膨胀的并发。否则,即使中国过几年人均 GDP 超过了 10000 美元,仍不能认为中国走上了稳定、健康增长的道路。

假设之五:中国民间蕴藏着极大的积极性,中国之所以在改革开放之后能够在发展中取得这样显著的成绩,全依靠改革开放以来调动了民间的积极性,一个重要的原因是民营经济作为国民经济的重要组成部分迅速成长壮大了。如果今后循着这样一条道路走下去,致力于发展民营经济,培养一批又一批有战略眼光的、有志振兴民营经济的企业家,中国一定能跨越"中等收入陷阱",进入高收入国家行列。反之,如果认为民营企业的发展到此为止了,民营经济将受到抑制,民间积极性将受到挫伤,这不仅会阻碍我国经济的继续成长,而且还会引发一系列社会问题,最突出的是会发生失业、贫困地区返贫、社会动荡激化等问题,这样,中国落入"中等收入陷阱"的可能性也将成为事实。

第七节 "中等收入陷阱"问题的提出为今后
发展经济学的研究提供了明确的方向

从世界上某些发展中国家的发展经历可以了解到,虽然世界银行报告中提到的"中等收入陷阱"确实存在过,但只要应对得当,改革措施及时到位,中国完全可以跨越"中等收入陷阱"。

但是,除了"中等收入陷阱"外,就没有其他类型的"收入陷阱"么?中国在跨越"中等收入陷阱"以后,就能保证此后不会再出现"高收入陷阱"么?这些问题都需要讨论和研究。

其实,近代和现代有些最不发达国家人均 GDP 长时期停留在1000—2000 美元上下,无法摆脱困境。这种情况可能比"中等收入陷阱"更为普遍,更值得关注。

一个国家的人均 GDP 跨越了 3000 美元这道坎以后,再往前看,人均 GDP8000、10000、12000 美元不又是无数道坎么?如果经济到此就止步了,难道不仍然是"中等收入陷阱"在作怪么?

再说,人均 GDP 达到 12000 美元被认为是划分中等收入阶段和高收入阶段的一条分界线,跨越了人均 GDP12000 美元就算是高收入国家了。在高收入阶段,难道不会发生所谓的"高收入陷阱"么?未必如此。当初,当希腊人均 GDP 迈上了 12000 美元以上台阶时,世界银行为此大肆宣传,并向希腊表示祝贺,认为这是一个重大的进展。2011年希腊人均 GDP 超过 20000 美元了,可是它又遇到种种困难,经济增长停滞,失业猛涨,民怨沸腾,社会动荡,不得不向欧盟国家伸出求援之手,这是"高收入陷阱"一个典型例子。西班牙、意大利、爱尔兰的情况不是同希腊相差无几么?甚至像日本这样的高收入国家,人均 GDP 超过 40000 美元以后,也遇到经济长期停滞的困难。当然,一个高收入国家的经济停滞也许是因为受到国际金融风暴的冲击,或者是受到国际经济衰退的影响,但时间稍长而一直难以摆脱停滞、衰退,必定有深刻的内在原因,因此称它们落入了"高收入陷阱",是有道理的。

那种认为一国的经济增长只要越过某个门槛就会顺利地增长下去的说法,并没有足够的说服力。世界银行报告中提出的"中等收入陷阱"概念,就属于这一类说法之列。这使人们回想起 20 世纪 60 年代初期西方经济学界环绕着美国经济学家罗斯托的"起飞"和"由起飞进入持续增长"的假设而进行的一场争论。罗斯托的观点是:在人类经济增长过程中,最主要的一个阶段是"起飞"阶段,"起飞"意味着一个国家从传统社会进入现代社会即工业化社会的关键时刻,越过了这一关键时刻,经济就可以持续增长了。用参加这次争论的西方经济学家们的比喻说,这就像飞机起飞一样,在起飞时必须加大油门,使飞机升空,一升入天空时,据说就可以顺利飞行了。经济的"起飞"也如此,为了"起飞",必须费很大的劲,一旦"起飞"成功,就能顺利向前飞行。当时,在讨论会上,大多数经济学家不同意罗斯托的"起飞"学说。

现在看来,罗斯托关于"由起飞进入持续增长"的假设缺乏根据。一些发展中国家落入"中等收入陷阱"或一些高收入国家陷于"高收入陷阱"的事实表明了这样一点:经济发展的任何阶段,都会发生因社会矛盾深化和制度障碍的存在而引起的经济停滞状态。那些认为一国经济增长只要越过某个门槛就会顺利增长下去的说法都是没有根据的。换句话说,在经济发展的任何收入阶段,都会有门槛,都会有"收入陷阱"。能不能闯过去,要看有没有适当的制度调整,有没有社会的安定,有没有技术创新和资本市场的密切结合。

今天,中国完全可以跨越"中等收入陷阱",难道以后不会遇到"高收入陷阱"吗?当我们跨越"中等收入陷阱"之际,应当站得更高些,看得更远些,为以后跨越可能发生的"高收入陷阱"早作准备。

总之,"收入陷阱"已成为发展经济学中值得注意的新课题了。无论是"低收入陷阱"、"中等收入陷阱"还是"高收入陷阱"问题,其中都包含了丰富的内容,值得人们认真研究。

第十七章　经济发展中必须警惕通货膨胀

近年来中国通货膨胀的一再发生,在很大程度上与投资热是有密切关系的,由此形成的通货膨胀通常被称为投资需求拉动型的通货膨胀。由于通货膨胀影响诸如工资、物价、利率、投资和失业等国计民生的基础,因此物价水平的大幅波动已成为滋生社会不稳定因素的温床,能否将通货膨胀维持在可接受水平,减少通货膨胀带来的不确定性,是学界和政策制定者最为关心的问题。本章拟着重讨论通货膨胀对我国经济和民生问题的影响,研究综合性通货膨胀条件下总量调控的局限性,概述经济中通货膨胀和通货膨胀不确定性的原因,进而分析在治理通货膨胀时货币流量分析的局限性,并就如何预防和控制通货膨胀提出若干建议。

第一节　谨防投资冲动怪圈的重演

中国是一个发展中国家。由于在发展过程中要兴建各类企业,要建设各类基础设施,以及要更新原有企业的装备,所以投资需求十分旺盛。不仅中央政府如此,地方政府的投资积极性往往更强于中央,因为地方政府为了促进本地区的经济增长,增加地方财政收入,缓解地方就业压力,总是争取多上项目,扩大投资规模。这样一来,从中央到地方,投资都呈不断上升趋势,投资热不可避免地形成了。

增加投资对现阶段中国的发展而言,是必要的。但投资规模过大,却会带来许多问题。其中最严重的问题之一就是随着投资热的形成,信贷急剧膨胀,然后伴之而来的便是通货膨胀和某些部门的产能过剩。

通货膨胀和产能过剩并存的状况,使中央政府不得不紧急刹车,转而实行紧缩政策。财政和信贷两个闸门一关,经济增长下滑了,失业人数增加了,财政收入也相应地下降了,地方政府纷纷向中央诉苦,于是中央政府不得已又转向采取刺激经济的做法。如此周而复始,便产生了中国经济运行中的投资冲动怪圈。

在市场化推进而金融监管制度还不健全的条件下,中国经济运行中的投资冲动怪圈经常同资产泡沫怪圈联系在一起。这是因为,在刺激经济和扩大投资的同时,低利率和信贷规模的增大也往往体现于资产的炒作上。有些投资者以低利率取得贷款后,为了赚取较高的利润,把一部分资金投入了股市、楼市或其他资源性资产的交易中,这就形成了资产泡沫。资产泡沫的形成一方面继续推动投资热,另一方面使资金链不断延伸,延伸到经济生活的各个角落。而资金链越是延伸,薄弱环节就越多,断裂的可能性也就越大。一旦银行或其他金融机构放出去的贷款未能如期收回,资金链就会断裂,这就会导致因炒作资产而卷入债权债务的银行、企业倒闭甚至破产。资产泡沫的破灭导致实体经济受累,必然加速因投资冲动怪圈导致的实体经济空心化问题的爆发。

所以,近年来中国通货膨胀的一再发生,在很大程度上与投资热是有密切关系的。由此形成的通货膨胀通常被称为需求拉动型的通货膨胀。或者说,正由于投资规模不断扩大,信贷规模也相继扩大,于是投资需求膨胀带来了物价普遍上涨。而为了抑制物价上涨趋势,政府所采取的紧缩措施,虽然在抑制这种投资需求膨胀而导致的通货膨胀的方面有一定成效,但紧缩的结果却是经济增长率下滑和失业人数增加。这正是中央政府有时感到放松和收紧左右为难的原因。

第二节　不可低估通货膨胀对
经济和民生的危害

通货膨胀的危害性主要表现在两个方面,一是危害经济,二是危害民生。

一、通货膨胀对经济的危害

第一,因通货膨胀而导致的原材料、燃料价格上升、运输成本的上升、厂房办公用房租金的上升等等,都促使生产成本和交易成本上升,使企业感到竞争力下降,从事实体经济业务的利润缩减,资本会转向虚拟经济,从而形成实体经济空心化,对此后的经济增长十分不利。

第二,通货膨胀导致企业和投资者的预期紊乱,对经济缺乏信心,进而对长期经济走向难以判断,以至于企业行为尤其是投资行为趋于短期化。企业行为尤其是投资行为短期化必将严重影响今后的经济增长。

第三,通货膨胀导致企业与企业的关系难以协调,包括违约率的增加、资金链和产业链的断裂,企业之间债务链的形成并且一时不易化解,从而有越来越多的企业因此停产、歇业。严重的通货膨胀给企业界带来的困难并不小于严重的通货紧缩,只不过通货膨胀造成的困难很快就会被企业和居民所察觉到,而通货紧缩造成的困难则要拖延一段时间之后才被企业察觉。

二、通货膨胀对民生的危害

第一,通货膨胀下,生活用品、食品价格的上涨,以及交通费用、电费、煤气费、住房租金等上涨,无一不直接影响居民的生活,居民的感觉是直接的,但他们无能为力,只得接受生活质量降低的现实。

第二,通货膨胀导致的居民生活费用的上升和生活质量的下降,是持续的,然而工资和退休金的调整却是滞后的,而且通常是隔一段时间之后再调整。换言之,如果物价每个月都在上涨,工资不可能月月都上调,而只能隔一段时间才得到相应的调整。这样一来,靠工资和退休金维持生活的居民成为持续的受害群体。

第三,通货膨胀的持续存在,使得房屋出租者、私人借贷中的债权方从经验中了解到物价上涨的持续性,在议定房租、债务利率时,往往把预期的通货膨胀率考虑在内,以免自己受损失,而那些分散提供个人服务或家政服务的非正式务工人员等,往往在议定工资报酬时,也把物价上涨因素考虑在内,即把物价上涨率放入议定收费和服务报酬之内,以减少自己的损失。这样,租房户、私人借贷中的借债方、需要雇用个人服务和家政服务务工者的一方,便处于受损失的一方,因为他们自己得到的薪酬是固定的,而要支付出去的房租、贷款利息、工资报酬等则可以预先提高一些,以便使自己少受损失。

第四,银行储蓄者在通货膨胀条件下也是明显的受害者。存款利率的调整总是滞后于通货膨胀的调整,这就使得广大储户蒙受损失。如果他们取出个人定期存款,损失更大。对他们来说,继续以定期方式将手头货币存入银行,无非是"两害相衡取其轻"的一种选择。

第五,对于那些向市场供应农副产品的农户和经营小商小贩的城乡居民来说,在通货膨胀条件下,虽然出售商品时可以得到较多的卖价,但再度进货时,包括农民用于生产的种子、饲料、化肥、燃料等等,价格也上涨了。小商小贩同样如此,再度采购商品时需要付出更多的货款。物价上涨过程中,他们稍有不慎,就会陷入赔本的境地。

总之,无论是通货膨胀对经济的危害还是对民生的危害,都不可低估。结合两种危害来一并考虑,可以肯定地说,通货膨胀的最大危害在于社会和谐的破坏。企业、投资者、城乡居民的不满都在增长。他们会责怪政府未能实现维持经济稳定增长和改善民生的承诺。他们甚至认为政府无能,才使经济滑坡和社会贫富差距扩大,使穷人的日子更加艰难。这也被国内外通货膨胀的历史所证实。

第三节　综合性通货膨胀条件下
总量调控的局限性

在中国,从 2007 年开始的这一轮物价上涨同 1993、1994 年的情况不大一样。那时,正是邓小平同志南方谈话以后,全国各地建设投资热气腾腾,投资过大造成银行信贷过多,货币供应量扩大。这是典型的投资需求拉动的通货膨胀。由于原因单一,所以当时的政策也比较简单,就是"双紧"政策,即财政收紧、货币收紧。"双紧"政策取得了较好的效果,通货膨胀很快就被压下去了。尽管由于"双紧"政策实行的时间过长了,20 世纪 90 年代后期又出现了通货紧缩,但通过调整很快就解决了这一问题。

中国现阶段的通货膨胀是综合性的,也就是由多方面原因造成的。

第一,投资规模过大,信贷过多,货币投放过多。这个原因和 20 世纪 90 年代前期发生通货膨胀时的情况相似。这就是投资需求拉动式的通货膨胀。

第二,外汇储备占款过多。国家的外汇储备是用人民币换来的。因为企业创汇以后,由央行用人民币把外汇买下来,这样,企业收入人民币,人民币就投放到市场上了。在 1996 年时,中国的外汇储备刚刚超过了 1000 亿美元;1993、1994 年通货膨胀的时候,中国外汇储备只有几百亿美元;中国目前的外汇储备高达 3 万多亿美元,这就意味着有大约 20 万亿人民币投放到市场上。因外汇储备增多而导致的通货膨胀,基本上依旧属于投资需求拉动式的通货膨胀一类,因为外汇结售给中国人民银行后,人民币转入创汇企业手中,企业主要用于投资。

第三,由于要素成本上升而引起的通货膨胀,被称为成本推进型通货膨胀。

在当前的中国,成本推进型通货膨胀主要由以下五个原因造成:

1.原材料燃料价格上升推动普遍的成本上升,导致通货膨胀。其中,固然有人为炒作因素,也可能来自原材料燃料的供给不足。主要是短缺问题引发了某些产品价格的上升。

2.农产品价格因成本上升而涨价。这些成本的上升往往同自然灾害有关,但也不能忽视地价、农业务工成本、运输成本、中间环节过多而引起流通费用的上升所起的作用。当然,这里同样存在着人为炒作和人们预期不稳定的因素,但农产品成本的上升仍是主要的。

3.用工成本推动成本普遍上升,从而引起通货膨胀。其原因:一是工资水平历来偏低,调整工资是合理的;二是新生代农民工已不同于老一代农民工了,他们不愿从事学不到技术、长期从事简单劳动的工作,他们不仅要求工资较高,而且挑工作,愿意从事能学到技术和有发展机会的工作;三是新生代农民工现在更多地考虑外出打工的成本,愿意就近打工,或就近创业,民工短缺现象引起工资上升;四是技工的短缺造成技工工资上升。

4.地价和房价上升推动成本上升,例如房租价格上升,使企业成本上升,也使职工生活费上升。

5.还应多考虑到利息成本上升的作用。融资难加剧了这一现象。存款准备金率每上调一次,民间借贷利率就会有较大幅度的上升。

第四,由于国外因素引起的通货膨胀,被称为国际输入型通货膨胀。

国际输入型的通货膨胀,对中国来说,改革开放以来虽然有过,但影响不大,因为当时即使国际上某些商品价格上涨,通过进口会影响中国经济,但那时的进口额不多。进入21世纪以后,情况不同了,中国对外贸易发展很快,国内对国外的原材料燃料的需求量增多,尤其像石油、有色金属、铁矿、黄豆、棉花等等,进口额都增长很快,这就使国际性的通货膨胀转入中国。

除此以外,通过资本流动渠道而流入国内的资金增多了。一是由于中国在 2008 年国际金融风暴后回升早,利率相应上升了,而发达国家的经济回升慢,利率仍保持低水平。国际资本为了追逐利息率差,不断流入中国。

二是由于中国投资机会多,投资前景看好,相形之下,发达国家经济回升缓慢,所以为了寻找投资机会,大量资本流入中国。这是资本追逐较高的利润率所致。

三是由于近些年国际市场上对石油、黄金、矿石、房地产等重要商品的价格预期在上升,价格预期上升的直接后果之一是引发资本在国际的流通性增大,投机性炒作之风盛行。比如说外商对中国的房地产投资就带有投机性,这也对中国经济产生冲击,使泡沫增多。

为了应对当前的综合性通货膨胀,有人建议国家采用增加进口的方式解决。有人提出减少出口的对策,但后一种方式必须慎重,某些消耗能源过多,或环境污染过大的产业,可以减少其出口。但总的来讲,这个方法之所以要慎重,是因为中国减少出口,其他国家马上就会占领这块市场,等以后再想去收复失去的市场就难了。

通货膨胀,不管是哪个原因引起的,都是一种货币现象,是与货币流量过大有关的。因此需要运用宏观调控政策来调节货币流量。

货币政策的调控通常是总量调控,它的依据就是货币流量分析:货币流量多了,就采取减少货币流量的调控措施;货币流量少了,就采取增加货币流量的调控措施。货币政策中惯用的做法,无非是提高或降低存款准备金率,提高或降低基准利率,增加或减少公开市场业务,有时还直接调控信贷规模,如增加信贷总量或压缩信贷总量。货币政策之所以习惯于运用总量调控手段,因为货币流量分析的依据就是:在经济运行过程中,货币流量的多和少,增或减,将直接影响总需求,影响宏观经济全局。

货币政策的总量调控虽然有用,但它的局限性同样不可忽视。货币政策总量调控的局限性主要反映于以下四个方面:

第一,宏观经济的基础是微观经济,而微观单位千差万别,各自的情况很不一样,货币政策的总量调控往往形成"一刀切"的弊病,而"一刀切"所造成的弊病对于正处在经济转型阶段的中国经济来说,后果是严重的。

第二,货币政策总量调控作用于总需求的扩大或压缩,对于总供给的影响不明显。对总供给的调控不可避免地会涉及产业结构调整、产品结构调整、地区经济结构调整、技术结构调整、劳动力结构调整、投资结构调整等问题,可见,货币政策总量调控的局限性十分清楚。既然它影响不了总供给的调整,又怎么可能有效地实现总需求和总供给的平衡呢?特别是对中长期的平衡,应当从总需求调控和总供给调控两方面着手,双管齐下,调控才能有效。

第三,要知道,迄今为止中国经济依然是非均衡经济。市场还不完善,资源供给有限,资源定价机制还在继续改革和有待于形成,再加上信息的不对称,使得货币政策总量调控不可能像在完全市场化的经济中那样发挥作用。由于沿海和内陆地区的差别、东部和中西部的差别、大城市和小城镇的差别的存在,总量调控的效果是不一样的。总量调控不仅缩小不了地区间的差距,反而会扩大这种差距。

第四,即使在发达的市场经济国家,宏观上的总量调控有可能通过货币流量的减少而抑制通货膨胀,或者有可能通过货币流量的扩大而刺激总需求,从而减少失业,但一旦遇上了滞胀,即经济停滞、失业率上升与通货膨胀的并发,货币政策的总量调控就无能为力了。如果中国今后发生了滞胀,或者,为了防止出现滞胀现象,货币政策的总量调控显然不是有效的对策。

第四节 治理通货膨胀应当总量 调控与结构性调控兼用

在宏观经济中,作为政府调控的手段一般有四大政策,即财政政策、货币政策、价格政策和收入政策。除货币政策以外,其他三大政策都是强调结构性调控的。

财政政策:财政政策既是总量调控,又是结构性调控,而且更侧重于结构性调控。财政政策大体上包括财政收入政策和财政支出政策。以财政收入政策来说,总量调控是指对财政收入总量的调控、对税收总量的调控,但在具体执行过程中,必须有结构性调控与之配合,例如哪些税收应增,哪些税收应减,哪些税收不变;又如,就纳税人而言,哪些纳税人的税收负担宜加重,哪些纳税人的税收负担宜减轻,哪些纳税人的税收负担宜保持现状,这些都属于财政收入政策的结构性调控。再以财政支出政策来说,控制财政支出总量或增加财政支出总量,都属于总量调控,但总量调节必须落实到具体支出项目,才能使调控具有针对性,才能实现调控目标。什么支出应增,什么支出应减,什么支出不变,这些都是结构性的调控。可以说,财政政策从来都是总量调控和结构性调控并重的。

价格政策:调控总物价水平,以及调控物价水平同比增长百分比,都是价格政策的总量调控,但总量调控目标是通过结构性调控目标的制定而实现的。具体来说,生产资料价格水平和消费品价格水平各自适宜于保持在何种水平,这就是目标。生产资料价格中,有必要进行细化,石油、天然气、煤、电、建筑材料、钢材、有色金属等有影响的生产资料的价格,都应当根据市场供求状况来调控价格水平的波动。消费品价格中,同样有必要进行细化,粮食、食用油、畜产品、棉花等价格以及某些与人民生活密切相关的服务收费（如交通费用、通讯费用、医药费用、教育费用、房价和房租等），也都属于价格政策结构性调控的对象。所以价格政策同样需要兼用总量调控和结构性调控，在实际工作中，价格政策的制定和执行部门正是这么做的。

收入政策：对居民收入水平进行的调控是总量调控，但究竟如何实现调控目标，同样应当通过结构性调控。根据中国经济现状，有必要把城镇居民和农民的收入水平分开计算，并制定如何提高城镇居民收入和提高农民收入的措施，这就是结构性调控。再说，收入总量等于各种生产要素收入之和，而每一种生产要素所获得的收入及其所占比重，则是收入分配结构问题。如何提高劳动收入在收入总量中的比重，是收入政策结构性调控的任务，因此仅有总量调控是不够的。

然而货币政策与财政政策、价格政策、收入政策不同。货币政策调控建立在货币流量分析的基础上，向来都偏重于总量调控。不仅如此，货币流量分析作为一种总量分析方法，往往掩盖矛盾，制造假象，使人们对经济形势得出不正确的印象，进而导向错误的判断。

即使在治理通货膨胀过程中货币政策的总量调控与结构性调控并重，但仍有一个重要情况需要关注，这就是对通货膨胀预期不可忽视。要知道，人们对物价上涨的预测，同对天气的预测是不一样的。如果明天是休假日，人们都希望是个晴天，也都预测会是个晴天。但自然界有自己的运行规律，即使大家都预测会是晴天，明天该下雨还是下雨，天气不以人们的意愿或人们的预测而改变。而经济的预测并非如此。通货膨胀预期会导致通货膨胀的加速来临。这是指：如果社会出现了通货膨胀的预期，一传十，十传百，百传千，大家都说通货膨胀快要来了，于是作为消费者的个人，以及作为供给方和需求方的企业，是会改变自己的消费行为和投资行为的。如果每户居民多储存一袋粮食，以防粮食价格上涨，结果粮食价格真的会涨上去。如果企业预期钢材价格、煤炭价格会上涨，作为供给方，企业产生惜售心理，暂时减少出售，等待时机再出手,钢材、煤炭的市场供应量就少了;作为需求方,企业愿意多储备一些可能涨价的生产资料,于是钢材、煤炭的价格就涨上去了。可见,通货膨胀预期是会使通货膨胀提前来到的。

货币政策,无论是总量调控还是结构性调控,都贵在掌握时机,当断即断,不要总是议而不决。货币政策议而不决,反而会造成人们预期紊乱,从而改变自己的消费行为和投资行为,使经济的走向发生变化。而在总量调控与结构性调控二者的比较中可以发现,总量调控的变化对人们预期变化的影响更大,更直接,而结构性调控变化的影响多多少少要和缓一些,轻一些,也间接一些。这是货币政策决策部门需要考虑的。

但应当承认,近年来,中国在货币政策总量调控和结构性调控的结合方面是有进展的。已采取的货币政策、结构性调控措施如下:

第一,针对大量信贷资金并未进入实体经济领域,而是停留在虚拟经济领域的情况,所采用的调控措施是实行信贷资金用途的追踪调查。凡是信贷资金用途与原定的资金用途不符合,必须限期收回。在某些情况下还可以处以罚款。这样,既能限制信贷资金流入股市、楼市,进行炒股、炒楼,又能收回贷款的一部分,甚至大部分。

第二,关于中小企业、民营企业难以融到资金的问题,有针对性地从以下四个方面着手,以缓解这一问题:

1.增设以民间资本为主的中小银行,包括地区性股份制商业银行、村镇银行等。银行有大中小之分,企业也有大中小之别,历来是:大银行对大企业,中等银行对中等企业,小银行对小企业,各类银行有自己的主要贷款对象。这样一来,中小银行的贷款对象明确了,中小企业也就容易得到贷款了。

2.增设担保公司和担保基金。担保公司中的民营企业应当同国有担保公司处于平等地位,不应有差别待遇。某些地方政府支持成立担保基金,多方筹集担保基金,便于中小企业、民营企业得到贷款。

3.扩大抵押品的范围。在当前,有针对性的是容许企业以专利、知识产权和品牌作为抵押,这有利于高新技术行业的中小企业、民营企业得到贷款。

4.地下金融在引导和规范化后容许浮在面上,即由非正式的融资过渡为正式的融资。这对于小企业和个体工商户的帮助是很大的。至于地下金融浮到面上以后究竟采取何种形式,可以由投资人自行选择。

第三,为了防止产能过剩行业和产能即将过剩的行业继续盲目扩张,银行应当严格按照国家产业政策发放贷款。如果发现企业把已经获得的贷款转移到产能已经过剩和产能即将过剩的生产线上,或打算新建产能已经过剩和产能即将过剩的分厂或车间,银行应收回贷款。这样就可制止企业的违规行为、盲目扩张行为。

除了上述三项有针对性的制止信贷量偏大的结构性调控措施外,中央银行通常采用的存款准备金率调整和利率调整的总量调控政策,如果合理分类,区别对待也是可以结构性处理的。

先谈存款准备金率的调整。如果存款准备金率的调整幅度是全国统一的,那就是总量调控。这种总量调控可能有"一刀切"的弊端。如果使存款准备金率的调整幅度因地区而有所差别,那就体现了货币政策总量调控和结构性调控的兼用和配合。比如说,对中西部地区或中西部某些省(自治区、直辖市)和东部地区实行有差别的存款准备金率调整幅度,可以使中西部地区在信贷方面多得到一些照顾,而就全国范围而言则存款准备金率的调整仍可以收到控制货币流量的作用。

再谈利率政策的运用。差别利率政策是货币政策总量调控和结构性调控相结合的又一种形式。差别利率政策的差别,可以体现于地区的差别、行业的差别、企业规模的差别和企业技术水平的差别等方面,从而给经济欠发达地区以适当照顾,有助于经济欠发达地区更快发展。对新兴行业、短板行业给予适当照顾,将促进这些行业的成长。企业规模的差别,主要反映于企业分为特大型企业、大型企业、中等企业和小企业这样几类(有的专家建议从小企业中再分离出职工人数和资本金更少的微型企业),从而在利率方面也可以有适当的差别。至于企业技术水平的差别,则可以体现出政府对于采用新技术和致力于自主创新的企业的鼓励和支持。比如说,凡在采用新技术,节能减排方面有显著成效的企业在贷款方面可以得到利率的优惠;或者,有重大技术突破,在新能源、新材料、生物科技、环保等领域有巨大贡献的企业,也可以得到贷款利率优惠的照顾。

总之,货币政策的总量调控和结构性调控的并用和配合,在控制货币流量和治理通货膨胀方面是可以收到较好效果的。

第五节　治理通货膨胀时,货币流量分析的局限性

这是一个与有效治理通货膨胀密切相关的问题。下面从三个不同的角度来加以分析。

一、为什么流动性偏大和流动性不足有时是并存的,为什么二者有时会迅速转化

据调查,在 2008—2009 年浙江、福建、广东一些地方,在流动性偏大的同时还存在流动性不足的情况,并且从流动性偏大转向流动性不足异常迅速,几乎在很短的时间内一下子就从流动性偏大变成流动性不足了。怎么会有这种现象呢?

2008 年第三季度,正是国际金融危机对中国的影响显现的时期。到第二季度末,我们所获得的资料一直是流动性偏大;到第三季度初,听到越来越多的企业反映资金紧张;到第三季度末,几乎普遍听到企业诉苦,说银根太紧了,简直无法融到资金。调查结果表明,虽然当时受

打击最大的是出口企业,但出口下降所影响的却是一条条产业链。即使出口产品产业链的最末一端是出口企业,但产业链上的其他企业则是为出口企业供应原材料、半成品、零配件和为它服务的企业,结果,整条产业链上的企业都受到了影响。产业链处于断裂状态,意味着平时正常运行的资金链也断裂了。

于是,"现金为王"的观念很快地扩散到很多企业。企业害怕资金链断裂会带来不利影响,它们就手持现金,不敢轻易出手。超正常的企业现金储备已成为企业应急手段。所以从中央银行的角度看,现金出笼的数量很大、流动性很大,而实际上真正在市面上流通的现金数量不多,企业普遍惊呼流动性不足。在这种情形下,2008 年第二季度所采取的一连串削减流动性、抽紧银根的做法,除了给企业增添更大困难之外,能有什么积极效应?

从这里可以总结的一点经验教训是:要了解中国经济运行的特点,应从实际情况出发而不要迷恋于货币流量分析。

二、为什么企业信贷成本总高于名义利率和实际利率

在研究有效治理通货膨胀的对策时,一定要了解名义利率、实际利率和企业信贷成本之间的复杂关系,这反映了中国经济运行的又一个特点。

名义利率是指中央银行规定的贷款利率,也就是在中央银行信贷规模之内企业贷款时所支付的利率。相对于通货膨胀率而言,名义贷款利率是比较低的,哪家企业能够按名义利率获得贷款,无论从什么角度来看,这家企业都是合算的。问题恰恰在于:有多少企业能够得到信贷规模之内按名义利率支付的贷款?

实际利率是指借贷双方通过协商而议定的贷款利率,也就是市场决定的贷款利率。借贷双方议定的以这种利率实现的借贷,不在中央银行的信贷规模之内。因此实际利率往往高出名义利率若干个百分

点。由于企业通常感到资金紧张,而信贷规模又有限,所以它们只好接受实际利率。

企业信贷成本是指企业为获得贷款而花费的成本,除了其中包括企业支付的利息(或者是按名义利率支付的利息,或者是按高于名义利率的实际利率支付的利息)以外,还要加上担保公司所收取的费用(如果企业贷款由担保公司担保的话)、质押贷款时质押品所丧失的流动性和由此带来的损失,以及企业为了得到贷款而支付的公关活动支出等等。可见,企业的信贷成本不仅大大高于名义贷款利率,而且也高于实际贷款利率。

以上所分析的就是经济转型过程中中国经济的实际情况。在这方面,中央银行的信贷规模起了重要作用。一方面,在信贷规模控制之下,如果信贷规模扩大了,实际利率同名义利率之间的差距就会缩小,相应地,企业信贷成本也会降低;反之,如果信贷规模削减了,名义利率可能升高,实际利率和信贷成本也都会随之升高。另一方面,信贷规模的扩大或缩小会影响通货膨胀率的上升或下降,进而对名义利率的调高或调低产生直接影响,结果又会使实际利率和企业信贷成本随之上升或下降。

由此看来,信贷规模控制在当前中国经济中的作用不可忽视。它影响着名义利率、实际利率和企业信贷成本的变动,影响着通货膨胀预期,影响着通货膨胀率的升降。然而,中国经济正处于转型阶段,利率的市场化改革仍在进行之中,信贷规模控制依旧是必要的,目前还不可能听任信贷量自行扩大,但对于信贷规模控制的弊病也应心中有数。特别是运用信贷规模调控手段的过程中,不能只根据流动性的大还是小作出决策,因为流动性大小是参考指标,或决策依据之一,但并不是决策的唯一依据。金融决策部门必须考虑结构问题。在信贷规模控制时,兼用总量调控和结构性调控将会更有成效并减少副作用。这样,名义贷款利率、实际贷款利率和企业信贷成本也就会调整到比较合理的水平,它们之间的差距即使存在,但仍有可能趋于缩小而不至于扩大。

三、为什么货币流量分析难以解释成本推进型通货膨胀的原因

应当承认,货币流量分析对于弄清楚通货膨胀的成因是有一定帮助的,但那只是对总需求过大引起的通货膨胀原因有所说明。货币流量分析对于成本推进型或结构性通货膨胀的成因难以作出有效的解释。

如上所述,成本推进型通货膨胀的成因主要不在总需求方面,而在于成本的上升,包括劳动力成本的上升、土地成本的上升、原材料燃料价格的上升等。资源的有限所造成的成本上升和供给不足,不可避免地会导致价格的上涨,由此造成的通货膨胀被定义为成本推进型通货膨胀。在这种情形下,通过货币流量分析不能解释这种通货膨胀形成的主要原因。而且,面临着成本推进型通货膨胀,往往需要采取增加供给的措施,而增加供给往往又同增加投资有关。假定把这类通货膨胀归结为总需求过大引起的,所采取的主要是减少流动性,压缩信贷,削减投资等措施,那是治理不了成本推进型通货膨胀的。假定这时采取的是价格政策(硬性限制成本的上升,即冻结物价水平),至多是临时性措施,肯定不能持久。假定这时采取的是收入政策(硬性限制工资收入的上升,即冻结工资水平,或硬性限制利润率的提高),很可能激起工资收入者群体的不满和投资者群体的不满,对经济的害处更大。20 世纪 70 年代初美国政府实行的价格管制和收入冻结等措施在治理成本推进型通货膨胀时的无效,证明了这一点。

成本推进型通货膨胀的成因主要在于产业结构、产品结构的失调,从而引起一部分技术工人的供给不足、生活必需品供给不足、关键性原材料燃料供给不足,进而推动要素成本上升和物价上涨,所以压缩总需求的调控措施难以解决问题,而流动性大还是小的总量分析也无法指

明有效对策之所在。这时,主要应采取货币政策总量调控和结构性调控相配合的措施来治理,同时还必须调整产业政策,增加短缺生产要素的供给。而且一部分短缺要素的供给不足则很可能与资源定价体制不合理和行业垄断体制的继续存在有关。这就再一次证实了货币流量分析的局限性。

第六节　货币流量正常水平的判断

经常听到"让货币流量回归到正常水平"这个提法。这个提法总的说来是对的。因为从理论上说,不管哪一个因素导致的通货膨胀都是一种货币现象。通货膨胀总是同货币流量偏多有关。但问题并没有那么简单。这里还有若干问题需要进一步探讨。

一、什么是货币流量的"正常水平"

在计算时通常都是以西方发达国家的经验为准的,并以充分的市场化和完善的市场环境为前提。要考虑的无非是人口增长率、经济增长率、通货膨胀率、货币流通速度等数据,这种分析方法是不是完全适用于现阶段的中国经济,需要研究。这是因为,中国至今仍处在从计划体制向市场经济体制的转型阶段,城乡二元体制继续存在,某些行业的垄断现象也继续存在,货币流通机制不像市场完善条件下那么灵活、有效,流通渠道的中间环节多,而且往往不顺畅,这些都会增加对货币的需求量。再说,在过去这么多年内,农民在计划经济体制影响下生产和生活,很少涉及市场经济,他们对货币的需求不大,然而在体制转型过程中,农民越来越卷入到市场经济大潮中,对货币的需求量不断增加。因此,搬用发达国家货币流量分析的经验,往往会造成这样的结果:所计算出来的货币流量"正常水平"对现阶段的中国而言实际上是偏紧的,换言之,中国经济实际上的货币流量的"正常水平"要高于由此计算所显示的货币流量"正常水平"。中国改革开放30多年的经验说明了这一点。

二、如何计算外汇储备增长对货币流量"正常水平"的影响

外汇储备增长所造成的人民币外汇储备占款数额的上升,如何影响货币流通量"正常水平",是有待探讨的。假定同20世纪90年代初那次通货膨胀那样,外汇储备只有几百亿美元,外汇储备的人民币投放量对货币流通量的影响可以不计。但现在就不同了,外汇储备已多达三万多亿美元。无疑,这么大数量的人民币投放,是会增大货币流通量的,也会刺激物价上涨。针对这种情况,能有什么有效对策?只能说,紧缩货币流量不能解决问题,而只会使经济运行变得困难。抛售外汇储备,换来人民币回笼,可能有些用处,但怎么抛售外汇而不引起大的震动?很难保证。何况,即使逐步抛售,那也是一个长时期才能解决的问题,岂能在短期内收效?假定要抛售一部分外汇储备,那么近期内抛售多少,才能使货币流量回归到"正常水平",这又是一个谁也无法回答的难题,而且没有可操作性。既然外汇储备的大量抛售不具有现实意义,那么在计算当前中国货币流量的"正常水平"时,是不是应当把外汇储备的人民币占款数额剔除出去不计?或者剔除多少为宜?这同样涉及另一个可供探讨的问题,那就是:当前中国的"最佳外汇储备数量"是多少?算出了"最佳外汇储备数量"以后,才知道多余的外汇储备数量是多少。但"最佳外汇储备数量"并没有一个公认的标准,仅仅计算出三个月的进口额和年度到期的外债本息偿还额,只能参考,而不能作为实施时的依据,因为还有许多因素需要考虑在内。

三、结构对货币流量"正常水平"的影响有多大

在分析当前中国通货膨胀时,中国的产业结构分析、所有制结构分析和地区经济结构分析可能比货币流量这个总量指标更能说明问题。要把货币流量回归到"正常水平",这一分析应当同产业结构、所有制结构和地区经济结构分析结合在一起。这是因为,通过产业结构分析,可以了解到产品供求基本平衡的产业、产能严重短缺的产业以及产能大量过剩的产业的各自所占比重状况,而这些不同的产业对货币的需求量是不一样的。无论是存款准备金率的调整还是贷款利率的调整,都要因产业结构而异,"一刀切"的做法有可能得到相反的结果,使经济的正常运行和经济社会的协调发展受损。对所有制结构的分析,可以了解到,国有大型企业、民营企业(尤其是民营中、小、微企业)、个体工商户、承包土地的农民,对资本的需求和进行融资的渠道完全不一样,即使可以计算出全国货币流量的正常水平是多少,但很可能使得国有大型企业基本不受影响,而民营的中小企业则受到较大的影响,至于个体工商户和承包土地的农民则不得不忍受更高的民间借贷利率的打击。地区经济结构分析的结果可以说明同样的问题。假定一定要按发达国家的货币流量计算方式来确定货币流量的"正常水平",必然会使东部地区的日子不好过,而中西部地区的经济则更加困难。

四、紧缩货币流量如果过了头,会有什么后果

要谨防企业资金链的断裂,而企业资金链的断裂又是同产品供应链的断裂连接在一起的。在当前的形势下,在实行货币流量向"正常水平"的回归时,很可能引起产品供应链的断裂和企业资金链的断裂,从而使经济中出现企业停产、倒闭和个人下岗、失业的情况,也可能使个体工商户收缩,以及使承包土地的农民收入下降的情况。这是因为,正如前面已说过的,不同的产业、不同的企业、不同的地区,在名为向货

币流量"正常水平"回归的政策影响之下,受到不同程度的冲击。有的产业、有的企业、有的地区和有的人群受影响大,于是就会发生产品供应链和企业资金链的断裂。

不仅如此,还应当看到货币流量宽松时,经济规模大小的企业基本上都能受益,只是大企业可能利益多一些,中小企业可能利益少一些。而当货币流量压缩到"正常水平"或"正常水平以下"时,那么大中小型企业之间的受损失程度的差别就大得多。大企业还可以活下来,中小企业中不少却活不下去了。这就是货币政策效应的不对称性。

经济学界容易犯的一个错误是,研究宏观经济时容易忽视结构问题,容易忽视微观经济的变动,也容易忽视目前存在的制度或体制所带来的影响。如果把已经偏紧的货币流量误认为还未回归到"正常水平",继续紧缩,那么从结构层面来说,加剧结构的不协调是不可避免的。而从微观经济层面来说,产品供应链和企业资金链的断裂,以及由此引起的失业人数增长同样不可避免。

第七节　今后较长时间内预防和治理
通货膨胀的基本对策

为了预防和治理通货膨胀,宏观调控是必不可少的。根据近半个世纪市场经济发达国家的经验来看,宏观调控起始时机的掌握非常重要。宏观调控的开始,可能滞后;宏观调控的结束,更可能滞后。这两种滞后都给国民经济带来损失,甚至会给后续一段时间的经济运行造成困难。

首先,应当防止投资冲动怪圈的重来。这是转轨时期中国最容易出现的现象,从而预防投资需求拉动式的通货膨胀仍应放在重中之重。比如说,目前正在进行城镇化,需要防止的就是某些地方政府借实现城镇化时机,大规模上项目,重形式而不重视内容,搞铺张而不讲究实效,结果造成投资规模过大,信贷随之扩张,投资需求拉动式的通货膨胀又来临了。这是不利于城镇化的切实推进的。

宏观调控由于种种原因而有可能滞后,其中最重要的一个原因在于中央政府不了解经济的真正走向。有关部门容易被汇报材料中"报喜不报忧"的假象所迷惑,所以等到了解实际情况后再采取调控措施时,已经滞后了。除此之外,经济中有些现象并非统计数字所能反映的。两个明显的例子是投资者心理和消费者心理的变化。以投资者心理来说,经理人采购指数只能反映一部分情况,而投资者对前景的估计和对各个行业的盈利前景的预测不一定(至少不是全部)都能通过经理人采购指数而反映出来。消费者心理同样如此。通常情况下,消费者对社会保障制度的完善程度的预期就是影响消费者心理的因素之一,消费品(主要指耐用消费品)的家庭保有量和消费品的时尚也是影响消费者心理变化的另一个因素。因此,有关部门对经济走向的分析和判断总会有一定误差。因此,在做有关今后一段时期内的实际状况的判断时,一定要弄清楚通货膨胀究竟是不是已经来临,应当如何正确下结论,而不要被假象所迷惑。

如果作出正确的形势判断,那么对宏观调控的转向问题,尤其需要慎重。该转向就转向(如由松到紧,或由紧到松),不必转向的只作微调(如由大松到略松,或由大紧到略紧),就行了。政策要有连续性,不要打乱投资者和消费者的正常预期,以免经济中出现大的波动。在经济运行过程中,除非又发生了急剧的通货膨胀,或发生了严重的失业,或通货膨胀和失业已经并发,即滞胀已经出现,一般说来,宏观调控不宜大升大降,大紧大松,以免经济大起大落。否则,有可能导致或者是经济中出现众多泡沫,或者是经济中的泡沫会突然破裂,这两种情况对经济运行都十分不利。

如果经济运行已经出现通货膨胀的迹象,应当及时采用微调措施。

采用微调的前提是:有关部门有预见性,并建立预警机制,以便防患于未然。正如山火一有警报,就必须及早采取措施,予以扑灭,等山火扩大了,蔓延开来了,就难以迅速扑灭了。所以对于通货膨胀要重视微调。

微调措施包括了结构性的调节、细节性的调节。也就是说,为了不至于在宏观调控过程中出现过松过紧现象,结构性的调节、细节性的调节有助于避免出现较大的偏差,也有助于防止出现较大的后遗症。这里所说的细节性的调节,主要是指针对具体问题采取针对性的措施,比如说,房价上涨较快,可以采取增加住宅供给,尤其是适合中低收入家庭居住的平价、廉价出售和出租的保障性住房的供给。又如,蔬菜、猪肉价格上涨,可以采取给生产者补贴和降低物流成本等措施。

应当懂得,经济运行中出现的某些问题,如结构失调、投资过热、某些关键性产品供给紧张,技术工人供给不足、要素成本上升等情况,不是单纯依靠宏观调控就能解决的,所以不能以为宏观调控措施一用就灵。在这种情形下,要慎重采用升降存款准备金率之类的措施,否则有可能使存在的问题复杂化了。这是因为调整存款准备金率作为一项重大的宏观调控措施,影响太大,往往会引起社会经济的震荡,只有在不得已的时刻才使用。

在判断经济形势走向时,重要的是,要弄清楚导致较快物价上涨的原因,对症下药。例如,因用工成本上升而引起物价上涨,就应针对具体情况采取带有预调性的政策措施,例如加快培养技术和专业人员,帮助劳动密集型企业转移到中西部地区,以及帮助它们自主创新和产业升级等等。总之,在成本推进型的通货膨胀条件下,要抑制物价的上涨,不能单纯依靠宏观调控中的紧缩总需求措施。不然会使得供求关系进一步失调。

商品价格总是相互影响的,因为商品价格互为成本。在宏观调控中,有时为了控制某种物品的价格上涨,曾经采取限制价格的措施,这同样是没有什么成效的。以资源价格调整为例,对某些物品的价格管制,只会使经济中的结构失调现象更加突出,更加严重。在其他相关产品的价格可以浮动的同时,某些物品价格被管制死了,那只能使得被管制商品和劳务价格的行业减少产量,使供给下降,给经济运行带来一系列后遗症。

可见,商品价格互为成本的关系不能靠行政管理手段来打破。宏观调控也必须尊重市场规律。背离市场规律的宏观调控措施,迟早会暴露出它的无效性。

归根到底,在今后较长时间内,预防和治理通货膨胀基本对策,可以归结为三项。

其一,防止投资过热,不追求 GDP 的过高增长率,重在结构优化,重在提高经济增长质量,以抑制投资需求拉动的通货膨胀。投资需求拉动的通货膨胀毕竟是最常见的一种通货膨胀。

其二,要预见到要素成本上升的趋势,切实转变经济发展方式,以技术创新、体制创新、营销创新开拓市场,以产业升级提高效率。这是大体上稳定物价,保证实现有较高质量的经济增长的基本对策。

其三,在中国经济依然处在非均衡条件下,"零通货膨胀"是不可能实现的。宏观调控对通货膨胀的现实警戒线只能使目标定在略高于"零通货膨胀"的位置上。为此,可以把目标通货膨胀率作为警戒线(例如 2013 年定为 3.5%)。相应地,城乡居民收入增长率目标的制定,应在目标 GDP 增长率之上加上目标通货膨胀率。虽然这是很不容易做到的,但它是需要遵守的原则,以兑现政府对城乡居民的承诺。如果实际通货膨胀率超过了目标通货膨胀率,那就应当以各种补贴的方式来增加城乡居民的实际收入。这就是非均衡条件下对政府的要求,也是非均衡条件下对待通货膨胀的基本对策。

第十八章　腐败必须标本兼治

　　腐败作为一种社会顽疾,是各国普遍面临的世界性难题,也是社会公众十分关注的焦点问题。新中国成立后,中国共产党把反腐败斗争作为保证党和国家不变质不变色的重要举措,给予高度关注、常抓不懈。改革开放以前,主要是采取政治运动、阶级斗争的方法反腐败,虽然这种方法在一段时期有其必然性,在防治腐败上也有成效,但也容易导致"左"的错误。从 1957 年后直至"文化大革命",由于实行"以阶级斗争为纲",给各方面建设尤其是经济建设带来了严重损害。改革开放以来,中共中央深刻总结新中国成立后特别是"文革"的历史教训,把工作重心转向经济建设,推动改革开放,极大地解放了社会生产力,开创了社会主义现代化建设新局面。但改革开放,打开窗户,在给我们国家注入巨大活力的同时,也难免飞进一些蚊虫、苍蝇,带来一些腐朽、腐败的东西。我们党从实行改革开放一开始,就敏锐地注意到了这个问题。邓小平同志在新时期初就提出,"一手抓改革开放,一手抓惩治腐败";"坚持两手抓,两手都要硬"。① 正是在这样一个思想的指导下,反腐倡廉工作始终与现代化建设相伴随,并随着各项改革建设的发展不断强化、深入。

　　改革开放三十多年来,我们在反腐败斗争上取得了显著成绩。但

---

　　①　《邓小平文选》第 3 卷,人民出版社 1993 年版,第 378 页。

腐败问题仍然存在,在某些领域还呈发展之势,反腐败将始终是一个重大课题。"物必先腐,而后虫生。"腐败如不加遏制,任其蔓延,就会亡党亡国;同样,如果反腐不当,不能探寻出正确的解决之道,不仅不能遏制腐败,还可能带来更多的问题。在反腐败问题上,必须立足国情,从我国社会主义初级阶段的实际出发,坚持把反腐败与深化改革相结合,实行标本兼治、综合治理。只有在下大力气查处腐败的同时,以更大的政治勇气和智慧不断推进改革,从源头上铲除滋生腐败的土壤,才能走出一条适合中国国情的反腐倡廉道路。

第一节　当前反腐败面临的形势

正确认识反腐败面临的形势,是切实抓好反腐败的前提。在这个问题上,要防止两种极端倾向:一种是失去信心,看不到我们反腐败工作取得的成绩,夸大当前腐败问题的严重程度,甚至把腐败现象的发生与我们的国家制度相联系;另一种是盲目乐观,看不到反腐败斗争的长期性、复杂性、艰巨性,轻视反腐不力带来的危险,以致丧失对腐败现象蔓延可能亡党亡国的警觉。

一、充分肯定反腐败斗争取得的成绩和经验

经过坚持不懈地开展反腐败斗争,我们在反腐败方面取得了显著的成绩,积累了宝贵的经验。

(一)坚持走适合国情的反腐败道路,保持反腐败斗争的正确方向

我国实行改革开放、发展社会主义市场经济,是前所未有的创举;我们反腐败斗争的复杂性、艰巨性,也前所未有。面对错综复杂的防腐反腐局面,我们党始终保持清醒的头脑,坚持从我国的实际出发,积极

借鉴各国有益的反腐防腐经验，又不照抄照搬国外的模式，坚定地以中国特色社会主义理论为指导，走适合我国国情的自己的反腐败道路。在中共中央的领导下，防治腐败工作融入政治建设、经济建设、文化建设、社会建设各个方面，成为中国特色社会主义事业的有机组成部分，并逐步探索形成了一套党委统一领导、党政齐抓共管、纪委组织协调、部门各负其责、依靠群众支持的，具有中国特色的反腐防腐领导体制和工作机制，从而保证了我国的反腐败工作始终沿着正确的方向不断推进。

（二）着眼党和国家的工作大局，把防治腐败与深化改革结合起来

只有把防治腐败纳入改革开放和中国特色社会主义建设的总体布局，在服务党和国家工作的大局中找准切入点，统一谋划、整体推进，才能把反腐败斗争不断引向深入。改革开放以来，我们积极推进政府转变职能，稳步推进行政审批、干部人事以及财税、金融、投资、国有资产监管体制等重点领域和关键环节的改革，着力建立市场配置资源制度，逐步形成了公共资源配置、公共资产交易、公共产品生产领域等有利于遏制腐败发生的市场运行机制。比如，2001 年推行行政审批制度改革以来，国务院各部门共取消和调整行政审批项目 2000 多项，地方各级政府取消和调整近 80000 项，占原有项目总数的一半以上；招标拍卖挂牌出让国有土地面积占总出让面积的比例，也由 7.3% 上升到 80% 以上。①

（三）重视加强制度体系建设，不断推进反腐败工作的法制化、规范化

健全法律、制度是遏制腐败的根本之道。改革开放以来，我们高度重视发挥法律法规制度的规范和保障作用，按照依法治国和依法执政

---

① 数据来源:《中国的反腐败和廉政建设》白皮书。

的要求,切实加强国家廉政立法,加强党内法规制度体系建设,制定了《中华人民共和国行政监察法》、《中国共产党党内监督条例(试行)》、《中国共产党巡视工作条例(试行)》、《中国共产党党员领导干部廉洁从政若干准则》、《关于实行党风廉政建设责任制的规定》、《关于实行党政领导干部问责的暂行规定》等一批重要的反腐防腐法律、制度,逐步在这方面形成了内容科学、程序严密、配套完备的制度体系。同时,不断提高对防治腐败法规制度的执行力,维护这方面法规制度的严肃性和权威性,在推动贯彻实施这些法规制度方面,也取得了积极成效。

(四) 把查办案件作为有力抓手,形成惩治腐败的强劲势头

依法依纪大力查处腐败案件,特别是查办大案、要案,是惩治腐败最直接、最有震慑力的手段。改革开放特别是近些年来,各级纪检监察部门注重突出办案重点,加大对工程建设、土地、交通、金融等重点领域违纪违法案件的查处力度,严肃查办滥用职权、贪污贿赂、腐化堕落、失职渎职等案件。2012 年,各级纪检监察机关共立案 155144 件,结案153704 件,处分 160718 人。其中,查处的县处级以上领导干部就有4698 人,移送司法机关的县处级以上干部 961 人。通过查办案件,为国家挽回经济损失 78.3 亿元,也获得了广大群众的支持称赞,增强了人民群众对反腐败斗争的信心。①

二、清醒认识当前反腐败面临的复杂严峻局面

近些年来反腐败斗争成效显著、有目共睹。随着人民群众对反腐败期望值的不断上升,党和国家防治腐败的力度也在不断加大。但防腐反腐形势依然严峻,任务依然艰巨。在充分肯定、认真总结反腐败成绩和经验的同时,必须清醒地看到,在当前经济体制转型、社会结构变

---

① 数据来源:《中央纪委、监察部关于 2012 年全国纪检监察机关查办案件工作情况的通报》。

迁、利益格局调整、思想观念变化的时期,各种社会矛盾凸显,一些领域体制机制还不完善,腐败问题短期内难以根治,而且出现了一些新情况、新问题。

(一) 部分领域腐败行为仍然易发多发

包括权力集中部门和岗位腐败案件依然多发,资金密集领域的商业贿赂、内幕交易等现象较为突出,土地、矿产资源和工程建设领域腐败现象易发多发,教育科研、医疗卫生、社会保障等领域腐败案件逐渐增多,等等。特别是一些涉案金额巨大、社会影响恶劣的大案要案仍时有发生,需要高度关注。

(二) 腐败行为趋向隐蔽化

近些年来,出现了腐败行为由权钱两清的现值交易,向权力即时支付、回报未来领取的期值交易转变现象;一些腐败分子越来越多地利用网络平台、金融交易平台等手段,隐蔽性大大增强;同时,新兴经济领域案件、利用高新技术手段作案,也有所增加。

(三) 损害群众利益的不正之风较为普遍、突出

一些领导干部对群众疾苦麻木不仁,对群众反映的问题漠不关心,工作作风简单粗暴,在土地征用、城镇拆迁、城市管理等过程中,经常违规操作,粗暴执法,甚至滥用强制手段。如 2012 年全国查处的违法违规强制征地拆迁案件有 427 件,查处的在农村土地承包、流转、土地整治中损害农民土地权益的问题则达两万余件。①

三、增强信心、发挥优势、把反腐败斗争不断推向深入

虽然当前反腐败局面复杂严峻,但也有许多有利的条件,在反腐败问题上我们已积累了丰富经验,特别是我们有社会主义制度的优势,应

---

① 数据来源:《中央纪委、监察部关于 2012 年全国纪检监察机关查办案件工作情况的通报》。

当有信心把反腐败斗争深入推向前进。

（一）中国特色社会主义的制度优势，为深入反腐败提供了根本保障

要把社会主义制度的优越性与过去集中、僵化的计划经济体制区别开来。中国特色社会主义制度有着巨大的优越性。其中一个优越性，就是有领导、有组织，可以汇聚各种力量资源，调动广大人民群众的积极性，集中力量办大事。从"两弹一星"到"神九飞天"，从组织八方支援战胜特大自然灾害，到及时果断应对国际金融危机的冲击，各种事例都反复说明了这个优越性。对于反腐败问题，也能够充分发挥社会主义制度的这一优越性。在中共中央的高度重视、统一领导下，可以凝聚各方力量，排除一切干扰，形成强大合力，为反腐败斗争提供强有力的保障。

（二）人民群众的积极支持，为深入反腐败营造了良好环境

人民群众是推进反腐败斗争的不竭动力。近年来，来信、来访、来电和网络举报等渠道，为人民群众积极参与反腐败提供了有效路径。在 2012 年各级纪检监察机关立案的案件中，案件线索来源于群众信访举报的占 41.8%。① 随着人民群众参与反腐败渠道的不断拓宽，人民群众在反腐败中的积极作用将得到更加充分的发挥。

（三）长期实践积累的丰富经验，为深入反腐败奠定了坚实基础

新中国成立后我们有正反两方面的反腐经验。特别是改革开放以来，我们在实践中探索形成了一整套符合我国国情的反腐败指导思想、基本原则、工作方针和工作机制，积累了宝贵的经验。这些经验来源于反腐败斗争实践，凝聚了社会共识，丰富了中国特色反腐败道路的内涵，为深入推进反腐败工作奠定了坚实基础。

––––––––––––––

① 数据来源：《中央纪委、监察部关于 2012 年全国纪检监察机关查办案件工作情况的通报》。

第二节　腐败问题多发易发的原因

　　腐败问题作为社会的沉疴顽疾,具有复杂深刻的社会历史原因。正确地分析认识这些原因,把握腐败现象发生的规律,是深入做好反腐败工作的前提条件。当前腐败现象之所以多发易发,主要原因有以下四个方面。

一、经济体制转换为滋生腐败提供了土壤

　　从世界各国的发展历史看,西方发达国家建立和完善市场经济体制,大都经历了上百年甚至更长时间。而我国用短短几十年时间,跨越了其他国家上百年的发展历程,因此各方面体制机制建设难以避免有所滞后。现在我国还处在并将长期处于社会主义初级阶段,社会主义市场经济体制也仍然处于完善过程中,各方面体制机制还需要继续改革健全,由经济体制转换带来的经济社会结构变动、利益格局调整和一时政策的不完善配套,为滋生腐败提供了土壤。改革开放初期,就有人利用改革时的空隙和政策上的漏洞谋取私利,如开始有人利用物资、利率、汇率、外贸实行双轨制,倒卖出口配额、计划物资、进出口许可证;以后又有人利用土地批租、发行股票、建筑工程转包、企业转制等收受贿赂。当前经济体制改革还需要继续深化,还存在滋生腐败的土壤。如政府职能还没有完全转变到位,在某些领域仍然存在政府与市场关系错位,市场配置资源的基础性作用发挥不充分的情况,特别是一些地方政府对经济的直接干预较大,常常冲在拼经济的第一线,扮演了市场主体的角色。由于政府掌握资源太多而又监管不到位,不能平等地对待各个市场主体,这就给权力寻租留下了可乘之机。

二、相关制度建设滞后不适应反腐新要求

面对不断出现的腐败新情况,目前反腐败制度建设存在三个方面问题:一是制度建设相对滞后。由于我国经济社会快速发展,各种腐败新形式也层出不穷,而法律法规体系尚不健全,一些新的法律法规没有形成常态机制,对一些腐败新形式、新手段缺乏监管依据,产生防治腐败的制度漏洞。二是制度配套衔接不够完善。我国反腐败的法律法规种类繁多,但一些法律、规章、制度还没有统一的规范要求,缺乏系统性,存在一些制度与制度之间衔接配套不完善的情况,给腐败现象的滋生提供了空间。三是制度执行力有待加强。随着依法治国的深入推进,各级政府对健全法制、依法行政有了较充分的认识,但是一些地方虽然建立了制度,对执行制度却认识不足,在实际中工作常常不能完全按照制度办事,制度的执行力欠缺。

三、监督制约机制不健全导致对腐败遏制不力

加强对权力的制约监督是遏制腐败的关键。目前,我国有多种监督制约机制,包括中国共产党的党内监督、人大监督、政府内部监督、政协民主监督、司法监督、公民监督和舆论监督,等等。但是,由于监督机构分散,存在重复交叉、关系不顺的情况,各种监督之间缺乏协调配合,监督合力有待进一步强化。同时,由于种种原因,一些对遏制腐败十分必要的监督制约机制尚待健全,作用也需要进一步发挥,如政府行政活动公开化的机制还不够健全,社会公民监督还存在渠道不畅、发挥作用难的问题等。

四、一些干部思想蜕变催生腐化堕落

新时期以来我国的干部队伍构成发生了很大变化,一些干部从专业化、知识化和世界眼光来讲,其优势与过去不可同日而语,但也存在

缺少实践历练和考验,缺乏应对复杂局面的经验等问题。在经济全球化和市场经济大潮面前,有的干部思想信念发生动摇,不能牢固树立马克思主义的世界观、人生观、价值观,不能正确地看待运用手中掌握的权力和利益。有的干部面对错综复杂的社会情况,心态浮躁、贪图虚名,利欲熏心、私欲膨胀,感到自己的付出与回报不成比例,在收入和待遇上相互攀比,以致走上以权谋私、权钱交易,索贿受贿、侵吞公共资产等违法犯罪道路。

第三节　着力铲除滋生腐败的根源

过度的权力集中,特别是在经济体制上过于集中权力,政府与市场错位,也会产生市场寻租的张力,导致腐败易发多发,这是滋生腐败的根源所在。所以,要从源头上遏制腐败,首先要以更大的政治勇气和智慧,推进深化经济体制改革。

经济体制改革不是简单地把一切推向市场。市场不是万能的,其本身也存在自发性、盲目性。一些公益性领域需要政府发挥作用。当前深化经济体制改革对政府来说,关键是要理顺政府、市场、社会三者的关系,把应属于市场的权力归市场,把应属于社会的权力归社会,做到"该管的一定管住管好,该放手的一定放手到位"。

一、切实转变政府职能,避免过度干预市场

政府如果过度干预市场,通过行政手段进行资源分配和干预企业的微观经济活动,包揽本应由市场决定的事项,就会产生权力寻租的空间。深化经济体制改革首先要加快转变政府职能,切实把政府职能转到主要为市场主体服务和创造良好发展环境上来。

大力推进行政审批改革,进一步减少和简化审批。行政审批作为

一种政府管理经济的方式,在市场经济条件下确有存在的必要,但只能是一种辅助的方式,并且要限制在一定的范围内,有明确的针对性,不能过多过滥。审批事项减少后,政府可以腾出更多精力在提供公共产品、加强宏观管理、建立和维护良好的市场秩序上。当前继续推进行政审批改革,可以将投资、社会事业和非行政许可领域作为重点,清理、减少和规范现有审批事项,建立健全新设行政审批事项审核论证机制,进一步减少政府对微观经济运行的干预。

一方面要减少和规范行政审批,另一方面要加强服务,充分发挥市场配置资源的基础性作用。要建立财政政策、货币政策、产业政策、投资政策协调配合机制,完善宏观调控政策体系,激活市场投资活力,健全市场体系,把不该由政府管理的事项如企业经营决策等转移出去,把该由政府管理的事项如基本公共服务等切实管好。

二、加快财税体制改革

政府公共资金的分配、使用、监管是否合理到位,与腐败问题的发生密切相关。公共资金分配不合理、监管不严,在一定条件下就可能滋生腐败。如一些地方由于财权与事权不统一,地方政府没有相应财力支撑经济社会建设,就会产生通过不正当方式谋取资金的现象。因此,加快财税体制改革,健全中央和地方财力与事权相匹配的财政体制,是遏制腐败发生的重要举措。

完善分税制和财政转移支付制度,继续提高一般性转移支付的规模和比例,清理归并部分专项转移支付项目,提高转移支付资金使用效益。围绕推进基本公共服务均等化和主体功能区建设,健全中央和地方财力与事权相匹配机制,健全对县级政府一般性转移支付制度,完善县级基本财力保障机制,增强基层政府提供基本公共服务的能力。

深化预算管理制度改革,完善公共财政预算。形成完整、透明的预算制度体系,既是统筹安排财力的需要,也是保障公民知情权、参与权、监督权的要求。要进一步完善由公共财政预算、国有资本经营预算、政府性基金预算和社会保障预算组成的政府预算体系,提高政府性基金预算的规范性和透明度,进一步深化部门预算、政府采购等管理制度改革。

三、推进垄断行业改革

对于行业垄断首先要有正确的认识。在一些特殊的公益性和公共服务领域,需要由不以营利为目的的国有资本占主导,盲目交给市场反而容易引发腐败。但对于大多数行业特别是竞争性行业来说,垄断是滋生腐败的重要原因,应该大力推进市场化进程。

随着科学技术的飞速发展,现在某些传统自然垄断行业的建设和运营成本大幅下降,也有条件引入竞争机制,比如邮政、电信等行业;即使对那些属于仍需自然垄断的行业,某些服务也可以引入竞争机制,比如铁路和电力设备制造等。因此,当前要按照政企分开、政资分开的要求,稳步推进铁路、电力、电信等领域的改革。

与推进垄断行业改革相适应,要完善国有资产管理体制,推进国有经济战略性调整,健全国有资本有进有退、合理流动机制,优化国有资本战略布局。要积极促进国有资本,向关系国家安全和国民经济命脉的重点行业、关键领域和基本公共服务领域转移。继续推进国有企业公司制股份制改革,加快建立现代企业制度。健全国有资本经营预算与收益分享制度,提高国有资本收益用于社会公共支出的比重。与此同时,还应抓紧完善鼓励引导民间投资健康发展的配套措施和实施细则,鼓励民间资本进入铁路、市政、金融、能源、电信、教育、医疗等领域,鼓励引导民间资本进行重组联合和参与国有企业改革。完善扶持小型微型企业发展的财税金融政策,支持中小型企业上市融资,继续推进中小企业服务体系建设。

四、深化金融体制改革

金融是现代经济的命脉。在我国社会主义市场经济发展过程中，金融资源一直是市场上的稀缺资源，加上目前金融市场化程度还不高，在这种情况下，金融机构掌握的巨大资源就容易产生权力寻租，成为滋生腐败的土壤。深化金融体制改革，既是防范金融风险、发展社会主义市场经济的需要，也对防治腐败有着十分重要的作用。

（一）强化市场机能，完善金融监管体制

在加强监管的同时，更多地发挥市场作用，协调推进利率和汇率形成机制改革，提升各市场主体适应市场变化的能力，减少利用掌握金融资源进行寻租的可能性。

（二）深化金融企业产权改革，健全金融市场体系

随着我国非公有制企业的发展壮大，其融资需求更加难以满足，极易引发金融腐败行为。要促进投资主体多元化，改进国有金融企业的股权结构和管理模式，同时大力支持发展中小银行，建立和完善中小银行体系。通过建立依托多元投资主体的金融体系，提高金融业的透明度，形成运行有效的监督约束机制，减少腐败滋生的空间。

（三）提升农村金融运行的质量和效率

农村金融发展一直处于弱势，由此引发的腐败行为也时有发生。要大力推进农村金融发展，继续推进农信社改革试点，加快培育村镇银行、小额贷款公司、农村资金互助社等新型农村金融组织，增强金融机构为"三农"和小微企业服务的能力，引导信贷资金和民间资金不断向"三农"、小微企业、保障性住房等薄弱环节流入。

五、健全监督制约机制

没有制约的权力必然产生腐败。从长远来看，推进依法行政，健全监督制度，建立起一套完善、持久、有效的制约机制，是反腐能否成功的

关键因素。要按照结构合理、配置科学、程序严密、制约有效的原则,逐步建立健全决策权、执行权、监督权既相互制约又相互协调的权力结构和运行机制,推进权力运行程序化和公开透明,加强对权力的制约和监督。

健全监督制约机制,首先必须积极稳妥地推进社会主义民主政治,完善监督体系。要完善中国共产党的党内民主和监督制度,以扩大党内民主带动人民民主,以强化党内监督带动各方面监督;要充分发挥人大、政府、政协、司法机关的监督作用,加强各监督机构的沟通联系,提高各种监督之间的协调配合;还要把专门机关的监督与人民群众的监督结合起来,增强各民主党派、人民团体的监督功能,发挥好新闻媒体、网络、群众举报等来自社会各方面的监督作用。

健全监督机制还必须加强法治建设。一些腐败问题之所以屡禁不止,一些监督作用之所以难以到位,都与法治不完善有很大关系。要适应反腐败斗争发展和社会主义市场经济规则的要求,不断修订和完善廉政立法、市场经济立法和惩戒性立法等,尽可能堵塞在法律上存在的漏洞,同时务要严格执法。只有切实加强民主法治建设,建立健全监督制约机制,才能真正把权力关进制度的笼子,使腐败分子无空可钻、无处可藏。

第四节　切实加大惩治腐败的力度

反腐败也必须治标治本两手抓、两手都要硬。依法依纪查处腐败案件,是惩治腐败最直接有效的手段,也是遏制腐败现象蔓延不可或缺的环节。当前腐败现象在一些领域有多发高发的势头,更需要老虎、苍蝇一起打,加大严惩各种腐败行为的力度,以表明中央对反腐败的坚定决心,巩固和发展反腐败取得的成果。

一、加大查案办案的力度

严肃追究、严厉惩处各种腐败案件,是人民群众的强烈愿望,也是党和政府对人民群众的庄严承诺。不论什么人,不论其职务多高,只要触犯了党纪国法,都要受到严肃查处。加大查案办案力度,当前首先要加强重点领域和关键环节大案要案的查处,针对人民群众反映强烈的腐败问题,严肃查办发生在群众身边的滥用职权、玩忽职守、贪污贿赂、腐化堕落的案件,严肃查办影响广、震动大的重大工程、重大投资项目案件。同时,要严肃查处严重损害群众合法经济权益、群体性事件和重大责任事故背后的腐败案件,着重查处"三农"、教育、就业、社会保障、医疗、征地拆迁、保障性住房、生态环境、食品药品安全等领域的腐败行为。要健全腐败案件揭露、查处机制,畅通信访举报渠道。建立健全查办案件组织协调机制,完善国(境)外办案合作机制,加大防逃追逃追赃力度,决不让腐败分子逍遥法外。

当然,在加大查办力度、严惩腐败分子的同时,也要坚持依纪依法、安全文明办案,督促各级纪检监察机关注意改进办案方式方法,规范办案工作程序,加强内部监督制约,严肃办案纪律,提高办案人员业务能力,不断提高办案的质量和效率。

二、深入开展纠风和专项治理

损害群众利益的不正之风,从表面上看是一些政府部门及其工作人员的作风问题,实质是滥用权力谋取私利,其结果是人民群众的利益受损。因此,反腐败的一个重要方面,就是要深入开展纠风和专项治理,肃清行业风气,维护群众利益。

开展纠风和专项治理应突出重点领域,要从与群众利益相关程度、党和政府的关注程度、对改革发展的影响程度、能否在较短的时间内取得阶段性成效等方面,进行综合考量、确定重点。当前,开展纠风和专项治理工作的重点,应当关注民生政策、惠农政策的落实和资金管理使用、违法违规征地拆迁、违规占用征用耕地、基层行政执法和服务不规范、教育乱收费、医药购销和医疗服务不正之风等问题,要通过进行专项检查等各种措施,对这些方面的不正之风切实予以纠正。

切实开展纠风专项治理,还需要建立有效的协调机制。由于专项治理触及多方利益,影响面广,而且有的还涉及体制机制等深层次问题,所以既要按照"谁主管谁负责"的原则,充分发挥专项治理所涉及的各个部门的职能作用,又要注重各部门之间的协调配合,形成合力,共同解决专项治理中的难点问题。要通过形成组织健全、保障有力的专项治理协调机制,加强对纠风专项治理的督促、检查和指导,保证纠风专项治理取得积极效果。

三、切实加强反腐倡廉教育

反腐倡廉教育是预防和惩治腐败体系中的基础性环节。要提高党员干部对这个问题重要性的认识,时刻注意加强思想教育,提高党员干部的廉政意识和能力,从灵魂深处筑起反腐败的防线。

开展反腐倡廉教育,首先要继承发扬我们党在这方面的优良传统,努力体现时代特色和发展要求。同时,也要注意不断充实新内涵,汲取中国传统文化中的精华,从深厚的文化底蕴中挖掘适合新时代的文化基因来教育党员干部,培养他们追求崇高的精神境界和高尚的道德情怀。要了解党员干部的思想动态,把握其心理特点,号准脉搏、对症下药,增强教育的针对性、系统性、前瞻性。在教育内涵上,应下大力气坚定党员干部的理想信念,树立正确的世界观、人生观、价值观,牢记全心全意为人民服务的党的宗旨,既着眼于艰苦奋斗的优良传统教育,又着眼于新时期的先进典型教育和警示教育;既着眼于党纪条规和从政道德的普遍性教育,又着眼于有针对性的专题教育,努力做到常抓常新、坚持不懈。

在教育形式上,反腐倡廉教育也要根据形势的发展,注意不断拓宽视野、丰富形式。要尽可能采用多种多样、生动活泼、干部群众易于接受的方式方法,坚持分类指导、分类施教、因人施教、因岗施教,把个性与共性、传统教育手段与现代化教育手段结合起来,使教育的目标更加明确,方法和手段更适合群众需要,增强反腐倡廉教育的针对性和实效性。

反对腐败、建设廉洁政治是我们孜孜以求的奋斗目标,长期以来党和政府为此付出了巨大努力、取得了明显成效。新中国成立以来特别是改革开放以来的实践证明,我们的反腐败道路符合中国国情,符合广大人民的意愿,是正确的。中共十八大召开后,中共中央进一步提高了对惩治腐败必要性、重要性、紧迫性的认识,反腐败斗争的方向更加明确、思路更加清晰、措施更加有力。因此应当坚信,随着我国社会主义市场经济体制的不断完善,社会主义民主政治的不断发展,社会文化等各方面事业的不断进步,中国一定能够依靠自身力量和广大人民的支持,把反腐败斗争不断推向深入,开创干部清廉、政府廉洁、政治清明的新局面。

第十九章　法治体系建设刻不容缓

我国的市场经济发展至今,一个明显的经验就是,建立社会主义市场经济体制需要发达的市场经济和现代法治的有机融合。目前,尽管"现代市场经济的根本规则就是法治的基本规则,市场经济就是法治经济"的理念已深入人心,但社会主义市场经济的法治体系还远远没有建立起来,地方保护主义、有法不依、执法不严、部门利益超越法律界限等,所有这些都使得真正的市场秩序难以形成,并成为进一步完善社会主义市场经济体制的障碍。因此,在党的十八大报告提出"法治是治国理政的基本方式"的背景下,探讨我国社会主义市场经济的法治体系建设,对建立完善的市场经济体制、加快建设社会主义法治国家等,都具有十分深远的现实意义。

第一节　社会主义市场经济体制是市场制度和法治体系的统一

社会主义市场经济体制的根本规则就是法治的规则,本质就是市场制度与法治体系的统一。

一、现代市场经济的本质是法治经济

尽管通过"看不见的手",市场能够调节社会经济生活的各个方面,并成为资源配置的主要方式,但市场的自发秩序并不能自动形成资源的优化配置与社会福利效应的最大化。因此,无论是基于矫正市场失灵的需要,还是出于规范市场行为的目的,现代市场经济的有效运转必然离不开健全的法治基础。

所谓法治,就是以体现公平正义的宪法为依据的治理理念与治理制度安排。在现代市场经济体系下,法治的基本内容包括:宪法至高无上,法的内容符合基本的、公认的正义,法律面前人人平等,法律必须得到公正执行以及严格约束公共权力等。通过这些制度安排,一是法治能够明确与界定市场经济中政府的职能并约束政府对经济活动的任意干预,从而保证经济活动的自由。由于政府的权力天然就大于其他微观市场主体,如果缺乏法的明确规定与强制性约束,现代市场经济所需要的自由交易与独立企业制度就难以得到保证。二是法治可以规范微观市场主体的经济行为并保证微观市场主体的权益。在现代市场经济中,如果没有法治的规范与保障,包括产权的界定与保护、合同的履行、公平的竞争、自由的交易、反垄断等现代市场经济正常发挥作用所需要的外部条件将难以实现。三是法治能够通过强制性解决市场经济中的社会保障等问题来服务并促进市场经济的健康发展。现代市场经济不仅强调竞争原则与动力机制,而且强调保障机制与协调机制。如果缺乏覆盖整个社会的保障体系,纯粹的"优胜劣汰"法则不仅会影响市场经济的公平,而且会从根本上影响市场经济的效率。正是基于这样的逻辑,我们认为,如果没有良好的法治基础,市场主体的独立性、市场竞争的有效性、政府行为的规范性与市场秩序的有序性等都无法得到保证。因此,从本质上讲,现代市场经济就是法治经济,即建立在法治规则之上的市场经济,倡导用法治的思维与手段来规范经济行为、指导经济运行、维护经济秩序以及服务经济发展等。

二、转型阶段法治体系的特殊作用

所谓转型一般是指经济体制由计划经济体制向市场经济体制的转型,或是社会生活由传统农业社会向现代工业社会的转型。就我国而言,改革推动的转型既包括经济体制向市场经济体制的转型,又包括社会生活向现代工业社会的转型。经济体制、社会生活的双重转型必然会引发游戏规则的全面变化,这种变化将会要求经济、政治、文化等上层建筑与之相适应地变化。在这个游戏规则解构与重组的过程中,法治体系将起到十分重要的作用。

(一)法治体系有助于化解转型阶段的突出矛盾

由于经济、社会等各个方面的游戏规则的变化,转型阶段的社会矛盾十分突出,尤其是如何保持社会公正、防止腐败活动蔓延、抑制社会收入差距扩大等社会问题更是十分尖锐。这个过程中,只有通过法治体系的全面建设,运用法治体系强制性规范与约束各个市场主体的经济行为,才有可能最终化解这些社会矛盾。

(二)法治体系有助于消除既得利益者对改革的阻碍

转型阶段是一个游戏规则发生变化的时期,而游戏规则的变化必然会引发经济利益关系的全面调整。在这个过程中,无论是经济体制向市场经济体制的转型,还是社会生活向现代工业社会的转型都会遭受到既得利益者的阻碍甚至反抗。显然,只有通过法治体系的强制性约束,才能有效地消除这种阻碍与反抗,也才能确保改革的全面推进与经济社会的顺利转型。

(三)法治体系有助于建立市场经济体制与现代工业社会所需要的各种制度与基础设施

现代市场经济的有效运转、现代工业社会的和谐稳定都需要其他制度的支持和基础设施的供给,如产权制度、信用体系、统一市场、公共物品、社会保障制度等。在这个过程中,要想快速建立这些制度与基础设施并确保其可信性,只有通过国家的法治体系建设,运用法治的强制性力量才能保证。

三、繁荣与退步:国外的经验与教训

从历史的经验与教训来看,美国、俄罗斯等经济体的实践再一次证明:帕累托有效的游戏规则就是法治的规则,现代市场经济就是法治经济。

作为当今世界最为发达的市场经济体,美国的市场经济体制具有代表性,也有许多值得我国借鉴的经验。总的来说,尽管美国的市场经济体制主张经济活动应该遵循经济规律而自发运转,强调市场行为主体的自由竞争与价格机制的自发调节作用,但美国的市场经济也是典型的法治经济,由于微观市场主体,特别是私人垄断企业有着天生排斥竞争的本能,美国的市场经济特别强调要通过"人为"的方式建立有序的市场竞争环境,不但直接制定了维护市场竞争秩序的若干法律法规,如反垄断法等,而且通过法治的手段间接地为建立有序的市场环境创造重要的外部条件,如产权界定、契约自由与市场开放等。可以这样说,尽管美国的崛起与强大是多方面因素综合的结果,但其中适合现代市场经济发展所需要的法治体系的建立和完善,无疑是最重要的基石之一。

可贵的经验有助于我们更好地理解改革驱动的市场转型,但深刻的教训也同样为我们深入理解现代市场经济的运行机制提供了有益的启示。从俄罗斯的市场经济转型来看,失败的原因并不仅仅只是因为好的政策没有得到有效地执行,还有更为深层次的原因,其中就包括对现代市场经济基本概念与制度改革的理解有误。由于市场经济的有效运转必须同时具备自由竞争与市场秩序两个条件,纯粹的私有化尽管可以发挥自由竞争的激励作用,但缺乏市场规则的约束就容易导致腐

败与垄断,最终损害市场经济的效率。在转型的过程中,俄罗斯快速、大规模的私有化并没有诱导形成市场经济所需要的自由企业制度,相反通过全盘私有化反而为特殊利益群体与政治势力提供了一个维护特权的手段,最终陷入了被扭曲的市场经济。这一事实表明,法治就是市场经济体制之"纲",牵一发而动全身。在转型过程中,如果缺乏有效的法治基础,私有化与自由竞争并不会形成市场经济的帕累托最优。

综上所述,无论是从市场经济的理论逻辑还是从经验教训的借鉴来看,我们认为,只有从法治上更好地界定国家与经济的关系、政府与微观市场主体的行为逻辑,现代市场经济体制所强调的自由企业制度与自由市场竞争才能有效运转,市场经济也才是一个活力且能可持续发展的经济体。

第二节 改革开放以来我国建立市场 经济法治体系的进程与问题

作为一个转型国家,我国社会主义市场经济的法治体系建设起步较晚。目前,尽管市场经济的法治体系建设已经取得巨大的成就,但与成熟的现代市场经济体制相比,我国市场经济的法治建设仍然存在一些深层次的矛盾与问题,距社会主义市场经济体制的要求还有相当的距离。

一、对社会主义市场经济法治建设的认识过程

我国对社会市场经济法治建设的认识发端于对市场经济的认识。改革开放以来,伴随着对市场经济认识的逐步深入,我国对社会主义市场经济法治建设的认识也日益加深。

"社会主义市场经济就是法制经济"的说法最早源自于 1993 年中

国共产党的十四届三中全会。这次会议通过了《中共中央关于建立社会主义市场经济体制若干问题的决定》，不但对建立社会主义市场经济体制作出了总体规划，而且明确了社会主义市场经济体制的建立和完善，必须有完备的法制来规定和保障，要高度重视法制建设，做到改革开放和法制建设的统一，学会运用法律手段来管理经济。自此，"社会主义市场经济就是法制经济"的观念开始被人们接受。后来，伴随法学界普遍主张用动态的"法治"取代静态的"法制"，最初的"法制经济"也被内涵更为丰富的"法治经济"所取代。

随着社会主义市场经济的深入发展与法治建设的日益紧迫，1996年，江泽民同志指出"依法治国是党领导人民治理国家的基本方略，是发展社会主义市场经济的基本要求，是社会文明进步的标志，是国家长治久安的重要保障"。1997年，党的十五大报告正式将"依法治国，建设社会主义法治国家"确认下来。进入新世纪后，2004年，胡锦涛同志在中共中央政治局集体学习时强调"要适应社会主义市场经济发展、社会全面进步的需要和中国加入世贸组织后的新形势，大力加强立法工作，提高立法质量，特别是要进一步建立健全市场主体和中介组织法律制度、产权法律制度、市场交易法律制度、信用法律制度，以及有关劳动、就业和社会保障等法律制度"，进一步明确了我国社会主义市场经济法治建设的重点。2007年，党的十七大报告要求"全面落实依法治国基本方略、加快建设社会主义法治国家"，社会主义市场经济的法治建设开始得到落实，并成为全社会共同参与的行动。2012年，党的十八大报告根据全面建设小康社会的新形势与新要求，明确提出"法治是治国理政的基本方式。要推进科学立法、严格执法、公正司法、全民守法，建成法律面前人人平等，保证有法必依、执法必严、违法必究"，掀开了社会主义市场经济法治建设史上崭新的一页。在新的历史时期，习近平同志特别强调"要全面落实党的十八大精神，坚持依法治国、依法执政、依法行政的共同推进，坚持法治国家、法治政府、法治社会一体建设",将社会主义市场经济的法治建设提升到了一个全新的高度,对加快建设社会主义市场经济的法治建设具有十分重要的指导意义。

二、改革开放以来法治建设的重大举措与成效

改革开放以来的三十多年是我国法治发展史上一个至关重要且不可或缺的历史阶段,社会主义法治建设取得了前所未有的成就。

(一)法治体系建设取得重大进展

行政法治、刑事法治、民商事法治、市场经济法治、社会法治、对外经贸法治等方面都得到全面推进,正在逐步形成以宪法为核心的、具有中国特色的社会主义法治体系。其中,在行政法治方面,通过更新法治理念与管理手段、协调行政法当中的权力与权利等措施,初步奠定了迈向法治政府的基础;在民商事法治方面,通过《民法通则》的立法与民法典的起草,民商事立法也开始逐步健全,并为市场经济法律体系的充分发展奠定了物质基础;在市场经济法治方面,通过颁行和完善大量的经济法规,如《经济合同法》、《合资企业法》、《个人独资企业法》、《票据法》等,不但有效保障了经济体制改革的顺利进行,而且全面保护了改革开放取得的巨大成就;在社会法治方面,《社会保障法》、《劳动法》、《社会保护法》、《医疗卫生法》、《环境法》等各个领域的社会法都得到全面发展;在对外经贸法治方面,通过大规模参与国家经济组织与国际立法活动,我国不仅实现了国内相关法律同国际经济法规的全面接轨,而且成为当今国际经济立法的主要推动者与参与者。

(二)法治教育、司法改革、公益法律等实现重大突破

司法改革、法治宣传教育、公益法律、法学研究与理论创新等方面不断得到突破,社会主义法治观念开始深入人心,民主法治理论也不断完善。在司法改革方面,通过不断完善司法体制及其工作机制、加强司法民主建设等,司法改革不仅取得了长足进展,而且有效地推动了社会

整体的法治化运动;在法治宣传教育方面,通过完善普法通识教育、法治专业教育及其职业培训体系等,法治教育已初步形成职业教育与普及教育并重、培育法治专业人员与提升公民法律素质并重的局面;在公益法律方面,通过完善法律援助制度、健全公益法律服务体系与民间公益法律组织等,公益法律开始成为保护弱势群体与维护公共利益的强大武器;在法学研究与理论创新方面,通过紧扣具体国情,切实解决改革发展中的实际问题,法学研究的理论创新与理论构建也得到快速发展。

三、法治体系建设存在的问题及其后果

与成熟的现代市场经济体制的要求相比,我国市场经济法治建设所取得的成就还只是全面走向法治建设的开端。目前,相对于我国快速发展的经济建设而言,整体上的法治体系建设严重滞后,仍然存在着一些深层次的矛盾与问题,这些矛盾与问题将在很长时间内影响社会主义市场经济体制的建设与完善。

(一) 传统的轻视法治的思想还没有彻底根除,法律远远没有成为规范和约束经济行为主体的"第一准则"

由于我国的传统文化的影响,尤其是注重德治轻视法治、崇拜权力轻视法律的影响,在人民群众的心目中,现代法治对行为规范的约束力远远不如伦理道德的约束力。因此,在现实生活中微观市场主体宁愿依靠道德规范和约定俗成的习惯来约束自身的行为,并以此调整相互之间的关系,也不愿意通过契约等现代法律的方式来明确行为主体之间的权利与义务;宁愿奉行"精英政治、贤人政治"的传统人治模式,也不愿意承认"法律至上、法律面前人人平等"的现代法治模式。许多干部甚至包括一些高级领导干部也习惯于依赖政策、依靠行政命令等方式来调控市场经济活动,即使是在法律有明确规定的情况下,一些领导干部也会置法律的权威于不顾,依然会以执行政策或执行上级指示为

借口来拒绝法律的要求。因此无论是人民群众对德治的崇尚,还是政府官员对权力的崇拜,这些都不符合现代法治的基本要求,也不利于现代法治的建立与健全。

(二)法治体系还不健全,无法满足现代市场经济健康发展的要求

改革开放以来,尽管我国的立法取得明显的突破,但整个法律体系仍然存在以下问题。

1.涉及意识形态、政治体制、公务员管理、公共权力约束等方面的立法仍然稀缺。由于现代市场经济的行为规则不但涉及经济领域的微观主体,而且涉及宏观领域的政府部门,缺乏约束政府部门的法律法规既不利于控制国家公共权力的运行,又不利于防止国家公共权力的泛用与失控。

2.有些已经被全国人大及其常委会通过的法律还不够完善,无法约束市场经济主体的行为。如有些法律只规定了其适用条件,而没有规定相应的法律责任,或者是规定的法律责任不够明确,并不具备基本的可操作性;有些法律条文之间不够协调,甚至存在相互交织和彼此矛盾的现象,这不可避免地会影响到"法律至上"的权威与法的严格实施;有些法律已明显滞后,但却没有及时修改,从而人为地造成了一些社会矛盾。

3.国家的一些立法部门不同程度地存在强调部门的权力与权益、弱化部门的责任与义务等有违法治、统一、民主、科学等立法原则的现象。

综上所述,伴随全国上下对社会主义市场经济及其法治建设的认识的日益深入,依法治国、依法行政、建设社会主义法治国家已成为我国的发展目标。在这样的背景下,尽管我国的法治建设在弘扬法治精神、深化法治理念、构建法律体系、推进依法行政、保障司法公正等方面都取得了巨大的成就,但与快速发展的现代市场经济相比,法治体系建设仍然存在一些根深蒂固的矛盾与问题,这些矛盾与问题不仅严重制约了依法治国的进程,而且不同程度地阻碍了社会主义市场经济体制建设。

第三节　法治体系、市场经济秩序与社会主义市场经济发展

目前,我国经济体制改革已进入攻坚的关键时期,迫切需要通过法治建设来构建市场经济的制度基础,并以此来维护良好的市场经济秩序。

一、经济改革面临的转折:必须确立法治的市场经济体制

市场经济既有传统与现代之分,也有好与坏之分。传统的市场经济也称为古典的市场经济,其特点是依靠市场经济行为主体的信用而非专门的机构来维护合同的执行,国家或政府不受制度的明确约束,即政治与经济之间的距离并不明晰。现代市场经济是在传统市场经济的基础之上发展起来的,是以法治为基础、以独立自主的企业为主体的现代市场经济。由于克服了传统市场经济的弊端,现代市场经济既能有效确保市场经济行为主体之间的自由竞争,又能明确并规范政府、企业、居民等主体之间的彼此经济关系。好的市场经济也称为法治的市场经济,其结果就是社会和谐与共同富裕。坏的市场经济又称为扭曲的市场经济,是少数人通过市场以权谋私的经济,其结果就是社会出现两极分化。如何避免坏的市场经济,并建立起一个好的市场经济,即法治的市场经济,已成为许多经济转型国家所面临的巨大挑战。

我国的市场经济发展至今,已进入改革攻坚的关键时期。在经济

利益关系全面调整的过程中,不同的社会群体基于自身的利益关系已形成对市场经济改革的不同态度,并开始影响着市场经济的改革取向。我国是走向全面法治的现代市场经济,还是走向坏的、扭曲了的市场经济。在这样的背景下,党的"十七大"、"十八大"对此作出了明确的回答:要毫不动摇坚持改革方向,不断完善社会主义市场经济体制,充分发挥市场在资源配置中的基础作用,即指出了我国的市场经济改革只能是以法治的市场经济改革为取向。由于法治不但能抑制官员腐败、政府掠夺以及限制私人利用政府权力掠夺公共利益等,而且还是现代市场经济的制度基础,因此无论是基于坚定并维护现代市场经济的改革取向,还是基于建立与完善现代市场经济,我国的经济体制改革都必须坚持法治建设。

二、法治体系与政府、企业、居民关系的重构

在不同的经济体制中,政府、企业与居民的关系并不一样。计划经济强调政府包揽一切,在物质资源上是统购统销、在人力资源上是统包统配、在资金方面是统收统支。从这个逻辑出发,计划经济体制中只有政府才是经济活动的主体,企业、居民等微观市场主体由于没有经营决策的权利,并不是真正意义上的市场主体。现代市场经济要求市场在资源配置中起基础性的作用,因此无论是政府,还是企业与居民,其经济活动与行为规则都会受到市场的引导与影响。在这个过程中,政府的主要作用是通过制定相关的法律、法规与提供公共产品等,构建市场经济运行的游戏规则并维护市场经济秩序;企业与居民是市场经济活动的直接承担者,具有投资、生产、经营、消费等基本的决策权,因此是真正的市场主体。

由计划经济向市场经济转型的关键就是要正确处理好政府与市场的关系,这就需要重构市场、政府、企业与居民的关系。由于这种关系的重构涉及经济利益的全面调整,原有体制中的既得利益者必然会阻

碍这种关系的重构。显然,只有通过法治体系的建设,运用法治的强制性才能有效根除这种阻碍。与此同时,即使不考虑传统体制中既得利益者的阻碍,我国现代市场经济所需要的政府、企业与居民的关系重构也是一个漫长与复杂的过程,必须依赖法治发展的强大驱动力。在这个过程中,如何避免与克服政府行为的缺位、越位与错位并形成政府与市场的合作互补关系,如何规范企业的市场经济行为并开展公平、公开、公正的市场经济竞争,如何约束居民的经济行为并创造出一种有序的市场环境等,这些不仅需要法治体系给出明确的规范,而且需要法治体系给予"保驾护航"。因此,作为现代市场经济的制度基础,法治体系是我国在建立与完善市场经济过程中重构政府、企业与居民关系的关键。

三、法治体系与我国持续融入经济全球化进程

经济全球化不仅是当今世界经济的重要特征之一,而且是世界经济发展的重要趋势。在经济全球化的过程中,伴随着各国经济联系的日益紧密及其相互依赖程度的日益提升,经济、市场、游戏规则等将越来越具有全球化的特征,其对世界各国经济的协调与约束作用也将越来越强。由于现代市场经济萌芽、成熟并盛行于西方发达国家,再加上国际经济的游戏规则基本上都是西方发达国家的经济规则,经济全球化不仅意味着现代市场经济的游戏规则将逐步演化成全球化的经济规则,而且意味着发展中国家内部的经济规则将需要不断协调并逐步趋向于全球化的游戏规则。

对我国而言,从2001年加入世界贸易组织就已开始融入经济全球化。目前,经济全球化不仅为我国建立完善的社会主义市场经济体制提供了新的时代背景,而且深远地影响着我国现代市场经济的发展。首先是按照我国加入世界贸易组织的承诺,入世之后国内的经济规则必须逐步向国际惯例接轨,这就意味着法律、法规、规章制度等国内市

场经济的游戏规则必须逐步向世界贸易组织规则协调的方向发展。因此,加快现代市场经济的法治体系建设、加快国内经济规则向全球化规则的接轨,不仅是我国履行加入世界贸易组织的承诺,而且有利于我国加速融入经济全球化。其次是作为一个发展中的社会主义大国,我国的法治体系固然需要与国际趋同,但也需要基于我国的经济利益主动参与全球化经济规则的修改与完善。显然,要想实现这一点,关键就需要适应现代市场经济发展的需求、经济全球化发展的新趋势与发展中国家自身的特点,加快构建与完善符合这些需求、趋势与特点的法治体系,并推动其成为经济全球化的重要规则。从上述逻辑出发,加快现代市场经济的法治体系建设不仅是我国加速融入经济全球化的需要,而且也是我国在持续融入全球化过程中积极维护自身利益的需要。

四、法治体系是构建市场经济秩序的基石

现代市场经济既强调经济行为主体之间的自由竞争,又强调经济主体的行为规范及其利益关系的规范,即市场经济秩序。一般而言,现代市场经济所需要的经济秩序包括市场准入秩序、市场行为秩序、市场结构秩序、市场退出秩序、商品销售秩序、消费者权益保护、维护市场经济主体合法权益的交换关系秩序、涉外经济关系的规范秩序等。良好的市场经济秩序对现代市场经济的健康、平稳运行以及维护社会政治稳定都具有十分重要的意义。

由于市场失灵、市场行为主体对经济行为的认识偏差以及对自身利益的不同追求等因素的综合作用,"看不见的手"并不能自动引导形成规范的经济行为与利益关系,即良好的市场经济秩序。事实上,市场经济秩序的所有规范都需要依靠外部力量,即一方面需要国家通过法律、法规、规章制度予以强制性约束,另一方面需要通过商业习惯、市场文化等市场经济的伦理道德进行软性的规范。就我国而言,社会主义市场经济是从计划经济转型而来。在转型的过程中,我国的市场经济

改革并无任何经验可以借鉴,更多地还是依赖"试错"的办法来构建一种过渡性的市场秩序。这种做法一方面固然可以规范脱胎于计划经济体制的市场行为,另一方面也带来新的问题,如加剧地方保护主义、诱发各种寻租并产生利益集团等,一定程度上也加剧市场秩序的紊乱。因此,在转型时期构建一个良好的市场经济秩序,需要更强的外部力量。在这个过程中,法治体系的作用不仅不能弱化,反而需要进一步加强,即法治体系不仅需要强制性矫正"试错"过程中的错误做法,并不断推进过渡性制度的优化替代,而且需要按照现代市场经济的要求,强制性规范经济行为与利益关系。从这个逻辑出发,我国的法治体系建设就是构建社会主义市场经济秩序的基石。

综上所述,作为现代市场经济的制度基础与维护社会主义市场经济秩序的基石,法治体系建设既有助于坚定并维护现代市场经济的改革取向,又有助于在转型过程中重构现代市场经济中政府、企业、居民的关系,还有助于我国加速融入经济全球化进程。因此,无论是当下的政治改革还是经济改革,都需要将法治体系建设作为重点。

第四节　市场经济法治体系 建设的重点与难点

我国的市场经济脱胎于传统的计划经济体制,长期以来国内不仅市场经济文化比较落后,而且法治传统也相对较少。因此较之发源于传统市场经济的现代市场经济国家而言,我国的法治体系建设既严重滞后,又面临着更多的挑战与困难。显然,要想有效应对这种挑战与困难,既需要理性选择市场经济法治体系改革与建设的重点,又需要正视推进法治体系建设的难点,更需要明确社会主义市场经济法治建设的对策等。

一、理性选择市场经济法治体系改革与建设的重点

理性选择我国市场经济法治体系改革与建设的重点,需要针对前面所阐述的矛盾与问题及其对我国社会经济发展的制约程度等,突出以下几个重点。

(一)全面树立法治意识

在广大人民群众尤其是政府的各级领导干部中全面树立法治意识,这是现代市场经济法治体系建设的一项基本内容。由于法治体系的核心价值不仅与计划经济体制中国家"统包一切"的做法相背离,而且与我国传统文化中"君权高于一切"的皇权思想相对立,因此在传统的轻视法治的思想还没有彻底根除、法律远远没有成为规范和约束经济行为主体的"第一准则"的背景下,我国的市场经济法治体系建设就必须突出"法律至高无上,一切组织与个人,包括执政党的各级组织及其成员,都不能凌驾于法律之上"等法治意识的宣传与普及,在全体公民中,尤其是各级领导干部中进行一次比较彻底的思想解放运动,真正建立起现代法治体系的核心价值观念。

(二)着力提升法律体系的完备性

把握我国法治体系建设过程中的新特点、新要求,尤其是要针对转型中公权力的泛用等现象,进一步提升整个法律体系的完备性,真正做到有法可依、有据可循,是现代市场经济法治体系建设的一项根本性任务。从这个逻辑出发,我国一方面要通过立法,进一步科学合理地界定各级政府的公权力,并通过统一的程序确保政府的每一项权力都受到法律的严格约束,从而将公权力纳入整个法治轨道;另一方面需要完善"维护社会公平、加强社会管理、健全社会保障、优化公共财政、完善生态环境保护"等方面的法律,从而促进社会发展与经济发展的协调。

(三)确保法律的有效实施

确保法律的有效实施,切实维护法的权威性,这是现代市场经济法

治体系建设的一项基础性工作。在市场经济法治建设的过程中,我们必须坚持"两条腿走路",一方面要强调法律体系的完备性,另一方面要切实维护法律的权威性。因此在新的时期,如何确保法律的有效实施已成为法治建设的另一个重点。针对目前的司法腐败、行政干预、有法不依、执法不严、违法不究等现象,确保法律的有效实施不仅需要从完善司法体系、实现法官的独立审判与公正执法等入手,而且需要不断提升法官的基本素质并加强人民群众的监督等。

二、正视市场经济法治体系建设的难点

基于上面的逻辑观念,我国市场经济法治体系建设的难点主要体现在以下几个方面。

(一)法治体系建设缺乏群众基础

目前看,群众观念、社会生活与法律理念之间依然存在隔阂,法治体系建设缺乏广泛的群体基础。正如前面强调的那样,市场经济的法治体系建设根源于西方发达国家的市场经济文化,而非孕育于我国的历史文化传统。因此,外来的法治体系移植并内化于我国人民群众的生活将是一个漫长的过程。在这个过程中,如何协调外来理念与本土文化传统的冲突将是不小的挑战。尽管我国已构建了相对完备的法律体系,但普通居民并不信任已有的法律,"法律虚无"的观念与行为较为普遍。不仅如此,尽管权利、平等、自由等法治精神已被我国人民群众所熟知,但在许多人的深层次意识中还是期盼"精英政治、贤人政治"等传统的人治模式。因此,现代市场经济的法治体系要想内化于人民群体的法治意识与生活态度,就必须克服目前存在的群体观念、社会生活与法律理念之间的隔阂,构建法治体系建设的群众基础。

(二)政府公权力的异化

由于我国的现代市场经济建设脱胎于传统的计划经济体制,而在计划经济体制中政府掌控着一切资源。受这个传统的影响,目前尽管

各级政府均认可市场在配置资源过程中的基础性作用,但实践中各级政府仍然会通过许可证审批、政府采购、大型工程建设等方式掌控着许多重要的资源,尤其是土地、信贷等稀缺资源。这不仅严重削弱了市场配置资源的基础性作用,而且使得公权力配置资源的能力大为强化。无论是基于理论的推导,还是基于现实判断,政府掌控资源与公权力配置资源的直接后果就是各种寻租,而且是政府掌控资源越多、寻租规模就越大、权利异化与腐败就越猖獗。目前,政府公权力的异化已严重影响了市场经济秩序,并对现代市场经济的法治体系建设构成了严峻挑战。

（三）既得利益者的阻碍

目前,我国市场经济的转型还没有取得成功,而现有的过渡体制并不健全,这就使得一部分人能够通过利用现有的制度缺陷来获取不正当利益。显然,为巩固并不断拓展这种与全社会利益相违背的特殊利益,既得利益者不仅会激烈阻碍任何削弱他们利益的行为,而且会以各种理由来维持现有的格局。由于既得利益者的不正当得利与现代市场经济的法治理念相背离,推进市场经济的法治体系建设就意味着既得利益者必须放弃他们的既得利益,这必然会遭受他们的阻碍。因此,在既得利益者已是我国现实的背景下,既得利益者的阻碍也是市场经济法治体系建设的一个难点。

三、全面推进市场经济法治体系建设的思路

基于法治体系建设过程中存在的问题,针对进一步改革与建设的重点和难点,我国市场经济的法治体系建设需要从以下几个方面着手。

（一）深入开展宣传教育

通过深入开展宣传教育,加强现代市场经济的法治文化建设,推动法治体系建设成为全社会的自觉行动与共同追求。一是不断拓展法治文化宣传教育的载体,既要充分发挥报纸、杂志、广播、电视等传统媒体的宣传作用,更要高度重视网络、微博、短信、咨询热线等现代传媒的重

要作用,构建全方位、立体式的法治宣传。二是加强对各级领导干部、公务员、企业管理人员以及青少年等重点对象的法治文化教育,进一步树立领导干部的法治理念、提升公务员的法律素质、培育企业家的法治精神和培养青少年的法治意识。三是要把法治理念、法律知识等寓于我国文化思想的传播之中,使广大人民群体不仅能够了解各种法律法规,而且能够将法律意识、法治理念等融入日常生活之中。

(二)加快培育法治人才队伍

通过培育法治人才队伍,强化现代市场经济法治体系建设的人才支撑与理论支撑。这一方面需要以改革和调整法学专业教育体制、强化职业培训体系、重视远程教育与继续教育等为重点,创新法治人才的培养模式,为我国现代市场经济的法治体系建设培育出一批德才兼备、结构合理、规模宏大的人才队伍。另一方面需要以加强高层次人才的开发与管理、健全优秀人才脱颖而出的激烈机制以及完善海外人才引进机制等为重点,加快培育一批具有世界前沿水平的高级专家学者,尤其是精通世界贸易组织规则与全球化经济规则的国际型、领导型、攻坚型的高级法治人才。

(三)全面推进依法行政

要以改革创新的精神,加快政府自身的改革,全面推进依法行政,建设法治政府。这一方面需要政府严格按照法律、法规的基本要求,明确行政权力界限、规范行政行为程序、完善行政决策机制等,加快建设一个现代市场经济所需要的有效政府与有限政府。另一方面需要进一步明确政府与市场、社会、企业、居民的关系,全面理清政企关系与政事关系。从目前情况看,要想做到这一点就必须切实解决越位、错位、缺位等问题,真正把政府职能转到宏观调控、市场监督、社会管理和公共服务等方面。

(四)着力强化宪政制度建设

强化宪政制度建设,夯实现代市场经济法治体系建设的政治基础。

一是要全面落实宪法赋予人民群众的基本权利,包括言论、集会、结社、宗教信仰、选举与被选举、知情权与监督政府等方面的权利。二是要完善司法体系,规范司法行为,建立公正、高效、权威的社会主义司法制度。三是要推进"坚持党的领导、人民当家作主、依法治国"的有机统一,通过实现党政分开、政商分开,进一步健全全国人大依法行使最高立法权、党依法执政、政府依法行政,人民群众依法对全国人大、执政党、政府进行民主监督的社会主义制度。

从市场经济的理论逻辑来看,由于法治是构建市场经济秩序的基石,现代市场经济本质上是自由竞争与法治规则的统一,就像同一硬币的两面,二者缺一不可。从市场经济的经验教训来看,如果缺乏有效的法治基础,纯粹的自由竞争并不会逻辑形成现代市场经济的帕累托最优。因此,我国的社会主义市场经济体制就必须坚持市场制度与法治体系的有机统一,既要明确主张经济活动理应遵循经济规律而自发运转,突出市场行为主体的自由竞争与价格机制的自发调节作用;又要强调市场竞争的秩序与环境,突出法治的行为约束与强制性规范。与此同时,考虑到我国的市场经济脱胎于传统的计划经济体制,至今远远没有建立起成熟的社会主义市场经济体制。因此,在社会主义市场经济改革进入攻坚的关键时期,无论基于坚定并维护现代市场经济的改革取向,还是基于全面重构现代市场经济中市场、政府、企业、居民的关系,或者是加速融入经济全球化进程,我国社会主义市场经济体制的完善都必须坚持并突出法治体系建设这个重点。

第二十章　精心谋划经济体制
转型顶层设计

　　我们常说的顶层设计是一个工程学术语,其基本含义是通过统揽工程全局,统筹和优化工程建设所涉及的各层次、各要素,形成由最高层次决定的工程方案。我国经济体制转型(即由传统计划经济体制转为社会主义市场经济体制)的顶层设计,是指运用系统论方法,统筹考虑国情和世情及发展趋势,对建成社会主义市场经济体制所涉及的各层次、各要素进行优化组合,研究形成经济体制转型设计方案的过程。经济体制转型顶层设计具有四个基本特征:

　　一是顶层决定性,就是设计的核心理念和要达到的目标等源自实践、来自顶层,由中央领导提出并集体研究决定。

　　二是关乎全局性,就是设计内容事关中国现代化建设全局,关乎按时完成建立完善的社会主义市场经济体制目标和人民群众的根本利益。

　　三是整体关联性,就是把建立社会主义市场经济体制涉及的各层次和各要素有机组织起来,形成优化组合的匹配整体。

　　四是可操作性,就是清晰确定目标、任务和措施,明确绘制行动路线图并安排时间表,可以有序有力有效组织实施。

　　从经济体制转型顶层设计的基本含义和特征可以看出,搞好这样的顶层设计,不仅可以有效解决以往经济体制改革零敲碎打、单兵独进

等问题,而且有利于统筹兼顾、协调行动、整体推进。

第一节 以只争朝夕的精神,抓紧搞好
经济体制转型的顶层设计

古人云:不谋全局者,不足以谋一域;不谋万古者,不足以谋一时。这就是说不立足于全局和长远考虑问题,就难以处理一地一时的问题。经过三十多年艰难曲折的探索,我国经济体制改革已经取得重大进展,社会主义市场经济体制初步确立,经济社会得到长足发展。但从目前看,既关系我国现代化建设全局和长远,又关乎经济体制转型目标实现的重要领域的改革尚未突破,各种深层次矛盾大量凸现,影响科学发展的体制性机制性障碍异常突出。在此情况下,如不加快经济体制转型步伐,经济社会发展就难以为继,社会稳定局面就无法维持,已经取得的成果也有被掏空的危险。正是在这样的关键时刻,习近平总书记强调指出要"搞好改革的顶层设计、路线图和时间表"。为什么中央如此高度重视和这样明确要求呢? 具体来讲,主要有以下五个方面的原因。

一、从改革任务看,更加艰巨,必须搞好顶层设计

过去三十多年的探索性改革,我们只是改了一些较为好改的事项,现在进行的攻坚性改革,要改的都是难啃的"骨头"。这包括政府与市场关系改革、国有企业改革、收入分配制度改革、财税体制改革、金融体制改革,等等。拿国有企业改革来说,过去很长时间,政府一直视国有企业为共和国长子,一味放权让利和优先支持,使其长期习惯于在呵护中成长。加入世界贸易组织之后,才开始逐步将其推向市场,但其中的资源型企业仍然享受资源开发利用、银行贷款、项目审批等方面的优惠政策。现在,社会各界普遍呼吁打破资源型国有企业的垄断地位,使其

与非公企业在市场上平等竞争。党的十八大也明确要求,公有经济要与非公经济一样"依法平等使用生产资料、公平参与市场竞争、同等受到法律保护。"在此情况下,国有企业将会遇到投融资结构如何调整、国有资产如何配置、垄断企业如何改造、经营机制如何转变、经营效率如何提高、市场竞争如何应对等一系列重大难题。这表明包括国有企业改革在内的整个经济体制转型任务是多么艰巨繁重,这也正是习近平总书记反复强调改革要"敢于啃硬骨头,敢于涉险滩"的根本原因。

二、从利益格局看,更加复杂,必须搞好顶层设计

通过对改革热点难点问题的梳理,我们不难发现,目前存在的所有矛盾和问题几乎都与利益有关,正如马克思说过的"人们之间的关系最根本的是物质利益关系。"过去,在我国蛋糕很小的时候比较容易分配,反正大家都在受穷。现在,蛋糕做大了却很难分配了。从现实情况看,已经谋到大份蛋糕的,都想巩固和扩大自己的利益;获取蛋糕较少的,都想获得更大利益;得到蛋糕少特别是尚处在贫困线以下的,强烈要求多分蛋糕。调整蛋糕分配关系,直接涉及若干利益主体,直接牵连着要素价格、垄断行业、财政税收、社会就业、社会保障等一系列改革,只要有一个环节理不顺调不好,就会直接影响收入分配制度改革乃至整个经济体制转型,甚至还会直接影响经济发展和社会稳定,可谓牵一发而动全身。在如此尖锐复杂利益格局面前,必须利用统筹兼顾根本方法,全面了解掌握相关利益主体的基本要求,系统分析和把握相关要素之间的关系,细致、周密地搞好顶层设计。

三、从群众诉求看,更加强烈,必须搞好顶层设计

近几年,广大群众对政府职能转变迟缓、收入差距悬殊、腐败盛行、污染严重等问题的反映越来越强烈,要求解决这些问题的呼声一浪高过一浪。在全国政协十二届一次会议上,许多委员的大会发言直击上

述问题,得到全体委员乃至社会各界的热烈响应。例如迟福林委员讲到政府改革是整个改革的关键和突破口、苏如春委员讲到民营企业要做反腐倡廉促进派、何维委员讲到必须抓紧治理雾霾污染时,会场响起一次又一次热烈掌声。作为代表人民群众根本利益的各级人民政府,应该更多倾听百姓呼声,更好尊重群众意愿,全面系统地拿出解决矛盾和问题的方案,积极主动地为群众排忧解难,让群众有盼头有奔头,更加自觉自愿地投身到经济体制转型攻坚行列之中。

四、从时间安排看,更加迫切,必须搞好顶层设计

从党的十四次代表大会提出"建立社会主义市场经济体制"目标,到现在已经过去 20 多年了。从党的第十六次代表大会明确"到 2020 年建成社会主义市场经济体制",也有 10 年多了。现在,到 2020 年只有不到 8 年时间。在短短 8 年之内,要从根本上解决诸多异常复杂尖锐的矛盾,要真正清除影响科学发展的体制机制性障碍,要实现建成社会主义市场经济体制目标,确实时间很紧、任务繁重,不是任重道远,而是任重道难。3 月 5 日下午,中央政治局委员马凯在列数未来 8 年全面建成小康社会和全面改革攻坚遇到的矛盾后,特别指出"这是一个急剧变化的阶段,是战略机遇期,也是矛盾凸显期,更是危险期,更需要改革攻坚的勇气"。还有许多人讲,现在是改革与危机赛跑,改革与时间赛跑。这些话都是很有道理的。

五、从已有条件看,更加具备,必须搞好顶层设计

从实行计划经济体制国家的改革过程看,改革能否走上成功之路,关键取决于三大因素。

(一)有没有一个具有政治勇气和智慧而又与时俱进的领导集体

如果有这样的领导集体,就能正确把握改革方向,及时化解遇到的矛盾和问题,持之以恒地推进改革。反之,如果没有这样的领导集体,

就会在重大问题上迷失方向,或是停止不前,或是走上邪路。

（二）能不能得到广大群众的拥护和支持

如果得到群众的拥护和支持,改革就有底气,就有巨大推动力量,就有较为稳定的社会基础。反之,如果得不到群众支持,甚至遭到群众反对,就无法保持稳定,就无力推进改革。

（三）是不是符合本国的基本国情

如果从本国国情出发,创新改革理论,设置改革目标,制定改革方略,就会闯出一条符合本国国情的路子。反之,如果不顾自己国情,硬行照搬他国模式、刻板照抄经典著作,或是做成"夹生饭",或是半途而废。

我国现在的经济体制转型攻坚,较之过去的探索性改革,推进难度虽然大大增加,但改革的条件已是今非昔比。以习近平为总书记的党中央,在以邓小平、江泽民、胡锦涛同志为首的领导集体奠定的良好基础上,正在以更大的政治勇气和智慧谋划和推进改革。现在,我们更加具备指导经济体制转型的系统理论和指导方针。这些理论和方针从实践中来,再到实践中去,一定能够发挥更加有力的指导作用。现在,我们进行经济体制转型攻坚更有坚实的群众基础,广大群众盼望深化改革,期待分享更多改革成果,一定会积极参与和推动改革。现在,进行体制转型攻坚的经济基础更加厚重,我国经济总量已经跃居世界第二位,自主创新能力也已具有相当水平,在国际上的影响力和竞争力大大增强,财政支持能力更有显著提高。只要我们搞好顶层设计,把这些有利条件有机组织起来,就会形成推进经济体制转型的强大合力。因此可以说,现在已是万事俱备,只欠顶层设计这一东风了。

第二节 以统筹兼顾的方法,分析把握经济体制 转型相关层次、要素之间的关系

搞好经济体制转型顶层设计不仅涉及若干层次,更涉及若干要素。能否正确分析和把握这些层次之间、要素之间的关系,是能否搞好顶层设计的重要环节。现在看,至少有以下五个方面的层次和要素关系需要认真分析和把握。

一、国情和世情的关系

我国的基本国情到底怎么样?党的十八大报告作了全面深刻阐述,这就是"三个没有变"和"两个前所未有":即"我国仍处于并将长期处于社会主义初级阶段的基本国情没有变,人民日益增长的物质文化需要同落后的社会生产之间的矛盾这一社会主要矛盾没有变,我国是世界最大发展中国家的国际地位没有变";"我们面临的发展机遇和风险挑战前所未有"。

从世情看,可以概括为"四个重大变化",即全球经济持续低迷,深度调整全面展开;战略竞争日益加剧、西方干涉干扰异常突出;科技革命日新月异,社会信息化迅猛推进;国际形势错综复杂,不稳定不确定因素明显增加。

"三个没有变"、"两个前所未有",全面概括了我国的基本国情。"四个重大变化",基本反映了目前的世情。国情是我们搞好经济体制转型顶层设计的基本依据,世情是我们谋划经济体制转型顶层设计的重要因素,我们应当正确分析和把握两者之间的关系,立足于国情,兼顾好世情,有的放矢地搞好顶层设计。

二、经济体制转型和经济发展方式转变的关系

多年实践表明，经济体制转型是发展方式转变的基本动力，发展方式转变是经济体制转型的基本支撑。过去，我们在转变发展方式上有两个误区，一是认为转变发展方式是政府行为，是可以靠各级政府强化政策措施就能解决的问题。二是认为传统发展方式的根本缺陷在于科技含量不高、生产效率低下，只要把科技创新和职工素质搞上去，转变发展方式问题就可迎刃而解。

现在看，政府强化转变发展方式的政策措施固然能够起到一定作用，搞好科技创新和提高职工素质确是转变发展方式的主要手段，但这些都不是转变发展方式的基本动力。转变发展方式的基本动力是深化经济体制改革。这已由多年的实践所证明。中央提出转变经济增长方式已经 18 年了，正式明确为转变经济发展方式也已 6 年。为什么一直转变迟缓，收效甚微？其根本原因就是没有通过深化经济改革为其提供足够动力。各级政府确实握有诸多转变发展方式所必需的行政资源，也能够在较大程度上左右发展方式转变进程；科技创新和职工素质搞上去，肯定也会推进发展方式转变，但政府行政权力能不能正确行使、科技创新和职工素质能不能搞上去，关键都取决于能不能创新政府行政体制、科技体制和职工教育体制，而这三个方面的体制创新最终都取决于能不能搞好这些方面的改革。况且，经济发展方式转变的主要内容像收入分配结构、产业结构、人才结构、城乡结构乃至三次产业结构等结构的调整，都直接包含着经济改革内容，都必须靠改革提供动力，都必须以改革为主要手段。

经济体制转型也离不开经济发展方式转变。如果经济发展方式转变缓慢，经济质量和效益搞不上去，消耗高、污染重状况改变不了，甚至发生严重经济滑坡，经济体制转型的基础就不牢固，改革的时机就难以选择，改革的力度就难以加大。因此，十八大报告把经济体制转型和经

济发展方式转变合并为一个部分阐述,标题就是"加快完善社会主义市场经济体制和加快转变经济发展方式"。

三、改革、发展、稳定三者关系

这三者之间的关系,始终是我国现代化建设中必须着重把握的重大关系。谋划制定经济体制转型顶层设计,更应当深入思考和辩证把握这三者关系。

有人认为,在三者之中稳定是第一位的,稳定压倒一切。没有稳定局面,改革、发展就会因社会秩序混乱而难以进行;有人认为,改革是第一位的,改革搞不好,发展就会因体制机制障碍而难以为继;有人认为,发展是第一位的,发展是解决中国所有问题的关键,发展搞不上去,改革和稳定就会失去基础和支撑。主张稳定第一的,为稳定而维稳,对改革、发展不甚关心;主张改革第一的,不管是否影响发展和稳定,坚持硬推不合时宜的改革措施;主张发展第一的,很少考虑改革和稳定,一味去抓经济建设。实际上,改革、发展、稳定是互为条件的辩证统一体。改革是现代化建设的根本动力,发展是现代化建设的基本途径,稳定是现代化建设的重要前提,三者统一于中国特色社会主义现代化建设的伟大事业之中。因此,对于三者之间的关系,不能偏废某一方面,而应从整个现代化建设大局出发加以把握。改革、发展、稳定也是一个因果链条,只有通过改革,才能推动发展,从而才能促进稳定;只有推进发展,才能支撑改革,才能奠定稳定基础;只有营造稳定的环境,才能有利于改革,更好地推动发展。

当前,经济改革已经进入深水区,各种矛盾和问题尖锐复杂,并已直接影响到发展和稳定,因而需要着重抓好改革这一焦点,促进解决经济发展和社会稳定中的难点。我们说着重抓好经济改革,不是要改革单兵独进,而是将改革作为先锋,发展和稳定与之协调推进。这就要求我们正确处理三者关系,切实把握好改革的力度、发展的速度、社会的承受程度。也就是说,改革重大措施的出台,一定要充分考虑是否有利于推进科学发展和社会稳定。有利的,抓紧出台和推进;无利的,一定要慎之又慎;伤及发展和稳定的,或降低力度,或再选良机出台。当然,稳定特别是国家安全不能小视,如果因某种因素诱发全国性不稳定问题或国家安全受到严重侵害,就要以抓好社会稳定和国家安全为着力点。

四、中央和地方的关系

中央和地方的关系是一个植根于每个国家并直接影响国家统一、经济发展和社会稳定的重大问题,也是搞好经济体制转型顶层设计必须正确把握的重要关系。

我国本来就管理层次多、管理幅度广、管理难度大,目前又处于经济体制转型和发展方式转变关键时期,正确把握和处理中央与地方的关系,比任何时候都更加重要。客观地讲,我国在多年的探索中,已经初步形成了一系列调整中央与地方关系的思路和办法,但随着发展形势和利益格局的深刻变化,处理中央与地方关系又遇到了若干新矛盾和新问题,这主要表现在"权力"和"利益"两个方面。从权力方面看,我国较长一段时间的改革历程,主要是中央向地方和企业放权的过程,从扩大企业自主权到"抓大放小"和企业重组改造,从下放行政审批权到调整下放其他方面的行政权力。一连串的放权,对于调动地方和企业的积极性起到了至关重要的作用,但目前地方要求中央进一步放权的呼声依然很高,明争暗抢的现象也时有发生。有的对属于中央管理的项目越权审批,有的对应由中央处置的重大问题自行其是,还有的擅自截留法律规定的属于中央行使的权力。当然,按照市场经济运行规律,有些方面的权力应当属于地方,有些则应回归市场,但不能老是在放权和争权上来回折腾。在利益方面,也与权力一样,一直没有走出"放"和"收"的怪圈。

为什么权力和利益放与收的怪圈一直走不出来？主要原因有三个方面：

1.中央政府诸多权力没有放到应当放的地方。若干重大权力像资源配置权、产品定价权等，本来就是市场体系不可或缺的基本要素，应当统统回归市场，真正让市场发挥配置资源的基础作用。

2.中央政府和地方政府责、权、利调整不对称不匹配。较长一段时间，中央政府一直采取"两收一放"办法，即"收权、收钱，放责任"。具体来说，就是中央垂管部门越收越多、中央财力占全国财力比重越收越大，下放的责任却在不断增加。地方官员经常扳着指头算账，某年某月上收了某某部门管理权，某年某月上收了某某税种征收权，某年至某年给地方政府尤其是一把手戴上了社会稳定一票否决、计划生育一票否决、环境保护一票否决的帽子。

3.中央与地方责、权、利划分缺乏明确的法律规范和稳定的制度安排。

有效解决上述矛盾和问题，需要相应采取三个方面的治本措施。一是正确处理政府与市场的关系，政府要把本来属于市场的基本要素，全部回归市场。二是厘清并明确中央政府和地方政府的责任、权力和利益边界，使责、权、利相对称相匹配。三是建立健全相关法律法规，真正做到有法可依、按法办事。

五、改革正能量和负能量的关系

正能量和负能量是物理学常用的一对名词。正能量的流行源于英国心理学家理查德·怀斯曼的专著《正能量》。现在人们常讲的正能量是指能让人开心、给人希望、积极向上的动力和情感；负能量则与其相反，是指让人消沉的东西。习近平总书记在广东视察时首次提出"要聚合各项相关改革协调推进的正能量"，其精神实质就是要求我们在经济体制转型攻坚中给人希望，让人们以积极向上的态度投身改革。

现在看,我国改革的正能量较强,但负能量也不能低估。正能量主要表现在,绝大多数干部群众充分肯定改革开放取得的成就,对推动经济体制转型充满期待、满怀信心。正像大家常说的,三十多年我国经济社会发展取得举世瞩目成就靠的是改革开放,今后推进现代化建设,实现中华民族伟大复兴,仍然要靠改革开放。但是目前存在的负能量也不能忽视。这些负能量集中表现为"四种病症"。一是改革满足症。许多人认为,改革开放使中国发生了巨大变化,今后经济发展势头依然不差,这样保持下去就很不错了。二是改革失望症,一些收入来源少、生活水平低的人认为,改来改去仍然过着紧日子,看病难、上学难、住房难等问题也没有得到根本解决,改不改都是一个样子。三是改革畏惧症,通过不正当手段谋到暴利和权力的人,希望维持既得利益和权力,害怕改革改到自己头上。四是改革疲劳症。有些人认为,今天改明天改,改了三十多年了,别再忙活改革了,还是搞点实惠吧。

如何使较强的正能量变得更强,怎样使负能量转化为正能量,这是关乎经济体制转型攻坚成败的关键问题。应当高度重视负能量向正能量转化和更多正能量的集聚。现在看,做好这项工作需要采取四项措施。一是抓紧制定经济体制转型顶层设计,广泛宣传深化改革给国家、民族和群众带来的好处,让国人看到改革的希望,让人们充满对改革的期待。二是抓紧组织实施国务院最近出台的《关于深化收入分配制度改革的意见》,细化量化改革内容,抓紧抓好落实到位,让人民群众尤其是低收入阶层得到更大实惠,分享更多改革成果。三是建立完善有利于推进改革的激励和约束机制,包括广泛参与机制、责任制度、审查评议机制、监督机制等等。四是有针对性地做好负能量转化工作,着力解决"改革满足症"、"改革失望症"、"改革畏惧症"和"改革疲劳症",广泛调动一切改革力量,充分发挥广大干部群众的积极性和创造性。

另外,经济体制转型与政治体制、社会体制、文化体制、生态文明体制改革之间的关系;政府与市场的关系;国有企业与民营企业的关系等等,也都需要在谋划顶层设计中认真分析和准确把握。

第三节 以敢涉深水险滩的勇气,探讨安排
经济体制转型的路线图和时间表

最近,从中央到地方,从领导到群众,都在频谈我国改革已经进入深水区,也都在期待中央拿出涉过深水到达彼岸的路线图和时间表。在此情况下,我们应以敢涉深水险滩的勇气,探讨安排经济体制转型攻坚的路线图和时间表。

我国过去三十多年的改革开放历程,实际上也是自觉不自觉地一个阶段接一个阶段走过来的。如果将过去改革开放过程概括为艰难探索阶段,那么现在推进的经济体制转型就可以称之为全面攻坚阶段,全面攻坚阶段的目标任务完成之后,还应设定一个巩固提高阶段。

经济体制转型全面攻坚阶段的任务,大体可以分为三个层面的内容。一是与经济体制转型处于同一层面且有密切联系的内容,主要包括政治体制、社会体制、文化体制、生态文明体制改革。二是同属经济体制转型范畴并处于同一层面的内容,主要包括政府与市场关系改革、要素市场化改革、财税体制改革、金融体制改革、收入分配制度改革、社会保障制度改革、公有经济实现形式改革、非公经济实现形式改革等内容。这些内容,又可细分为下一层面若干改革内容,如要素市场化改革可分为资源性产品价格改革、农村征地制度改革,金融体制改革可分为利率市场化改革和汇率市场化改革,等等。三是一项改革属多个范畴的内容。如政府行政体制改革,既属政治体制改革范畴,又属经济体制改革范畴。

在搞清经济体制转型攻坚内容及所属层面基础上,就可以绘制路线图(参见经济体制转型攻坚路线图)并相应安排时间表了。

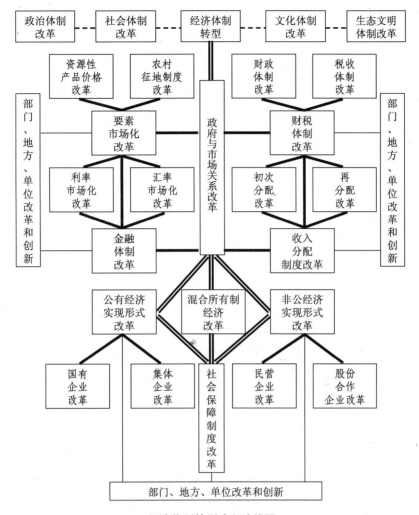

经济体制转型攻坚路线图

以上路线图,运用四种连线(即虚线、双线、粗线、细线)连接了四个方面的内容。

一是虚线连接的内容。中间框内是经济体制转型,两边连着政治体制、社会体制、文化体制、生态文明体制等四项改革内容。把经济体制转型和四项体制改革连在一起,是因为经济体制转型与这四项改革相互联系、相互交织、相互影响,尤其是政治体制改革对经济体制转型具有重大的促进或制约作用,因而需要统筹谋划,同步推进。这一层面内容的推进,应当制定统一指导文件,并分别搞好顶层设计;完成时限也需要大体一致,应当从今年开始到 2020 年基本完成,即与中央明确提出的"到 2020 年建成社会主义市场经济体制"的时限相一致。

二是双线连接的内容。双线连接了 6 个框子,上首是经济体制转型,中间是政府与市场关系改革,下边是混合所有制经济改革、社会保障制度改革、公有经济实现形式改革、非公经济实现形式改革。这些内容是经济体制转型的主线。这条主线直接关乎到经济体制转型的成败。这是因为要推进经济体制转型,首先必须正确处理政府与市场的关系。如果政府与市场的关系处理不好,就难以发挥市场配置资源的基础性作用,其他各个方面的改革就无法推进。3 月 14 日,全国人大审议通过的《国务院机构改革和职能转变方案》,之所以得到全国人大代表和全国政协委员乃至广大群众的肯定,就是因为抓住了政府行政体制改革这个全面改革的突破口,解决了一些多年未能解决的重大难题,为搞好经济体制转型攻坚开了一个好头。政府与市场关系改革,着力点应当放在政府这一矛盾主要方面,突破点是把政府现在掌握的权力分权到位,即把应当交给市场的,统统回归市场;应当交给地方的,统统下放地方;应当交给中介组织的,统统移交中介组织;应当政府行使的,集中精力用足用好。这种分权式改革涉及若干经济权力部门,要让他们主动分权非常困难。这就需要中央以更大的政治勇气和智慧来谋划和推动;更需要这些部门的领导从大局出发,勇于革自己的命。同时,还需要强化法律建设和社会监督。社会保障制度改革和混合所有制经济、公有经济实现形式、非公经济实现形式改革必须和政府与市场关系改革同步推进,因为社会保障搞不好,就会直接影响整个改革和稳定,甚至会阻碍改革进程。混合所有制经济、公有经济实现形式、非公经济实现形式改革搞不好,不仅直接影响整个经济体制转型,还会直接影响经济社会发展。社会保障制度改革的着力点应当放在建立健全保障体系上,突破点是提高居民养老、医疗、教育等保障水平和实现城乡保障一体化。混合所有制经济和公有经济、非公有经济实现形式改革的着力点应当放在国有企业尤其是垄断企业改革和民营企业发展环境再造上。垄断型国有企业改革的突破点是真正打破其垄断地位,民营企业环境再造的突破点是真正打破"玻璃门"和"弹簧门";两者融合发展的突破点是用好股份制等实现形式,使国企和民企逐步融合为混合所有制企业。混合所有制企业改革的着力点和突破点,都要集中到健全完善现代企业制度上。正是因为这条主线连接的内容直接关乎到经济体制转型攻坚的成败,所以应当采取集中突破的方式,争取在较短时间内攻克这些难关。所需时限可以定在今年至 2016 年之间。在这期间,应当先由国务院分别制定这些改革内容的系统规划和相关政策,再由全国人大适时制定相应法律法规,同时要跟上严厉的监督实施措施。

三是粗线连接的内容。粗线连接了 4 个内容(包括相关的 8 个子项),即要素市场化改革、金融体制改革、财税体制改革和收入分配制度改革。这 4 个方面的改革,直接左右着经济体制转型的进程,应当放在十分突出的位置。要素市场化改革应把着力点放在资源性产品价格改革和农村征地制度改革上,突破点是建立健全价格市场形成机制,充分发挥市场配置资源的基础性作用;与要素市场化改革和金融体制改革直接相连的利率和汇率市场化改革,应当立足国内,兼顾国际,积极稳妥推进。财税体制改革涉及面广、情况复杂,是一块最难啃的"骨头",应当按照既要促进科学发展,更要倾斜民生的思路,制定周密规划,稳妥组织实施。收入分配制度改革,既直接涉及千家万户的根本利益,又直接关乎到解决贫富悬殊、实现共同富裕,应当按照十八大确定的"规范收入分配秩序,保护合法收入,增加低收入者收入,调节过高收入,取缔非法收入"的方针,搞好顶层设计,制定具体政策,健全相应法规体系,扎实稳妥向前推进。正是因为这四个方面的改革是左右整个经济体制转型的关键因素且又与上述主线连接的内容紧密相连,所以应当将其突出出来并作为重点战役打好。时限也应安排长一些,今年至 2016 年应当制定好四个方面的系统规划和相关政策,并与主线连接内容压茬启动实施。2017 年至 2019 年应当全面铺开,整体推进。同时,制定和实施好相应的法律法规。

四是细线连接的内容。这些内容都是讲部门、地方、单位必须相应搞好的改革内容和在落实中创新的问题。这些内容的分量更重,绝对不能小视,无论是完成直接决定经济体制转型成败主线上的任务,还是完成直接左右经济体制转型关键因素的任务,都要靠部门、地方、单位完成自身相应担负的改革任务,都要靠他们在实践中探索开辟新的途径。这些内容的完成时限要与中央安排相一致,也就是说中央安排在哪个时限完成哪些任务,部门、地方和单位就要在哪个时限落实好哪些任务。

第四节　以实践检验真理的标准,在坚持中检验并创新完善经济体制转型的指导方针

我国改革开放三十多年,探索出诸多成功路子,总结了若干宝贵经验。我们党不失时机地将这些成功路子和宝贵经验上升为理论并转化为推进改革开放的指导方针。这主要包括:解放思想、实事求是、与时俱进、求真务实的思想路线,社会主义初级阶段是建设中国特色社会主义的总依据,社会主义基本经济制度,坚持人民主体地位,坚持解放和发展生产力,坚持维护社会公平公正,坚持走共同富裕道路,坚持促进社会和谐,等等。这些从实践中来并经过实践检验的理论和方针,是我国现代化建设的宝贵财富,也是推进经济体制转型攻坚的指导方针。

目前看,绝大多数同志对深化改革的必要性和紧迫性认识较为一致,但对在经济体制转型攻坚中要不要坚持上述指导方针的看法却不

一致。有的人谈经济体制改革,而只字不谈社会主义初级阶段;有的人讲国有企业改革,却根本不讲社会主义基本经济制度;有的人强烈呼吁解决收入差距拉大问题,而忽视公平与效率这一促进生产力发展的基本规律。在今后的经济体制转型攻坚中,到底应当怎样对待上述指导方针?是在坚持中检验并创新完善?还是弃之不用,另起炉灶?我们认为,正确的态度是在坚持中检验并不断创新完善。

我们以经济体制改革的立足点应该放在哪里为例,来研究论证是否应当坚持现行的指导方针。众所周知,原苏东国家的改革走了一条改旗易帜的邪路。为什么其领导集团主观上想走改革成功之路而又招致改革失败呢?有人说,是因为领导集团没有把握好改革方向;有人讲,是因为没有得到广大人民群众的支持;有人认为,是因为照搬西方模式,搞了休克疗法。这些看法都有一定的道理,但没有说全面、讲到位。我们认为,最根本的原因是脱离了本国的基本国情,没有从自己的实际出发。与原苏东国家改革之路相反,我国的经济改革一直紧扣我们的基本国情,一直坚持从社会主义初级阶段这个最大实际出发,一直以初级阶段理论派生出的正确方针为指导。大家知道,社会主义初级阶段是包括两层重要含义的:第一层是我国属社会主义国家,我们必须坚持而不能离开社会主义;第二层是我国还处于初级阶段,我们干什么事情都要符合而不能超越这个阶段。这两层含义都必须牢牢记住,绝不能只讲一层而丢掉另一层。现在,我国经济社会发展状况已与过去不可同日而语,我们已经站在一个新的历史舞台上,但是我国处于并将长期处于社会主义初级阶段的基本国情没有变,因而深化经济体制改革的立足点也不能变。只有立足于社会主义初级阶段这个最大实际,才能避免"左""右"两个方面错误倾向对改革的干扰,才能使经济体制转型走正路不走邪路。

上述例子告诉我们,在经济体制转型攻坚中,必须旗帜鲜明地坚持正确的指导方针,不能弃之不用,更不能另起炉灶。当然,随着改革实

践的步步深入,这些指导方针也不会一成不变,但这种变只能是向创新完善的方向变,而不是向相反的方向变,这不正是实践—认识—再实践—再认识的螺旋式上升规律的具体体现吗?

第五节　以善驭全局的能力,切实用好拉动经济体制转型的"三驾马车"

2001年6月,我在"抓住加入世界贸易组织机遇,加快经济社会发展"报告会上,曾作过题为"开放、改革、管理——推进经济转型发展新路径"的报告。这个报告的主要内容是:加入世界贸易组织,将为中国发展开启大门,我们应当抓住机遇,切实用好"开放、改革、管理""三驾马车",加快拉动经济体制转型和经济社会发展。现在,虽然改革相对于开放的任务更加艰巨繁重,应当将两者的顺序调整过来,但是经济体制转型更加需要"三驾马车"合力拉动。

一、过去转型实践表明,"三驾马车"缺一不可

20世纪60年代,主张对计划经济体制进行改革的国家,普遍遇到一个重大难题。这就是:体制转型,转向何方? 推进改革,路在何方? 现在,我们可以从实践中得出结论:经济体制转型,不能不向社会主义市场经济体制转变,不能不靠"开放、改革、管理""三驾马车"拉动前行。

(一) 关起门来搞改革,搞不出什么名堂

前苏东国家的经济体制改革之路基本走了两个极端,先是关起门来搞改革,后是照搬西方国家模式。前者的结果是半途而废,后者的结果是改旗易帜。从1958年到"文革"后期,我国采取的措施是"体制下放",与原苏东国家一样走进了"一放就乱"、"一乱就收"、"一收就死"

的怪圈。从1978年四川省在全国率先进行"扩大企业自主权"试点开始，我国陆续进入了"企业承包制"、"农村包产到户"等形式的承包制阶段。这一阶段的改革发展取得重大成就，尤其是伴随着民营企业异军突起，整个经济得到较快发展，但经济体制转型依然没有得到突破。我国上述时期的改革，为什么没有得到突破？这里的基本原因之一是，只在原有体制内搞权和利的上下转移，没有打开大门看世界，没有吸取发达国家市场经济运行的长处，没有触及原有经济体制的要害。关门搞改革，看到和想到的仅是由于体制不顺影响发展的问题，看不到也体验不到发达国家市场经济体制可以借鉴的一面，只能在原有体制内搞一些修修补补的调整式改革，因而不可能取得成功。正如邓小平同志所说："现在的世界是开放的世界。中国在西方国家产业革命以后变得落后了，一个重要原因就是闭关自守。改革开放前的实践证明，不开放不行"①。

（二）打开国门搞改革，才能搞出名堂来

2001年，我国加入世界贸易组织，象征着我们正式打开国门，从而开始了"开放倒逼改革"的历程。严格地讲，我国的对外开放是从"进口替代"开始的，接下来是实行"出口导向"战略、建立经济特区、加入世界贸易组织。这些步步深入的开放举措，打开了我国市场与国际市场的通道，促进了我国经济的快速发展，也为经济体制改革提供了宝贵经验、增添了偌大动力，所以有人将这一阶段的改革称之为"开放倒逼改革"。

（三）管理水平上不去，改革开放成果就会大打折扣

回顾我国加入世界贸易组织以来的改革开放过程，最大的遗憾是管理没有紧紧跟上，以致用了很大功夫、花了大量资金引进的市场化运作办法和若干先进设备，没有能够发挥应有的作用。从实践看，小到一

---

① 《邓小平文选》第3卷，人民出版社1993年版。

个企业,中到一个地区,大到一个系统乃至全国,管理问题无处不在,无时不有,因而人们将管理称之为永恒的主题。我们在推进经济体制转型过程中,必须高度重视并切实加强相关方面管理。

二、现在转型形势要求,"三驾马车"合力拉动

中共十八大科学绘制了我国经济体制转型的宏伟蓝图,清晰指明了经济体制改革的前进方向,全面攻坚的征程正在开始扬帆起航。在这样规模浩大的攻坚征程中,最重要的是提高驾驭全局的能力,切实发挥"改革、开放、管理""三驾马车"的拉动作用。

大家知道,建立完善的社会主义市场经济体制就是要清除影响科学发展的体制机制障碍;就是要化解参与经济全球化竞争遇到的矛盾,并与国际规则和惯例接轨;就是要将改革开放成功经验和做法转化为法律法规和基本政策,巩固和发展改革开放成果。而这"三个就是要"的内容正与"改革、开放、管理"这三个范畴所包括的含义相对应。因此,"改革、开放、管理""三驾马车"拉动经济体制转型,就像投资、消费、出口"三驾马车"拉动经济增长一样,缺少哪一驾都不能平稳有力地拉动前行。

为了更好说明"三驾马车"拉动经济体制转型的必要性及其相互关系,现列"三驾马车"关系图表示并作相应研究分析。

(一)"三驾马车"共同拉动经济体制转型

我们先从改革说起,拉动经济体制转型,首先需要深化改革出力;而深化改革则需要扩大开放助力,需要强化管理巩固成果。这是因为深化改革涉及的内容是一些国内外相互联系、相互交织、相互影响的矛盾和问题,国内改革不与对外开放相结合,不通过开放去化解在国际竞争中遇到的矛盾和问题,国内改革就难以顺利推进,比如金融体制改革若不与国际金融调整相结合,不兼顾国际金融体系深刻变化的实际,就难以搞好国内金融体制改革。同样,深化改革,不通过强化管理将改革

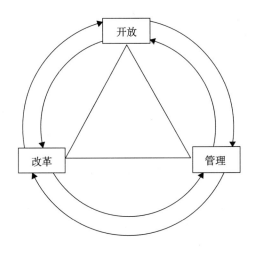

"三驾马车"关系图

成功经验和做法转化为法律法规,就不能巩固和发展改革成果。我们再说扩大开放,拉动经济转型需要扩大开放,扩大开放需要深化改革奠定基础,需要强化管理做好保障。这是因为国内改革搞不好,体制机制障碍不解决,管理水平上不去,对外开放就会失去体制机制基础和管理保障,就会因体制机制制约和管理水平低下而削弱对外开放竞争力。我们最后来说强化管理,拉动经济转型需要强化管理,而强化管理则需要深化改革提供动力,需要在扩大开发中历练提高和吸收先进经验。这主要是指强化管理没有奖惩机制不行,没有在外真刀真枪历练不行,不吸收国外先进经验不行。而这"三个不行"只有靠改革和开放才能解决。

(二)"三驾马车"相互联系、相互影响、因果循环

无论是从外圈顺时针和内圈逆时针方向看,还是从内三角看,"改革、开放、管理"这三者都是相互联系、相互影响、因果循环的。也就是说三者都搞得好,才能有力拉动经济体制转型;若有一者搞不好,都会制约其他两者作用的发挥。因而"三驾马车"都应高度重视,都要善于

驾驭,不能顾此失彼,更不能丢掉任何一驾。

（三）"三驾马车"的重要程度和作用是动态变化的

在改革成为经济体制转型主要拉动力时,改革的重要程度最高,发挥的作用最大;在需要"开放倒逼改革"的情况下,开放就会发挥比改革更大的作用;在经济体制转型攻坚任务基本完成,需要修订和制定更多法律法规的时候,管理则会发挥比改革、开放更为重要的作用。特别需要提及的是,在整个经济体制转型攻坚中,虽然改革要比开放的任务艰巨繁重,应当将改革放在重中之重位置。但在某些方面,开放则比改革更为重要,比如在国际上争夺话语权和规则制定权、在处理贸易摩擦和经济纠纷过程中,必须采取"开放出题目、改革做文章、管理来保障"的拉动方式。

第六节　以抓铁留痕的力度,制定实施经济体制转型的落实措施

谋划搞好经济体制转型顶层设计固然必要,抓好顶层设计的落实更为重要。正如邓小平同志早就说过的"任何好主意不会自动实现,美好的前景如果没有切实的措施和工作去实现它,就有成为空话的危险。"①几乎涵盖所有经济改革、开放和管理内容的经济体制转型顶层设计,要得以如期实现,不至于成为空话,必须以抓铁留痕的力度,制定和实施强有力的落实措施。现在看,打好经济体制转型攻坚战,真正把顶层设计落到实处,需要制定和实施"四定"、"三严"、"四注重"为主要内容的落实措施。

"四定"是:定目标、定任务、定措施、定时限。定目标,就是将建成

---

① 《邓小平文选》第2卷,人民出版社1994年版。

社会主义市场经济体制这个总目标,分解细化为地方、部门和单位的具体目标。分解细化目标,必须明确具体,不能说大话空话;必须有明确的衡量标准,不能无法衡量和评价完成进度;定任务,就是将完成具体目标必须要做的事情逐项确定下来。所定任务,必须与既定目标相匹配,不能对不上号,更不能含糊其辞,无法考核进展程度;定措施,就是将完成具体任务的办法逐条拟定出来。这些办法必须具体、实在,具有很强的可操作性,不能只讲原则,更不能软弱无力;定时限,就是将完成具体目标和任务的时间明确起来。不能含糊,不能拖延,所有部门、单位都要与中央所定时限保持一致。下面举例说明"四定"内容,比如建立完善的社会保障制度,这就是目标;完成这个目标,需要做好哪些工作,这就是任务;完成这些既定任务,需要采取哪些办法,这就是措施;整个目标和任务,在哪个时段完成,这就是时限。上述"四定"是一个有机联系的整体,只能逐项研究安排,不能缺少任何一项。

"三严"是:严谨组织、严肃纪律、严格考核。严谨组织,就是以严肃谨慎的态度,细致、周密地组织搞好顶层设计和抓好工作落实。这些年来,我们制定过若干经济发展和结构调整规划,但是执行效果一直不好,有的甚至根本没有落实。这里的原因主要是规划本身不严谨,其中的目标、任务、措施、时限缺乏针对性和可操作性;有些地方和部门各取所需、各行其是。搞好顶层设计并抓好落实,应当认真吸取这些教训,切实避免这方面问题,尤其是要抓紧制定和实施有利于推进经济体制转型攻坚的政策措施,把广大干部的工作着力点引导到转型攻坚上来,把积极性和创造性充分发挥出来。严肃纪律,就是要研究确定在推进经济体制转型攻坚中必须遵守的纪律,并持之以恒地抓好落实。制定和实施这样的纪律,目的是促使各级干部尤其是党政领导干部坚决维护中央权威,在思想上政治上行动上同党中央保持高度一致,坚定不移贯彻实施经济体制转型顶层设计,保证中央推进改革的政令畅通,防止和避免"上有政策、下有对策"、"有令不行、有禁不止"的行为再现。严格考核,就是按照经济体制转型顶层设计和确立的纪律,严格进行监督、检查、考核和奖惩。对工作认真、扎实推进转型、完成目标任务好的地方和部门,采取适当方式予以肯定和奖励;对因工作原因,没有完成目标任务的地方和部门,要严肃批评教育,并及时采取相应措施;对违反纪律的行为要严肃处理,切实做到遵守纪律没有特权、执行纪律没有例外。

"四注重"是:注重强化指导和协调,注重舆论引导,注重聚集和发挥改革正能量,注重调动基层群众的积极性和创造性。过去,在推进改革中明显存在着"不愿改、不会改、不敢改"和"不配套、不协调、不同步"等问题,因而在组织实施顶层设计中,应该特别重视做好指导和协调工作,力求做到政协同志常讲的"同心、同向、同力、同行"。搞好舆论引导特别重要,没有舆论的先行和正确的引导,没有良好的改革氛围,就会导致思想混乱,甚至误导改革。聚集和发挥改革正能量关乎经济体制转型攻坚的成败,应该下大功夫凝聚正能量、转化负能量,将更多的人聚集到转型攻坚的大旗之下,形成无坚不摧的宏大队伍。调动基层群众的积极性和创造性,是推进经济体制转型攻坚的重要基础,只有充分调动大家的积极性和创造性,才能有力有效推进经济体制转型,顺利实现建立完善的社会主义市场经济体制目标。

后 记

在《中国经济改革警示录》即将付梓的时候,我们想起了 2008 年 12 月下旬的那些天。有天上午,几个朋友聊到了党的十一届三中全会召开以来我国 30 年取得的重大成就,也聊到了尚未解决的矛盾和面临的挑战,随后大家合议写一部研究中国改革开放探索历程的专著,并想以此警示和促进未来的改革。接着,大家着手收集资料、研究框架……但骤然而至的国际金融危机打乱了这个安排,大家不得不忙于应对危机的诸多具体工作,一直没有腾出手来实现这个愿望。

党的十八大科学绘制了我国改革开放的宏伟蓝图,清晰指明了深化改革的前进方向,鼓舞和鞭策我们重拾这个话题,重新组织写作班子,集中时间撰写《中国经济改革警示录》。

实践是理论的常青之树。过去我国改革开放的实践,不仅创造了巨大的物质财富,而且积累了宝贵的经验教训,三十多年蕴藏的宝库非常值得我们挖掘。今后我国改革开放的深入实践,必将不断创新发展改革理论,我们将会更加努力地挖掘新的宝藏。

在《中国经济改革警示录》各章中,我们尽管力求客观公正地总结过去三十多年的经验和教训、实事求是地审视目前面临的形势和挑战、认真负责地探讨未来改革开放的路径和措施,但由于水平和时间所限,在探讨和写作中肯定存在诸多问题和不足。敬请广大读者给予批评和指正。

作 者

2013 年 5 月 8 日